세계 철학 필독서 50

일러두기

• 본문에 나오는 각주는 모두 독자들의 이해를 돕기 위해 옮긴이가 단 것이다.
• 국내 출간작들의 경우 원어 표기를 병기하지 않았으며, 저자 표기는 국내 출간작에 의거했다.

세계 철학 필독서 50

플라톤부터 마이클 샌델까지
2500년 철학 명저 50권을 한 권에

톰 버틀러 보던 지음 | 이시은 옮김

센시오

이 책의 초판 원고는 대부분 옥스퍼드대학교 보들리안도서관Bodl-eian Library의 근사한 목조 열람실에서 쓰였다. 그곳에서 나는 옛 판본을 비롯해 원하는 모든 철학서를 볼 수 있었다. 존 로크와 알프레드 J. 에이어, 아이리스 머독 등 이 책에서 소개하는 철학자 중 몇 명도 그 근방에서 공부하거나 강의한 적이 있다.

이런 장면을 상상하면 '고상하다'는 단어가 먼저 떠오른다. 실제로도 철학에 대해 집중적으로 연구하고 글을 쓰다 보면 일상생활과는 다소 동떨어진 느낌이 든다. 그렇다고 해서 철학을 일종의 사치나 부수적인 선택 사항으로 여겨서는 곤란하다. 철학을 탐구하고 이해하고 잘 활용하면 개인과 사회의 삶을 개선할 수 있기 때문이다.

10년 전에 나는 자기계발과 심리학 고전에 관한 책을 몇 권 썼다. 그러다 역사상 진짜 위대한 지성들의 작품으로 내 정신세계를 확장하고 싶었다. 물론 쉽지 않으리라는 것은 잘 알고 있었다. 너무나 방대한 문헌의 양에 주춤했던 것이다. 그래도 한 번에 한 철학자의 저서를 한 권씩 읽어가다 보니 서서히 이 책의 전체적 윤곽이 잡혔다. 마침내 책이 출간되었을 때 독자들의 호응을 얻었고, 지금도 꾸준히 독자들이 생겨나고 있다. 그동안 댓글이나 질문을 보내준 많은 독자에게 감사드린다.

이번 개정판에서는 몇몇 장이 바뀌었다. 토마스 아퀴나스의 《신학대전》이나 이사야 벌린의 《고슴도치와 여우》 등 초판에서 지면상 아깝게 빠졌던 작품이 새로이 자리했다. 이 책들은 주제도 출간된 시기도 다 다르다. 이것만 봐도 철학의 다양성을 실감할 수 있다. 물론 이런 엄청난 시대 차이에도 불구하고 연결고리가 존재한다. 아퀴나스나 벌린 모두 일상적 현실에 흐르는 보편적 지성을 이야기한다.

주디스 버틀러의 《젠더 트러블》과 페터 슬로터다이크의 《너는 너의 삶을 바꿔야 한다》도 새로이 들어왔으며, 마이클 샌델은 《공정하다는 착각》으로 바뀌었다. 버틀러는 시몬 드 보부아르의 페미니즘 철학을 출발점 삼아 섹스와 젠더의 교차점에 대한 새롭고 혁명적인 견해를 제시한다. 슬로터다이크의 책은 개인적으로 내게 혁명적 변화를 일으켰다. 나는 자기계발 분야를 집중적으로 연구하면서 늘 인간의 자기계발을 이해하는 철학적 틀이 아쉽다는 생각이 들었는데, 슬로터다이크가 그 점을 해소해주었다. 샌델의 연구가 우리 사회에 어떤 영향을 미쳤는지는 더 말할 것도 없다. 능력주의에 대해 반직관적인 주장을 펼치는 센델의 책은 2000년이 넘는 정치철학의 전통을 따라 지난 20년 간 서구 정치에서 나타난 암울한 경향을 비롯해 많은 정치적·사회적 트렌드를 설명해주는 듯 보인다.

이 책을 읽다 보면 내가 쓴《경제학 고전 50₅₀ Economics Classics》이나《정치학 고전 50₅₀ Politics Classics》도 읽고 싶어질 수 있다. 출판사와 나는 이 3부작을 줄여서 'PPE'라고 부르는데, 1921년부터 옥스퍼드대학교에 개설된 유명한 철학·정치학·경제학 (PPE) 융합 전공 학위에서 따온 명칭이다. 순수 고전 커리큘럼의 대안으로 마련된 PPE는 학생들이 현대 사회(특히 공무원 조직)에 진출할 채비를 갖추는 동시에 개념적 기술을 연마하도록 돕는 것이 목적이다. 이 학위 과정은 해럴드 윌슨, 데이비드 캐머런, 아웅 산 수 치, 베나지르 부토, 밥 호크 같은 각국 지도자들과 최근에는 말랄라 유사프자이와 같은 젊은 여성 인권 운동가를 배출하며 큰 성공을 거두었다. 이는 학생들이 좀 더 독창적이고 거시적인 관점을 키우려면 철학 교육이 필수적이라는 사실을 시사한다.

철학은 다른 모든 주제를 바라보고 이해하는 데 필요한 메타 학문이다. 예를 들어 정치철학을 공부하지 않고는 정치계나 경제계의 흐름을 제대로 이해하기 힘들다. 애초에 왜 인간이 사회를 만들었고 사회의 기반이 되는 정의의 개념은 무엇이며 집단과 비교되는 개인의 권리가 무엇인지를 기본 원리부터 알아야 하는 것이다. 철학은 바로 이런 주제를 다루며, 이 외에도 훨씬 더 많은 내용을 다룬다.

그렇더라도 그 많은 위대한 철학 고전을 비교적 단기간에 체계적으로 공부할 기회를 얻는 사람들은 많지 않다. 나에게 그런 기회가 주어지고 또 그중에 가장 흥미로운 생각들을 대중에게 알릴 기회가 생긴 것은 크나큰 행운이었다. 그동안 여러 권의 책을 썼지만, 이 책은 새로운 사상의 세계와 세상을 바라보는 관점에 눈뜨게 해주었다는 점에서 내게 가장 소중하다. 나는 자기계발의 역사나 철학 등을 계속 연구하는 토대로써 이 책을 쓸 때 배웠던 내용을 수시로 다시 들춰보고 있다.

철학은 어떻게 소개하든 결코 진실로 객관적일 수 없으므로, 이 책도 그렇다고 주장하지는 않겠다. 실제로 독자들은 이 책의 일부 책 선정과 논평이 특이하다고 생각할지도 모른다. 그렇더라도 나는 독자들이 이 책에서 무언가를 얻을 수 있다고 생각한다. 많은 사람이 철학에 쉽사리 접근하지 못하는 것은 어디서부터 시작해야 할지 모르기 때문이다. 그것은 너무 위압적이고 거창한 주제인 것 같다. 이 책은 단지 입구에 불과하지만 어쨌거나 철학의 세계에 발을 들여놓게 도와준다. 이 책이 독자들을 멋진 세계로 이끌어가길 바란다.

톰 버틀러 보던

여기 50권의 책은 고대 및 현대 서양 철학의 주요 저작 중 일부와 동양 철학을 간략히 소개하기 위함이지 절대 기준이 아니다. 나는 세계 각지의 철학자들을 고루 망라하고 싶었지만 그러지 못했다. 그럼에도 최소한 이 책은 방대한 사상의 맛보기는 되어줄 것이다. 각 저작 소개 말미에 정리해둔 '함께 읽으면 좋은 책'은 본문에 소개된 다른 철학자들의 저작이어서 별도의 저자 정보는 싣지 않았다. 아울러 책의 가장 뒷부분에 지면상의 제약이 없었다면 포함시키고 싶었던, 더 읽어볼 가치가 있는 50권의 철학 명저를 추가로 수록했다.

이 책은 여러분을 철학의 세계로 안내하는 입문서로, 철학 사조나 시기, 입문서나 학술서에서 기준으로 삼는 '학파'와 '주의' 같은 통상적 범주에 초점을 맞추지는 않았다. 여러분은 그저 읽고 깨우치면 된다. 그렇다 해도 여타 분야처럼 철학에도 고유의 용어와 언어가 있으므로 책의 말미에 도움이 될 만한, 자주 쓰이는 용어 설명을 추가했다.

철학은 공식적인 학문으로서는 비교적 역사가 짧지만 인류와 오래 호흡해온 지식 분야다. 에피쿠로스는 아테네의 자택 정원에 학교를 세웠고, 오늘날에도 전 세계의 술집과 가정에서 철학 클럽을 만나볼 수 있다. 철학은 살아 숨 쉬는 것이며, 철학적 질문은 인간이 실존하는 한 언제까지고 되풀이될 것이다. 여기 소개되는 50권의 저서가 이를 증명한다. 논쟁의 여지 없는 위대한 철학자들의 저작으로 진정한 통찰력을 보여준다.

연대기순이 아니라 이름순(알파벳 기준)으로 구성해서 다소 직관적이지 못할 수도 있지만, 독자 여러분이 기존 범주에 구애받지 않고 독자적으로 사상, 저작, 시대, 철학자들을 서로 연관 지어볼 수 있으리라 생각한다. 가장 흥미로워 보이는 부분부터 골라 읽을 수도 있지만, 처음부터 끝까지 차례로 읽는다면 여행하는 기분을 더욱 만끽할 수 있을 테고, 그 길목에서 전혀 뜻밖의 선물을 발견하게 될지도 모른다.

관련하여 궁금한 것이 있는 독자는 언제든 '철학 Philosophy'이라는 제목의 메일을 보내주시라. 기꺼이 추가적인 답변을 해드릴 예정이니, 독자 여러분의 많은 관심을 바란다.

철학, 세상을 새롭게 보게 하는 힘

철학은 인간의 활동 중에서 가장 숭고하면서도 가장 사소한 것이다. 가장 작은 틈새에서 작용하면서도 가장 넓은 전망을 열어젖힌다. 철학은 흔히 하는 말로 '밥을 먹여주지는 못하지만', 우리의 영혼에 용기를 불어넣는다. 철학의 태도, 그 의심과 도전, 궤변과 변증법이 일반인에게는 종종 불쾌해 보일 수 있어도, 철학이 전 세계의 관점에 두루 비추는 그 환한 빛 없이는 어느 누구도 살아갈수 없다. _윌리엄 제임스의 《실용주의》 중에서

철학philosophy이란 그리스어로 사랑philo과 지혜sophia가 합쳐진 말이다. 철학은 학문의 한 분야인 동시에 개인적인 가치관으로서, 만물의 진실에 도달하기 위해 더 나은 방식으로 생각하고 존재하고 이해하려는 열망을 일컫는다.

철학에는 다양한 갈래가 있지만, 철학의 가장 두드러진 특징은 우리가 실제 무엇을 알 수 있는가에 초점을 맞춘다는 점일 것이다. 극단성과 불확실성이 점점 커져가는 이 시대에 '우리가 과

연 무엇을 알 수 있는가' 하는 질문은 그 진가를 발휘한다. 나심 니콜라스 탈레브가 《블랙 스완》에서 지적했듯이 정말로 중요한 것은 우리가 무엇을 알지 못하느냐다. 공적으로든 사적으로든 우리의 세계를 변화시키는 것은 언제나 예상치 못했던 일들이기 때문이다.

아마도 철학을 크게 구분하자면 모든 정보를 감각으로부터 얻어야 한다고 믿는 경험주의와 유물론, 이성적 추론을 통해서만 진리에 도달할 수 있다는 합리주의와 관념론으로 나눌 수 있을 것이다. 데이비드 흄과 알프레드 J. 에이어, 칼 포퍼 등은 전자를, 플라톤과 데카르트, 칸트 등은 후자를 대표한다. 이 책의 목적은 누가 옳은가를 판단하는 것이 아니라 이런 사상과 이론의 일부를 제시해 독자들이 스스로 판단할 수 있도록 도움을 주는 데 있다.

철학자들은 스스로 인간의 행위와 우주를 설명하기 위해 공정하고 정확한 체계를 수립해간다고 믿고 싶어 하지만, 사실상 철학에는 철학자 개개인의 편견과 세계관이 반영될 수밖에 없다. 철학은 어디까지나 철학자들이 만드는 것이고, 이들은 각자 진실이라고 믿는 바를 주장하는 불완전한 사람들이니 말이다. 하지만 바로 이 점이 철학을 흥미롭게 만든다. 따라서 이 책에서는 일부 핵심적인 철학 이론과 더불어 그런 이론을 고안한 사람들에 관해서도 소개해보려 한다. 이들의 사상은 단지 개인적 정신의 투영물에 불과한 것일까, 아니면 어느 정도 보편적 핵심에 도달한 것일까?

보통 인간의 문제에 관해서는 철학보다 심리학이 더 신뢰할 만한 학문 분야라고 생각한다. 심리학은 실험적이기 때문이다. 하지만 비트겐슈타인이 《철학적 탐구》에서 언급했듯이, 과학적 방법은 때로 개념적 깊이의 부족함을 감추는 역할을 한다. '실재란 무엇인가? 인간이란 무엇인가? 삶의 의미란 무엇인가?' 니체의 주장에 따르면, 철학은 만물의 총체성totality을 고려하기 위해 생겨난 유일하게 진정한 '메타' 학문이다.

그렇다고 철학이 '과학적'이란 말은 아니다. 버트런드 러셀은 "더 많은 사실을 알아내는 것이 과학의 임무라면, 철학의 역할은 과학을 들여다볼 수 있는 유효한 개념과 법을 정립하는 것"이라고 설명한 바 있다. 스티븐 호킹의 신념처럼 과학이 철학을 포함하고 있다기보다는 철학이 과학 이론과 기초 자료를 더 큰 맥락에 적용시킨다고 봐야 할 것이다. 과학도 결국은 인간의 일이므로, 만약 과학이 우리 이론을 자연과 일치시키려는 시도라면 우리가 가장 먼저 다뤄야 할 것은 인간의 본성이다.

우리가 보고 있는 것이 무엇인지를 알기 위해서는 먼저 우리가 그것을 어떤 렌즈로 보고 있는지, 즉 우리가 어떻게 세상을 바라보는지를 알아야 한다. 예를 들어 물질에 초점을 맞추었던 아이작 뉴턴의 낡은 우주관은 양자물리학에서 주장하는 이상하고 유동적인 실재를 더는 설명하지 못한다. 그러나 철학은 객관성과 의식 자체에 초점을 맞추기 때문에 이러한 불확실성을 설명할 준비가 되어 있다. 20세기의 물리학자 데이비드 봄은 현미경 아래에서 벌어지는 전자의 운동을 설명하기 위해 철학의 힘을 빌려야 했다. 그는 우주의 운행에서 의식이 물질 못지않게 중요한 요소라고 결론 내렸다.

우리는 누구나 '개인적 삶의 원칙'을 가지고 있고, 이 또한 철학이다. 이러한 개개인의 철학이 우리가 하는 모든 행동의 토대를 이룬다. 윌리엄 제임스는 그의 《실용주의》에서 G. K. 체스터튼의 말을 인용하여 이를 표현한다. 철학은 고매한 교수들의 전유물이 아니라 실용적인 것으로, 우리는 철학 없이 살아갈 수 없다.

방을 빌려줄지 말지 고민하는 집주인에게는 하숙인이 지불하는 비용도 중요하지만 그의 철학을 아는 것이 더 중요하다. … 전쟁에 나간 장군에게는 적의 규모도 중요하지만 적의 철학을 아는 것이 더 중요하다. … 문제는 우주의 이론이 사안에 영향을 미치느냐 아니냐가 아니라 결국에는 그 외 다른 요인이 영향을 미치느냐아니냐다. _G. K. 체스터튼

물론 개인의 철학과 학문으로서의 철학에는 차이가 있으며,

둘 사이에 가교를 놓는 것도 이 책의 목적 중 하나다. 이 책은 특정 철학의 내용이나 의미 자체에만 관심을 두지 않는다. 우리에게 의미 있는 것은 우리의 삶의 질을 올려주고, 세상 속에서 우리의 행동을 이끌어주며, 우주 내에서 우리가 서 있는 위치를 알려주는 철학이다.

행복하고 충만하게 사는 방법을 제시한 아리스토텔레스나 에피쿠로스, 이상적인 사회를 제시한 플라톤 같은 고대 철학자들의 사상은 2500년 가까이 여전히 강한 울림을 전한다. 비록 객관성은 부족해도 철학은 아직도 전 세계에 '두루 비추는 그 환한 빛'을 통해 세상을 새롭게 보게 하는 힘을 지니고 있다.

철학은 우리에게 다른 모든 지식을 바라보는 기본 틀을 제시한다. 아울러 보다 새롭고 자유로운 방식으로 생각하고, 존재하고, 행위하고, 인식하는 방법을 제시한다.

생각하는 방법: 나는 생각한다, 고로 존재한다

철학은 생각하는 방법을 다루며, 이는 매사에 오해하기 쉬운 인간의 성향을 고려하여 종종 우리의 지식 근간에 의문을 품는 것을 의미한다. 데카르트는 인간의 정신이 감각에서 얻은 데이터에 얼마나 쉽게 기만당할 수 있는지를 깊이 파고들었고, 이를 근거로 이 세상에 과연 진정으로 존재한다고 말할 수 있는 것이 있을지 의심했다. 이런 회의적인 입장에서도 그는 돌파구를 찾아내었으니, 만약 그가 사고 과정에서 기만을 당하려면 그런 경험을 하고 있는 '나'가 있어야 했다. 데카르트는 이런 말을 남겼다.

> 나는 이로부터 내가 하나의 실체고, 그 본질 혹은 본성은 오로지 생각하는 것이며, 존재하기 위해서 아무런 장소도 필요 없고 또 어떤 물질적 사물에도 의존하지 않는다는 결론에 이르렀다.

우리가 사실이라고 인식하는 것에 끊임없이 속고 있더라도, 우리가 인식하고 있다는 사실만은 의심할 수 없다. 우리는 무엇보다도 먼저 '생각하는 존재'인 것이다. 의식은 우리의 본질이고, 우리가 가장 많이 의식하는 것은 우리 자신이다. 우리가 생각하는 것, 하는 행동, 다음에 할 일, 우리가 아는 것 등등. 데카르트의 표현대로 '나는 생각한다, 고로 나는 존재한다'인 것이다.

인간은 모호하게 논리적인 방식, 더욱 오래된 용어를 사용하자면 '이성'으로 생각하는 능력 덕분에 동물계에서 독특한 위상을 차지하게 되었다.

존재하는 방법: 행복하고 의미 있는 삶을 살 수 있는 의지

고대 이래로 철학자들은 우리에게 중요한 일이나 대의에 자신을 내던짐으로써 자아에서 탈피하거나 자연 감상, 사랑, 영적 수행 등을 통해 구속을 완함으로써 행복을 얻을 수 있다고 주장해왔다.

에피쿠로스는 올바른 일을 하면 자연히 마음이 평온해지기 때문에 미덕이 즐겁고 행복한 삶을 만든다고 생각했다. 잘못된 행동의 결과로 전전긍긍할 일이 사라지면, 누구든 자유롭게 친구, 철학, 자연, 소소한 위안으로 이루어진 소박한 삶을 즐길 수 있다는 것이다.

아리스토텔레스는 "선에 따르는 행동이 행복을 좌우한다"고 했으며, 러셀 역시 그의 저서 《행복의 정복》에서 성공보다는 노력이 행복의 필수 요건이라며 우리의 관심을 밖으로 돌려 삶 속으로 뛰어들 때에야 비로소 기쁨을 얻을 수 있다고 말했다.

사르트르는 맹목적으로 사회의 규칙이나 당대의 도덕적 '율법'을 받아들이지 말고 '진정으로' 스스로 자신의 운명을 선택하며 살아가야 한다고 주문했다. "인간은 자유롭도록 선고받았다. 세상에 한번 내던져지고 나면 자신이 하는 모든 일을 스스로 책임져야 하기 때문이다."

하이데거는 우리가 자신의 존재에서 의미를 발견하지 못할 수가 없다고 주장했다. 나는 사랑하고, 행위하고, 영향력을 행사한다. 이것이 내 존재의 본질인 것이다. 한나 아렌트는 우리의 행동은 결코 예측 가능하지 않고, 모든 탄생에는 세계를 변화시킬 가능성이 태생적으로 깃들어 있다고 말했다. 요컨대, 우리는 중요한 존재라는 것이다.

행위하는 방법: 나의 준칙이 보편적 기준이 되게 하라

"네 의지의 준칙이 항상 보편적 입법의 원리가 될 수 있도록 행동하라." 그 유명한 임마누엘 칸트의 정언 명령이다. 개인의 행위 판단에 대한 기준이 사회의 모든 사람이 똑같이 행동하더라도 즐거울 것인지 여부에 따라야 한다는 것이다. 사람을 목적을 위한 수단으로 간주해서는 안 된다. 칸트는 이것이 합리적이고 철학적으로도 타당하다는 사실을 확고히 증명하고자 했다.

로마의 웅변가 키케로는 타인을 함부로 대하는 것은 스스로에게 그러는 것과 마찬가지라고 믿었으며, 플라톤은 우리가 올바른 일을 하면 우리 영혼의 세 부분, 즉 이성과 기개, 욕망이 조화로워지는데 그 자체가 보상이라고 믿었다. 정의롭게 행동하는 것은 부차적인 선택 사항이 아니라 인간이란 존재의 중심축이다. 만일 선한 의도의 행동이 없다면 그 삶은 무의미하기 때문이다.

중국에서는 공자가 우리는 사람으로 태어나지만 이기심을 버리고 사회 내에서 맡은 역할을 다함으로써 비로소 인간이 되어간다고 말했으며, 현대 철학자 피터 싱어는 좋은 삶이란 건강, 재산, 새 차, 휴가로 얻어지는 것이 아니라 이 세상을 좀 더 공정하게 만들기 위해 할 수 있는 일을 생각하고 행동함으로써 얻어진다고 했다.

이러한 공리주의적 가치관은 18세기 제러미 벤담의 '최대 다수의 최대 행복'으로 거슬러 올라간다. 그의 바람은 행복을 법률로 제정하는 것이었는데, 이것은 당대의 영국 법이 만인에게 최대의 혜택을 제공하기보다는 기득권의 이익을 보호하려는 목적이 강했던 만큼 대단히 급진적인 사상이었다.

존 롤스는 그의 기념비적인 저작 《정의론》에서 가정한다. 자신이 인생이라는 운수 뽑기에서 왕으로도 거지로도 태어날 수 있다면, 누구라도 모든 사람에게 공정한 성공의 기회를 보장하기 위해 노력하지 않을까? 부나 지위상의 불평등이 존재할 수밖에 없다면, 먼저 그런 자원이나 보상을 내려놓고 경쟁할 수 있는 완전한 접근권이 보장되어야 한다. 이 경우 사람들은 '사회 전체의 이익'을 위해 강제로 희생할 필요가 없고, 본인과 자식에게 그런 목표를 달성할 동등한 기회가 있다는 사실만 확인하면 부와 지위의 불평등도 받아들이게 될 것이다.

존 스튜어트 밀은 명저 《자유론》에서 개인의 자유를 보장하기 위해 그 유명한 '위해의 원칙'을 제시했다. "문명사회의 모든 구성원에게 그들의 의사에 반해 권력을 행사하더라도 정당하게 인정되는 유일한 목적은 그들이 타인에게 위해를 가하지 못하게 막으려는 경우뿐이다." 정부는 단지 국민 '자신의 이익'에 도움이 되리라는 이유로 법을 제정해서는 안 된다. 오히려 어느 한 시민의 행위가 다른 시민에게 해를 끼친다는 사실을 입증할 수 없는 한, 그의 행위는 허용되어야 한다. 밀은 지속적인 감시와 견제가 없으면 정부 권력은 점차 확대되고 개인의 자유는 갈수록 침해당하는 경향이 있다고 지적했다. 하지만 그렇다고 해서 정부가 확대되는 추세를 경고하는 것이 정부에 전혀 정당성이 없다는 의미는 아니다.

그렇다면 개인의 자유와 국가의 통제 사이에서 올바른 균형이란 무엇일까? 밀은 이것을 '미래의 문제'라고 표현했고, 실제로 우리는 지금도 여전히 이 문제와 씨름하고 있다.

인식하는 방법: 이성을 가지고 초연결적인 세상에서 살아가기

플라톤의 동굴 우화*는 매우 유명하다. 이 우화는 우리가 진실과 정의, 미덕, 선과 같은 영원한 '형상'이 인식될 날을 기다리며 계속 존재하지만, 대부분은 평생 만물의 그림자와 외양만 좇다가 끝난다는 매우 놀라운 주장 때문에 여전히 반향을 불러일으키고 있다. 칸트 역시 우리가 시공간 속에 존재하고 감각에 한계가 있기 때문에 만물의 실재(물자체)와는 단절되어 있다고 믿었다. 그러나 인식된 세계의 배후에는 근본적이고 형이상학적인 진리가 있고, 우리는 이성을 통해 조금이나마 그곳에 다가갈 수 있다.

---

* 동굴 안 결박된 죄수들이 모닥불에 비친 앞사람의 뒤통수와 그림자만 볼 수 있는 상황에서 한 명의 풀린 죄수가 동굴 밖에 나가 돌아온 후 그들이 본 것은 빛의 투사체며 밖에는 더 빛나는 태양이 있다는 말을 아무도 믿어주지 않는다는 이야기.

근대 철학자들은 우리가 현상을 일정한 방식으로 인식하고 조직화하는 뇌를 가진 동물임을 지적하며 잇달아 이런 개념을 일축해왔다. 지식은 형이상학적인 통찰이 아니라 우리의 감각을 통해 얻은 것에만 기초하고, 과학은 우리의 객관성을 증대시킨다는 것이다. 그러나 헤겔은 만물이 오로지 관찰자의 인식의 맥락 속에서만 존재하므로 '객관적' 분석이란 환상일 뿐이고, 의식은 분석하려는 대상의 세계와 마찬가지로 과학의 일부라고 주장했다. 헤겔에게 진정한 학문이란 '우주를 발견하는 것'이 아니라 우리의 정신과 의식 그 자체를 발견하는 것이었다.

헤겔의 각성된 '정신' 또는 인간사에 관한 의식이라는 거대하고 전체론적인 개념은, 세계대전과 불황 등의 사건 등으로 인해 역사가 긍정적으로 흐른다는 인식에 반하는 듯 보이면서 철학적 유행에서 멀어지게 되었다. 실제로 과학철학자 토머스 쿤이 《과학혁명의 구조》에서 입증하고 미셸 푸코도 언급했듯이, 지식은 하나의 발견이 또 다른 발견 위에 쌓이면서 위를 향해 말끔한 일직선으로 나아가는 것이 아니다. 그보다는 각 시대별로 세상을 바라보는 완전히 다른 프리즘이 있고, 그것이 보이도록 허용하는 한에서만 무언가가 실재하는 것으로 인식된다.

이때 누가 옳든 간에, 세계를 정확히 이해하는 우리의 능력을 평가하려면 언어를 빼놓고는 논할 수 없다. 비트겐슈타인에 따르면 말은 종종 정교한 의미를 전달하고, 같은 말이라도 수없이 다른 의미를 전달한다. 언어는 우리 세계의 한계를 드러내는 형식 논리가 아니라 그 규칙이 느슨하고 우리의 삶에 따라 진화해 가는 사회적 놀이다. 비트겐슈타인의 유명한 말처럼, 진정한 철학은 언어가 철학에 걸어놓은 '마법'에 맞서는 끊임없는 투쟁이다. 명석한 솔 크립키의 말을 빌리면 금은 '노란색의 반짝이는 금속'이라는 우리의 묘사가 아니라 '원소기호 79번'이라는 그 본질적 속성으로 규정된다.

플라톤부터 칸트까지, 헤겔부터 비트겐슈타인까지 철학사 내내 되풀이된 생각은 이 세계가 단순히 우리가 인식하거나 묘사하는 것만이 아니라는 것이다. 형상, 물자체, 본질적 속성 등 어떤 용어를 사용하든 간에 우리의 감각이 분명히 인지하지 못하는 근원적인 실재가 존재한다.

'무엇이 실재인가'와 '무엇이 진실인가'란 질문에 오랫동안 매달려온 철학사에 대해 일부 사상가들은 정작 중요한 것은 놔두고 엉뚱한 데 관심을 쏟아왔다고 평가했다. 장 보드리야르는 오늘날 우리가 살고 있는 미디어 포화 상태의 세상에서 '실재'란 아무 의미가 없다고 선언했다. 오늘날의 인간은 '진실'을 추구하는 자아의 기획이 아니라, 관념과 이미지를 소비하고 복제하는 기계에 더 가깝다.

마셜 매클루언은 매스미디어와 커뮤니케이션 기술이 우리의 존재 방식을 바꾼다고 주장했다. 기호가 등장하기 전에 인간의 주된 감각 기관은 귀였다. 하지만 기호가 등장한 후로는 눈이 지배적인 감각 기관이 되었다. 알파벳으로 문장을 구성하듯이, 우리는 선형적으로, 사실과 개념을 순차적으로 연결해가며 생각하게 되었다. 새로운 미디어 환경은 다차원적일뿐더러 정보가 워낙 시도 때도 없이 대량으로 쏟아져나오다 보니, 우리는 이제 머릿속에서 정보를 적절히 분류하고 처리하는 능력을 잃어버렸다. 오늘날의 미디어 환경에서 자라나는 아이들은 부모와 교사의 영향력뿐만 아니라 세계 전체에 노출되어 있는 셈이다.

이 새로운 미디어 세상에서 플라톤의 동굴 우화가 여전히 의미가 있을까? 우리는 실재와 진실을 인식할 모든 기회를 상실한 것일까? 그것이 중요한 문제일까? 한 가지만은 분명하다. 우리가 더는 스스로를 기술과 별개의 존재로 바라볼 수 없다는 것이다. 새로운 '트랜스휴머니스트' 사상가들이 주장하듯이, 우리는 이제 단순히 인간이 기술을 이용하는 세계에서 살아가지 않는다. 기계는 우리의 일부고, 점점 더 우리 신체의 연장이 되어갈 것이며, 우리는 기계를 통해 자신과 세계를 지각하게 될 것이다.

지금 우리에게 철학 필독서가 필요한 이유

신학자이자 철학자인 토마스 아퀴나스는 《천체론De Caelo》에서 이렇게 말했다.

철학 연구의 목적은 사람들이 생각해온 바를 아는 것이 아니라 사물 그 자체의 진실을 아는 것이다.

이것이 이 책의 목적이다. 하지만 사람들이 어떤 식으로 생각해왔는지를 아는 것도 도움이 될 수 있다.

만약 여러분이 아직 확고한 인생관을 가지지 못했다면, 이 책에서 인생을 바라보고 나아가 기존의 세계관에 도전하는 데 필요한 여러 강력한 개념들을 발견할 것이다. 우리가 확실성을 원하는 것은 당연한 일이지만, 만약 어떤 종류든 절대적인 지식이 존재한다면 그것은 우리의 질문을 통하여 변하거나 흔들리지 않을 것이다. 따라서 여러분은 위대한 철학서들을 읽어봄으로써 잃을 것은 하나도 없고, 무엇이든 얻게 될 것이다.

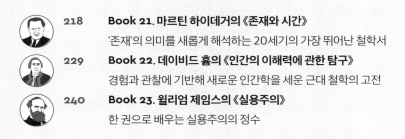

Book 31 - 40

Book 41 ~ 50

Book 01

신학 교과서이자 중세 스콜라
철학을 대표하는 저작

토마스 아퀴나스의
《신학대전》

토마스 아퀴나스 Thomas Aquinas

중세 기독교의 대표적 신학자이자 스콜라 철학자로 2000년 가톨릭 역사상 최고의
신학자로 평가받는다. 교황 레오 13세는 "스콜라학의 왕자이며 스승"이라고 칭했다.
그의 이름을 딴 토마스학파의 시초이기도 하며, '교회학자'* 33인 중 하나다. 논리와 이
성으로 신을 증명할 수 있다고 여겨 맹목으로 흐르기 쉬운 신앙에 이성적 사유의 중요
함을 일깨웠다.

《신학대전》은 1274년에 출간된 라틴어 신학서로 장장 100권에
달하는 방대한 저작이다. 스콜라 철학의 정수를 보여주는 이 책
은 집필에만 10년이 걸렸으며 그마저도 완성하지 못한 채 토마
스 아퀴나스는 사망했다(따라서 이 책에서는 신, 영혼, 신의 다스림 등
본질을 다루는 1부를 중심으로 소개하려 한다). 스콜라 철학은 기독교
신학에 중심을 둔 철학 사상으로 수도원에 부속된 학교, 즉 스콜

---

* 가톨릭에서 교리나 신학에 큰 공헌을 한 성인에게 부여하는 명칭.

라schola에서 가르치던 교사인 스콜라스티쿠스Scholasticus를 중심으로 연구가 이루어졌기에 이런 이름이 붙었다.

중세 초기에는 거의 모든 철학자가 신학자 아니면 성직자였다. 신학은 의미와 지식에 관한 모든 핵심적인 질문을 끌어안은 철학이었고, 심리학보다 훨씬 앞서서 인간의 행동을 포용했다. 그렇기에 아퀴나스는《신학대전》을 통해 기독교 신앙을 옹호하는 것을 넘어서서 이 세상이 어떻게 생겨났고 무엇을 위해 존재하는지에 대해 밝히며, 세상을 만든 것은 신이지만 세상을 완성하는 데는 인간의 역할이 가장 중요하다는 주장을 펼친다.

아퀴나스는 아리스토텔레스의 영혼론*을 바탕으로 인간의 영혼 안에 지성이 포함될 수 있으며 지성을 지닌 인간의 영혼은 불멸한다고 주장했다. 또한 아리스토텔레스가 말한 행복은 미덕을 실천하며 신의 뜻대로 사는 데서 얻어진다고 믿었다. 물론 비기독교적인 인물의 영향을 받았다는 점에서 훗날 비판을 받기도 했는데, 그런 면에서 아퀴나스는 오늘날의 기독교인보다 훨씬 더 개방적이다. 진리는 어디에서 발견되든 진리라는 사실을 받아들였기 때문이다.

만약 아퀴나스가 지금 살아 있다면 여전히 신을 믿을까? 아니면 종교적 영역을 다 헛소리로 취급할까? 후자라고 믿고 싶지만

---

* 아리스토텔레스는 영혼을 신체의 형상으로 정의하고, 신체가 소멸하면 영혼도 소멸하지만 인간의 지성만큼은 신체에 속하지 않아 사후에도 살아남는다고 주장했다.

철학과 과학은 인간의 창조물이라는 그의 지적이 떠오른다. 철학과 과학은 우리에게 세상이 어떠한지는 알려줄 수 있어도 왜 그런지는 말해주지 않는다. 아퀴나스는 《신학대전》을 통해 이 세상은 신의 사랑으로 생겨났고, 윤리적이고 충실한 삶을 통해 우리는 '신에게 되돌아갈' 수 있다고 말한다. 오로지 신학만이, 즉 매우 개방적이고 세련된 이 철학만이 우리가 세상의 움직임을 이해하는 데 도움이 된다는 것이다.

철학만으로 충분한가

아퀴나스는 신학 없이 철학만으로 우리에게 충분하냐는 질문을 던지며 책을 시작한다. 그는 우리가 관찰되고 알려지고 근거에 기반을 둔 지식에만 의지해야 하며 그 외의 모든 것은 우리의 이해 범위를 넘어선다는 주장을 검토한다.

그의 결론은 "인간의 이성을 초월하는 어떤 진리가 신의 계시를 통해 인간에게 전해지는 것이 인간의 구원에 필수적이다"라는 것이다. 물론 이러한 진리 중 일부는 이성을 통해 발견되기도 하지만, 그렇게 할 수 있는 사람은 극소수에 불과하다. 평범한 사람은 신의 계시를 통해 진리를 접한다. 더구나 인간이 이성을 통해 알 수 있는 것에는 한계가 있다. 언젠가는 철학이 멈추고 신학이 더 중요해지는 지점에 도달하게 된다. 《집회서》 3장 25절에서 이르듯이 "인간의 이해를 뛰어넘는 많은 것이 너에게 보

이기 때문이다.˝

인간은 당연히 행복을 원하지만 그 행복이 무엇으로 이루어지는지는 잘 알지 못한다고 아퀴나스는 지적한다. 우리는 행복이 부나 쾌락의 형태로 주어진다고 믿기 때문에 행복의 진정한 근원을 알지 못하는지도 모른다. 아퀴나스는 아리스토텔레스의 영향을 받아 인간이 가장 원하는 것은 행복이라고 보았지만, 더 나아가 이 세상의 모든 것이 행복의 대용물이고 진정한 행복은 신을 가까이하는 데서 얻어진다고 주장했다.

우리는 어떻게 신의 존재를 아는가

아퀴나스는 신의 존재가 증명되거나 검증될 수 없으니 일종의 신념으로 봐야 한다는 반론을 소개하며, 신의 존재는 신념이 아니라 신념의 전제조건이라고 대답한다. 우리의 신앙이나 불신은 신의 존재 여부에 아무런 영향을 미치지 않는다는 것이다. 설령 우리가 신의 존재를 실감할 수 없더라도 신이 존재한다는 가정을 중단해서는 안 된다. 우리가 수학적으로 증명하는 방법을 모르더라도 그 명제 자체는 받아들일 수 있듯이 말이다.

아퀴나스는 또한 우리가 세상에서 보는 모든 것은 신과 무관한 원리로 설명될 수 있고, 나아가 우리의 모든 자발적인 행동은 신의 계획이 아니라 우리의 의지나 이성에 따른 결과라는 주장을 다룬다. 사실 우리는 굳이 신의 존재를 가정하지 않더라도 매우 쉽게 신의 존재를 입증할 수 있다. 이로써 아퀴나스는 그 유명한 '신 존재 증명의 5가지 길'에 이른다.

1. 세상 모든 것은 운동하고 있으며, 다른 무언가에 의해 움직인다. 모든 운동은 가능태가 현실태로 바뀌는 것이지만, 애초에 현실태에서 스스로 움직이기 시작한 무언가가 없었다면 이런 운동은 일어날 수 없다. 우리는 원하는 만큼 얼마든지 인과관계의 사슬을 거슬러 올라갈 수 있겠지만 무한대로 계속할 수는 없다. 최초에 다른 것들을 움직이게 만든 '제1운동자'가 존재해야만 하고, 그것이 바로 신이다.

2. 어떤 것도 스스로를 생겨나게 할 수는 없다. 그리고 만약 어떤 것을 생겨나게 한 원인이 없다면 결과도 없을 테니 지금 우리가 이야기하는 것은 존재할 수 없었을 것이다. 그런데 현재 무언가가 존재한다는 사실은 그것이 최초의 원인에서 나온 결과임을 의미한다.

3. 아무것도 존재한 적이 없다고 가정해보자. 인과법칙에 따르면 이 가정은 지금도 아무것도 존재할 수 없다는 의미가 된다. 그렇지만 만물은 존재하며, 만물의 존재가 가능하려면 반드시 다른 모든 것을 존재하게 만든 최초의 존재가 있어야만 한다. 우리는 이것을 신이라고 이해한다.

4. 사람을 비롯해 존재하는 모든 것에는 크고 작은 차이가 있다. 어떤 사람은 선하고 진실하고 고귀하지만, 어떤 사람은 그렇지 않다. 그렇지만 우주의 각 개체는 어떤 '최대치'와의 비교로 나타날 수 있다. 예를 들어 물체의 뜨거운 정도는 열의 최대치인 불과의 비교로 측정된다. 윤리의 관

점에서도 가장 선하고 진실되고 고귀한 것이 반드시 존재해야 한다. 모든 분류에는 궁극적 수준이 있어야 하고, 그 궁극적 수준이 그것을 분류하는 원인이 된다. 인간의 관점에서 우리에게 선하거나 진실한 것은 절대적인 관점에서 선하고 진실하고 완전한 존재로 말미암아 생겨난다. 이 존재가 바로 신이다.

5. 지능이 없는 사물은 예측 가능하고 효율적인 방식으로 움직이지만, 그 배후에 어떤 지적인 존재가 없다면 이런 움직임이 발생할 수 없다. 마치 날아가는 화살 뒤에는 항상 화살을 쏜 궁수가 존재하는 것과도 같다. 이 논리에 따르면 이 세상 자체가 어떤 지적인 존재의 지시로 움직이고 있으며, 이 존재가 바로 신이다.

악은 왜 존재할까

아퀴나스는 만약 신이 존재하고 전능하다면 어떻게 세상에 악이 존재할 수 있느냐는 질문에 악에서 선이 생겨나도록 악의 존재를 허용하는 것도 신의 무한한 선의의 일부라고 답한다. 인간의 본성은 가변적이고 불완전한데, 이는 인간의 이성이나 의지에서 비롯되는 특성이다. 그렇지만 아퀴나스는 쉽게 변하고 불완전한 것이라도 본래는 불변하고 완전한 존재에서 유래했을 것이 틀림없다고 주장한다. 우리 개개인이 때때로 나쁘다고 해서 신과 이 세상 전체가 선하지 않다는 의미는 아니라는 것이다.

아퀴나스는 우리가 신의 본질은 알 수 없고 오로지 신의 외부적 작용만 확인할 수 있으므로 신이 무엇인지보다는 무엇이 신이 아닌지를 파악하는 편이 더 이치에 맞는다고 주장한다. 만약 신이 물질이나 운동, 세상에 보이는 만물이 아니라면 우리는 신의 '단순성', 즉 불변성, 영원성, 무한성, 완전성, 단일성의 관점에서 신을 논해야 한다. 복잡한 것은 우리 인간이다. 그리고 만물은 본질과 실제 존재로 나눌 수 있지만, 신만은 유일하게 전체이므로 전적으로 단순하다고 봐야 한다.

신의 은총

신과 인간의 관계는 정확히 어떠한가? 애초에 신이 세상을 그렇게 만드셨기 때문에 겉보기와 달리 모든 것은 선한 쪽으로 기울게 마련이다. 각각의 인간은 영혼과 육체의 결합체며 그들의 영혼은 유일하고 나눌 수 없다. 인간의 의지와 지성은 그들 영혼의 특정한 경향을 표현하는 것이며, 그들은 자유롭게 선택한 특정한 목적을 달성함으로써 행복을 추구한다. 인간은 영혼과 육체의 결합체이자 물질세계의 일부로서 자연히 영적인 '보편성'보다는 그들 주변의 일들과 개인적인 목표에 중점을 둔다.

그렇더라도 인간은 여전히 신에게 충실하기를 바라며, (본질적으로 비합리적인 행위인) 신앙에 따라 행동하는 사람은 그로써 신앙을 이성의 관점에서 바라볼 수 있게 된다. 우리는 믿음으로써 실제로 무엇이 진실인지를 알게 된다. 이런 변화의 핵심은 사랑으로, 사랑은 믿음에 힘을 불어넣어 믿음을 더 강하게 만든다. 우리의 노력은 신이 우리에게 궁극적인 완전함을 살짝 드러내는 순간인 '은총'을 통해 신성하게 강화된다. 우리는 일상생활에서 미덕과 좋은 습관을 실천함으로써 자신의 뜻을 신의 뜻으로 대신하게 되고, 이런 노력을 통해 진정한 행복의 유일무이한 근원인 신에게로 돌아가게 된다. 이것이 바로 아퀴나스가 말하는 '지복직관beatific vision', 즉 신을 직접 목격하는 더없는 행복이다.

(함께 읽으면 좋은 책) 《제일철학에 관한 성찰》, 《공포와 전율》, 《변신론》, 《팡세》

토마스 아퀴나스 더 알아보기

1224년경 나폴리 귀족 가문에서 태어나 몬테카시노의 베네딕트수도원에서 교육을 받고 나폴리대학교에 다녔다. 그러다 새로이 도미니크수도회에 입회했는데, 이에 그의 가족들은 노발대발했다. 수도회에서 그를 파리로 파견하자 그를 납치해 집으로 데려온 뒤 매춘부를 시켜 그를 유혹하게 했다. 아퀴나스는 저항하다가 스무 살 때 마침내 파리로 돌아갔다. 그리고 20대 후반에 상급 신학 학위를 마쳤다.

1259년에 《대이교도대전》을 집필하고 로마에서 새로운 도미니크회 대학을 설립하는 임무를 맡았다. 이곳에서 《신학대전》을 쓰기 시작해 파리의 두 번째 대학에 파견되었을 때(1268~1272) 이 책의 2부를 완성했다. 1273년 미사를 집전하는 동안 신비로운 경험을 했다고 보고했고, 이때부터 쇠약해졌다. 그는 친구에게 《신학대전》 3부를 끝마치지 못할 것 같다고 말했는데, 그의 비전에 비해 글 쓰는 일이 아무 의미 없어 보였기 때문이다. 이듬해인 1274년 3월에 사망했다.

아퀴나스가 남긴 저작 중에는 피터 롬바르드Peter Lombard와 보에티우스Boethius, 아리스토텔레스 등에 대한 주해서, 신학적 문제와 성경 분석을 결합한 여러 저작 및 찬송가 등이 있다.

Book 02

인간의 잠재력을 강조하는
독창적인 정치철학서

한나 아렌트의
《인간의 조건》

한나 아렌트 Hannah Arendt

독일 출신의 미국 철학자로 20세기의 가장 영향력 있는 정치이론가 중 한 사람이다. 프린스턴대학교의 최초의 여성 교수이자 철학계 최고 권위를 자랑하는 영국 아버딘 대학교 기포드Gifford 강연의 최초의 여성 연사로, 그것도 두 번 연속해서 초빙되는 영예를 안았다. 다양한 지적 활동으로 레싱상, 프로이트상, 소니그상 등을 수상했다.

《인간의 조건》은 한나 아렌트를 현대의 대표적인 정치이론가로 자리매김하게 한 책으로 1958년 미국 시카고대학교에서 처음 출간되었다. 이 책에서 그녀는 인간의 진정한 삶의 가치를 정치적 행위에서 찾는다. 참고로 여기서 말하는 정치적 행위란 '타인과 관계를 맺고 소통하는 일체의 활동'을 말한다. 공동체의 구성원들이 적극적으로 정치에 참여할 때 나치로 대표되는 전체주의를 막을 수 있기 때문이다.

이렇게 아렌트가 공공성에 관심을 두게 된 것은 그의 태생과

관련이 깊다. 독일 태생의 유대인이었던 그녀는 제1, 2차 세계
대전을 겪었으며 나치를 피해 미국으로 망명해야 했다. 그 과정
에서 전체주의의 폭력에 반감을 가지게 되었고, 이는 곧 전체주
의에 대한 연구로 이어졌다. 아렌트는 히틀러와 스탈린을 연구
한《전체주의의 기원》(1951)으로 학계의 주목을 받았고, 나치 아
돌프 아이히만의 전범재판을 통해 '악의 평범성banality of evil' 등
을 고찰한《예루살렘의 아이히만》(1962)으로 명성을 얻었다.

《인간의 조건》에서 한나 아렌트는 인간의 활동을 노동, 작업,
행위로 구분했다. 노동은 생존과 관련된 육체적 활동, 작업은 일
의 재미와 명예를 바라며 수행하는 제작 활동, 행위는 개인의 욕
망과 필요를 넘어 공동체 속에서 어떤 대의를 추구하는 활동을
말한다. 아렌트는 공적 영역과 사적 영역 사이에 사회적 영역이
있다고 보았는데, 사람들이 여기서 경제활동을 하거나 집단행
동 등은 하지만 정치적 행위는 하지 않는다고 주장했다. 그것이
우리로 하여금 자기의 이익에만 몰두하는, 생존 욕구로 가득 찬
동물로 만들었다고 지적한다. 따라서 공동체적 삶과 행위를 되
살릴 것은 주문한다. 그것이 곧 정치적 행위기 때문이다.

지난 30년간 우리는 유전자가 모든 것을 결정한다는 유전자
결정론에 시달려왔다. 그리고 우리는 더욱더 경쟁과 생존에 내
몰렸다. 이러한 상황에서 정치적 행위를 강조한 아렌트의 주장
은 그 어느 때보다 다시금 되새겨볼 만하다.

탄생과 행위라는 기적

아렌트가 보기에 자연은 삶과 죽음이 끝없이 반복되는 냉혹한 과정으로, 반드시 죽을 운명에 처한 인간에게는 그저 '재앙'일 뿐이다. 그러나 인간에게는 행위 능력을 통해 이 굴레를 벗어날 길이 있다. 자유로운 행위란 뭔가 새로운 일을 시작함으로써 이 냉혹한 사멸의 법칙에 개입하는 것이다. 그래서 "인간은 반드시 죽을 운명이라고 해도, 죽기 위해 태어나는 것이 아니라 시작하기 위해 태어난다." 이것이 바로 아렌트가 말하는 '탄생성natality'으로 성 아우구스티누스의 유명한 금언 "시작이 있었고 인간이 창조되었다"에서 영감을 얻었다. 아렌트는 이렇게 말한다.

이전에 발생한 그 무엇으로부터도 예상할 수 없던 새로운 것이 생겨나는 게 시작의 본질이다. … 새로운 것은 언제나 각종 일상적이고 실용적인 목적으로 확실성을 추구하는 통계법칙과 확률의 지배적인 가능성에 어긋나게 발생한다. 그래서 새로운 것은 언제나 기적으로 가장하고 나타난다. 인간의 행위 능력이란 인간에게서 전혀 예상치 못한 일을 기대할 수 있고, 또한 인간이 한없이 불가능한 일을 해낼 수 있다는 의미다. 그리고 이런 일이 가능한 것은 오로지 모든 인간이 저마다 유일하고, 그래서 각 개인의 탄생과 더불어 유일하게 새로운 무언가가 세상에 출현하기 때문이다.

인간은 태어나는 것 자체로도 기적이지만, 말과 행위를 통해 자신의 정체성을 확인할 때 인간으로서의 진정한 영광을 누린다. 동물은 선천적으로 주어진 생존 본능과 충동에 따라서 행동하지만, 인간은 뭔가 새로운 것을 사회적으로 공인된 가치로 바꾸기 위해 이기적인 생물학적 욕구를 뛰어넘는 행위도 할 수 있다(스스로 독미나리즙을 마셨던 소크라테스나 다른 사람을 위해 기꺼이 생명을 내놓는 사람들처럼 인간은 생존 본능에 반해 행동하기도 한다).

이처럼 자유로운 결정을 내릴 수 있기에 인간의 행위는 결코 예측 가능하지 않다. 아렌트는 "이 세계의 추이가 자동적인 과정에 따라 결정된다는 관점에서 보자면, 인간의 행위는 마치 기적처럼 느껴진다"고 말한다. 우리의 삶은 '심심찮게 발생하는 무한히 비개연적인 일들'로 이루어진다. 파시스트 정권은 이런 탄생성이나 개인의 가능성을 근본적으로 부정하기 때문에 그토록 혐오스러운 것이라고 아렌트는 다른 글에서 일갈한다.

용서와 약속이 인간 역사에서 가지는 의미

아렌트는 나사렛 예수가 인간의 행위, 특히 용서를 강조한 것을 인간사에서 중요한 순간으로 본다. 이 발견을 통해 신뿐만 아니라 인간에게도 과거 행위를 무효화할 힘이 생겼기 때문이다. 예수는 세간의 상황을 완전히 바꿔놓을 수도 있다는 점에서 용서의 힘을 물리적 기적을 일으키는 힘과 거의 같은 차원으로 보았다. 아렌트는 이렇게 말한다.

인간은 과거의 행위로부터 부단히 서로를 해방시켜야만 비로소
자유로운 주체로 남을 수 있고, 마음을 고쳐먹고 다시 시작하겠다
는 부단한 의지를 통해서만 새로운 것을 시작할 만큼 위대한 힘을
부여받을 수 있다.

보복하려는 것은 자연스럽고 그래서 예측 가능하다. 하지만
용서는 자연스런 반응에 역행하는 듯 보이므로 결코 예견할 수
없다. 용서는 용서하는 자와 용서받는 자 모두를 자유롭게 만든
다는 점에서 현실적이고 사려 깊은 행위고, 보복이라는 동물적
인 반응에 비해 인간적이다. 이런 류의 행위를 통해서만 인간은
태어나서 아무런 의미도 없이 죽음을 향해 돌진하는 삶으로부
터 벗어날 수 있다.

한편 아렌트는 약속을 하고 또 지키는 능력이 인간과 다른 동
물을 가르는 차이라는 니체의 말에도 동의한다. 인간의 기본적
인 불신뢰성은 우리가 자유를 얻기 위한 대가지만, 대신 인간
은 사회적 관습부터 법적 계약까지 약속을 유지하는 다양한 방
식을 고안해왔다. 용서하고 약속을 지키는 행위는 인간의 결점
을 보완해 더욱 높은 차원으로 이끈다. 이것은 또 인간의 유일성
을 확인하는 창조적 행위기도 하다. 이런 행위 표현 방식에 있어

"어느 누구도 지금껏 살았거나 현재 살고 있거나 앞으로 살아갈 다른 누군가와 결코 동일하지 않은 것이다."

노동, 작업, 행위가 의미하는 것

아렌트는 인간의 세 가지 기본 활동인 노동, 작업, 행위에 대해서 다음과 같이 설명한다.

- 노동이란 모든 인간이 경험하듯이 태어나서 성장하다가 결국에는 쇠약해지는 활동으로, 기본적으로 죽지 않고 살아 있는 것이다. 그래서 아렌트는 '노동의 근본 조건은 삶 자체'라고 말한다.
- 작업이란 인간이 자연계 내에서 수행하는 비자연적인 활동으로, 개인의 삶을 초월하거나 그보다 더 오래 지속될 수 있어 '덧없이 유한한 삶과 쏜살같은 인간의 시간에 영속성과 지속성을 부여하는 수단'을 제공한다.
- 행위란 사물이나 물질의 매개 없이 인간들 간에 직접적으로 수행되는 유일한 활동으로, 인간의 본질이라고도 말할 수 있다. 또 행위는 자연계를 초월하는데 "보편적 인간Man이 아닌 복수의 인간들men이 지구상에 살며 세계에 거주하기 때문"이다. 이 말은 인간이 타인에게 인정받을 일을 추구하는, 공동체적이고 정치적인 동물이라는 의미다.

왜 우리는 공적 영역에서의 활동을 잊어버렸는가

아렌트에 따르면 고대 그리스와 로마에서 중시되던 것은 공적 영역에서의 활동이었다. 가난하거나 정치적 권리가 없는 자들(노예와 여성 등)의 생활 반경은 기본적으로 평생 가정 내로 국한되었고, 이런 사적 영역은 어떠한 장점이 있다고 한들 사회적 영향력이나 현실적인 활동과는 거리가 멀었다. 반면 재산이 많아 일하지 않아도 먹고살 수 있고 늘 반복되는 집안일에서 자유로운 사람들은 공적인 무대에서 사회 전체의 개선과 발전을 위해 행동하는 주인공이 될 수 있었다.

그러나 현대에 와서는 가정이 생활의 구심점이 되었고, 우리는 정치에 별 관심이 없는 소비자로 전락했다. 우리는 행복을 얻기 위해 세상을 변혁하고 많은 이를 도울 수 있는 특권을 저버렸다. 고대인처럼 영광을 추구하는 행위는 오늘날 생소하고 혐오스럽게까지 보이지만, 일개 가족 구성원으로 되돌아간 우리야말로 진정 자율적인 행위의 삶(아렌트의 표현으론 '활동적 삶vita activa')을 살아갈 잠재력을 포기하고 있는 셈이다.

인간과 동물의 차이는 인간 종種 자체에서도 그대로 통용된다. 스스로 항상 최고임을 입증해 보이며 '언젠가 사라질 것보다 불멸의 명예를 선호하는' 가장 뛰어난 자aristoi만이 참된 인간이다. 그 외에 자연이 제공해주는 각종 쾌락에 안주하는 자는 동물처럼 살다가 죽는다.

사랑을 통해 드러나는 우리의 영광

인간은 주변 세계를 이해하기 위해 모든 자연과 사물을 알 수는 있어도, 인간 자신에 대해서는 결코 충분히 알 수 없다(아렌트의 말대로 '자신의 그림자를 뛰어넘을' 수 없다). 우리가 무엇인지는 우리의 신체로 드러나지만, 우리가 누구인지는 우리의 말과 행위에서 드러난다. 어떤 사람의 됨됨이를 알려면 그에게 '동조'하거나 '맞서지' 말고 그냥 함께 시간을 보내보면 된다. 그러므로 인간은 함께 살아가면서 단지 정신적·물질적 지원만 받는 게 아니라 다른 이들의 본성이 드러나는 과정을 지켜보는 순전한 즐거움도 누릴 수 있다. 행위에서 가장 흥미로운 것은 행위 그 자체가 아니라 그것이 드러내는 행위 주체다. 한 사람이 최고로 드러나는 것을 우리는 '영광'이라 부른다.

그렇지만 우리가 누구인지는 타인에게만 온전히 드러날 뿐 본인에게는 결코 보이지 않는다. "사랑은 비록 인간사에서 드문 일이긴 하지만 비할 데 없이 강력하게 자기 현시를 부추겨 그가 누구인지를 가장 극명히 드러낸다. 왜냐하면 사랑은 사랑하는 사람이 무엇인지에 대해, 즉 상대의 장점과 단점, 업적과 실패, 죄에 대해서 완전히 초탈한 경지까지 관심이 없기 때문이다. 사랑의 열정은 우리를 타인과 결합시키거나 분리시키는 중간 영역을 파괴한다."

우리의 행위 능력은 우리 모두의 삶에 새로운 시작을 가능하게 해 희망과 믿음을 정당화하기에 충분하다. 믿음은 왜 정당화될까? 우리가 만일 인간이 행위를 통해 변할 수 있다는 근본적인 사실을 깨닫고 나면, 자연히 그들뿐만 아니라 사랑하는 사람들과 인간 종 전체를 믿게 될 것이기 때문이다.

아렌트가 우리에게 남긴 아름다운 역설은 오직 (본질적으로 비세속적이고, 사적이며, 비정치적인) 사랑을 통해서만 공적 영역에 진정한 영향을 미칠 만한 활력을 얻는다는 것이었다.

(함께 읽으면 좋은 책) 《너는 너의 삶을 바꿔야 한다》, 《존재와 시간》

한나 아렌트 더 알아보기

1906년 독일 하노버에서 태어나 쾨니히스베르크의 유대인 집안에서 자랐다. 일곱 살 때 아버지를 여의고, 열성적인 독일 사민당원이었던 어머니로부터 큰 영향을 받았다. 고등학교를 졸업한 후에는 마르부르크대학교에서 신학을 공부했는데, 이때 가르치던 교수 중 하나가 마르틴 하이데거였다. 아렌트는 기혼자이던 하이데거와 연인 관계로 지내다가 하이델베르크대학교로 떠났다. 그곳에서 지도 교수이던 철학자 칼 야스퍼스 밑에서 성 아우구스티누스의 사상 중 사랑의 개념에 관한 학위논문을 써서 박사과정을 마쳤다.
1930년에 결혼, 이후 나치당의 영향으로 독일 대학 강단에 설 수 없게 되자 시온주의 운동에 가담해 1933년부터 독일 시온주의 기구에서 일했다. 1940년에 이혼하고 하인리히 블뤼허와 재혼했지만, 몇 달 후에 남부 프랑스의 독일군 수용소에 억류되었다. 두 사람은 탈출해 미국으로 망명했고, 1951년 아렌트는 미국 시민권을 얻었다. 1950년대에 당시 편집자로 일하던 메리 매카시를 비롯한 뉴욕 지식인들과 교류하며 《전체주의의 기원》을 집필했다.
1959년 프린스턴대학교 최초의 여성 교수가 되었고, 시카고대학교와 웨슬리언대학교, 뉴욕뉴스쿨대학교 등에서도 강의했다. 1976년에 세상을 떠났고, 사후에 자서전인 《정신의 삶》 1, 2권과 《칸트 정치철학 강의》가 출간되었다.

Book 03

아들에게 그리고 우리 모두에게
전하는 좋은 삶의 비결

아리스토텔레스의
《니코마코스 윤리학》

아리스토텔레스 Aristoteles

그 유명한 플라톤의 제자로 지금까지 2400년간 인류의 철학적·과학적 사고에 지대
한 영향을 끼친 위대한 철학자다. 물리학부터 심리학, 생물학까지 다양한 학문을 섭렵
한 탓에 한때 '철학자the philosopher' 그 자체로 불리기도 했으며, 현대 철학자들이
뽑은 '서양 철학사에 가장 큰 영향을 끼친 철학자' 1위로도 꼽혔다. 그의 이름 또한 '최
고의 목적'이란 뜻을 담고 있다.

《니코마코스 윤리학》은 아리스토텔레스의 윤리학을 가장 잘 보
여주는 작품으로 기원전 4세기에 편찬되었으며, 아들 니코마코
스에게 헌정한 책이다. 강의용 자료를 편집한 책이라 다소 불완
전하거나 매끄럽지 못한 부분도 있지만, 읽는 데 큰 어려움은 없
으며 오늘날에도 여전히 적용되는 좋은 삶의 비결을 제시하며
꾸준한 영향력을 발휘하고 있다. '에우다이모니아eudaimonia' 개
념이 대표적이다.

주로 '행복'으로 여겨지는 에우다이모니아는 현대 긍정심리

학의 사조를 형성하기도 했으며, 수많은 책과 강연에서 행복과 성공을 이루기 위한 요소로 언급된다. 요즘에는 정부가 경제 생산뿐만 아니라 '국민총행복Gross National Happiness'까지 챙기는 게 시류인데, 정책 입안자들 또한 아리텔레스가 말한 좋은 삶과 에우다이모니아 개념에 근거해 최대한 많은 사람에게 행복을 안겨주는 정책 수립에 힘쓰고 있다.

하지만 개개인의 행복에 관해 지침을 제시하려는 행동은 경계해야 한다. 아리스토텔레스의 주장처럼 모든 사람은 저마다 다른 잠재력을 실현시키며 각기 다른 경로를 통해 좋은 삶에 이르기 때문이다. 또 행복은 그 자체로 목표라기보다는, 우리 스스로에게 의미 있는 일들로 삶을 채워가는 과정에서 저절로 따라오는 것으로 봐야 한다.

책에서 아리스토텔레스는 재산, 지위, 가족 같은 환경적 요소가 행복에 중요하다고 해서 종종 지탄을 받아왔으나, 의미 있는 삶을 무엇보다 강조했던 그의 사상은 오히려 이런 요소가 즐겁고 만족스러운 삶에 반드시 필수적인 것은 아님을 말해준다. 스스로 기능을 잘 수행하고 있다고 자부한다면, 행복을 느끼지 않기가 더 어렵지 않을까.

인간의 기능은 무엇인가

만물의 근원적인 실재를 의미하는 플라톤의 '형상form'과 달리,

아리스토텔레스는 형상을 사물의 질서나 구조를 가리키는 개념으로 사용한다. 어떤 사물이 무엇인지, 그것이 의자인지 사람인지 이해하려면 그 기능을 알아야 한다. 예를 들어 우리가 생각하는 '배'는 단순한 나무 널빤지 묶음이 아니라 바다를 건너는 수단을 말한다. 아리스토텔레스는 자연의 모든 것이 목적이나 목표를 갖고 만들어진다는 '목적인(目的因, final cause)' 개념을 제시한다. 나무든 사람이든 특정한 방식으로 성장하도록 만들어져 있고, 그 목적을 이루기 위해 주변 환경을 이용한다는 것이다.

그렇다면 인간의 기능은 무엇일까? 단지 자라나는 것뿐이라면 인간과 식물이 다를 바가 뭘까. 보고 듣고 냄새를 맡는 것뿐이라면 소나 말과도 차이가 없다. 아리스토텔레스는 이성에 따라 행동하는 능력이 인간의 독특한 기능이라고 주장한다. 사물의 본질이란 그것이 조직화된 방식을 의미하는데, 인간은 스스로 정신과 행동을 조직화할 수 있기 때문에 자연계에서 유일무이한 존재가 된다. 한 사람은 결국 그가 지금껏 내려온 모든 결정과 갈고 닦아온 미덕의 총체인 셈이다. 그러므로 최고의 덕에 따라 인생을 만들어가는 사람이라면 위대해질 수 있다.

우리는 어떤 사람을 볼 때 수십억 개의 세포 집합체로 보지 않고, 남들과 다른 점을 통해 그의 특성을 파악한다. 그 사람이 평생 연마해온 미덕이나 기술, 솜씨 등을 보면 그의 본질이나 기능을 이해할 수 있다. 아리스토텔레스는 플루트 연주자가 플루트를 멋지게 연주하거나 조각가가 뛰어난 솜씨로 작품을 만든다면 잘 살고 있는 것이라고 말한다. 인생의 성공은 기능을 완수하는 데 달려 있기 때문이다.

우리가 행복하게 살려면

아리스토텔레스 윤리학의 출발점은 에우다이모니아로 흔히 '행복'으로 번역되지만 '잘 사는 것'이나 '성공', '번영'으로도 볼 수 있다. 그는 인간이 궁극적으로 선에 이르는 결정을 내릴 수 있는 이성적 존재라고 믿었다.

이성적 존재답게 우리의 최대 행복은 이성을 통해 도달한 선택에서 얻어진다. 우리는 장기적인 안목에서 자신에게 최선인 목표를 이루어내고, 그 과정에서 행복은 저절로 따라온다. 쾌락만으로 점철된 삶은 평생에 걸쳐 목표를 추구하는 이성적이고 목적적인 행위가 결여돼 있으므로 오히려 행복을 저해한다. 우리에게 (덧없지 않은) 참된 기쁨을 주는 길은 도덕적인 길이다.

대부분의 사람은 오로지 만족하는 삶을 추구한다. 아리스토텔레스는 그래서야 '방목하는 가축'보다 나을 게 없다고 생각한다. '완전한 삶'을 원한다면 끊임없이 자신을 가다듬고 기술을 연마하여 행동과 미덕을 겸비해야 한다. 진정한 행복은 오랜 세월에 걸쳐 자기 자신과 목적에 힘을 쏟은 후에야 얻어진다. 아리스토텔레스에 따르면 "한 마리의 제비가 날아온다고 봄이 오는 것이 아니고, 하루아침에 여름이 되는 것도 아니듯이, 인간이 축복받고 행복해지는 것도 하루나 짧은 시일에 되는 것이 아니다." 그는 시간 그 자체가 우리 자신과 세상의 본성을 드러내는 '발견의 좋은 조력자'라고 설명한다.

아리스토텔레스는 우정도 훌륭하고 완전한 삶의 일부라고 말한다. 우정은 이성과 생각을 나누도록 하기 때문이다. 우리는 이성적이고 건설적인 행동을 통해 친구들이 각자의 목표를 달성하도록 돕고, 그러는 과정에서 우리 자신의 이성적인 자질 또한 확대되어 자연스레 행복해진다. 이 원리는 우리가 사는 공동체나 도시에도 적용된다. 공동체나 도시의 발전을 위해 힘쓰는 과정에서 자연스레 우리의 이성적 능력이 강화되어 행복도 늘어나는 것이다.

아리스토텔레스는 공부도 행복의 (가장 큰 원천은 아니라도) 중요한 원천으로 본다. 공부가 우리에게 이성적 본성을 충분히 표출할 기회를 준다는 이유에서다. 철학적·과학적 진실을 이해하고 기존 지식에 통합시키다 보면 우리는 점점 인간 본질의 정점에 다가가게 된다.

아리스토텔레스의 희망적인 결론은 행복이 운명이나 신에 의해 미리 결정되는 것이 아니라 일, 우정, 공부 등을 통해 도덕적인 삶을 의식적으로 표방함으로써 습관적으로 얻어질 수 있다는 것이다. "우리는 집을 지어봐야 건축가가 되고 악기를 연주해

봐야 악기 연주자가 된다. 이와 마찬가지로 정의로운 행위를 해야만 정의로운 사람이 되고, 절제 있는 행위를 해야만 절제 있는 사람이 되며, 용감한 행동을 해야만 용감한 사람이 된다." 다시 말해 우리는 습관을 통해 성공한 인간이 될 수 있다.

한 사람의 삶을 판단할 때는 그의 흥망성쇠가 아니라 그가 꾸준히 계발하고 드러내온 덕을 기준으로 삼아야 한다. 이것이 진정한 성공의 잣대다. 성공하고 행복한 사람은 한결같이 덕성을 길러가며, 변덕스러운 운명에도 일절 동요하지 않는다. 우리가 가장 존경하는 것이 바로 이런 안정감, 고결함, 대범함이다. 그래서 아리스토텔레스는 "덕에 따르는 행동이 행복을 좌우한다"고 말한다.

우리는 합리적 선택에 따라 행동한다

플라톤은 인간이 단지 덕을 이해하기만 해도 충분히 도덕적이라고 믿었지만, 아리스토텔레스는 행위 속에서 덕이 드러나야만 좋은 삶이라고 보았다. "올림픽 경기에서 승리의 월계관이 가장 멋지고 강한 사람을 위한 것이 아니라 일단 참가한 선수들을 위한 것인 듯이(참가자들 중에서 승자가 나오므로), 인생에서도 고귀하고 선한 모든 사람들 중에서 오직 올바르게 행동하는 사람만이 실제로 승리를 거머쥔다."

아리스토텔레스는 자발적인 행동과 비자발적인 행동을 구분한다. 어린아이와 동물은 자발적으로 행동할 수는 있어도 이성이나 사고 능력이 부족하므로 실질적인 결정을 내리지는 못한다. 반면 성인은 신중히 생각해 결정할 수 있으므로, 이런 능력을 올바르게 사용한다면(예컨대 본능적인 욕구를 제어해야만 달성 가능한 목표를 추구한다면) 스스로 인간으로서 제대로 살고 있다는 느낌을 받게 된다. 이성적인 존재라면 뭔가 가치 있는 일을 해내는 데 주력하기 때문이다.

우리는 무언가를 바랄 수는 있지만, 그것을 얻으려면 특정한 행동을 취하기로 결정해야 한다. 마찬가지로 우리가 무언가를 믿을 수 있어도 우리의 성격을 형성하는 것은 어쨌든 행동이다. 아리스토텔레스에 따르면 자제력이 '없는' 사람은 욕구나 쾌락에 따라 행동하지만, 자제력 '있는' 사람은 반대로 "욕망이 아닌 합리적 선택에 따라 행동한다."

한편, 아리스토텔레스의 '생산'과 '행위'의 구분도 흥미롭다. 생산의 목적은 사물, 즉 우리 외부에 있는 물건에 있고, 생산을 위해서는 기술을 사용하거나 능숙하게 기계를 조작해야 한다. 그러나 올바른 행위는 그 자체로 목적일 뿐 다른 어떤 것도 만들어낼 필요가 없다. 또한 생산은 그 기술에 따라 물건의 품질을 좌우하지만, 행위는 그 가치에 따라 더 좋거나 나쁜 인간을 만든다. 그러므로 행위가 더 순수하고 고귀하다.

이렇게 생산과 행위를 구분하던 아리스토텔레스의 시각은 사회적으로 상류층에 속했던 그의 지위에서 자유롭지 못하지만 오늘날에도 시사하는 바가 있다. 한나 아렌트가《인간의 조건》에서 지적했듯이 현대 사회에서 우리는 우리 자신을 '생산자' 겸 '소비자'로 생각한다. 그러나 우리는 생산 또는 소비하려고 존재하는 것이 아니라 우리의 공동체와 사회에 기여하기 위해 존재한다. 명목상 인간의 덕을 다루는 책인《니코마코스 윤리학》이 우정과 시민의 책무에 그토록 많은 지면을 할애한 이유도 바로 여기에 있다.

함께 읽으면 좋은 책 《인간의 조건》,《서간집》,《국가》,《행복의 정복》

아리스토텔레스 더 알아보기

기원전 384년에 마케도니아의 스타기라에서 왕실 주치의의 아들로 태어났다. 열일곱 살 때 아테네의 플라톤 아카데미에서 공부를 시작해 기원전 347년 스승이 사망할 때까지 그곳에 머물렀다. 이후 터키와 그리스의 레스보스섬을 여행하며 오늘날 해양생물학, 식물학, 동물학, 지리학, 지질학에 해당하는 분야들을 연구했다. 플라톤 아카데미에서 같이 공부하던 피티아스와 결혼했으나, 노예이자 정부이던 헤르필리스와의 사이에서 아들 니코마코스를 얻었다.

그리스 도시들과 페르시아 왕국을 정복한 마케도니아 왕국에서 알렉산더 대왕의 후원을 받아가며 대왕 사망 때까지 자문역을 맡았으나, 반마케도니아 정서가 아테네 전역을 휩쓸면서 출신이 문제되어 신임을 잃고 말았다. 유보이아섬에서 예순두 살에 세상을 떠났다.

아리스토텔레스의 저작은 3분의 2가량이 유실되었는데 실로 방대한 분야를 아우르고 있어, 당대의 가장 박식했던 학자로 평가받는다. 저서로는《형이상학》,《시학》,《영혼론에 관하여》,《수사학》,《정치학》 등이 있다.

Book 04

논리실증주의의 선언문이라고
불리는 분석철학의 고전

알프레드 J. 에이어의
《언어, 논리, 진리》

알프레드 J. 에이어 Alfred J. Ayer

현대 영국의 분석철학자로 열아홉이란 나이에 옥스퍼드대학교(크라이스트처치)에
입학해 교수까지 역임했다. 분석철학이란 명료한 표현과 철저한 논증을 강조하는 철
학으로, 20세기 초 영국에서 시작되어 오늘날 미국과 유럽 등 전 세계에서 영향력이
큰 분야다. 교수직 외에도 영국에 있는 아리스토텔레스학회와 인본주의협회 회장직
을 역임했으며, 방송인로도 활발하게 활동했다.

《언어, 논리, 진리》는 1936년, 알프레드 J. 에이어가 겨우 스물다
섯 살에 펴낸 책으로, 그는 이 책에서 형이상학적 주장을 직설적
인 동시에 공격적으로 반박하여 유명세를 얻었다.

옥스퍼드대학교 신입생 시절, 스물두 살의 에이어는 비엔나
학파를 만나러 오스트리아로 여행을 떠났다. 비엔나학파는 사
실에 입각한 것만이 진정한 지식이라는 '논리실증주의' 신념
을 공유하던 물리학자, 수학자, 철학자들의 집단으로 모리츠 슐
리크Moritz Schlick, 루돌프 카르나프Rudolf Carnap, 카를 맹거Karl

Menger, 쿠르트 괴델Kurt Gödel 등이 속해 있었다. 비트겐슈타인의 언어 및 의미 분석의 강력한 자장 안에 있던 이 학파는 모든 지식을 검증원리verification principle의 관점에서 재구성하려는 시도를 통해 20세기의 철학과 과학에 크나큰 영향을 미쳤다.

에이어는 인간 지식의 한계를 강조한 점에서 그가 숭배하던 데이비드 흄을 상당 부분 계승했는데, 여기에 대륙 논리실증주의의 회의적 시각과 비트겐슈타인의 언어 분석적 영향, 그리고 25세 젊은이다운 확신이 더해지면서 《언어, 논리, 진리》라는 강력한 작품이 탄생했다. 학술적으로 특정한 문제를 매우 심도 깊게 파고드는 오늘날의 철학에 익숙한 독자라면 광범위하게 훑어나가는 이 책의 접근법이 꽤나 신선하게 느껴질 것이다. 이 책은 얇고 전문 용어가 적어 읽기도 수월하다. 따라서 완전히 독창적이라는 평가는 받지 못하더라도 분석철학과 논리실증주의의 탁월한 입문서로서는 손색이 없다.

이 책의 성공 후, 다음 집필 계획을 묻는 질문에 그는 평소와 다름없는 거만한 태도로 이렇게 대답했다. "다음에 나올 것은 없습니다. 철학은 끝났으니까요."

어떤 문장이 유의미하려면: 에이어의 검증원리

에이어의 검증원리란 어떤 문장이 유의미하려면 우리 언어 사용자들이 그 문장의 진위에 동의할 수 있는 특정한 상황이 있어야 한다는 것이다. 개연성 있고 관찰 가능한 상황에서 진위 여부를 가릴 수 있어야 유의미한 문장이기 때문이다. 예를 들어 "화성에 외계 생명체가 있다"는 문장은 유의미하다. 그 문장의 진위를 확인하려면 어떻게 해야 하는지 알기 때문이다. 즉 화성에 가서 생명체나 다른 흔적을 찾아보면 된다. 문장의 진위 자체보다는 의미의 유무, 즉 검증 가능성이 더 중요한 것이다.

하지만 에이어는 어떤 주장이 확정적으로 참이 아니라 개연적으로 참이라는 것만 확인되어도 유의미할 수 있다고 역설함으로써 약간의 여지를 둔다. 아무리 여러 번 관찰해도 유한한 관찰로는 개연적으로 참이라는 것밖에 입증할 수 없는 명제들이 많기 때문이다. 가장 일반적인 예가 "모든 비소는 독성이 있다"와 같은 보편적 법칙이다. 우리는 이것이 의미 있는 문장이라고 생각하지만, 익히 알려진 귀납 논증의 문제로 인해 이 문장은 아무리 관찰 횟수를 늘리더라도 확정적으로 참이라고는 말할 수 없다. 몇 번을 관찰하더라도 실제로 모든 비소에 독성이 있다는 것을 확증할 방법이 없기 때문이다. 사실 어떤 경우에도 일부 특수한 사례에서 일반화된 주장을 도출하면서 개연적인 확실성 이상을 보장할 수는 없다.

에이어는 또 도덕에 관련된 진술은 그 화자의 감정이나 정서에 따른 가치 판단에 불과하다는 정서주의 개념을 제시한다. 도덕적 진술은 어떤 객관적인 도덕적 '사실'이나 경험을 통해 검증될 수 없으므로 인지적 중요성도 없고 의미도 없다. 예를 들어 "메리는 좋은 사람이다"라는 말은 어떤 객관적인 진리나 상황을 나타내는 것이 아니라 메리에 대한 화자의 느낌을 표현할 뿐이다. 마찬가지로 "전쟁은 나쁘다"란 진술도 어떤 식으로든 확실하게 입증할 수 있는 명제가 아니므로 가치가 없거나 낮은 의견에 지나지 않는다. 이렇듯이 대부분의 말은 '실재'보다 그 화자에 관해 더 많은 것을 말해준다.

형이상학은 무의미하다

에이어는 이런 검증원리를 철학에 적용함으로써 형이상학, 미학, 윤리학, 신학의 기본 토대에 의문을 제기한다. 그는 당대 형이상학서의 전형적인 문장을 살펴보기 위해 F. H. 브래들리Bradley의 《현상과 실재Appearance and Reality》에서 임의로 다음과 같은 문장을 선택했다. "절대자는 진화와 진보에 관여하지만, 그 자신은 진화하거나 진보할 수 없다."

　에이어는 이 문장이 참인지 거짓인지를 확인할 수 있는 상황이 없다고 지적한다. 더욱이 "절대자(그 실체가 무엇이든 간에)는 진화와 진보에 관여한다"고 말한다고 해서 대체 누구한테 무슨 의미가 있겠는가? 만약 어떤 문장이 원칙적으로 검증 가능할 때만 의미 있다고 한다면, 브래들리의 문장은 어떤 상황에서 진위를 관찰할 수 있을지, 과연 가능은 할지 불분명하다. 절대자가 진화하는지 안 하는지를 대체 누가 어떻게 장담할 수 있을까? 브래들리가 단어들을 일반적인 의미로 사용했다고 전제하는 한, 이 문장은 무의미하다는 것이 에이어의 결론이다.

에이어가 관심을 갖는 것은 사실적 의미다. 예를 들어 "비가 온다!"란 말의 사실적 의미는 정말로 비가 오고 있다는 것으로, 형이상학적 진술에는 이런 종류의 의미가 결여되어 있다. 사실적 의미는 정서적 의미처럼 문장에 담겨 있는 또 다른 의미와는 구분해야 한다. 예를 들어 시에는 사실적 의미가 부족할 수 있지만, 시인이 실재를 사실적으로 묘사하기 위해 시를 쓰는 것은 아니므로 시를 배격할 이유는 없다. 일반적으로 시에서 중시되는 것은 그 축자적인 의미가 아닌 것이다.

반면에 형이상학자들은 '절대자'처럼 추상적인 개념에 관한 문장이 실은 아무런 의미가 없음에도 불구하고 실재를 충실히 묘사한 것이라고 주장한다. 에이어는 무신론자이면서도 누구든 무신론에 대해 의미 있게 말할 수 있다는 생각은 부인했다. "신은 존재하지 않는다"는 말은 "신이 존재한다"는 말만큼이나 검증될 수 없으므로 무의미하다는 이유에서였다.

에이어의 검증 가능성과 유의미한 진술에 관한 주장은 철학을 자연과학과 동일한 차원에서 다루어야 한다는, 즉 진리에 관한 모든 종류의 주장을 최대한 면밀히 검토해야 한다는 그의 '자연주의'적 신념에서 비롯되었다. 에이어는 형이상학의 전 분야가 해체되길 바랄 수는 없었지만, 철학자들이 최소한 의미가 통하는 주장을 내놓도록 제한할 수는 있었다.

함께 읽으면 좋은 책 《인간의 이해력에 관한 탐구》,《이름과 필연》,《과학적 발견의 논리The Logic of Scientific Discovery》,《철학적 탐구》

알프레드 J. 에이어 더 알아보기

1910년 자동차 회사 시트로엥을 창립한 독일 유대인 가문 출신의 어머니와 금융계 종사자인 아버지 사이에서 외동아들로 태어났다. 이튼칼리지에 다닐 때 장학금을 받았다. 옥스퍼드의 명문 칼리지 크라이스트처치에서 철학을 공부했는데, 이때 교수가 마음의 철학자인 길버트 라일이었다. 제2차 세계대전 때는 영국군 정보장교로 근무하고, 이후 크라이스트처치와 유니버시티칼리지 런던에서 교수를 지냈다. 또한 유명한 방송인이기도 했다.

한 여자와의 재혼을 포함해 총 네 번 결혼했고 숱한 염문을 뿌렸다. 그의 전기 《A. J. 에이어의 삶A. J. Ayer: A Life》에는 다음과 같은 일화가 소개되어 있다. 뉴욕에서 파티를 즐기던 중 슈퍼 모델 나오미 캠벨이 당시 애인이던 권투선수 마이크 타이슨에게 괴롭힘을 당하며 비명을 질렀다. 에이어가 방으로 달려갔고, "당신 내가 누군지 몰라? 나 헤비급 세계 챔피언이야"라고 윽박지르는 타이슨에게 이렇게 정중히 대답했다. "나는 전직 논리학 석좌교수라네. 우리 둘 다 자기 분야에서 꽤 이름이 알려진 사람들이로군. 그러니 이제부터는 이성적인 인간들답게 이 문제를 이야기해보세."

은퇴한 후에는 많은 진보적인 사회적 대의를 옹호했고, 그중에는 동성애자의 권리에 관한 법을 개혁하라는 주장도 포함되었다. 1970년에 기사 작위를 수여받았고, 1989년에 세상을 떠났다.

저서로는《경험적 지식의 토대The Foundations of Empirical Knowledge》, 《지식의 문제The Problem of Knowledge》,《러셀과 무어: 분석적 유산 Russell and Moore: The Analytical Heritage》,《흄Hume》,《20세기 철학Philosophy in the Twentieth Century》과 자서전인《나의 삶의 일부 Part of My Life》와《그 이후의 나의 삶More of My Life》등이 있다.

Book 05

보드리야르 열풍을 불러온,
시간을 거스르는 문제적 역작

장 보드리야르의
《시뮬라시옹》

장 보드리야르Jean Baudrillard

20세기 프랑스 철학자로 실재가 실재가 아닌 것으로 전환되는 과정을 설명한 독창적 이론 '시뮬라시옹'을 제시해 유명세를 얻었으며, 가장 위대한 포스트모더니즘 이론가로 평가받는다. 원래는 사회학자로 대중과 대중문화, 미디어와 소비사회 이론으로 유명하다. 1970년대 이후 포스트모던 문화 이론과 철학·미디어·예술 이론 등은 그에게 빚을 지고 있다고 해도 과언이 아니다. 생산보다 소비에 중점을 둔 그의 논제는 소비사회와 맞물려 폭발적인 반응을 얻었다.

《시뮬라시옹》은 프랑스인인 장 보드리야르를 프랑스 밖에서까지 유명세를 떨치게 한 책으로 1981년에 출간되었다. 이 책에서 그가 제시하는 사례들은 1970년대의 정치와 문화를 배경으로 하지만, 많은 사람이 최근 사례에서도 그의 사상을 떠올릴 것이다. 그만큼 보드리야르와《시뮬라시옹》의 영향력은 대단하다. 만약 파생실재hyperréel*가 논리적이고 보편적인 범위로 확대된

---

* 시뮬라시옹에 의해 새로이 만들어진 실재로 과잉실재, 과도현실, 하이퍼리얼 등으로도 번역된다.

다면 어떤 일이 벌어질까란 생각에서 출발한 영화 〈매트릭스〉에 영감을 주기도 했다.

보드리야르의 주장에 의하면 지금 우리가 살고 있는 세상은 '이데올로기가 충돌하던' 모더니즘 세계와는 완전히 다르다. 그는 9.11 테러 사건은 '문명의 충돌'이나 이슬람 세력이 미국에 대항한 것이 아니라 세계화와 파생실재로의 전환에 저항하는 세계의 역습이라 주장했다. 즉 9.11 테러 사건은 가치 체계 등 우리 삶의 전 영역을 잠식하는 미디어와 기술을 향한 끔찍한 최후의 일격이라는 것이다.

과학자들은 수세기 동안 '주체'(나)와 '객체'(세계) 간의 상대적 비중에 대해 논쟁을 벌여왔지만, 보드리야르는 이런 분쟁이 오래전부터 무의미해졌다고 보았다. 객체가 싱겁게 이겨버렸기 때문이다. 오늘날의 인간은 수많은 철학자와 신학자들이 말해온 대로 자아의 기획이 아니라 미디어와 광고, 정치 영역에 존재하는 관념과 이미지를 소비하고 복제하는 기계에 더 가깝다. 무엇보다 두려운 것은, 실재에서 파생실재로의 전환이, 우리들 대부분이 거의 그런 일이 벌어진다는 사실조차 인식하지 못하는, 보드리야르의 표현대로라면 '완전 범죄'라는 사실이다.

더 이상 영토는 중요하지 않다

아르헨티나의 소설가 호르헤 루이스 보르헤스는 지도를 극도로 정밀하고 포괄적으로 만들다 보니 결국 지도가 그 나라의 실제 전 영토를 뒤덮어버리게 된 어느 제국의 지도 제작자들 이야기를 들려준다. 보드리야르는 이 이야기가 매력적이긴 하지만 현대 세계에서는 이미 효력을 다했다고 주장한다. 이제 정말 중요한 것은 지도 그 자체기 때문이다. 이제 우리는 지도가 단지 실재에 이르도록 도와주는 추상abstraction*이라고 믿는 척하지 않는다. 지도가 바로 실재기 때문이다. "그렇지만 이제 문제는 지도냐 영토냐가 아니다. 무언가가 사라져버렸다. 추상의 매력을 자아내던 개체들 하나하나의 개별적인 차이가 사라져버렸다."

이렇듯 지도의 매력은 실재를 정확히 재현하지 않고 차이를 두는 부분에 있다. 그러나 오늘날 우리는 이런 여지를 남기지 않는다. 오히려 '실재'를 우리의 추상에 일치시키기 위해 온 힘을 쏟는다. 우리는 더 이상 존재와 외양, 실재와 개념이 구분되는 이원적 세계에 살지 않는다. 이제 '실재'라는 것은 컴퓨터 프로그램을 통해 무한정 재생산될 수 있고, 가장 불안하게도 이 새로운 실재는 더 이상 합리적인 진실에 기반을 둘 필요가 없다.

이제 더 이상 모방이나 복제, 심지어 패러디의 문제가 아니다. 문제는 실재가 그 기호들로 대체된다는 데 있다.

---

* 추상은 도출하거나 제거하는 작업으로 구성된다. 도출은 본질적인 것을 끄집어내는 것이고 제거는 본질적인 것만 남겨놓고 군더더기를 없애는 것이다(《시뮬라시옹》의 역주 발췌 및 수정).

보드리야르는 이 새로운 세계를 '파생실재'라 부르는데, 이 세계의 흥미로운 특징은 실재와 가상의 구별이 없기 때문에 가상이 불필요해진다는 것이다. 우리는 '실재와 교환되지 않고, 어느 곳에 지시 대상도 경계도 없는 끝없는 순환 속에서 그 자체로 교환'되는 '거대한 시뮬라크르*의 세계에 남겨졌다.

보드리야르가 든 예는 아니지만, 지폐를 생각해보면 이해하기 쉽다. 지폐는 이론상 금이나 은으로 태환될 수 있지만, 실제로 교환되는 경우는 거의 없다. 지폐는 이제 화폐의 재현이 아니라 그 자체로 돈이다. 지폐가 '실은' 종잇조각에 불과하다는 사실은 아무 상관이 없다.

우리는 실재 대신 과거를 숭배한다

보드리야르가 생각하는 역사의 전환점은 우리가 진실이나 이데올로기를 지시하는 기호를 받아들이고 (그것이 실상과는 다르다는) 비밀 유지를 중시하던 세계에서 더 이상 굳이 그런 노력을 하지 않는 세계로의 이전이다. 시뮬라크르와 시뮬라시옹의 시대에는 "스스로를 인정할 신도 존재하지 않고, 참과 거짓을 분리하기 위한 최후의 심판도 존재하지 않는다"고 그는 말한다.

* 시뮬라크르란 실제 존재하지 않는 대상을 존재하는 것처럼 만들어놓은 인공물로, 이 원본 없는 이미지는 그 자체가 실재를 대체하고 지배하게 되어 오히려 실재보다 더 실재적인 것이 된다. 시뮬라시옹은 시뮬라크르의 동사형으로 '시뮬라크르하기'란 의미다(《시뮬라시옹》의 역주 발췌 및 수정).

이렇게 되자 향수가 일면서 '진실'과 '본래성'을 향한 표면적인 갈망이 생긴다. '물질 생산의 광란과 병행해 그보다 더 큰 규모로 실재와 지시물의 광적인 생산'이 진행된다. 모든 것이 추상이 되니 '실재'의 가치가 올라간 것이다. 그렇다고 우리가 정말로 실재를 원하는 것일까? 아니면 그저 실재의 기호를 원하는 것뿐일까? 일단 시뮬라크르와 시뮬라시옹의 세계에 진입하면, 거기에서 빠져나오기 힘들다. 그 세계와 실재의 차이를 거의 알 수 없기 때문이다.

보드리야르는 우리가 1970년대에 깊은 정글에서 인종학자들에게 발견된 타사다이족과 같다고 주장한다. 그들을 존속시키기 위해 인종학자들은 사람들의 발길이 미치지 않는 원시림으로 그들을 이주시켰다. 이 살아 있는 박물관의 목표는 그들의 '사실성'과 전통적인 생활 방식을 유지시키는 것이지만, 이렇게 그들을 봉인해버리는 것 자체가 거대한 시뮬라시옹 행위다.

비슷한 예로, 서구 과학자들은 이집트의 미라를 보존하는 데 엄청난 돈을 들여왔다. 고대 이집트에 중요한 의미가 있어서가 아니다. 그런 대상이 오래된 것에는 특별한 의미가 있다는 믿음을 주기 때문이다. "우리가 과거를 눈에 잘 보이는 곳에 비축해 두지 않으면, 선형적이고 축적적인 우리 문화 전체가 허물어진다." 이런 '박제화'는 비밀을 싫어하고 다른 문화를 해부 및 분류함으로써 '소유'하고자 하는 문화의 특징이다. 다른 문화들은 우리가 그들을 대체했다는 사실을 보여주는 상징으로서 우리에게 가치가 있다.

보드리야르는 디즈니랜드를 시뮬라크르의 전형적인 사례라고 본다. 디즈니랜드는 오로지 '우리 사회와는 다른 세상이 실재한다는 믿음을 주기 위한' 상상의 공간으로 제시된다. 디즈니랜드는 진실과 허구가 구분된다는 환상, 즉 우리가 허구의 세계에서 계속 살아가려면 꼭 필요한 환상을 유지시킨다. 이런 공간은 우리로 하여금 실은 세계 전체가 시뮬라시옹의 영역에 속한다는 사실을 회피하도록 도와준다.

지나치게 실재적이기 때문에 생기는 일들

보드리야르는 자본주의를 부도덕한 것으로 보는 전형적인 좌파의 입장, 마르크스주의를 넘어선다. 그에게 자본주의란 '괴물 같고 원칙도 없는 기업' 그 이상이 아니다. 자본주의와 자본주의적 매체는 '경제', '경제지표', '수요' 등이 마치 사회의 핵심인 양 거기에만 초점을 맞추고, '등가와 교환이라는 기본법을 정립하기 위하여 참과 거짓, 선과 악의 모든 이상적인 구분'을 파괴시킨다. 자본주의에서 우리는 단지 소비자에 불과하다. 그러나 우리가 역동적인 민주사회에서 살아가는 자유 의지를 가진 시민이라는 환상을 유지시키기 위해, 자본주의는 위기를 조장해 그런 생활 양식이 단지 조작된 환상임을 깨닫지 못하게 만든다.

선거, 대통령의 활동 등 오늘날 우리가 목격하는 정치 권력은 눈속임이고, 점점 세지는 언론의 보도 강도는 전통적인 집행권이 더 이상 작동하지 않는다는 신호다. 사실 권력은 전체 시스템에 있는데, 정치권을 둘러싼 열띤 취재 열기가 이런 사실을 감추려 든다. 국민이 정치를 혐오하면 할수록, 정치가 실재한다는 느낌을 강화하기 위해 이런 눈속임의 강도도 점점 높아진다.

보드리야르는 케네디의 암살을 서구 사회의 마지막이었던 진정한 정치적 죽음으로 본다. 존 F. 케네디와 그의 동생인 로버트 케네디가 진정한 통치권을 행사하는 것으로 보였기 때문이다. 그렇다고 해도 보드리야르는 시뮬라시옹의 시대에 실질적인 암살은 더 이상 불필요하다고 말한다. 현대 정치에서 처형식의 원형이 된 워터게이트 사건과 닉슨의 실각에서 볼 수 있듯이, 이제 암살도 시뮬라시옹될 수 있기 때문이다. 보다 중요한 사람일수록 '희생양이 될' 가능성은 더욱 높아진다.

미디어와 우리의 삶

1971년, 한 TV 연출팀이 캘리포니아의 라우드네 가족과 7개월 동안 함께 거주하면서 그들의 일거수일투족을 촬영했다. 이 가족은 2천만 명의 시청자가 지켜보는 가운데 뿔뿔이 헤어졌고, 이 가족의 해체에 TV 프로그램은 얼마만큼 책임이 있느냐는 문제가 제기되었다. 연출가는 이 가족이 "마치 카메라가 거기에 없는 것처럼" 살았다고 홍보했는데, 보드리야르는 이것이 '실재'의 유토피아로서 당연히 교묘한 허구라고 말한다. 어쨌거나 이 프로그램은 실재가 파생실재로 변할 때 시청자들이 느끼는 즐거움을 단적으로 보여준다.

라우드가의 전형성(캘리포니아의 중산층 가정, 장식적 역할의 주부, 세 개의 주차장, 다섯 아이들)은 이 가족이 파괴될 것임을 예고했다. 파생실재적 문화는 수적으로 많은 희생양이 필요하기 때문이다. 하지만 이 현대식 희생양에게는 "더는 타락한 도시들 위로 하늘의 불벼락이 떨어지는 것이 아니다. 경험된 사실성을 죽이기 위해 레이저 광선처럼 그것을 가르러 오는 것은 바로 카메라 렌즈다." 보드리야르는 이 프로그램이 '이 가족의 진실에 해당하는지 아니면 TV의 진실에 해당하는지' 반문한다. TV는 라우드가의 진실이 되었다. 시뮬라크르와 시뮬라시옹에 기초한 문화에서는 '진실인 것은 TV고, 진실을 만드는 것도 TV기' 때문이다.

보드리야르는 또한 1970년대 영화의 흥미로운 분석을 통해 실제 사건과 영화의 연관성을 이야기한다. 그는 미국 스리마일섬의 원전 사고가 〈차이나 신드롬〉*이라는 영화적 대응물을 찾았다고 주장한다. 이 영화 속 사건은 실제 사건만큼이나 중요해

---

* '차이나 신드롬'은 원자력 발전소의 끔찍한 사고 가능성을 경고하는 상징적 표현이다. 1979년에 미국에서 동명의 영화가 발표되었는데, 이 영화는 제목 그대로 핵발전소의 사고 가능성을 다루었다. 그리고 불과 몇 주 뒤에 미국 펜실베이니아주의 스리마일섬 원자력발전소에서 유사한 사고가 실제로 일어나면서, 영화가 실제 사건을 예언한 것으로 유명해졌다.

졌고, 예술적 표현 이상의 진실성을 띠었다. 이것은 파생실재의 세계 속에서 진실에 가해진 일종의 폭력이다.

인터넷과 소셜미디어의 부상을 내다본 듯, 보드리야르는 이제 사람들이 미디어의 메시지 흐름에 개입하는 정도에 따라 평가된다고 주장한다. 그의 말로는 "미디어에 충분히 노출되지 않는 사람은 비사회적이거나 거의 반사회적이다." 마치 자본의 흐름이 복지와 행복을 증진시키는 것으로 여겨지듯이, 이런 메시지의 흐름은 의미를 증대시키는 선善으로 맹신된다. 《시뮬라시옹》에서 돋보이는 문장 중 하나는 다음과 같다.

우리는 정보는 점차 늘어나고 의미는 차츰 줄어드는 세상에 살고 있다.

보드리야르는 이렇게 묻는다. "대중 매체는 대중 조작에 동참한다는 점에서 권력의 편인가, 아니면 의미를 제거하고 의미에 폭력을 가하며 매혹시킨다는 점에서 대중의 편인가?" 구질서에서는 사람들이 전자에 대해 우려했지만, 지금은 분명히 후자가 더 불안하다.

전통적으로 광고는 그것이 선전하는 제품에 비해 피상적이라는 인식이 지배적이었지만, 보드리야르의 생각으로는 광고가 우리 문명의 핵심이다. 광고가 지시하는 상품은 상대적으로 가치가 없다. 정말 중요한 것은 그런 상품 전면의 이야기, 기호, 이미지에 대한 우리의 공감이다. 우리가 열망하고 소비하는 것 또한 이런 것들이다. 우리는 물건을 획득하기 위해서라기보다는 파생실재의 영역 내에 머물기 위해 쇼핑을 한다(기호와 상징을 소비하기 원하지 않는 것은 체제 전복적이다). 자유 의지를 가진 이성적 개인이란 개념은 순전한 신화일 뿐 우리는 기껏해야 기술과 소비문화 속에 완전히 파묻힌 일부일 뿐이다.

(함께 읽으면 좋은 책)《촘스키, 세상의 물음에 답하다》,《개소리에 대하여》,《미디어는 마사지다》

장 보드리야르 더 알아보기

1929년 프랑스 랭스에서 공무원이었던 부모 밑에서 태어났다. 집안 최초의 대학 진학자로 소르본대학교에서 공부했다. 1966~1987년 낭테르대학교에서 교수로 재직했으며, 이후 유럽대학원European Graduate School에서 강의했다. 2007년 세상을 떠났다.
첫 저서인《사물의 체계》는 롤랑 바르트에게서 큰 영향을 받았으며, 이력 초기에는 후기 마르크스주의자로 분류되었다. 미디어에 관한 이후 저작들은 마셜 매클루언의 사상에 기초하고 있다.
저서로는《소비의 사회》,《기호의 정치경제학 비판》,《생산의 거울Le Miroir de la Production》,《침묵하는 다수의 그림자 속에서À l'ombre des Majorités Silencieuses》,《아메리카》,《푸코 잊어버리기Oublier Foucault》,《걸프전은 일어나지 않았다La Guerre du Golfe n'a pas eu Lieu》,《완전 범죄Le Crime Parfait》등이 있다.

Book 06

철학적인 범주로서의 '여성'에
주목한 매력적인 읽을거리

시몬 드 보부아르의
《제2의 성》

시몬 드 보부아르 Simone de Beauvoir

20세기 중반의 프랑스 철학자이자 소설가로 사회주의자이면서 페미니스트다. 혁명
적 좌파 사회에도 성적 불평등이 있음을 알고 여성의 권리에 눈을 돌렸다. 프랑스 센강
에는 보부아르의 이름을 딴 다리가 있는데, 여성으로서는 프랑스 최초다. 적극적인 참
여를 추구하는 실존철학인 '앙가주망engagement'을 추구했으며, 사르트르와의 자
유계약 결혼으로 유명하다.

《제2의 성》은 시몬 드 보부아르의 인생을 바꿔놓은 책으로 1949년
에 출간되었다. 그때까지 보부아르는 여러 편의 소설을 쓴 작가
였음에도 장 폴 사르트르의 동반자로 더 유명했다. 이 책은 출간
되자마자 베스트셀러에 올랐고, 보부아르는 프랑스에서 가장 논
쟁적인 여성으로 부상했다.

교사라는 직업, 대학 학위, 파리 지성계에서의 활동 등 보부아
르의 지위를 생각해보면 본인이 직접 부당함이나 차별을 겪으
며 살았을 것 같지는 않다. 그럼에도 보부아르는 자신이 단지 여

자라는 이유만으로 사르트르보다 열등하게 취급받는다는 사실에 주목하기 시작했다.《제2의 성》을 집필하려고 앉았을 때, 보부아르는 자신의 가장 중요한 본질을 "나는 여자다"라고 규정하는 스스로에게 매우 놀랐다고 한다.

《제2의 성》은 단순히 역사나 사회 속에서 여성의 역할을 살펴보는 것에 그치지 않고 '타자Other'의 개념으로 대체할 수 있는 원형적이고도 철학적인 범주로서의 '여성'에 주목한다. 이런 철학적 기반 덕분에 이 책은 다른 페미니즘 저작보다 돋보이는 매력적인 읽을거리가 되었다.

보부아르가 오늘날의 성적 지형을 본다면 어떻게 생각할까? 자유로운 선진국의 많은 여성이《제2의 성》이 시대에 뒤떨어졌고, 남녀평등이 이미 이루어졌거나 적어도 양성 간의 격차가 많이 좁혀졌으며, 소녀들의 미래는 모든 면에서 소년들과 다를 바 없이 밝다고 느낀다. 하지만 여성 혐오가 만연하고 여성 차별이 법제화되어 관습으로 표출되는 국가에서는 이 책이 여전히 남자들의 진짜 속내를 대거 폭로하는 폭탄선언격의 위력을 지니고 있다.

1부와 2부로 구성된 이 책은 어마어마한 분량으로 요약하기가 결코 쉽지 않다. 1부는 청동기 시대부터 중세 시대를 거쳐 현대에 이르기까지 여성의 사회적 지위의 변천사를 추적해가며, 앙리 드 몽테를랑, D. H. 로렌스, 폴 클로델, 앙드레 브르통, 스탕

달 등 다섯 명의 작가를 통해 '여성의 신화'를 분석한다. 2부에서는 오늘날 여성이 처한 상황을, 유년기부터 성에 눈 뜨고 결혼을 한 뒤 폐경기에 이르는 과정에 따라 연인, 나르시시스트, 신비주의자로서의 초상까지 두루 돌아본 후, 마지막 장에서는 여성의 독립을 다루며 좀 더 낙관적인 논조로 끝맺는다.

'주류'가 아닌 '타자'로서의 여성

《제2의 성》은 한마디로 '여성이란 무엇인가'라는 질문에 응답하려는 시도로, 이때의 '여성'이란 개인으로서의 여성과는 구분되는 하나의 범주이자 원형을 의미한다. 역사를 통틀어 남성은 여성을 독립적인 존재로 보지 않고 남성과의 관계 속에서 규정하며 부당하게 차별해왔다. 인간이란 곧 남자고 그 이상의 설명이 불필요한 반면, 여자는 여성의 성을 가진 인간이라고 부연 설명되어야 했다. 그 결과 "여성은 본질적인 존재와 대립되는 부수적이고 중요하지 않은 존재로 여겨진다. 남성은 주체고 절대자다. 그러나 여성은 타자다"라고 보부아르는 말한다.

보브아르는 '타자'라는 용어가 사회 내에서 '주류'로 여겨지지 않는 모든 집단에 적용 가능하다고 지적한다. 예를 들어 서구 문명에서 백인 남성은 '본질적'이고 '절대적'이지만, 여성, 흑인, 유대인 등 그 밖의 모든 유형의 인간은 의식적이든 무의식적이든 '타자'의 범주로 분류되어왔다. 이런 식으로 어떤 집단이 사회 내에서 열등하게 취급되면, 자연히 기회를 박탈당하고 가치가 저하되어 실제로도 열등해진다.

　남성은 어떤 객관적인 근거를 바탕으로 스스로를 정당화할 필요도 없이, 단지 여성이 아니라는 이유만으로 우월감을 느낀다. 그 결과, 다른 의미에서 사실이긴 하나 여성이 남성과 대등하게 대우받으려면 두 배로 노력해야 한다는 상투적인 주장이 제기된다. 보부아르에 따르면, 여성에 대한 차별은 "열등감으로 고민하는 모든 남자에게 기적적인 약이 되고, 특히 자기의 사내다움에 불안을 느끼는 남자일수록 여자에게 오만하고 공격적이며 경멸적으로 행동한다." 오늘날의 우리야 이런 사실에 익숙해졌지만, 70여년 전의 프랑스 부르주아들이 이 말을 듣고 느꼈을 모욕을 한번 상상해보라.

　보부아르는 여성이 인류의 절반을 차지하는데도 여전히 여성 차별이 자행될 수 있다는 사실에 놀라움을 표한다. 또 민주주의하에서 남자들은 여자를 동등하게 생각한다고 즐겨 말하지만 (그러지 않으면 민주주의 자체가 거짓말일 테니) 여러 면에서 그들의 행동은 전혀 다른 이야기를 들려준다고 지적한다.

생물학적 조건이 숙명인가

보부아르는 과학이 남성들 편에 서서 여성의 힘과 잠재력을 축소시키는 데 어떻게 기여했는지를 밝혀내기 위해 가장 초창기의 생물학적 개념까지 거슬러 올라간다. 예를 들면 수정 시에는 남성 정자의 '활성 원리'가 아기의 모든 특징을 결정지어 여성의 수동성과 대조를 이룬다고 믿어졌다. 하지만 보부아르는 수정 과정에서 남성이나 여성의 생식 세포 중 어느 한쪽이 우월한 게 아니라 수정란이 탄생할 때 양쪽 다 본래의 특성을 잃게 된다고 설명한다.

생명의 연속성을 이어가는 부담은 여전히 여성의 몫이고, 여기에 들어가는 에너지와 시간 때문에 여성의 가능성은 심하게 제한된다. "여성은 유기체 전체가 자기 자신의 필요보다는 난자의 요구에 응하도록 되어" 있기 때문이다. 여성은 사춘기부터 폐경기까지 생식적 필요에 따라 저절로 바뀌는 신체에 좌우되어야 하고, 이 사실을 매월 상기시키는 신체적 현상을 견뎌내야 한다. 임신 초기의 입덧과 식욕 감퇴는 "유기체를 차지하려고 침입해오는 종에 대한 유기체의 저항을 나타낸다."

여성 질병의 상당수는 외부의 위협이 아니라 자기 체내의 변화, 종종 생식계의 문제에서 유발된다. 나아가 여성의 감성적 성향이 강한 것도 신경계에 영향을 미치는 내분비계 분비물의 불규칙성과 관련이 있다. 그래서 보부아르는 여성의 많은 특징이 "여성이 종에 종속된 데서 유래한다"고 지적한다. 반면 "남성은 무한한 특혜를 누리는 듯 보인다. 남자의 성생활은 그의 인간으로서의 삶과 모순되지 않고, 위기나 특별한 문제 없이 평탄하게 병행된다." 여성이 남성보다 평균 수명은 길지만, 대신 병을 더 자주 앓고 전반적으로 자기 몸을 뜻대로 결정할 수 없는 때가 많다. 여성의 신체가 여성을 통제하는 것이다. 그렇지만 폐경기가 되면 여성도 더는 출산 능력을 유지하기 위한 신체 변화를 겪을 필요가 없으므로 해방감을 맛볼 수 있다.

이렇듯 여성의 생물학적 특징은 여성이 살면서 겪는 상황을 이해하는 데 핵심적이지만, 보부아르는 낙관적으로 이렇게 말한다. "나는 생물학적 조건이 여성에게 확고부동한 숙명을 부여한다는 생각을 거부한다." 생물학적 조건은 양성의 불평등을 설명하거나 여성을 '타자'로 간주해야 할 충분한 이유가 되지 못하고, 여성에게 이런 종속적인 역할에 영원히 머물도록 선고할 수도 없다.

게다가 고정된 유기체 상태로 볼 수 있는 동물과 달리, 인간은 남성과 여성을 유기체로서 평가하기가 훨씬 어렵다. 인간이 성을 규정하는 방식은 다른 동물과 많이 다르기 때문이다. 여성은 여러 신체적 측면에서 남성만큼 강인하지 않기 때문에 언뜻 보면 여성의 활동 범위와 가능성이 더 제한된 듯 보이지만, 보부아르는 하이데거, 사르트르, 모리스 메를로 퐁티에 의거해 "육체는 사물이 아니라 하나의 상황"이라고 언명한다.

이런 식으로 보면, 여성의 가능성은 남성의 가능성과 다를 뿐이지 제약이 더 심한 것은 아니다. 더군다나 여성의 '약점' 대부분은 오로지 남성들의 목적에 비추어볼 때에만 약점이다. 예를 들어 신체적 열등성은 전쟁과 폭력이 부재하는 세상이라면 아무런 문제가 없다. 만약 사회가 달라진다면, 신체적 특성에 대한 평가도 바뀔 것이다.

여자는 태어나지 않고 만들어진다

《제2의 성》 2부에서는 보부아르의 그 유명한 "여자는 태어나는 것이 아니라 만들어지는 것이다"란 말이 나온다. 어릴 때는 능력 면에서 남녀의 차이가 없다. 양성 간의 차별은 소년들에게 그들은 우월하니까 앞으로 힘겨운 영웅의 길을 걸어갈 준비를 해야 한다고 가르치면서부터 시작된다. 어른들은 소년들에게 남성의 자부심을 강조하면서도, 소녀들에게 여성의 몸을 똑같이 칭찬해주지는 않는다.

소변보는 일 또한 성적인 차이를 유발한다. 소년들에게 그것은 게임이지만, 소녀들에게 그것은 부끄럽고 번거로운 과정이다. 아무리 소녀들에게 '남근 선망'이 없다고 해도, 직접 보고 만질 수 있는 생식기의 존재는 소년이 자아 정체성을 확립하는 데 도움이 되고, 일종의 '또 다른 자아alter ego'가 된다. 반면 소녀에게는 인형이 제2의 자아가 된다. 보부아르는 사실 '모성 본능'이란 존재하지 않지만, 소녀들이 인형을 가지고 노는 과정에서 아이를 돌보는 게 엄마의 몫임을 깨닫고 "그때부터 여자로서의 소명을 강하게 의식하게 된다"고 주장한다.

그러나 소녀들이 성숙해지면, 어머니가 되는 것이 전혀 특권이 아니고 남자들이 세상을 지배한다는 사실을 깨닫는다. 이런 각성을 통해 소녀들은 아버지의 삶에 '신비로운 위엄'이 서려 있음을 이해하게 된다. 성에 눈뜨게 되면 소년들은 공격적이고 탐욕스러워지는 반면, 소녀들에게는 대개 기나긴 '기다림'이 시작된다("그녀는 남자를 기다리고 있다"). 아득한 옛날부터 여성은 무언가를 이루거나 피하기 위해 남성에게 의존해왔으므로, 소녀들은 행복해지려면 자신의 힘과 자립성을 포기해야 한다고 배운다.

보부아르는 결국 여성의 특성은 그 주변 환경에 의해 형성된다고 결론 내린다. 여성은 사회적으로 독립적이지 못하고, 남성이 지배하고 규정하는 집단의 일부를 이룬다. 여성이 설립하는 어떤 집단이나 사회 공공사업도 남성 중심의 체계를 벗어나지 못한다. "여자들이 흔히 비난받는 결점의 대부분, 즉 옹졸함, 소심함, 진부함, 게으름, 경박함, 비굴함은 단순히 여자들의 시야가 막혀 있다는 사실을 표현할 뿐이다"라고 보부아르는 일갈한다.

신화 속의 여성

여성은 거의 스스로를 주인공이라고 생각하지 않기 때문에, 헤라클레스나 프로메테우스와 같은 신화 속 주인공이 여성인 경우는 많지 않다. 신화 속에서 여성이 맡는 역할은 항상 부차적이다. 그들은 남성을 꿈꾼다. 이런 여성이 등장하는 신화는 남자들이 만들어왔고, 그 모든 신화가 여성은 본질적이지 않다는 인식을 강화하는 데 일조해왔다. 이런 식으로 남성은 자신이 여성의 자궁에서 태어났고 언젠가 죽는다는 사실에 저항한다. 탄생과 죽음은 서로 맞물려 있으므로, 남성에게 인간의 유한성을 선고한 것은 여성인 셈이다.

여성은 또 남성을 홀리는 여자 마법사나 고혹적인 존재로 등장한다. 남성은 여성을 두려워하는 동시에 갈망한다. 남성은 여성이 자기 것이기 때문에 사랑하면서도, 여성이 '타자'로 남아 있기 때문에 두려워한다. 남성은 이 '타자'를 자신의 소유로 만들고 싶어 한다. 남성처럼 여성도 영혼과 정신을 부여받았지만, "여성은 자연에 속하기 때문에 개인과 우주 사이의 중재자로 나타난다."

기독교는 여성에게 아름다움, 따뜻함, 친밀함, 동정심, 상냥함 등을 할당하여 정신적이고 고상한 존재로 승화시켰다. 여성은 더는 현실적이지 않고, 여성의 신비감은 더욱 깊어졌다. 여성은 남성의 뮤즈고, 또 남성이 이룬 업적의 가치를 선언하는 판관이다. 여성은 쟁취해야 할 목표며 다른 모든 꿈을 포괄하는 꿈이다. 긍정적인 측면에서 여성은 항상 남성에게 자신의 한계를 뛰어넘도록 영감을 불어넣어왔다.

철학과 과학 사이에서

《제2의 성》은 입증되지 않은 내용이 많고 순환 논리에 빠지면서 '제대로 된' 철학서가 아니라는 이유로 비판을 받았지만, 이런 사실조차 좌뇌적인 철학 체계를 구축한 남성 철학자들이 저자의 성에 가하는 은밀한 공격으로 볼 수 있다. 실제로 보부아르가 종종 철학자로서 간과되어왔다는 사실은 결국 철학사를 쓰는 사람도 대부분 남자이므로 남성 학자들의 공헌에 중점을 둔다고 한들 놀라운 일이 아니라는 보부아르의 주장을 증명하는 꼴 밖에는 안 된다.

보부아르의 주장 중 상당 부분은 과학적으로 부인되었다. 특히 성적인 측면에서 백지상태로 태어나는 게 아니라 남성이냐 여성이냐에 따라 일정한 행동 성향을 갖고 태어난다는 사실이 밝혀졌다. 보부아르의 지적처럼 환경적 요인도 분명히 존재하겠지만, 그것이 전부는 아니므로 생물학적 차이도 같이 이해해야만 여성에게 가해진 제약에 맞설 수 있을 것이다. 우리의 몸과 뇌에 대해 더 많이 알아갈수록 생물학은 점점 더 숙명에서 멀어질 것이다.

만약 당신이 여자라면 이 책을 통해 지난 70여 년간 여성에게 일어난 긍정적인 변화를 되짚어볼 수 있을 테고, 만약 남자라면 오늘날에도 여성이 살고 있는 조금은 다른 우주를 이해하는 데 도움을 받을 수 있을 것이다.

(함께 읽으면 좋은 책) 《젠더 트러블》,《존재와 무》

시몬 드 보부아르 더 알아보기

1908년 파리에서 태어났다. 독실한 가톨릭 신자였던 어머니에 의해 유서 깊은 수녀원 부속학교에 보내졌다. 덕분에 어릴 적에 매우 종교적이어서 수녀가 될 생각도 했었지만 열네 살 때 무신론자로 돌아섰다.

소르본대학교에서 철학을 공부하면서 라이프니츠에 대한 논문을 썼다. 임용 고시이자 응시자 순위를 매기는 '전국철학교수자격시험'에서 (이미 알던 사이인) 장 폴 사르트르에 이어 차석을 차지했다. 역대 최연소 합격자였다. 사르트르와의 관계는 1943년에 출간된 그녀의 첫 소설 《초대받은 여자L'Invitée》에 영감을 주었다.

루앙에 있는 피에르코르네유고등학교에서 철학을 가르쳤다. 1947년에 프랑스 정부의 지시로 미국으로 건너가 대학에서 현대 프랑스 문학을 강의했다. 같은 해에 프랑스 실존주의에 관한 에세이 《모호성의 도덕에 관하여Pour Une Morale de L'ambiguïté》를 써서 인기를 얻었다. 세계를 두루 여행했으며, 여러 차례 방문했던 중국, 이탈리아, 미국에서는 여행 일기도 남겼다.

파리에서 사르트르와 가까운 곳에 살면서 그의 말년에 관한 가슴 뭉클한 기록인 《작별의 의식》을 집필했다. 작가 겸 사회 운동가로서의 활동을 이어가다가 1986년에 세상을 떠났다.

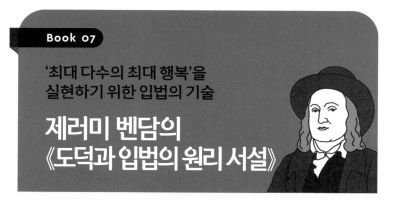

'최대 다수의 최대 행복'을
실현하기 위한 입법의 기술

제러미 벤담의
《도덕과 입법의 원리 서설》

제러미 벤담 Jeremy Bentham

19세기 영국에 지대한 영향을 미친 공리주의 철학자이자 법학자다. 그의 공리주의는
오늘날 민주주의의 기초가 되었다. 지금의 보통 선거, 비밀 투표 등은 모두 벤담으로부
터 비롯되었다. 벤담은 인생의 목적은 쾌락에 있다고 보았는데, 한 사람에게만 그치는
쾌락이 아니라 많은 사람이 누리는 '공중적 쾌락주의'를 주장했다. 이런 사상은 고전
경제학에도 영향을 주어 사회주의 탄생에도 기여했다.

《도덕과 입법의 원리 서설》은 제러미 벤담의 가장 유명한 사상,
즉 '최대 다수의 최대 행복'을 실현하기 위한 입법의 기술을 논
한 책으로 1789년에 출간되었다. 서문과 본론 17장으로 구성된
이 책은, 원래는 벤담의 형법 개혁과 민법 및 헌법상 공리의 원
리principle of utility를 다룬 여러 권짜리 연구(끝내 출간되지 않았다)
의 서곡 격으로 1780년에 사적으로 발행되었다가 1789년 정식
발행, 1823년 수정을 거쳐 지금에 이르렀다.

사실 벤담이 공리주의 주창자는 아니다. 하지만 그를 통해서

체계적으로 연구되고 발전한 것만큼은 확실하다. 벤담은 인생의 목적은 쾌락에 있다고 보았고, 따라서 사람들이 행복하게 사는 데에 관심이 많았다. 단 나만 행복해서는 안 되고, 여러 사람이 두루 행복해져야 하며 그것이 옳은 일이라고 여겼다. 벤담에게 있어 공리는 수학적 원리와 다름없었고, 여러 사람이 행복해지는 것 자체가 도덕이었다.

문제는 벤담은 쾌락의 양에 집중했는데, 실제로 쾌락의 양을 측정하는 게 가능할까? 사람마다 느끼는 행복의 정도도 고통의 정도도 다르다. 하지만 그의 양적 공리주의가 질적 공리주의로 발전해나갔으니 바로 존 스튜어트 밀에 의해서다. 벤담의 사상은 밀에게 계승되었고, 밀은《공리주의》(1863)에서 벤담의 사상을 다듬고 발전시켰다(밀은 어렸을 때부터 벤담의 집에서 많은 시간을 보내며 벤담의 공리주의를 계승할 학자로 키워졌다). 철학사적으로는 밀이 벤담보다 더 중요한 사상가로 평가받을지 모르겠지만, 벤담이 없었어도 밀이 그런 업적을 남길 수 있었을까. 이는 의문이다.

벤담은 또한《도덕과 입법의 원리 서설》에서 이성적으로 사고할 능력이 아니라 고통을 느끼는 능력에 따라 권리가 결정되어야 한다고 주장하는데, 이러한 구분은 피터 싱어의《동물 해방 Animal Liberation》(1973) 등으로 이어져 동물권리보호운동의 초석이 되었다. 싱어는 현대판 공리주의자로 무엇을 먹고 어떻게 돈을 쓸 것인가 등을 결정하는 잣대가 인간이나 동물이 고통을 피하고 행복을 증진시키는 데 영향을 미친다고 주장한다.

공리의 원칙이 이끄는 통치 방식

벤담은 《도덕과 입법의 원리 서설》에서 입법자들이 기초로 삼는 다양한 원리들을 거론하면서 하나씩 차례로 비판해나간다. 그는 만약 공리의 원리가 옳다면, 그것은 항상 옳기 때문에 그밖의 모든 원리는 잘못될 수밖에 없고 오로지 공리의 잣대로만 평가될 수 있다고 주장한다.

그러한 기초 원리 중 하나가 '금욕주의 원리'다. 벤담은 이 원리가 수도원에서나 통용될 뿐 정부의 실질적인 원리로 적용된 적은 한 번도 없었고 그럴 만한 충분한 이유가 있다고 지적한다. 대부분의 사람들은 욕망을 잠재우기보다는 욕망이 이끄는 대로 사리사욕을 추구하기 때문이다. 벤담은 무신론자가 아니었지만 정치 영역에 종교가 설 자리가 없다는 입장만은 확고했다. 신의 뜻을 헤아리는 일은 철저히 주관적이어서 착오가 있을 수밖에 없다. 반면 공리의 원리를 적용하면 매사에 옳은 선택이 무엇인지를 알 수 있어 결과적으로 신의 뜻이 실현되는 것을 보게 된다. 신이 최대 다수의 최대 행복을 바라지 않는다면, 대체 무엇을 바라겠는가?

또 다른 기초 원리로는 '공감과 반감의 원리'가 있다. 사람들은 무언가를 좋아하느냐 싫어하느냐에 따라 행동하고 판단한다. 이것은 (공리 같은) 보편적인 근거가 없이 그저 개인의 변덕에 따르는 것이므로 원리라고 할 수 없다. 한편 '옳고 그름의 원리'는 좀 더 진지해 보여도 결국에는 좋고 싫음의 연장선상에 있다는 것이 벤담의 지적이다. 정부의 정책은 사실 정부 구성원의 개인적 호불호를 반영할 때가 많다. 공리의 개념, 즉 최대 다수에게 실질적인 최선을 추구한다는 개념이 결여된 것이다.

정부는 보통 어떤 조치를 취할 때 세간의 '도덕관념'을 근거로 내세워 그 조치의 근본적인 불합리성을 은폐한다. 형사사법제도는 범죄자와 사회에 최선의 해법을 찾는 이성적 공리에 의존하지 않고, 특정 범죄의 죄질에 대한 국민의 도덕적 편견에 기반을 둔다.

벤담은 "공감과 반감의 원리는 무엇보다도 엄격성의 측면에서 오류를 범하기 쉽다"고 말한다. 어느 집단이 특정 행위를 혐오한다면 그 행위를 저지른 자를 범죄의 실질적인 악영향에 비해 과도하게 처벌하려 들 것이고, 그런 조치는 연쇄적으로 부정적인 결과를 초래할 것이다. 그러나 벤담의 말처럼 "공동체를 구성하는 개인들의 행복, 즉 그들의 쾌락과 안전이 입법자가 고려해야 할 목적, 그것도 유일무이한 목적이다." 입법자는 최대한 자유를 허용하면서도 타인의 행복을 감소시키는 행위는 철저히 규제하여 균형을 유지해야 한다(이 주제는 밀이 나중에《자유론》에서 본격적으로 다루게 된다).

최대 행복은 어떻게 구현되는가

벤담은 설령 공리의 원리를 지지하지 않는 사람일지라도 실제 자기 삶에 있어 행위의 우선순위를 정하거나 타인의 행위를 판단할 때는 이미 이 원리를 적용하고 있다고 주장한다. 인간은 기본적으로 행복을 추구하는 존재들이라 자신의 행복을 더하느냐 줄이느냐에 따라 다른 사람을 평가한다. 벤담은 애덤 스미스와 마찬가지로 인간을 본질적으로 이기적인 존재로 보았다. 그렇다면 그가 생각하던 정부의 적절한 역할은 무엇일까?

벤담이 《도덕과 입법의 원리 서설》을 집필한 목적은 '이성과 법의 손길로 더없이 행복한 구조를 세우기' 위해서였다. 쉽게 말해 행복을 법으로 제정하는 것이다. 어쩌면 유토피아적인 이상일지 모르지만 벤담은 공리의 원리가 국가 정책의 우선순위를 합리적으로 정할 수 있는 유일한 기준이라고 주장한다. 관습법이나 판례가 입법 체계의 근간을 이루던 당시의 영국에서 이는 상당히 급진적인 생각이었다. "관습이 아니라 이성에 따르라" 하는 벤담의 촉구가 당대의 법사상에 새로운 활력을 불어넣기는 했지만, 최대 다수의 최대 행복을 목표로 삼아 입법 체계를 처음부터 다시 구축한다는 생각은 결코 실현될 가능성이 없어 보였다.

벤담의 이 거대한 기획에서는 역사나 다른 텍스트를 입법의 기초 자료로 사용할 수 없었다. 만일 특정 사안에 대해 어느 한 텍스트의 '권위'를 주장하면 다른 텍스트에 의해 쉽게 반박당할 수 있기 때문이었다. 그래서 오로지 이성만이(특히 공리의 원리만 이) 정책과 법의 근간이 될 수 있었다. 벤담은 실제로 항상 준수 되지는 않더라도 모든 사람을 만족시켜야 하는 법과 제도에서 는 공리의 원리가 이미 적용되고 있다고 지적했다.

방법론적 측면에서 벤담은 열두 가지 고통과 열네 가지 쾌락 을 분류하고, 각 항목의 강도·지속성·범위의 높고 낮은 정도를 측정 및 합산하는 방식을 제안했다. 이런 식으로 입법자나 사실 상 누구라도 특정 행위가 행복을 느끼게 하는지 불행을 느끼게 하는지 판단할 수 있다는 것이다.

이런 접근법은 다소 기계적이거나 기술적으로 보일 수도 있 지만, 벤담에게는 사회 내 모든 특정 집단의 이해관계로부터 자 유로운 법을 수립하기 위한 필수적인 토대였다. 벤담의 목표는 '법체계의 황무지를 가로질러 새로운 길을 뚫는 것', 즉 특정인 에게 특혜를 주지 않도록 투명한 법을 만드는 것이었다. 세습적 인 특권이 법으로 보장되는 나라에서 이는 엄청난 시도였고, 벤 담의 사상이 그 위대한 논리에도 불구하고 영국에서 인정받기 까지 오랜 시간이 걸린 것도 어찌 보면 당연하다. 벤담은 프랑스 에서 훨씬 더 유명해져서, 프랑스 혁명 세력에게 대대적인 환영 을 받으며 공화국의 명예시민이 되었다.

공리주의가 현대에 가지는 의의

오늘날 공리주의는 인간의 본성이나 직관에 위배된다는 이유로 비판을 받고 있다. 일례로 심리학 연구에 따르면, 우리는 얼마나 많은 이에게 혜택이 돌아가느냐가 아니라 자신이 과연 긍정적인 감정을 느낄 수 있느냐를 따져 행동한다고 한다. 이런 성향은 지난 수백만 년간의 사회적 유대와 자기 방어적 본능에서 얻어진 것인 만큼, 무미건조해 보이는 철학적 원리로 극복하기는 쉽지 않을 것이다.

실제로 공리주의는 상당히 계산적이고 비인간적으로 생명과 사회 조직을 바라보는 방식처럼 느껴지며, 벤담 본인도 그런 점을 인정하면서 그렇기 때문에 '최대 행복 원리'라는 표현을 선호한다고 말한 바 있다. 그럼에도 벤담은 공리주의가 공정하고 문명화된 사회를 만들기 위한 최선의 희망임을 끝까지 믿어 의심치 않았다.

순전히 개인적인 차원에서 보더라도 "가장 많은 사람에게 먼 미래까지 가능한 한 최선의 혜택을 주는 것은 무엇인가?"를 자문하는 것은 인생과 의사결정에 접근하는 바람직한 방법임에 틀림없다. 벤담은 대다수 사람이 사리사욕을 추구하지만, 모든 종교와 수많은 도덕철학에 의하면 정반대의 상황을 조성하는 것이 모두에게 이롭다고 설파한다. 다른 사람의 이익을 먼저 생각하는 것이 때로는 나 자신의 행복을 얻기 위한 또 하나의 선택지가 될 수도 있다는 말이다.

(함께 읽으면 좋은 책) 《자유론》,《국가》,《정의론》,《공정하다는 착각》,《물에 빠진 아이

구하기》

제러미 벤담 더 알아보기

1748년 런던의 변호사 집안에서 태어났다. 열두 살 때 옥스퍼드대학교에 진학해 변호사가 되었으나 철학에 더 관심을 가졌고, 많은 유산을 상속받아 생계 걱정 없이 연구하고 글 쓰는 일에 몰두할 수 있었다. 그는 방대한 양의 글을 남겼고, 지금도 전사轉寫 작업이 진행 중이다. 미국 헌법의 아버지 제임스 매디슨, 남아메리카의 혁명가 시몬 볼리바르, 정치경제학자 애덤 스미스, 프랑스 혁명가 미라보 등과 서신을 교환했다.

노예제에 반대하고 동성애를 범죄가 아닌 개인의 문제로 다룰 것을 주장했으며, 여성의 평등권과 이혼할 권리를 지지했다. 열린 정부를 주장하며 "전면적으로 공개되지 않는 곳에는 정의도 없다"는 기고를 했다. 형법 개정의 일환으로 수년에 걸쳐 국립 교도소 '파놉티콘'을 고안했으나 끝내 성사되지는 않았다. 1823년에 공리주의 신문인 《웨스트민스터리뷰》를 창간했고, 3년 후에는 재력이나 종교와 관계없이 모든 이에게 열려 있는, 런던유니버시티칼리지의 전신인 런던대학의 설립을 도왔다. 1808년경에 자신의 이론을 계승한 밀을 만나게 되었다.

1833년에 사망, 자신의 공리주의 원리에 어울리게도 시신을 과학계에 기증했다. 그의 시신은 착의한 미라 상태로 런던유니버시티칼리지에 전시되었고, 오늘날에도 관람이 가능하다.

저서로는 《정부 소론A Fragment on Government》,《고리대금 변호론 Defence of Usury》,《파놉티콘》,《의회 개혁론Parliamentary Reform Catechism》,《법적 증거론A Treatise on Judicial Evidence》등이 있다.

Book 08

인간의 진화와 철학을 엮은,
노벨문학상에 빛나는 책

앙리 베르그송의
《창조적 진화》

앙리 베르그송 Henri Bergson

19~20세기의 프랑스 철학자로 '프랑스가 낳은 가장 프랑스적인 철학자'로 칭해진다. 생명의 특성인 진화를 '지속'이란 관점에서 풀어냈는데, 시간은 순간순간이 모이는 것이 아니라 시시각각 흐르는 것으로서 이러한 흐름이 생명의 창조적 진화를 불러온다고 보았다. 이를 직관을 통해 파악할 수 있다고 주장, 새로운 형이상학의 문을 열어 '플라톤 이후 최고의 형이상학자'로도 불린다.

1907년에 출간된 《창조적 진화》는 앙리 베르그송의 저서 중 최고로 꼽힌다. 베르그송은 20세기 전반기 지성계의 스타였는데, 당시 대부분의 철학자들이 염세적이고 결정론적인 것과는 달리 그는 창조성, 자유 의지, 생의 기쁨을 강조했기 때문이다. 베르그송의 문체 역시 칸트와 하이데거 등의 지나치게 학술적이고 건조한 산문체와 신선한 대조를 이루었고, 《창조적 진화》는 특히 널리 읽혔다. 윌리엄 제임스는 이 책에 찬사를 아끼지 않으며 친구에게 영역본 출간을 권했다. 결국 베르그송은 철학자로서는 드물게 이 책으로 노벨문학상까지 받았다(1927).

《창조적 진화》는 과학적 논리를 전혀 폄하하지 않으면서 다윈주의와 진화론이 실패한 지점을 설명한다. 베르그송은 다윈주의가 기계론으로선 탁월하지만 실재의 전모를 다룬 것으로 오해해서는 안 된다고 생각했다. 진화론은 생명이 표현된 징후에 초점을 맞춘 반면, 베르그송은 그런 생명을 발생시키는 근원적인 '생명력'에 주목했기 때문이다. 이런 '엘랑비탈(élan vital, 생명의 비약)'은 쉽사리 포착하기 힘든 (거의 신비롭기까지 한) 개념이었기 때문에 러셀과 비트겐슈타인을 포함한 많은 사람이 베르그송을 비판했다. 실제로 베르그송은 철학계 주류에서 벗어나 있었고 창조성과 참된 삶을 강조함으로써 오히려 실존주의적 예술가나 작가들에게 더 큰 영향을 미쳤다(일례로 베르그송이 천착했던 시간이나 '지속durée'은 그의 결혼식에서 신랑 들러리를 서기도 했던 마르셀 프루스트에게 큰 족적을 남겼다).

1940년대에 베르그송의 저작은 학계 추천 도서에 끼지도 못했다. 프랑스 철학자인 질 들뢰즈와 그의 '생성' 개념에 힘입어 베르그송의 저작에 대한 관심이 되살아났다. 베르그송의 논의 중 일부 세부 사항이 과학에 의해 부정되기는 했어도 《창조적 진화》는 여전히 우리 시대에 근본적이고 중대한 몇 가지 화두를 던지며, 진화생물학의 표준으로 자리 잡은 유물론적 텍스트에 흥미로운 대안을 제시한다.

가능성을 일깨우는 힘

《창조적 진화》의 서두에서 베르그송은 인간이 시간과 공간 속에 존재한다는 사실에 큰 관심을 기울인다. 일견 우리의 지적 능력은 우리가 처한 물질적 환경을 다루는 데 최적인 듯 보인다. 그에 따르면 '우리의 논리는 무엇보다도 고체의 논리'인 것이다. 그래서 자연히 우주를 역학과 물질의 관점에서 보게 되지만 이런 관점이 정말로 우리에게 진실을 제시해줄까? 우리는 모든 것을 일정한 범주로 분류하고 생명을 인식의 틀 속에 우겨 넣으려는 습성이 있으나 "모든 틀은 삐걱거리게 마련이다." 베르그송이 보기에 생물학의 문제는 생명을 연구해야 할 물질로 바라본다는 데 있었다. 생명은 그런 식으로만 봐서는 안 된다. 개체성과 개별적인 유기체란 단지 편의상의 개념일 뿐 실제로 살아 있는 모든 것은 궁극적으로 전체의 일부로 봐야 한다.

인간의 지성은 물질적인 우주뿐만 아니라 그것을 형성한 보이지 않는 힘도 설명해준다. 만약 우리가 순수하게 기계론적인 시각만 고수한다면, 이런 설명은 '필연적으로 인위적이고 상징적'인 수준에 그칠 것이라고 베르그송은 말한다. 우리는 생명과 생기를 불어넣는 '창조적 약동'을 감지하기 위해 노력해야 한다. 나아가 진화를 부단한 창조의 추동력이란 관점으로 본다면, "진화가 진행되는 과정에서 생명의 형태뿐만 아니라 지성이 그것을 이해하기 위한 관념과 이 관념을 표현하는 데 필요한 용어까지 창조한다고 보는 게 타당하다." 인간은 우리 자신과 생명을 불어넣는 본연의 힘을 둘 다 이해할 정도로 높은 수준까지 진화해온 것이다.

지속적이고 멈출 수 없는 창조

베르그송에 따르면 모든 종류의 무기체는 물리학과 화학 법칙에 따라 계산해낼 수 있다. 예를 들어 바위를 연구함으로써 그 정확한 상을 그려낼 수 있다. 하지만 생명체는 시시각각 변하기 때문에 그럴 수 없다. 우리는 생명체의 과거에 따라 현재 시점까지 오랜 진화의 역사를 규명할 수는 있어도 곤충처럼 지극히 단순한 신경계를 가진 유기체조차 앞으로 그것이 어떻게 변해갈지는 절대적으로 확신할 수 없다. 왜 그럴까?

생명체가 (무생물과) 다른 점은 '지속'이 있다는 것이다. 생명체는 단순히 공간에 존재하는 것이 아니라 시간의 산물이기도 하며, 시간은 공간보다 분석하기가 훨씬 까다로운 개념이다. 데카르트는 세계가 매 순간 새롭게 창조된다고 가정했던 반면, 베르그송은 진화의 힘, 즉 '과거가 현재 속에서 사라지지 않고 연속되는 것, 이를테면 과거와 현재의 연결 부호(-)인 지속'을 고려한다. 그러나 과거는 현재 속에 완전히 완결되어 있을 뿐 그다음 순간을 결정하지는 않는다. 살아 있는 존재를 제대로 파악하려면 지속적인 창조가 그 본질인 일종의 에너지 흐름으로 봐야 한다.

우리는 시간의 본질을 더 깊이 파고들수록 지속이 발명, 형태의 창조, 절대적으로 새로운 것을 끊임없이 만들어낸다는 의미임을 더욱더 이해하게 될 것이다.

베르그송의 개념을 인간의 삶에 적용시켜보면 다음과 같은 글에서 그가 한나 아렌트와 공명한다는 사실을 발견하게 된다.

우리의 인격은 끊임없이 뻗어나가고 성장하며 성숙한다. 인격의 매 순간 이전에 있던 것에 뭔가 새로운 것이 덧붙여진다. 더욱이 그것은 단지 새로울 뿐만 아니라 예측 불가능한 것이다.

인공적이거나 수학적인 체계 또는 천문학·화학·물리학적 사실들은 단순히 사물을 다루는 분야이므로 시간과 무관하게 분석될 수 있다. 반면 생명체는 결코 그럴 수가 없다. 물론 과거로 거슬러 올라가며 그 유기체를 '설명할' 수는 있겠지만 그런 분석의 한계를 받아들여야만 한다. 기계론적인 우주관은 사건들이 그 원인에 의해 결정된다고 보지만 베르그송에게 그 '원인'이란 대단히 유동적이다. 그는 원인이 사건이나 결과물을 설명하는 것이 아니라 사건이나 결과물이 그 원인을 제공하므로, 정말 중요한 것은 원인이 아니라 사건이나 결과물이라고 주장함으로써 인과관계에 관한 일반적인 인식을 뒤집는다.

그 결과 베르그송은 자연, 특히 인간의 절대적 고유성과 예측 불가능성을 주장하는 이론을 도출해냈다. 베르그송도 인정하듯이 그의 견해는 인간 정신이 받아들이기에 어려움이 있다. 우리는 보통 '그 부모에 그 자식'처럼 예측 가능하다고 믿기 때문이다. 그러나 자연 자체를 보자면 베르그송의 주장은 분명 옳은 것이 사실이다. 예를 들어 아기가 세상에 태어날 때 우리는 아기가 부모의 신체적·정신적 특징을 많이 물려받을 것으로 기대하면서도 아기가 완전히 새로운 개체임을 직관적으로 인정한다. 그리고 실제로 아이는 부모와 전혀 별개의 존재다.

결국 어떤 지적인 생각을 통해서가 아니라 삶을 직접 껴안음으로써만 "실재는 우리에게 끊임없는 새로움의 분출로 나타나게 된다."

수천 개의 점이 모여 곡선을 이룬다

베르그송은 과학이 "사물에서 반복적인 측면만을 취한다"고 말한다. 과학은 이전에 일어났던 일들을 기초로 규칙을 만들고 자연 속에서 패턴을 찾는 방식을 지향한다. 그러는 과정에서 대상을 점점 더 세분화하여 연구함으로써 관련된 '지식'에 도달한다. 그렇지만 베르그송은 무언가를 알려면 오로지 전체를 알아야 한다고 주장한다. 전체를 인식하는 것은 과학의 연구 방법에 역행한다. 그리고 이것이야말로 철학의 진정한 역할이다.

베르그송은 생명을 일종의 기계장치로 볼 수도 있지만, 그러려면 각각의 유기체가 모여 더 큰 체계를 이루고 그 체계 자체도 실재 전체, 즉 '불가분의 연속성'의 일부인 기계장치로 봐야 한다고 덧붙인다. 그는 이것을 종이 위의 곡선에 비유한다. 곡선을 자세히 들여다보면 수천 개의 잉크 점들로 이루어져 있다. 이 점들을 하나하나 자세히 살펴볼수록 본래의 의도나 목적과는 달리 더는 곡선이 아니라 직선에 가까워진다. 우리가 잉크의 진정한 속성이나 의도를 파악하려면 뒤로 물러나 전체상을 봐야 한다. 그래야만 곡선으로 보인다. 베르그송은 말한다. "곡선이 직선으로 구성되지 않는 것처럼 생명도 물리·화학적 요소들로 이루어진 것이 아니다."

과학자들은 각자의 연구를 통해 우주의 현황을 제대로 파악하고 이런 현재 시점의 정보를 이용해 미래를 가늠해볼 수 있다고 믿는다. 초인적인 지능과 충분한 데이터가 있는 상태에서 한 대의 컴퓨터에 우주에 관한 현재까지의 모든 자료를 모은다면, 장차 새로운 종이 어떤 형태를 띠고 언제 나타날지 또는 추운 겨울날 입김이 퍼져나가는 방향이나 만물의 각종 수치 등을 정확히 예측할 수 있으리라 기대한다. 그러나 이런 생각은 사실상 시간이 그동안 흐르지 않는다는 것을 전제로 하며 실제로 대부분의 과학이 이러한 망상에 기반을 두고 있다.

시간은 멈추지 않는다는 사실, 그리고 지속이 본질적으로 끊임없이 생명을 창조하는 힘이라는 사실은 우리가 결코 미래를 예측할 수 없다는 의미가 된다. 베르그송이 주장하듯이 우리는 생명을 '거슬러 올라갈 수 없는 흐름'인 지속이나 시간 속에서 파악한다. "그것은 우리 존재의 근간이며 우리가 느끼듯이 우리가 살아가는 이 세계의 실체다." 모든 것을 정적인 구성 요소들로 나누어 분석하는 '보편 수학의 현혹적인 예상'은 경험과 생명의 본질에 위배되는 어리석은 짓이다.

아무런 목적도 없다

베르그송은 생명이 지향하는 어떤 최종적인 목적이나 종착점('목적론')도 존재하지 않는다고 믿는다. 생명의 추진력은 단순히 창조하는 것이고, 그 창조의 충동은 개체성을 지향할 뿐이다.

> 생명에는 실현되는 계획 이상의 것, 계획보다 더 나은 것이 있다. 계획은 일에 부여된 목표다. 그것은 자신이 형태를 그리고 있는 미래를 닫아버린다. 반대로 생명의 진화 앞에서 미래의 문은 활짝 열려 있다.

> 기계론적이고 목적론적인 관점은 시간이란 요소를 배제할 때에만 의미를 지닐 수 있다. 이 말은 "만약 시간 속에 있다면 모든 것이 내적으로 변화하며 동일한 구체적 실재는 결코 반복되지

않는다"는 뜻이다. 반면 우리의 지적 능력은 "흐르는 것을 혐오하고 자신이 접촉하는 모든 것을 고체화한다."

베르그송의 결론에 따르면 기계론적이고 결정론적인 관점은 오직 "우리의 행동을 외적으로 바라보는 시각에 불과하다. 그런 관점은 우리 행동으로부터 지식을 추출한다. 그러나 우리의 행동은 그 둘 사이를 미끄러져 나가 훨씬 더 멀리까지 확장된다." 우리는 기계가 아니고 창조적인 생명력의 발현인 것이다.

생명과 철학 그리고 욕구

베르그송은 반문한다. 우리가 살고 있는 이성적인 현대 사회에서 직관이나 본능이 설 자리가 있느냐고. 동물의 삶은 그들의 행동에 대해 생각할 필요가 없기 때문에 단순하다. 인간의 지성은 우리에게 계획하고 심사숙고하고 선택할 능력을 주었지만(한마디로 우리에게 문명을 부여했지만) 거기에 따르는 대가도 함께 떠안겼다. 인간은 분석적인 지성을 갖추고 있기에 본능에 충실하게 살지 못하게 되었고 이로써 생명 본질과의 접점을 상실했다.

물론 각 개인은 여전히 직관력에 따라 살거나 분석이 끼어들기에 앞서 존재하고 행동할 수 있지만 즉각적인 욕구의 집착이 그런 삶을 가로막는다. 이처럼 욕구를 충족시키는 데 주력한다는 것은 우리가 생명 도약의 단순성과 다양성, 다수성으로 점철된 물질세계에 중점을 둔다는 의미다.

철학은 이 두 가지를 절충시키는 한 가지 방법으로서 우리에게 '실재' 세계에 속한 몸으로 살면서도 언제든지 생명 자체로 돌아갈 수 있도록 도와준다. 결국 베르그송에게 진정한 철학자란 단지 개념만 분석하는 무미건조한 사람이 아니다. 진정한 철학자는 인간의 본성과 직관을 갈고닦아 존재와 결합하는 사람이다. 인간은 지속적인 창조와 진화의 속성을 지닌 생명, 즉 '절대적인 전체'를 나타내는 무수히 많은 표현 중에 하나일 뿐이다.

(함께읽으면 좋은책) 《인간의 조건》, 《전체와 접힌 질서》, 《순수이성비판》, 《의지와 표상으로서의 세계》

앙리 베르그송 더 알아보기

1859년 프랑스 파리에서 유대인 부모 밑에서 태어났다. 어릴 때부터 수학에 뛰어난 재능을 보였는데 10대 때 인문학을 공부하기로 결정했고, 이에 수학 교사가 "수학자가 될 수 있었는데 고작 철학자가 되겠구나" 하며 아쉬워했다고 한다. 엘리트 양성소인 파리고등사범학교를 다녔는데 장 레옹 조레스, 데이비드 에밀 뒤르켐과 동기였다.

임용 고시이자 응시자 순위를 매기는 '철학교수자격시험'에서 2등을 차지했다. 대학 졸업 후에는 중부 프랑스의 고등학교 교사가 되었고, 프랑스 최고 고등교육기관인 콜레주드프랑스와 모교인 파리고등사범학교에서도 강의를 했다. 《창조적 진화》 발표 후 엄청난 명성과 더불어 T.S. 엘리엇을 비롯해 많은 숭배자들을 얻었다. 처음 미국을 방문했을 때는 브로드웨이의 교통이 마비될 정도였다. 국제연합의 전신인 국제연맹을 창설하는 작업에도 참여했고, 국제지적협력위원회 의장을 역임하며 유네스코 창설에도 적극 관여했다.

저서로는 《물질과 기억》, 《정신적 에너지》, 《도덕과 종교의 두 원천》 등이 있다. 다른 많은 저서는 1941년 그의 사망 후 고인의 유언에 따라 함께 매장되어 오늘날 전해지지 않는다.

Book 09

《전쟁과 평화》로 고찰하는
지식에 접근하는 두 가지 방법

이사야 벌린의
《고슴도치와 여우》

이사야 벌린 Isaiah Berlin

라트비아 출신의 유대인으로 20세기 영국의 자유주의자이자 정치철학가다. 철학자
및 사상가의 범주를 전체를 보는 '고슴도치형'과 다양한 경험을 중시하는 '여우형'으로
나누었는데, 이는 정치·경제 분야에도 영향을 미쳤다. 유럽의 문화와 사회에 기여한 공
로로 에라스무스상을, 일생 동안 시민의 자유를 옹호한 공로로 예루살렘상을 받았다.

《고슴도치와 여우》는 1953년에 출간된 이사야 벌린의 대표작
으로 가장 많이 인용되는 저서 중 하나다. '톨스토이의 역사관에
대한 고찰'이란 흥미로운 부제가 붙은 이 책은 톨스토이의 《전
쟁과 평화》를 통해 인간이 지식에 접근하는 두 가지 방법을 다
룬다. 벌린은 그리스 시인 아르킬로코스의 말 "여우는 많은 것을
알지만 고슴도치는 하나의 큰 것을 알고 있다"는 말을 바탕으로
크게 고슴도치형과 여우형으로 나눈다. 하나의 생각으로 전체
를 통합하는 사상가(고슴도치)와 세부 사항에 집중해 다양한 경

험을 중시하는 사색가(여우)다.

톨스토이는 살아 숨 쉬는 평범한 인물들이 세세하게 얽힌 이야기가 실제 역사라고 여기고, 전쟁으로 혼란스러운 19세기 러시아 역사를 등장인물들의 심리와 행동을 통해 설명하려고 했다. 하지만 톨스토이는 역사의 거대한 방향성은 인식하지 못했고, 그렇기에 역사의 흐름을 큰 틀에서 분석하지는 못했다. 톨스토이에게 인간은 자유 의지란 없고 이성보다는 본능에 따라 움직이는 존재였기 때문이다. 따라서 소설 속 인물들이 각성하는 순간은 우리의 삶을 지배하는 어떤 법칙을 깨닫는 때가 아니라 만물의 관계를 이해하고 평화를 누릴 때다. 이를 통해 벌린은 톨스토이가 여우형일 거란 잠정적 판단을 내린다. 정작 그 자신은 고슴도치가 되고 싶어 했고, 그래서 말년이 비극적이었다고 보지만.

톨스토이가 더 깊은 차원의 지식에 접근할 수 없었다고 해서 우리까지 그럴 수 없다는 의미는 아니다. 끊임없는 잡생각, 상상, 욕망과 혐오에 시달리더라도 종교나 사색 및 명상을 통해 우리는 사물의 있는 그대로의 모습인 '생명의 흐름'을 볼 수 있다. 경험주의자인 톨스토이는 형이상학적인 우주관을 정당화할 수 없었지만, 그의 등장인물들은 때때로 진실의 틈새를 엿보고 앞으로 일이 어떻게 흘러갈지 가늠할 수 있었다. 이런 순간을 지혜나 은총, 빛, 그 밖에 뭐라고 부르든 간에 많은 사람이 그것을 경험했다는 사실은 그것이 실재함을 시사한다.

역사의 어리석음과 자만

19세기에는 역사를 비롯한 모든 분야에 대해 과학적인 방법으로 접근하는 것이 유행이었고, 실제 '무슨 일이 벌어졌는지'를 밝혀내는 연구 기술도 크게 발달했다. 하지만 톨스토이는 이런 접근법이 궁극적으로 피상적이라고 보았다. 인류의 역사, 즉 왜 그런 사건이 벌어졌는지는 과학적으로 귀결될 수 없는데, 역사에는 자연과학에서 발견되는 법칙처럼 확고히 신뢰할 만한 법칙이 없기 때문이다. 역사란 그저 역사가가 임의로 선택한 사료나 특정한 렌즈를 통해 프레임이 정해지는 스토리텔링에 불과할지도 모른다. 실제 진실의 극히 작은 일부분만이 밝혀질 수도 있다. 그래서 인류는 늘 의미 있는 이야기를 만들기 위해 사건들을 재구성하는 작업을 멈추지 않았다.

톨스토이는 '역사'가 실제 벌어진 일들의 거대하고 방향성 있는 '거시적인' 그림이 아니라 단순히 수백만 명의 개인이 각자의 충동에 따라 살다간 결과들의 총합이라고 보았다. 그는 《전쟁과 평화》에서 자기들이 역사적 사건을 좌우한다고 믿는 장군과 지도자들의 자만심을 무자비하게 짓밟는다. 톨스토이는 드리사 회의Council of Drissa에 모인 장군들이 터무니없는 주장을 늘어놓는 광경을 묘사한다. (벌린이 설명한 대로) "어떤 이론도 변화무쌍

한 인간 행위의 엄청난 다양성과, 역사가 기록하고자 하는 인간과 자연의 상호작용을 이루는 사소하고 거의 발견하기 힘든 인과관계의 엄청난 다양성에 온전히 들어맞지 않기 때문이다." 이견해에 따르면, 나폴레옹도 순전한 지성이나 직관을 통해 역사적 사건을 '읽어낼' 수 있다는 유명한 주장을 펼친 사기꾼이었다. 그리고 그런 능력을 요구하는 목소리가 커질수록 그 폐해가 더 심각해질 수 있다고 톨스토이는 믿었다. 나폴레옹의 자만심 때문에 수백만 명이 목숨을 잃을 판이었으니.

톨스토이가 보기에 역사를 통제한다는 허상은 사람들의 실질적인 삶, 개개인이 현실에서 경험하는 실제 장면, 감정, 관계와는 분명히 대조되었고, 그렇기 때문에 역사의 '거대한 방향성'을 가정해봤자 아무런 의미도 없으며 또 그래야 마땅했다. 이런 차원의 설명은 우리 삶에 중요한 뿌리가 아닌 꽃처럼 사소해 보였다. 이러한 설명은 역사가 왜 하필 현재와 같이 진행되었을까라는 그의 기본적인 질문에도 답을 제시하지 못했다.

톨스토이는 '위인'이 역사를 바꾼다는 개념과 더불어 어떤 사상이나 책이 역사를 형성한다는 개념도 거부했다. 이것은 단지 역사를 연구하는 학자들의 편견에 지나지 않았다. 그는 또 (마르크스주의가 그랬듯이) 역사에서 '법칙'을 발견할 수 있다는 과학적 사회학의 신념에도 동조하지 않았다. 사람들은 그저 사건이 끝난 후에 자신의 이론을 뒷받침하는 사실을 취사선택할 뿐이었다.

톨스토이는 어떤 거대하고 신비로운 인과관계도 믿지 않았고, 오히려 그 반대였다. 역사의 사건들은 지극히 미세하고 다양한 원인에 따라 발생하고, 인간의 뇌로는 그런 원인을 다 알아차릴 수 없다고 믿었다. 역사 연구와 자연과학 연구 모두 사물의 현실을 포착하려는 미흡하고 제한적인 시도에 불과했다.

톨스토이의 역사관

톨스토이의 역사관은 자유 의지에 대한 특정한 관점, 즉 자유 의지는 존재하지 않는다는 관점에 기초한다. 우리가 만물의 진짜 원인을 모르기 때문에 스스로 자유롭게 행동한다고 믿을 뿐이라는 그의 주장은 스피노자를 연상시킨다. 벌린의 관찰에 따르면, 톨스토이 소설의 많은 등장인물에게 인생에서 가장 중요한 순간은 사건이 전개되는 자연적인 논리와 그 속에서 미리 정해져 있는 듯한 그들의 역할을 인식하는 순간이다.

벌린이 보기에 톨스토이 소설의 메인 테마는 "자연의 삶을 결정하듯이 인간의 삶도 결정하는 자연 법칙이 존재하지만, 인간은 이 가차 없는 과정을 직시하지 못해 그것을 일련의 자유로운 선택인 것처럼 설명하려 든다"는 것이다. 우리는 컵에 손을 뻗는 것처럼 사소한 행동에서만 자유롭다. 다른 사람들과 연관될 때마다 우리는 멈출 수 없는 삶과 사건의 흐름의 일부가 된다. 우리는 '권력'과 '사건'이 다른 일들을 일으키는 원인이라고 보지만, 톨스토이가 보기에 이것은 우리가 결코 보지 못하는 인과관계라는 빙산의 일각일 뿐이다. 그리고 우리가 이런 일련의 인과관계를 보지 못하는 것은 다행스러운 일이다. "만약 인과관계의 무게감을 느낀다면 우리는 거의 아무런 행동도 못할 테니 말이다."

벌린은 톨스토이를 대신하여 이렇게 묻는다. "우리가 실은 자유롭지 않아도 스스로 자유롭다는 확신 없이는 살아갈 수 없으니 어떻게 해야 하는가?"

여기에 톨스토이는 과학, 사회 공학, 군사 전문 지식 등의 '합리적 낙관론'을 믿지 말고 오랜 세월의 시험을 견뎌낸 상식적인 믿음에 따라 살아가라고 대답한다. 톨스토이가 생각하는 영웅은 그의 소설 속 인물인 쿠투조프로, 그는 자신의 본능에 따라 살아가는 소박한 러시아 영웅이지 이 세상을 바꿀 것이라는 기대를 받는 장군, 과학자, 정치인이 아니다.

비평가들은 인간 행동의 잠재력에 대한 톨스토이의 비관적인 견해를 공격했지만, 벌린이 언급하듯이 《전쟁과 평화》에서 가장 훌륭한 부분은 인물들의 생각, 지식, 감정, 관계가 중요하게 부각되는 대목들이다. 그러므로 벌린은 "인간의 생각이나 희망과는 전혀 무관하게 전개되는 가차 없는 법칙이 존재한다는 톨스토이의 생각 자체가 억압적인 신화"라고 주장한다.

톨스토이는 구체적인 삶의 모습들을 관찰하는 데 탁월했던 한편, 모든 것을 하나로 아우르는 통합적인 현실이나 원칙이 있다는 어떠한 의견에도 반박했다. 하지만 벌린은 톨스토이가 "너무 심하게 반박했다"고 주장한다. 톨스토이는 사실 그런 통합된 원칙이나 단일한 목적이 존재하기를 갈망했다는 것이다. 다만 위대한 지성인 본인 스스로도 그런 원칙이나 목적을 찾을 수 없었으니 다른 누군가가 그것이 존재한다고 주장해도 받아들이기 힘들었을 것이다.

예측 가능한 비합리성

벌린은 톨스토이가 《전쟁과 평화》를 집필할 때 머리맡에 두고 읽었다던 프랑스 정치철학자이자 외교관인 조제프 드 메스트르의 책이 톨스토이에게 미친 강력한 영향에 대해 이야기한다.

메스트르와 톨스토이는 진보에 대한 자유주의적 신념과, 이 세상이 행복과 번영이 증가하는 방향으로 나아갈 것이라는 순진한 견해를 거부했다. 메스트르는 '신앙, 계시, 전통 등 인간을 초월하는 지식의 원천'에 관심이 있었다. 이런 것들이 현실을 비추는 통찰의 힘에 비하면 과학, 비판, 세속주의는 아무것도 아니었다. 그리고 벌린의 말처럼 "이 정신의 천적은 영리함과 전문화였다."

메스트르는 오직 종교만이 '내적인' 리듬, 세상의 '더 깊은' 흐름, 사물의 고요한 행진'을 이해한다고 믿었다. 톨스토이는 이런 신비로운 설명에는 관심이 적었고 역사를 형성하는 수백만 가지 원인에 더 관심이 많았다. 그렇다고 그가 가진 정보가 더 많아질수록 더 많이 '알게' 될 것이라고 믿지도 않았다.

톨스토이는 인간의 행동이 이성으로는 결코 설명되지 않는다는 메스트르의 의견에 동의했다. 오히려 벌린의 지적처럼 "비합리적인 것만이 설명을 거부하고, 그래서 이성의 비판 행위에 훼손되지 않기에 끈기 있게 살아남아 강해질 수 있다"고 믿었다. 메스트르는 세습 군주제나 결혼 같은 제도는 비합리적이어도 여전히 살아남은 반면, 그 합리적인 대안들은 금방 사라지고 말았다고 주장했다.

톨스토이는 과학의 가치를 부정하지는 않았지만 개인의 행동, 도덕성, 정치 문제에 비하면 과학은 하찮다고 보았다. 그런 문제들은 결코 과학에서 답을 얻을 수 없었다. 벌린이 해석한 대로 "'은폐되어' 조사할 수 없는 삶의 비중이 너무 높았기 때문이다." 톨스토이의 모든 영웅들은 이 감추어진 진실의 실체를 알거나 어렴풋이 목격한 적이 있었다. 일단 그들이 각성하고 나면 사물이나 사건, 우리 삶에 대한 모든 합리적이고 과학적인 설명은 상대적으로 공허하게 느껴졌다.

무엇이 진짜인가

톨스토이의 인물들이 맞이하는 각성의 순간이란 '만물의 하나

됨'이나 우리 삶을 지배하는 어떤 '법칙'을 깨닫는 순간이 아니다. 그것은 만물이 왜 지금과 같은 방식으로 생겨났고 다음에는 어떤 일이 벌어질지를 알게 되는 계시의 순간이다. 즉 만물의 진정한 관계를 이해하고 거기에서 오는 평화를 만끽하는 순간인 것이다.

이러한 순간에 우리는 이성의 한계를 자각하고, 우리가 관찰하고 분석하여 구성할 수 있는 세계와 우리의 정서적 삶 및 실존을 비롯해 모든 것을 포괄하는 현실의 기저에 깔린 구조를 구분할 수 있게 된다. 우리는 이런 구조에 어떤 이름을 붙이거나 범주를 지정할 수 없다. 이름과 범주는 관찰과 경험이 가능한 세계의 일부기 때문이다. 진짜 현실에 대한 이런 인식은 지혜라고 할 수 있다. 이것은 사물의 '형태'와 작동 방식에 대한 깨달음이거나 인간에 대한 통찰이다. 이런 통찰은 합리적인 분석이나 과학에서 얻어지는 것이 아니다.

벌린은 톨스토이가 자기 스스로를 여우, 즉 많은 사실을 아는 사람으로 보았다고 믿는다. 톨스토이는 관찰 가능한 현상만 분석하고 신비주의 관점은 멀리하는 경험주의자가 되고 싶었을 것이다. 그러나 경험주의 관점은 너무 제한적이어서 그는 여기에 만족할 수 없었다. 사물의 진실에 도달하려면 더 깊이 파고들어야만 했다. 하지만 그는 자신이나 소설 속 인물들이 현실에 대한 통합적 세계관을 내비치도록 허용하지 않았다. 그러자면 반드시 사실이나 물리적 세계를 넘어서야 했기 때문이다.

벌린의 결론은 톨스토이가 실은 고슴도치의 세계관을 무척 원했으리라는 것이다. 모든 것의 기저에는 통합된 진리가 흐른다는 세계관 말이다. 톨스토이는 모세처럼 약속의 땅을 바라보며 인생의 의미를 찾았지만 그 땅에 들어갈 수는 없다고 느꼈다. 동시에 그는 과학이나 문명 등 다른 어떤 것도 그 땅에 진입할 수 없다고 부정한다. 만약 그런다면 오만일 것이다.

(함께 읽으면 좋은 책) 《전체와 접힌 질서》, 〈운명〉, 《의지와 표상으로서의 세계》, 《에티카》

이사야 벌린 더 알아보기 ▶

1907년 라트비아에서 태어났다. 벌린의 부모는 러시아어를 쓰는 유대인으로, 그의 10대 시절에 온 가족이 런던으로 이주했다. 옥스퍼드대학교에 입학했고, 뛰어난 재능을 인정받아 20대 중반에 올솔즈칼리지All Souls College의 펠로우가 되었다. 서른두 살에 마르크스의 전기를 써서 호평을 받았고, 제2차 세계대전 도중과 직후에는 워싱턴과 모스크바에서 영국 외교관으로 일했다. 쉰 살에 옥스퍼드대학교의 사회정치이론 교수가 되었으며 1966년부터 1975년까지 울프슨칼리지Wolfson College의 학장을 역임했다.

저서로는 《역사적 불가피성Historical Inevitability》, 《계몽주의 시대Age of Enlightenment》, 《자유의 두 개념Two Concepts of Liberty》, 《비코와 헤르더Vico and Herder》 등이 있으며 여러 편의 주목할 만한 논문이 있다. 투르게네프의 작품을 번역하기도 했다. 더 자세한 정보는 1997년 벌린이 사망하고 1년 후에 출간된 마이클 이그나티에프의 《이사야 벌린》을 참조하기 바란다.

Book 10

전체론적 사고로 주류 양자론을
뒤집은 과학서이자 철학서

데이비드 봄의
《전체와 접힌 질서》

데이비드 봄David Bohm

20세기의 중요한 이론물리학자이자 철학자로 전자의 이상 행동을 밝혀낸 이론*으로
잘 알려져 있다. 원자폭탄으로 유명한 이론물리학자 로버트 오펜하이머 밑에서 연구
했고, 물리학자 알베르트 아인슈타인과 인도의 명상가 지두 크리슈나무르티, 티베트
의 달라이 라마와도 교류하며 영향을 받았다. 우주를 '미분리된 전체'로 여기고 생각과
실재를 하나로 본 그의 주장은 과학계는 물론이고 사상계에도 큰 영향을 끼쳤다.

《전체와 접힌 질서》는 1980년에 출간된 책으로, 양자론에 대한
데이비드 봄의 대안적 해석과 전체론적 세계관을 바탕으로 하
는 그의 철학적 사상을 담았다. 일반 대중을 상대로 한 저작이기
에 쉽게 읽히지만, 양자론을 뛰어넘어 우주의 질서와 우리의 의

---

* 드 브로이-봄De Broglie-Bohm 이론과 아로노프-봄 효과Aharonov-Bohm Effect를 말한다.
드 브로이-봄 이론은 양자물리학에서 비국소적nonlocal 성격(입자들이 서로 연결되어 있어 대
단히 멀리 떨어져 있더라도 거의 쌍둥이처럼 움직이는 현상)을 보여주는 '숨은 변수'가 있다고 상
정한다. 아로노프-봄 효과는 특정한 양자 역학적 환경에서 전자들이 자기장의 세기가 0인 공간에
서 운동함에도 불구하고 마치 자기장을 느끼는 것처럼 움직이는 현상을 말한다.

식 세계까지 다룬 이 책이 몰고 온 파장은 만만치 않았다.

봄은 프린스터대학교에서 아인슈타인과 함께 교수로 활동하며 많은 영향을 받았다. 당시 두 사람은 주류 학계를 이끌던 코펜하겐 해석에 불만을 가졌다. 코펜하겐 해석이란 닐스 보어와 베르너 하이젠베르크 등을 주축으로 하는 양자역학 해석 이론으로, 이들의 활동 중심지였던 코펜하겐에서 따온 것이다. 이들은 양자론을 불확정성과 우연성을 통해 설명하며, 인식의 근본적인 한계를 넘어서는 물리적 실재를 논하는 것은 무의미하다고 주장했다. 그 아인슈타인으로서도 이를 반박할 뾰족한 수가 없었다. 그런데 봄이 주류의 해석을 뒤집는 시도를 멋지게 해낸 것이다.

봄은 서로 멀리 떨어진 원자 구성 입자들이 광속의 물리적 신호로도 설명되지 않는 방식으로 상호작용한다는 실험 결과들에 매료되었다. 그가 보기에 이런 상호작용은 우주가 물질 입자들을 담고 있는 단순히 빈 공간이 아니라 그 자체도 지능을 갖고 거의 살아 있다는 것을 증명하는 근거였다. 그렇다면 우주를 '미분리된 전체'로 이해하는 것이 정확하지 않을까? 이런 봄의 생각을 하나로 담아낸 것이 바로《전체와 접힌 질서》다.

대부분의 물리학자들이 전문 분야를 깊이 파고드는 데 주력하는 반면, 봄은 자신의 연구가 가진 함의에 대단히 관심이 많았다. 그는 세상의 문제들 대부분이 모든 사람과 사물을 각각 분리된 것으로 보는 시각에서 비롯된다고 믿었다. 그 때문에 우리가 다른 존재를 타자로 인식하여 자신을 방어하려 들고, 인간과 자연을 별개의 존재로 생각하게 된다고 말이다. 이런 포괄적인 사상이 봄을 철학자로 만들었다. 봄의 저작은 과학이 연구의 의미를 밝혀내지 못하는 지점에서 철학적 사유가 어떻게 빛을 발하는지 잘 보여준다.

새로운 우주관

봄은 원자론적 우주관이 오랫동안 현실을 매우 잘 설명하는 것처럼 보였다고 지적한다. 그러나 그 후 상대성 이론과 양자물리학이 등장해 실재의 기본 차원이 그렇게 단순하지 않다는 것을 증명했다. 실제로 입자는 워낙 포착하기 어려워서 물질을 작은 원자들의 복합체로 보기보다는 일종의 에너지로 보는 편이 더 적합할 정도다. 봄은 원자가 독자적으로 존재하는 게 아니라 관측자와 관측 기구를 포함한 전체 환경에 따라 완전히 달라지는 '어렴풋한 구름' 상태와 흡사하다고 주장한다. 원자는 실재 자체가 아니라 실재의 추상화 내지는 단순화에 더 가깝다는 것이다. 그래서 입자는 고정된 사물이 아니라 한 점의 에너지라 할 정도로 항상 움직이는 일종의 범위인 '세계통world tube'으로 봐야 한다는 것이 봄의 인상적인 결론이다. 각각의 입자/세계통은 공간 속에서 확대되고 그 주위에는 장이 있어 다른 장들과 결합한다.

이런 우주관에서는 우주를 어떤 물질을 담고 있는 빈 공간으로 보지 않는다. 봄이 생각하는 우주에서는 모든 것들이 하나의 통합된 장으로서 "그 어디에도 단절이나 분할은 없다." 이것이 바로 그가 말하는 '전체'다. 봄은 카펫의 무늬를 비유로 든다. 카펫 무늬 속의 꽃이나 도형을 카펫과 별개라고 말하는 사람은 없다. 이것들은 분명히 카펫이라는 전체의 일부다.

새로운 물리 질서: 내포 질서와 외연 질서

봄의 우주론의 첫 번째 특징이 '전체'라면 두 번째 특징은 내포 질서와 외연 질서의 개념이다. 외연 질서explicate order란 본질적으로 우리가 감각이라 인식할 수 있는 모든 것, 즉 '현실 세계'다. 외연 질서에서 사물은 각각 자신의 시간과 공간 속에 존재하고 다른 사물과는 분리된 듯 보인다. 반면 내포 질서implicate order는 시간과 공간을 벗어나 있으며 현실 세계에서 발현되는 모든 것의 씨앗을 품고 있다. 내포 질서는 가능한 모든 것을 접고 있다. 달리 표현하자면, 질서는 시간과 공간 속에 접혀 있다가 오로지 가끔씩만 외연 질서의 형태로 표현된다. 그러므로 진정 실재하고 안정적인 것은 내포 질서다. 외연 질서는 이런 보다 근원적인 실재가 가시화된 하위 질서다.

봄은 고점성 액체가 든 큰 원통에 잉크를 한 방울 떨어뜨리는 경우를 예로 든다. 원통을 빠른 속도로 돌리면 잉크는 액체에 용해되어 거의 보이지 않게 된다. 그러나 원통을 반대 방향으로 돌리면 잉크가 용액 속에서 지나온 길을 원형으로 되돌아가며 본래의 위치로 모여든다. 결국 이 운동의 질서는 비록 나중에는 사라진 듯 보였지만 실은 용액 속에 접혀 있었다고 할 수 있다.《전체와 접힌 질서》의 후반부에서 봄은 이 사례를 다시 언급하면서 용액 속에서 잉크가 퍼지는 경로가 내포 질서고 이 질서가 눈에 보이게 표현된 것이 외연 질서라고 설명한다. 외연 질서가 가시적일 수 있는 것은 빛과 우리의 눈, 뇌, 신경계의 상호작용 때문이다.

　그러면 이런 설명이 전체와는 어떻게 연관될까? 공간, 시간, 의식 그리고 내포 질서와 외연 질서를 포함하는 전체는 봄의 표현에 따르면 '홀로무브먼트(holomovement, 전일적 흐름)'의 일환으로 '깨지거나 나눠지지 않는 전체'다. 그러나 세계를 개별 부분들로 분석하는 방법이 실제 현실에 부합한다는 것은 어떻게 이해해야 할까? 봄에 따르면 '홀로노미holonomy', 즉 '전체의 법칙' 때문에 우주의 사물은 여전히 개별적으로 보이게 된다. 심지어 사실이 아닌데도 그렇다. 각각 별개로 보이는 사물이나 사건이 실제로는 분리되거나 스스로 지배하는 것이 아닌 (카펫의 무늬나 바다의 잔물결과 같은) 전체의 편린에 불과하다는 것이다.

정신과 물질, 생각과 실재
사고나 의식은 실재와 어떤 관계가 있을까?

인간은 오래전부터 사물의 고정성·안정성·실재성과 인간 사고 영역의 일시성·비현실성을 구분해왔다. 어디까지나 편의상의 분류일 뿐 진실은 아니었다. 봄의 '전체' 관점은 만약 정신과 물질이 둘 다 보편적인 흐름에서 발생한다면 '생각'과 '실재'를 별개로 보는 것은 말이 안 된다고 주장한다. 이러한 주장은 양자 물리학과 과학의 '객관적 관측자'라는 전제에 중대한 시사점을 지닌다. 과학자들은 보통 자신들이 관측 대상과 별개로 분리되어 있다고 생각하지만 만약 실재가 하나로 흐르는 운동이란 입장을 받아들인다면 관측 대상, 관측자, 관측 기구, 실험 결과를 모두 단일한 현상의 일환으로 간주해야 할 것이다.

결국 세상과의 분리감, 혼란, 옳지 않은 전제 등은 모두 우리의 뇌와 신경 체계가 만들어낸 개인적 생각(이른바 에고)에 불과하다. 그러므로 우리의 추측과 잘못된 범주화가 실제 보편적인 전체와는 다를 수 있음을 인정하려는 태도는 중요하다. 동양 철학에서는 우리가 자신의 생각을 진정으로 응시할 수 있을 때, 또는 명상 속에서 '생각을 멈추는' 순간에 이르러서야 비로소 사물의 실체를 있는 그대로 볼 수 있다고 가르친다. 우리의 세계관은 세상 속에서 우리가 맺는 관계를 결정한다. 우리가 만약 실재를 별개의 대상으로 인식한다면 실제 그런 식으로 경험하게 될 것이다. 또 만약 실재를 전일적인 전체로 본다면 자연히 우리가 다른 존재나 자기의식과 관계를 맺는 방식도 달라질 것이다.

직관적 지식과 창조성은 어디에서 오는가

봄은 또 기억에 기반을 둔 사고와 '슬기로운 지각'을 구분한다. 슬기로운 지각이란 기존의 모든 생각이 잘못되었거나 '조건화' 되었다는 스치는 깨달음으로, 전혀 새롭고 난데없이 불쑥 생겨나는 것처럼 보인다. 봄이 지적하듯이 기존의 지배적 시각은 이런 지각이 아무리 신선해 보인다 한들 우리 뇌의 뉴런과 시냅스에서 만들어진다는 것이다. 그러나 만약 이런 지각이 진정으로 새롭고 사전 조건 없는 반응이라면 우리 뇌에 축적되어 있는 무수한 기억과 경험에서 나올 수는 없다. 이런 지각은 뇌 속의 특정한 입자나 원자 구조를 넘어서는 더욱 거대한 의식의 보편적인 흐름에서 생겨난다.

우리는 기억이나 기계적 사고로 얻은 지식 기반이 전혀 없어도 오로지 지각을 통해 무언가를 '알' 수 있다. 그저 보편적인 흐름(실제 우리가 그것의 일부가 아니라고는 결코 말할 수 없다)에 자신을 내맡기면 된다. 진정한 창조성도 마찬가지다. 지금껏 어느 누구도 독창적인 생각이 어디에서 나오는지를 설명할 수 없었다. 창조성은 '우리'에게서 나오는 것이 아니라 우리가 거대한 지식 흐름의 일부가 되었을 때 저절로 얻어지는 것이기 때문에 신비롭다.

봄은 이를 라디오 수신기에 비유한다. 수신기가 어딘가에 연결되어 있지 않을 때는 전원을 켜봤자 무의미한 잡음만 낸다는 것이다. 봄은 이렇게 설명한다. "사고가 홀로 따로 작동할 때는 슬기롭다기보다 기계적이다. 기억더미 속에서 대개 관련도 없고 적합하지도 않은 무언가를 끄집어내 들이밀기 때문이다." 사고는 주파수, 즉 지적인 질서에 맞출 때에만 그 자체로 질서와 의미를 전하는 수단이 된다.

우리 모두는 단일한 전체의 투영이다

봄은 이미 양자물리학이 발견되었는데도 과학자들이 계속 기계적인 우주관만 고집하려 든다고 비판한다. 이들은 처음에 이 우주를 이루는 것이 원자라고 하더니 그다음에는 전자, 지금은 쿼크와 양성자라고 한다. 봄이 만약 대형강입자충돌기Large Hadron Collider가 등장하고 '신의 입자'로 불리는 힉스 입자Higgs-Boson 찾기가 한창인 요즘에 이 책을 썼더라면 이런 노력 역시 우주의 기본 구성 요소를 찾기 위한 동일한 탐구의 일환으로 여겼을 것이다.

그러나 상대성 이론에서도 이미 단일하고 정적인 입자의 존재는 환상에 불과하다고 주장했다. 아인슈타인은 우주를 장場의 차원으로 보는 쪽을 선호했다. 실제 우주는 잠재성을 잉태한 장과 같은데도 우리는 오로지 '사물'을 발견하겠다는 그 끈질긴 집착 때문에 여전히 우주를 무슨 물질이 담긴 용기처럼 바라보려 한다. 봄은 이렇게 말한다.

이른바 진공에도 막대한 배경 에너지가 있다. … 우리가 물질이라고 알고 있는 것은 이러한 배경 위의 '양자화된' 파동과 같은 작은 들뜸이다. 마치 허허바다 위의 잔물결처럼 말이다. … 이렇게 막대한 에너지를 포함하는 공간은 비어 있다기보다는 가득 차 있다고 해야 한다.

우주가 하나의 유동적인 전체라는 봄의 사상을 철학에서는 '중립적 일원론Neutral Monism'이라 칭한다. 이성적이기로 유명한 버트런드 러셀은 이 입장에 동의하며 이렇게 논했다. "정신과 물질의 전체적 이원론은 … 착각이다. 이 세계는 오로지 한 가지 재료로 만들어졌고 이 재료의 배열에 따라 한쪽에서는 정신으로, 다른 한쪽에서는 물질로 불릴 뿐이다."

봄의 관점에서 봤을 때 개개인의 인간이 실제 존재한다고 말할 수 있을까? 봄은 이렇게 말한다. "각 사람을 다른 사람으로 보거나 자연과 상호작용하는 독립된 실체로 보는 것은 흔한 착각이지만 완전히 잘못된 주장이다. 오히려 이들 모두는 단일한 전체의 투영이다." 우리는 별개의 현상으로 존재하지만, 우리가 거대한 움직임에 흡수되기 전까지만 그렇다. 우리는 결코 진정으로 분리되지 않는 카펫의 무늬나 강물의 잔물결과 같은 존재다.

함께읽으면좋은책 《정신현상학》, 《과학혁명의 구조》, 《과학적 발견의 논리》

1917년에 미국 펜실베이니아에서 태어났다. 펜실베이니아주립대학을 졸업한 후 캘리포니아대학교 버클리캠퍼스의 로렌스방사능실험실에서 연구하며 로버트 오펜하이머의 이론물리학 사단에 들어갔다. 미국공산주의청년연맹과 징병제 반대 운동 같은 급진적 정치활동에도 가담했다. 오펜하이머는 로스앨러모스 프로젝트(원자폭탄 개발)에 봄을 참여시키려고 했지만 봄의 학생운동 이력 때문에 기밀 정보 취급 허가를 받지 못했다. 대신 봄은 박사학위를 받은 버클리캠퍼스에서 강의를 했으나 그의 연구가 기밀 사항으로 분류되면서 상당한 어려움을 겪었다.

제2차 세계대전 이후 프린스턴대학교에서 알베르트 아인슈타인과 함께 공동연구를 진행했다. 하지만 공산당 활동 전력 때문에 1950년에 반미활동조사위원회에 소환되었고, 동료들에 관한 증언을 거부해 체포되었다. 결국 프린스턴대학교에서 해임당했고 다음 해 석방된 후에도 재임용되지 못했다. 대신 브라질 상파울루대학교에서 물리학 교수직을 제의받아 자리를 옮겼고, 1951년 양자물리학의 정통적인 코펜하겐 해석을 설명한 《양자이론》을 출간했다.

1955년 이스라엘로 이주, 세라 울프슨을 만나 결혼했다. 2년 후 영국 브리스틀대학교의 연구원으로 자리를 옮겨 입자의 이상한 자기장 '감지' 능력을 보여주는 아로노프-봄 효과를 발견했다. 1961년에는 런던 버크벡대학교의 이론물리학 교수를 맡았다. 세계의 사회 문제를 종식시키기 위해 열린 토론 형식을 도입할 것을 강력히 주창했는데 이것이 '봄 대화법'으로 알려지게 되었다. 1992년 런던에서 세상을 떠났다.

저서로는 《현대 물리학의 인과관계와 우연성Causality and Chance in Modern Physics》, 《시대의 종말The Ending of Time》(지두 크리슈나무르티 공저), 《변화하는 의식Changing Consciousness》, 《미분리된 우주The Undivided Universe》(배질 힐리 공저) 등이 있다. 《데이비드 봄 선집The Essential David Bohm》에는 달라이 라마의 서문이 실려 있다.

Book 11

페미니즘의 패러다임을
전복시킨 페미니즘의 고전

주디스 버틀러의
《젠더 트러블》

주디스 버틀러 Judith Butler

현대 미국의 철학자이자 젠더 이론가다. 퀴어 이론의 창시자격으로 여겨지지만 정작
본인은 그렇게 생각하지 않는다. 버틀러의 핵심 개념은 '젠더는 어떤 사람이 행하는 바
에 따라 결정된다'는 '수행성'이다. 레즈비언과 게이 권리 운동을 적극 지지해왔으며
많은 정치적 이슈에 목소리를 높였다. 2012년 철학자 테오도르 아도르노의 이름을
딴 아도르노상을 수상했다.

1990년에 출간된 주디스 버틀러의 기념비적인 저서 《젠더 트러
블》은 난해하기로 악명 높은 문장과 장황한 문체에도 불구하고
오랫동안 지속되어온, (버틀러의 표현에 의하면) '억압적인' 진실에
도전했기 때문에 엄청난 반향을 일으켰다(현재 이 책은 27개 언어
로 번역되었다). 이 책에서 버틀러는 (시몬 드 보부아르부터 베티 프리단
까지 전후 수십 년간에 걸친) 2세대 페미니즘이 젠더 이분법의 세계
를 만든 공범이었다는 놀라운 주장을 제기한다.

　인류 역사상 남성은 여성을 '타자'로 취급하며 지배하려 들었다. 따라서 여성이 해방되려면 연대와 단결이 필요하다는 주장은 설득력이 있었다. 하지만 그러는 과정에서 페미니스트들은 젠더와 섹슈얼리티에 대한 보다 확대된 논의를 피했고, 개개인을 젠더 이전에 사람으로 보는 비이분법적인 풍토가 조성될 가능성을 가로막았다.

버틀러의 핵심적인 질문은 "어떻게 비규범적인 성적 관행들이 분석 범주로서의 젠더의 안정성에 의문을 제기하게 되었는가? 어떻게 특정한 성적 관행들이 남자는 무엇이고 여자는 무엇인지를 강제하게 되었는가?"다. 그리고 또 하나, 내가 "'게이가 되면' 일부 사람들이 공포나 불안을 느끼는 이유는 무엇인가?"다. 버틀러는 '남근이성중심주의phallogocentrism와 강제적 이성애' 체계를 심도 있게 검토하면서 섹스, 젠더, 욕망과 관련하여 권력의 '계보학'을 제시한다.

버틀러는 삼촌과 게이 사촌이 섹슈얼리티 때문에 강제로 집을 떠나는 광경을 목격했고, 본인 스스로도 열여섯 살에 커밍아웃한 후 가족과 심한 불화를 겪었다. '폭력적으로 통제되는' 이성애의 세계에서 스스로 젠더와 섹슈얼리티를 선택한다는 것은 단순한 생활 방식의 문제가 아니라 직업, 연인, 가정 등을 잃을 수도 있는 문제다. 캘리포니아 베이 지역의 레즈비언과 게이 커뮤니티에서 자신의 영적인 고향을 찾은 버틀러는 철학자로서 사람들이 '삶 속의 죽음'을 경험하지 않도록 사회의 잘못된 한계를 드러내어 '삶을 가능하게 만들고 그 가능성을 다시 생각하게' 한다.

페미니즘의 문제

보부아르는 "여자는 태어나는 것이 아니라 만들어진다"라고 말했다. 한 사람이 생물학적 여성으로 태어나 오래지 않아 '소녀', '아가씨', '어머니'가 된다. 이것은 우리가 선택한 적도 없고 때로는 우리의 잠재력을 떨어뜨리는 역할들이다.

페미니즘은 여성을 위해 정치적 대표성과 문화적 인식 향상을 추구했지만, 버틀러를 포함한 새로운 담론에서는 '여성'이라는 범주 자체에 의문을 제기한다. 버틀러는 사회가 인간을 제한하고 금지하고 규제하고 통제하고 심지어 '보호하기' 위해 범주를 만들고 그에 따라 인간을 분류한다는 푸코의 주장을 인용한다. 문제는 이런 범주에 속한 사람들이 오로지 그 범주의 관점으로만 자신들을 바라보기 시작한다는 것이다. 이렇게 되면 현행 권력 체계에서 '여성'의 해방을 요구하기가 불가능해진다. 전체 시스템과 섹스, 젠더 등의 범주에 문제를 느끼는 데서 해방이 시작되기 때문이다.

페미니즘이 가부장제에 관한 사상을 확립하려면 여성의 보편적인 입장을 대변할 필요가 있었다. 이 말은 모든 여성이 한 배를 타야만 한다는 의미다. 이런 젠더 이분법적 관점의 문제는 한 사람의 경험과 '교차하는' 다른 많은 요소들, 이를테면 정치, 경제, 계급, 인종, 문화, 민족 등을 충분히 설명하지 못한다는 것이다. 이런 정체성들이 여성이란 정체성보다 사회에서 기회와 인정을 얻는 데 더 중요할 수 있는데도 말이다. 정치, 언어, 법이 순조롭게 작동하려면 안정적인 주체와 정체성이 요구되는데, 페미니즘은 이 요구에 순응함으로써 문제의 일부가 되었다. 페미니즘은 다양한 종류의 정체성을 대변하기는커녕 오히려 배제시키고 생물학적 '여성'만을 부각시킴으로써 은연중에 기존의 젠더 권력 관계를 유지시키고 강화한다.

젠더 범주는 권력을 공고히 확립하는 기반이므로, 젠더의 대표성이 확대되면 기존의 권력 구조가 한층 더 정당화된다. "사법권은 그것이 단지 대표할 뿐이라고 주장하는 주체를 불가피하게 '생산'한다"라고 버틀러는 말한다. 그러므로 애초부터 젠더 범주를 가정하지 않아야만 국가의 사법권에 의문을 제기할 수 있다. '여성의 권리'를 추구하는 것은 급진적인 행위가 아니라 한 걸음 뒤로 돌아가 '이미 젠더화된' 세상을 요구하는 행위다.

인간의 잠재력인 젠더

인간은 하나의 성(female)로 태어나서 하나의 젠더(woman)로 만들어진다고 보부아르는 말했다. 버틀러가 보부아르와 결별하는 지점은 젠더가 섹스에 따라 결정되지 않고 또 그래서도 안 된다는 주장에서다. 설령 생물학적 성별(섹스)이 이분법적이라고 해도(간성intersex을 고려하면 이 자체도 논란의 여지가 있다) 젠더까지 이분법적으로 한정지을 수는 없다. 버틀러의 말처럼 "남자와 남성적인 것은 남성의 몸을 의미하는 만큼이나 쉽게 여성의 몸을 의미할 수 있고, 여자와 여성적인 것은 여성의 몸을 의미하는 만큼이나 쉽게 남성의 몸을 의미할 수 있다." 보부아르는 여자가 무엇인지 알고 섹스가 고정되어 있다고 가정했지만, 여자로 '만들어지는' 사람이 반드시 생물학적 여성이라고 단정할 수 있을까? 이때 우리는 여성의 범주와 표면적으로 여성적인 신체적 특징을 결부시킨다.

버틀러가 보기에 이런 오류에서 벗어나는 방법은 오로지 한 가지뿐이다. 섹스의 범주 자체와 언뜻 논리적으로 보이는 섹스의 속성을 깨부수는 것이다. 그러고 나면 그 자리에는 데카르트가 주장했던 대로 자기 결정적인 '코기토cogito' 또는 의식의 지점인 한 사람이 서 있을 것이다.

여기에 생각이 미치자 버틀러는 존재론 또는 존재 철학의 세계로 접어들었다. 이제 문제는 "사람들이 가지고 있다고 말해지는 '하나'의 젠더라는 것이 있는가, 아니면 … 젠더란 그 사람이라고 말해지는 어떤 본질적 속성인가?"가 된다. 버틀러는 후자가 옳다고 단언한다. 젠더란 사회적으로 행해지는 일련의 수행적 행위며, 그것을 뒷받침하는 '근거'나 완벽한 정체성이란 없다. 이런 수행적 행위는 깊고 근본적인 불변의 자아를 표현하는 것이 아니므로, 실제로 언젠가 젠더를 수행하지 못하거나 잘못된 방식으로 수행할 가능성에 대한 긴장이 존재한다. 이는 결국 '정치의 허술한 구조로서 유지되는 젠더 정체성'을 폭로한다. 젠더의 새로운 계보학은 젠더를 있는 그대로, 즉 존재나 실체의 문제가 아닌 행위의 문제로 환원할 것이다.

버틀러가 이 책을 쓴 목적은 젠더가 고정된 것이라는 인식을 뒤흔들어 '젠더 트러블'을 일으키고 젠더 역할의 '전복적 혼란과 확장'을 부추기기 위해서다. 이렇게 해야만, 즉 '여성'의 범주를 (페미니즘의 주장처럼) 생물학적 성별 기준으로 규정하지 않아야만 '남성 헤게모니와 이성애주의 권력을 지지하는' 젠더 개념이 사라지게 할 수 있다. 만약 젠더가 사회적 영역에서 행해지는 '수행적 성취'라면, 이것은 신체에 기반을 둔 영구적인 젠더 정체성의 개념 자체를 부정하는 의미라고 버틀러는 주장한다. 나는 내가 심리적으로 선택한 존재고, 내가 나 자신을 소유하고 있다는 것이다.

젠더 인류학

모니크 위티그 같은 페미니스트 이론가들은 '남자'와 '여자'라는 명칭이 "정치적 범주지 자연적 사실은 아니다"라고 주장했다. 이런 구분은 항상 남자는 보편적이고 여자는 특수하다는 근거를 대며 사람들을 구속한다. 위티그는 여자들에게 '나'라는 말을 더 많이 사용해서 여성을 보편적인 주체로 만들 것을 촉구했다.

버틀러는 역사적으로 가부장제 이전에 더 통합되고 평등하던 전 사회적 질서가 있었다는 위티그의 주장에 주목한다. '섹스'가 중요한 세력이 된 것은 양성의 차이를 증폭시키는 폭력적인 문화적 과정을 거친 후부터였고, 그 결과 사회가 섹스를 기반으로 돌아갈 수 있었다는 것이다. 이 말이 사실이라면 가부장제에는 시작이 있었다는 의미고, 그렇다면 종말도 있을 수 있다는 의미가 된다.

버틀러는 여기서 전통적인 페미니스트 의제를 주의해야 한다고 말한다. 페미니즘은 가부장제 이전 시대를 재조명함으로써 또다시 여성을 어떤 획일적인 집단으로 분류하려는 위험에 빠진다. 그리고 과거에 존재했을지도 모르는 다른 많은 종류의 젠더 역할과 섹슈얼리티에 대해서는 모른 체한다.

보부아르는 섹스와 젠더를 구분하면서 다음과 같은 가능성을 고려하지 않았다. a) 섹스 자체도 고정불변의 개념이 아니라 사회적·정치적 산물일 수 있다. b) 우리가 '떠맡게 되는' 젠더는 섹스의 논리적 보완 개념이 아닐 수 있다. c) 한 사람이 다양한 시점에 다양한 이유로 다양한 젠더가 될 수도 있다. 버틀러가 보기에 페미니즘은 "그것이 대변하고 해방시키고자 했던 바로 그 '주체'를 규정하고 바꾸고 제약한다."

성과 사회

《성의 역사》에서 푸코는 인간이 차이를 강조하고 규제하는 권력의 관계망 속에서만 '성별화'된다고 주장했다. '성별'은 사회를 이루는 근원이 아니라 사회가 만들어낸 결과다. 푸코가 페미니즘에 제기했던 문제는 페미니즘이 처음부터 '성별'이 실재하고 불변한다고 가정했다는 점이었다. 이것이 바로 페미니즘이 확립된 권력 관계를 해체하기는커녕 그 일부로 편입되게 한 방식이었다.

프로이트와 라캉, 크리스테바의 전통에 따르면, 대안적인 형태의 섹슈얼리티는 사회의 '획일적인' 공용어 맥락에서 거의 정당화되지 않는다. 그것은 사실상 일종의 정신병으로 취급된다.

크리스테바는 여성이 시와 출산 및 모성을 통해 가부장제 문화에서 정신병이 아닌 방식으로 해방될 수 있다고 주장했다. 레즈비어니즘(여자 동성애)은 이에 대한 모욕이다. 레즈비언은 자신만의 아이를 가짐으로써 어머니와의 여성적 유대를 부정하기 때문이다. 모녀간의 유대 관계를 끊는 것은 자아 상실을 초래하며 정신병의 한 형태다. 위티그는 심지어 레즈비언은 여자가 아니라고 주장했다. 왜 그럴까? 이성애적 규범에서 여성은 오로지 남성의 상대역으로만 존재하기 때문이다. 레즈비언은 그 구조에서 벗어나므로 여자도 남자도 될 수 없다.

버틀러는 레즈비어니즘에 대해 다른 입장을 취한다. 레즈비언이 사회의 확립된 언어에 도전하기 때문에 섹스와 젠더가 더이상 고정되지 않은 세계의 모델이 될 수 있다는 것이다. '레즈비언'은 제3의 성이라고 볼 수도 있다. 결국 레즈비언은 섹슈얼리티를 강요하고 생식과 해부학적 성을 분리하는 현행 체계에 반대하며 "섹스와 젠더 모두를 근본적으로 문제화한다."

푸코는 양성 인간 에르퀼린 바르뱅Herculine Barbin이 남기고 간 일기를 발견하고 책으로 펴내면서 쓴 서문에서 에르퀼린의 경험을 "고양이도 없는데 빙글대는 웃음만 떠도는 쾌락의 세계"라고 묘사한 바 있다. 이 세계에는 다양한 쾌락과 정체성이 존재할 수 있으며, 사람들이 더 이상 남성이나 여성, 남자나 여자라는 주체의 중력에 얽매이지 않는다는 의미다. 그렇지만 이는 바르뱅의 곤경에 대해 지나치게 낙관적인 견해라고 버틀러는 지적한다. 바르뱅은 명확한 젠더를 가지라는 당국의 강요로 남성으로 살게 되었고, 결국 법과 젠더 고정 관념에 패배하여 스스로 목숨을 끊었다.

버틀러는 또 역사적으로 이분법적 차이를 가정해온 학문인 분자세포생물학을 깊이 연구하다가 그것도 상황이 그리 명료하지 않은 사례들을 설명하는 데는 역부족이라는 사실을 발견한다. 생물학의 언어도 사실상 중립적이지 않으며 더 큰 문화적 맥락의 일부로 봐야 한다는 것이다. 예를 들어 생물학은 외부 생식기를 성별의 결정적인 '표식'으로 받아들이는데, 그렇다면 생식기가 완전히 발달하지 않은 남성의 경우에도 그를 '남자'로 봐야 할까? 또 난소가 있지만 테스토스테론이 더 많은 여성이라면 선뜻 '여자'로 분류할 수 있을까? 버틀러는 "섹스의 범주는 강제적인 이성애 시스템에 속하며, 이는 명백히 강제적인 성적 재생산 시스템을 통해 작동한다"고 말한다.

버틀러는 또 이성애와 동성애 사이의 '근본적 단절'에 대해서도 반박한다. 전통적인 이성애 관계 내에도 동성애적인 측면이 있고, 당연히 동성애 관계 내에서도 사람들은 항상 전통적인 젠더 역할을 전유한다. 예를 들면 게이를 '그녀'라고 부르거나 레즈비언 내에서도 남성적 여자('메일male'이나 '부치butch')와 여성적 여자('걸girl'이나 '팸femme')가 구분되는 것이다. 이 사실은 명백히 "강제적 이성애가 그 자연스러움과 근원성을 주장할 수 없게 만든다"고 버틀러는 주장한다. '자연스러운' 젠더 역할로 돌아가라고 호소하는 말은 언제나 본질적으로 정치적이라는 의미다.

드래그drag*가 재미있는 것은 거기서 패러디되는 본래의 섹스와 젠더가 애초부터 사회적으로 강요된 가짜임을 우리가 알기 때문이다. 그런 섹스와 젠더는 사회에 어울려 살기 위한 역할에 지나지 않는다. 드래그는 섹스와 젠더를 더 이상 자연스럽지 않게 보이게 하여 그 기반을 불안하게 뒤흔든다. "드래그는 젠더를

---

* 사회에서 주어진 성별의 정의에서 벗어나 겉모습을 꾸미는 것.

모방하면서 은연중에 젠더 자체의 우연성뿐만 아니라 모방적인 구조도 드러낸다"고 버틀러는 분석한다. 그런 의미에서 드래그는 "패러디가 아니라 진짜다."

"몸은 '존재'가 아니라 변화 가능한 어떤 경계고 그 침투성이 정치적으로 규정되는 어떤 표면이다"라고 버틀러는 말한다. 이말은 몸이란 그 위에 문화가 새겨져 있다는 푸코의 생각과도 일맥상통한다. 드래그와 젠더화된 몸을 통해 버틀러가 전하려는 요지는 그것이 '육체의 양식들'이라는 것이다. 우리는 몸 자체가 수행적으로 변해가는 사회적 극장에서 살고 있다.

성과 젠더를 넘어

철학자들은 우리가 쓰는 언어적 범주가 우리의 현실을 만든다는 것을 잘 알고 있다. 그들이 일상적인 용어와 범주를 더 명확하고 창의적으로 만드는 데 집착하고, 심지어 기존의 용어와 범주를 전부 부정하고 새로운 것을 만드는 데 매달리는 이유도 그때문이다. 이런 점에서 버틀러는 기존에 당연히 여기던 인칭 대명사를 재고찰하여 젠더는 사회가 아닌 개인이 통제하는 것임을 알리는 데 기여했다. 버틀러가 여기서 트랜스젠더의 권리를 직접적으로 다루지는 않았지만, 이 책은 전통적인 페미니스트 대 트랜스젠더 운동가들의 최근 논쟁을 이해하기에 좋은 출발점이다.

《젠더 트러블》은 정치적 올바름Political Correctness 의제의 일환으로 치부되기 쉽지만 버틀러의 사상을 조금 다르게, 보다 낙관적으로 바라보는 방법이 있다. 섹스나 젠더를 넘어선 인간의 잠재력에 주목하는 것이다. 젠더의 우발적이고 확률적이며 유동적인 속성은 기존의 젠더 고정 관념에 비해 실제 세상이 돌아가는 원리에 대한 양자물리학의 발견과 완전히 일치한다. 이것은 또 견고한 자아의 신화를 비판하는 동양의 많은 가르침과도 맥을 같이한다. 불교에서는 우리가 영혼 같은 불변하는 핵심을 갖고 있다기보다는 평소의 행동과 습관의 집합체라고 본다.

보부아르와 같은 초기 페미니스트 철학자들은 항상 '나'가 있다고 가정했다. 그러나 버틀러의 입장은 "'행위 뒤에 행위자'가 반드시 있을 필요는 없고 '행위자'는 행위 안에서 행위를 통해 다양하게 구성된다"는 것이다. 이 말은 페미니즘이 해방시키고자 했던 바로 그 사람들을 고정 관념에 따라 분류하고 구속한다는 것을 함의한다.

이미 많은 종류의 정체성과 젠더가 제대로 인정받지 못할 뿐 엄연히 존재하고 있는데도 페미니즘은 이런 정체성과 젠더를 포용하고 범주화하는 것을 어색하게 여긴다. 버틀러는 '부자연스러움'을 드러내어 젠더가 자연스럽지 않음을 받아들이게 된다면 이는 바람직한 일이라고 말한다. "정치의 새로운 구성은 분명히 구시대의 폐허에서 나타날 것"이기 때문이다.

함께 읽으면 좋은 책 《제2의 성》, 《말과 사물》, 《존재와 시간》

주디스 버틀러 더 알아보기

1956년 미국 클리블랜드의 유대인 가정에서 태어나 자랐다. 히브리인 학교와 유대인 윤리 특강에 참석하면서 철학에 관심을 가졌다.

버몬트의 베닝턴칼리지에 다니다가 예일대학교에 편입해 1978년에 졸업하고 1984년에 철학 박사학위를 취득했다. 웨슬리언대학교, 조지워싱턴대학교, 존스홉킨스대학교 등에서 강의하다가 1993년에 캘리포니아대학교 버클리캠퍼스로 옮겼다. 현재 비교문학과 및 비평이론 프로그램 교수로 일하며 사립 유럽대학원의 한나 아렌트 교수직을 맡고 있다.

1990년대에 국제게이레즈비언인권위원회International Gay and Lesbian Human Rights Commission의 이사를 맡았으며 게이 및 레즈비언의 권리와 결혼에 대해 거침없는 의견을 밝혀왔다. 반전운동과 월가 점령 시위를 지지했으며, 이스라엘에 대한 국가적 제재도 지지했다.

버틀러는 캘리포니아에서 법적으로 '논 바이너리(non-binary, 여성도 남성도 아닌 제3의 성)'인데, 캘리포니아주는 2017년에 시민들이 공식 문서에 이 명칭을 사용할 수 있도록 하는 법안을 통과시켰다. 버틀러의 파트너는 정치이론가인 웬디 브라운이며 두 사람 사이에는 아들이 하나 있다.

다른 저서로는 《의미를 체현하는 육체Bodies That Matter》, 《혐오 발언》, 《젠더 허물기》, 《윤리적 폭력 비판》, 《비폭력의 힘》 등이 있다.

2012년에 아도르노상을 수상했으며 2019년에는 미국과학예술아카데미 American Academy of Arts of Sciences의 펠로우로 선출되었다.

Book 12

촘스키의 사상을 포괄적으로 조명하는 10년의 기록

노암 촘스키의《촘스키, 세상의 물음에 답하다》

노암 촘스키 Noam Chomsky

유대계 미국인으로 20세기 언어학에 가장 중요한 공헌을 한 학자이자 가장 유명한 현대 철학자로 꼽힌다. 빈 서판 이론에 반박하며, 인간에게 언어 습득을 위한 신경회로가 따로 있음을 증명한 저서《변형생성문법 이론Syntactic Structures》(1975)으로 명성을 얻었다. 사회비평가이자 정치운동가로도 활동하고 있으며 그의 정치, 권력, 언론에 관한 사상이 그를 세계적 지식인 반열에 올려놓았다.

2002년에 출간된《촘스키, 세상의 물음에 답하다》는 1989년부터 1999년까지 노암 촘스키의 세미나와 강연 원고를 바탕으로 질의문답식으로 구성한 책이다. 이 책에서 촘스키는 미국의 외교 정책과 미국 내 복지 정책의 축소를 다루면서 이를 둘러싼 미국의 제국주의적인 성향을 밝히고, 사회 변혁을 위해 우리가 어떤 조치를 취해야 할지 제시한다.

이 책의 편집자인 피터 미첼Peter R. Mitchell과 존 쇼펠John Schoeffel은 "촘스키의 독보성은 어느 한 가지 참신한 통찰이나 전체를 관통하는 단일한 사상에서 나오는 것이 아니다. 엄청난 분량의 사실관계 정보를 능수능란하게 다루면서 일련의 사건들을 통해 오늘날 전 세계 권력 기관들의 만행과 기만을 여지없이 폭로하는 노련한 기술에 있다"고 평한다. 실제로 이 책에는 촘스키의 주장을 뒷받침하는 수백 장의 각주와 실제 정부 문서가 링크된 웹사이트가 지원된다. 여기에서 요약된 내용은 이 책의 1부에 불과하다. 그것만으로도 얼마나 방대한 작품인지를 가늠해볼 수 있을 것이다. 음모론자라는 평판과는 정반대로 촘스키의 목적은 언제나 사람들이 스스로 생각하게 만드는 것이다.

이 책을 읽고 나면 정치와 언론을 예전과 같은 눈으로 바라보기는 어렵다. 미국의 상황을 기반으로 하지만 권력이 부패하는 것은 보편적인 속성이므로 우리가 어디에 살고 있든지 현지 권력의 부패 사례를 떠올리기란 어렵지 않을 것이기 때문이다.

다르게 사용되는 정치적 언어들

촘스키는 부당한 행동을 감추기 위해 언어가 어떻게 오용 및 남용되는가 하는 논의로 책의 서두를 연다. '이데올로기적'으로 사용되는 말은 사전적 의미와 다른데, 대표적으로 '테러리즘'이란 말은 오로지 남들이 나를 공격하는 일에만 해당된다. 또 하나 '방어'가 있다. "나는 자국이 공격 행위를 하고 있다고 시인하는 국가를 단 한 번도 본 적이 없습니다. 자국이 하는 일은 전부 '방어' 행위입니다"라고 촘스키는 지적한다.

언론은 결코 이 점을 문제 삼지 않는다. 일례로 베트남 전쟁 때 어떤 주류 언론도 미국이 남부 베트남을 '방어'하고 있다는 정부 입장에 반박하지 않았다. 실제로는 공격하고 있었음에도 말이다. '방어'는 정확히 반대되는 상황을 의미하는 이른바 오웰식(Orwellian, 전체주의적인) 용어가 되었다. "정치적 담론에 사용되는 용어는 생각을 막기 위한 수단으로 만들어졌습니다"라고 그는 말한다.

촘스키는 전 세계 민주주의의 후원자를 자처하고 싶은 미국의 바람이 망상이라고 주장한다. 사실상 미국은 오로지 자국이 좋아하는 민주주의만 지지한다. 예를 들어 니카라과의 산디니스타Sandinista* 정권하에서는 산업계가 큰 힘을 발휘하지 못했기 때문에 미국의 눈에는 그것이 진정한 민주주의가 아니었고 따라서 타도의 대상이 되었다. 촘스키는 이 정권을 미국과 이해관계가 결탁된 현지 과두정치 세력(지주, 부유한 사업가, 전문가 계층)을 위해 군부가 운영하던 엘살바도르 및 과테말라 정부와 비교한다. "그런 정부들이 독립 언론을 파괴하고, 야당 인사를 암살하고, 수만 명을 학살하고, 자유 선거를 기피하는 것은 전혀 문제되지 않습니다. 그런 것들은 아무 상관이 없습니다. 그냥 미국

---

* 1979년에 소모사 독재정권을 무너뜨린 니카라과의 사회주의 및 민족주의 정당.

의 입맛에 맞는 사람들이 운영하면 '민주주의' 국가고 그렇지 않으면 '민주주의'가 아닌 겁니다."

진짜 권력은 어디에 있는가

촘스키는 단순히 정부만 비판하지 않는다. 다음을 보자.

우리 사회에서 진짜 권력은 정치제도에 있는 것이 아니라 민간경제에 있습니다. 무엇을 생산하고, 얼마를 생산하고, 무엇을 소비하고, 투자를 어디에 하고, 누가 일자리를 가져가고, 누가 자원을 통제하는 등등의 중요한 결정을 민간경제가 하고 있는 겁니다.

촘스키는 개인적으로 고전적 자유주의의 신봉자임을 자처하며 자본주의 이전에 생겨난 고전적 자유주의가 다음에 초점을 두었음을 상기시킨다. "사람은 자신의 일을 통제할 권리를 가져야 하고 자신의 통제하에 창조적인 일을 할 수 있어야 한다. 이렇게 해야 인간의 자유와 창조성이 획득된다." 이런 논리에 따르면 오늘날 자본주의 사회의 임금 노동은 부도덕하다는 말이 된다. 스스로 자신의 일을 통제할 수 없는 사람은 임금 노예기 때문이다.

촘스키에 따르면 경제는 실제 일하는 사람들이 아니라 자본 자체를 위한 최선의 방식으로 구조화된다. 그렇다고 촘스키가 단순히 권력을 국가 관료제의 손에 넘기는 산업 국유화를 원하는 것은 아니다. 그는 시장 체제 안에서 실제 노동자들이 기업을 소유하고 자본을 통제하는 방안을 지지한다. 그럴 경우에만 민주제도가 경제 권력으로까지 확대될 것이고 그때까지는 "국민을 대변하는 정치 권력이 대단히 제한된 형태로 남을 수밖에 없다"는 것이다.

촘스키는 뉴욕 월가 '점령' 시위보다 몇 년이나 앞질러 이렇게 말했다. "미국 인구의 약 절반이 미국 정부가 '자신들의 이익만 챙기는 몇몇 거대 이익단체들'에 의해 운영되고 있다고 생각합니다. … 사람들은 스스로 정책 결정에 참여하지 못할 뿐만 아니라 그들과 별 상관없는 강력한 이익단체가 정책을 주무른다는 사실도 알고 있습니다."

촘스키는 또 환경에 관한 논의에서 생명을 지키고 삶을 향상시키려는 사람들의 욕구와 기업의 이윤 동기가 상충된다고 지적한다. "제너럴일렉트릭 CEO의 일은 이익을 올리고 시장점유율을 높이는 것이지 환경 보전이나 근로자의 복지에 신경 쓰는 것이 아닙니다. 이런 목표들은 분명 충돌하고 있습니다."

이런 와중에도 촘스키는 낙관할 근거를 찾는다. 언론이 진실을 은폐하고 기업이 정치를 장악하고 있음에도 사람들은 여전히 엘리트와 제도권의 상업 및 권력의 이해관계에 대단히 회의적이다. 그의 말대로 환멸은 좌파의 전유물이 아니다. 복음전도

사, 환경운동가, 더 최근의 예로는 점령 시위대와 티파티 운동
등 대중을 동원하려는 어떠한 대의나 집단도 이런 환멸을 활용
할 수 있다.

미국 외교 정책의 실제 목적

촘스키는 전 세계에서 자유를 확대한다는 수사학에도 불구하고
미국 외교 정책의 실제 목표는 가급적 많은 국가를 미국에 의존
하는 상태로 유지시키는 것이라고 주장한다. 촘스키는 20년 넘
도록 이렇게 주장해오고 있는데, 최근에는 네팔 같은 인근 국가
와 자원이 풍부한 아프리카 국가들을 '매수하려는' 중국에게도
적용해볼 수 있을 것이다.

거대 열강들은 작은 국가들의 독립에 반대한다. 작은 국가들
은 강대국의 이해관계에 부합하는 정책을 수립하는 것보다 자
국민의 복지에 더 관심을 기울일 것이기 때문이다. 촘스키에 따
르면 미국의 외교 정책은 미국 투자자들의 이해관계에 맞춰져
있으므로 만일 어떤 외국 정부라도 자국민을 우선시하는 정책
을 표방한다면 "그런 정부는 곧 사라져야 하는 것이다."

미국은 또한 개발도상국들이 시장을 개방해야 한다고 주장하
지만 촘스키는 이렇게 지적한다. "역사상 보호관세나 보조금 등
의 대규모 정부 개입 없이 발전한 경제는 단 하나도 없었습니다.
미국이 제3세계에서 못하게 막는 모든 일은 사실 그 외 모든 지

역의 경제 발전의 전제조건이었습니다."

결국 다 국내 정책이다

촘스키는 미국의 모든 외교 정책 변화가 자국 내 목적을 위한 것이라고 주장한다. 그렇다면 미국은 무엇을 방어하려는 것일까? 촘스키는 러시아의 볼셰비키 집권을 예로 들어 설명한다.

당시 볼셰비키가 미국을 공격할 것이라고 진지하게 생각한 사람은 아무도 없었다. 오히려 두려운 것은 미국의 정치가 볼셰비키 사상에 감염될 가능성이었다. 러시아 볼셰비키 혁명 직후에 미국 국무장관 로버트 랜싱은 대통령 우드로 윌슨에게 이렇게 경고했다. "볼셰비키는 모든 나라의 프롤레타리아, 무식자, 지적 장애인을 물들이고 있습니다. 그들은 수적으로 엄청나게 많아 정부를 접수하려 들지도 모릅니다." 다시 말해 지배 엘리트들은 각자의 자리를 지켜야 할 미국인이 스스로 생각하고 봉기할 것을 우려했던 것이다. 결국 미국은 러시아에 군대를 파견하고 국내에서는 '적색 공포Red Scare'를 일으켜 볼셰비즘이 미국적이지 않다는 불신을 조장하는 식으로 대응했다.

근래의 '테러와의 전쟁'도 (아마도 과대평가된) 위협과 싸우기 위해 국민의 자유를 축소시키는 또 다른 사례로 볼 수 있을 것이다.

촘스키는 막대한 국방 예산과 빈약한 교육, 의료 예산을 대조한다. 이런 일이 벌어지는 것은 사회적 지출이 '민주주의의 위험성을 증대'시키기 때문이다. 만일 정부가 병원과 학교에 더 많은 자금을 투입하면 이는 분명 해당 지역 사람들에게 영향을 미칠 테고 다들 이 결정에 참견하려 들 것이다. 반면 스텔스 폭격기 제작비는 시민들의 생활에 직접적인 영향을 미치지 않고 평범한 사람들은 군용기에 관해 아는 바가 없기 때문에 별 논란이 없다. "그리고 사회 정책의 주된 목적 가운데 하나는 국민을 수동적인 상태로 유지하는 것이므로 권력을 쥔 자들은 국민이 계획 단계에 참여하는 것을 차단하고 싶어 합니다. 그 까닭은 국민의 참여가 기업계의 독점 권력을 위협하고, 시민단체의 조직을 장려하여 시민들을 움직이게 만들고, 결국 이익의 재분배로 이어질 것이기 때문입니다."

제국주의의 비용은 국민들의 세금으로 지불하지만 제국주의의 이익은 부자들에게 돌아간다. 그러므로 평범한 국민은 제국주의적 외교 정책에서 혜택을 얻지 못할 뿐만 아니라 그 터무니없는 비용까지 부담해야 한다.

권력을 이해한다는 것

'권력을 이해한다는 것'*은 단순히 어떤 국가나 기업, 제도가 저지른 일을 아는 것뿐만 아니라 권력이 견제 및 폭로되지 않을 경

---

* 이 책의 원제, Understanding Power를 말한다.

우 어떻게 변해가는지를 간파하는 것이다. 그런데 촘스키의 집요하고도 가차 없는 미국 정부를 향한 공격을 보고 있자면 이런 의문이 든다. 만약 미국 정부의 권력이 정말로 무소불능이라면 촘스키 본인의 입부터 오래전에 막지 않았을까? 이 질문에 촘스키는 자신이 백인 남성이고, 현대 서구 사회에서 백인 남성은 신성불가침이라고 답변한다. 백인 남성을 해치는 것은 큰일이므로 오히려 기득권층의 이해관계에 역효과만 내기 쉽다는 것이다.

한 사람이 자신이 얼마나 많은 것을 모르는지 이야기하면, 역으로 그 말에서 지성이 드러날 때가 많다. 촘스키는 과학이 실은 이 세계, 특히 인간의 행위와 동기처럼 믿을 수 없이 복잡한 요인들에 관해 얼마나 많은 것을 설명하지 못하는지를 지적하는 데 일가견이 있다. 권력에 대한 그의 부정적 시각을 고려하면 그가 우리의 미래를 비관하지 않는다는 사실이 대단히 의외로 느껴진다. 촘스키는 인간이 어떻게든 이기적으로 만들어진 존재라고 주장하는 사회생물학자들과 의견을 달리하며 이렇게 반박한다. "그러나 막상 인간성의 결과를 살펴보면 모든 게 다 있음을 알 수 있습니다. … 엄청난 자기희생, 불굴의 용기, 정직성과 파괴성 등 보고 싶은 대로 다 보입니다."

그간에 이루어온 성과가 역전될 가능성이야 늘 존재하지만 전반적으로 촘스키는 진보를 이야기한다. 오늘날에는 사람을 대상이나 목적을 위한 수단으로 대하는 것이 과거에 비해 더욱 용납하기 힘든 일이 되었고("노예제도를 멋진 제도라고 생각하던 시절이 그리 오래전의 이야기가 아닙니다"), 설사 권력 기구가 말로만 자유, 자결권, 인권 등을 떠벌린다고 해도 적어도 이런 가치가 다 같이 추구해야 할 이상으로 인정받게 되었기 때문이다.

(함께읽으면좋은책) 《개소리에 대하여》, 《군주론》, 《국가》

노암 촘스키 더 알아보기

1928년 필라델피아에서 태어났다. 그의 아버지는 러시아 이민자로 유명한 히브리어 학자였다. 열 살 때 스페인 내전 이후 파시즘의 위협에 관한 기사를 썼고, 열두세 살 때 무정부주의 철학에 동조했다. 1945년 펜실베이니아대학교에 입학, 저명한 언어학자인 젤리그 해리스로부터 영향을 받았다. 1947년 언어학을 전공하기로 결정하고, 1949년 언어학자인 캐롤 샤츠와 결혼했다.

1951~1955년에 하버드대학교에서 특별연구회 연구원으로 재직하며 후에 《언어학 이론의 논리적 구조The Logical Sturcture of Linguistic Theory》로 출간된 박사 논문을 완성했다. 1955년 매사추세츠공과대학교에서 교수직을 맡아 50년 넘게 적을 두고 있다. 1965년 베트남전에 반대하는 시민들의 납세거부운동을 조직해 대중적인 명성을 얻었다. 1969년 첫 번째 정치서 《미국의 힘과 새 지배계급American Power and the New Mandarins》을 출간했다.

저서로는 《인권의 정치경제학The Political Economy of Human Rights》(에드워드 S. 헤르만 공저), 《민주주의 단념시키기Deterring Democracy》, 《권력과 전망Powers and Prospects》, 《촘스키, 실패한 국가, 미국을 말하다》 등이 있다. 2016년에 촘스키를 주인공으로 한 다큐멘터리 영화 〈레퀴엠 포 디 아메리칸 드림〉이 제작되었다.

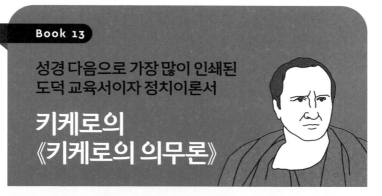

Book 13

성경 다음으로 가장 많이 인쇄된
도덕 교육서이자 정치이론서

키케로의
《키케로의 의무론》

마르쿠스 툴리우스 키케로Marcus Tullius Cicero

고대 로마 공화정 말기의 정치가이자 작가, 철학자로 뛰어난 웅변가였으며 그의 문체
는 라틴어의 모범으로 알려져 있다. 선한 시민들이 만드는 공화정을 꿈꾸었으며, 사회
적 동물로서의 인간의 도덕적 의무와 결속을 중요하게 여겼다. 이런 열망을 담은 수많
은 저작을 남겨 후대에 사상적으로도 문학적으로도 큰 영향을 끼쳤다.

《키케로의 의무론》(이하 《의무론》)은 기원전 44년에 쓰여진 책으
로, 키케로가 그의 아들 마르쿠스에게 보내는 세 편의 긴 편지로
구성되어 있다. 카이사르가 암살된 후 로마의 정치 상황은 혼란
에 휩싸였고, 안토니우스와 대립하게 된 키케로는 유학 중인 아
들에게 편지를 보냈는데 그것이 바로 이 《의무론》이다. 당시 키
케로는 공화정이었던 로마가 제정으로 넘어가는 걸 막으려고
애썼는데, 정치가를 꿈꾸는 아들에게 그가 꿈꾸는 체제에서 정
치가로서 가져야 할 덕목을 전한 것이다. 따라서 이 책은 정치론

적 색채를 띠고 있기도 하다.

서구에서는 도덕과 의무에 관한 고전으로 오래 사랑받아왔는데, 볼테르는 "누구도 이보다 더 현명하고 더 진실되며 더 유용한 것을 쓰지 못할 것이다"라고 평했다. 오래 사랑받은 고전답게 성경 다음으로 가장 많이 인쇄된 책이며, 라틴어의 모범이 쓴 편지답게 명확하고 술술 읽혀 라틴어 강독 교재로도 널리 쓰이고 있다.

《의무론》의 세 편지는 각각 다음과 같은 내용을 담고 있다. 첫 번째 편지에서 키케로는 도덕적 선에 대해 말한다. 도덕적 선을 이루는 네 가지 덕인 지혜, 정의, 용기, 인내를 제시하며 이 덕을 이루기 위해 수행해야 할 여러 가지 의무를 말한다. 두 번째 편지에서는 이로운 것과 이롭지지 않은 것, 보다 이로운 것 등에 대해 설명하며, 세 번째 편지에서는 도덕적인 선과 이로움이 일치하지 않을 때 어떻게 해야 하는지 그 방향성을 알려준다.

《의무론》에는 또한 왜 철학이 중요한지를 설명하는 부분이 포함되어 있다. 키케로는 아리스토텔레스 이후 헬레니즘 학파, 그중에서도 스토아학파의 윤리 사상을 전하는 데 가장 힘쓴 사람이다. 이 책을 쓴 목적도 철학이 도덕적·사회적 의무를 행하는 데 있어 어떻게 적절한 근거를 제공하는지 보여주기 위해서였다. 그는 이렇게 반문한다. "진실로 의무에 대해 훈계조차 해보지 못한 자가 어떻게 감히 철학을 논할 수 있겠는가?"

키케로의 정치적 이력

먼저 짧게나마 로마 공화정과 로마 제정 시대에 걸쳐 있던 키케로의 삶(기원전 106~43년)을 살펴보자. 이는 키케로의 저작을 살피는 데 있어 중요한 요소다.

키케로는 로마 남쪽의 지주 가문의 출신으로 귀족은 아니었다. 아들의 출세를 바라던 아버지로부터 최고의 교육을 받은 후 전장에서 고위급 장성을 보필하는 일을 처음 얻었지만, 전쟁을 좋아하지 않았던 탓에 로마로 돌아와 변호인의 길을 걷게 되었을 때 기뻐했다. 그는 뛰어난 변론 솜씨로 로마의 유명인사로 부상했다. 그렇지만 그는 그리스 철학과 법을 배우길 열망해 2년간 그리스와 아시아를 여행하면서 제논과 파이드로스 같은 에피쿠로스 학파의 연설을 들었다.

서른한 살에 키케로는 시칠리아의 재무관으로 선출되면서 공직에 진출했는데, 그의 진실성이 현지 주민들을 크게 감명시켜 탐욕스런 총독 베레스를 몰아내는 과정에서 시칠리아 대표로 추대되기도 했다. 서른일곱 살에는 안찰관*이 되어 로마의 각종 경기와 여흥거리를 준비하는 일을 맡았고, 마흔 살에는 법무관에 올랐다. 마흔세 살 때는 로마의 집정관(오늘날의 수상이나 대통령에 해당)에 선출되어 권력의 정점에 올랐다. 구 원로원 가문의

---

* 라틴어로 애딜리스aedilis라고 하며, 게임이나 공연의 심판을 담당한 관리.

출신이 아닌 지방 '신출내기'로서는 대단한 쾌거였다.

키케로는 로마가 공화정 체제를 유지하고는 있으나 내전과 율리우스 카이사르 같은 독재자의 등장으로 사회가 점점 혼탁해져가던 시기에 성년을 맞이했다. 이제 집정관이 된 그는 진정한 로마의 수호자가 되기로 자처했다. 카틸리나의 음모가 그 시험대가 되었다. 당시 집정관이 되지 못해 불만을 품은 원로원 의원 카틸리나가 그를 해하고 무력으로 국가를 장악하려고 했던 것이다. 키케로는 이 사실을 눈치채고 오늘날 계엄령에 해당하는 원로원 최종권고를 선포했다. 그는 반역자들을 체포해 재판 없이 처형했다. 이 사건을 공화정에 대한 공격으로 규정했던 것이다. 하지만 이런 단호한 조치는 훗날 원로원의 정적인 푸블리우스 클로디우스가 재판 없이 시민을 처형하는 자는 누구든 고발한다는 법을 제정했을 때 키케로에게 역으로 되돌아왔다.

재판을 피하기 위해 키케로는 얼마 동안 망명을 떠나야 했고, 돌아와서도 은퇴해 로마 근처의 투스쿨룸Tusculum에 있는 자택에서 저술 활동에 온 힘을 쏟았다. 불과 2년여 만에《투스쿨룸에서의 담론Tusculanae Disputationes》,《우정에 관하여》,《키케로의 의무론》등 그의 유명한 저서 대부분을 완성했다.

의무에 관한 철학

다시 책 이야기로 돌아와서, 키케로는 우주가 신의 계획에 따라 돌아가고 각각의 인간은 신에게서 떨어져 나온 불꽃 내지는 파편이라고 믿었다. 따라서 타인을 함부로 대하는 것은 곧 자신에게 그러는 것이나 마찬가지라고 생각했다. 키케로는 자기 가족은 속이거나 강탈하지 않으면서 나머지 사회는 또 다른 '범주'로 취급하는 사람들의 어리석음을 지적한다. 자신이 잘 모르는 사람들에 대한 의무, 연대, 공동의 이익을 거부하면 사회가 파괴된다는 것이다. 마찬가지로 동료 시민은 열심히 배려하면서도 이방인에게 그러지 않는 자들은 '보편적인 인류애를 파괴하는 것'이고, 그로 인해 온갖 호의나 정의도 완전히 소멸할 터였다.

키케로는 플라톤의 말을 인용한다. "우리는 우리 자신만을 위해 태어난 것이 아니며 국가는 우리들 본래의 몫과 친구들의 몫을 옹호한다." 우리는 서로를 위해 태어난 사회적 동물이다. 키케로가 말하는 삶의 목표는 다음과 같이 단순하다.

> 친절한 행동과 서로의 의무를 주고받음으로써 공동의 이익에 기여하고, 우리의 기술·노동·재능을 통해 인간 사회를, 인간과 인간의 결속을 공고히 하는 것이다.

키케로는 가장 무거운 의무를 져야 할 우선순위를 제시한다. 최우선은 국가와 부모다. 그다음은 '우리가 부양해주기를 바라고 또 달리 의지할 데가 없는' 자식과 가족이다. 마지막은 우리의 동포로서 서로 좋은 관계를 유지하며 공동의 대의 아래 뭉쳐야 한다.

도덕적으로 선한 일과 의로운 일

키케로는 이로운 일을 위해 때로는 도덕적으로 선한 일을 포기해야 한다는 통념을 깨뜨리고자 했다. 그가 택한 스토아학파의 견해에 따르면 "도덕적으로 선한 것은 무엇이든 이로운 것이고 도덕적으로 선하지 않은 것은 이로운 것이 아니다. … 스토아 학자들이 '옳다'고 말하는 저 의무는 완전하고 절대적이며 저들이 말하는 것처럼 모든 사람을 만족시킨다."

오로지 이득을 챙기고 남보다 앞서가는 데에만 혈안이 된 사람들은 끊임없이 선한 행위와 이로운 행위를 구분하겠지만 키케로는 그것은 착각이라고 말한다. 도덕적으로 옳은 일은 보편적인 도덕률에 부합할 뿐만 아니라 '우리에게 손해를 입히지도' 않는다. 다른 사람을 속이려다가 오히려 본인이 곤란에 빠져버린 사람이라면 이러한 진실을 알 것이다.

키케로에 따르면 이렇다. 만일 누군가가 '도덕적으로 선한 일과 이익이 되는 일은 전혀 별개야'라고 생각한다면, "그는 자연히 하나로 만들어놓은 것을 감히 두 가지 개념으로 분리하려는 판단상의 오류를 범하는 꼴이다." 그 결과 '모든 종류의 속임수와 악행과 범죄'로 향하는 문이 열린다. 아무리 잘 은폐한다고 해도 두 가지 악행이 한 가지 선한 일이 될 수 없듯이 "도덕적으로 선하지 않은 일은 자연과 상충되고 거부되기 때문에 결코 이로운 일이 될 수 없다."

키케로는 자연적 정의를 아주 조금만 거슬러도 크나큰 결과를 초래할 수 있다고 경고한다. 이를 더할 나위 없이 잘 보여주는 사례가 정치인이나 기업인이 작은 이익을 노리고 경비 청구서를 조작했다가 끝내 직장이나 직위까지 잃게 되는 경우다. 세상에 '좋은 사람'이라는 평판과 스스로 정의롭고 정직하다는 자부심까지 버려가며 얻어야 할 만한 이득이란 없다. "사람이 야수로 바뀌는 것과 사람의 거죽만 지닌 채 야수처럼 잔인하고 야비하게 행동하는 것이 뭐가 다르겠는가?" 이는 '사람이 온 세상을 얻고도 자기 자신을 잃거나 해치게 되면 무슨 소용이 있느냐?'라는 성경 구절을 떠올리게 하여 키케로는 초기 기독교인들에게 지지를 받았다.

스토아학파의 인생관

《키케로의 의무론》을 보면 기원전 185~110년경의 인물로 오늘날 저작은 전해지지 않는 그리스의 스토아 학자 파나이티우스Panaetius가 여러 차례 언급된다. 키케로는 다양한 문제에 관한 스토아학파의 인생관을 거침없이 설명해나가는데 일부를 요약해보면 다음과 같다.

· 성공의 위험

"행운의 여신이 미소 지어 우리 뜻대로 삶을 영위할 때는 더욱더 많은 노력을 기울여 건방지게 굴거나 자만하지 말고 뭇사람들에게 혐오의 대상이 되지 않도록 조심해야 한다. 만사가 순조롭게 잘 풀려나갈 때는 역경에 부닥쳤을 때처럼 경망스런 행동을 하는 것이 온당하지 않기 때문이다."

· 절제와 자제

"무모하거나 부주의한 행동은 일절 하지 말아야 하며 합리적인 동기를 설명할 수 없는 행동은 무엇이든 해서는 안 된다. 이 말에 사실상 의무의 정의가 담겨 있다."

"사람은 마음이 평온해야 하며 모든 정신적 혼란에서 자유로워야 한다. 그렇게 되면 그 사람의 확고함과 온건함이 찬란한 광채를 띨 것이다."

"만약 인간의 본성 중에서 뛰어난 것과 가치 있는 것만 염두에 둔다면 우리는 사치와 낭비 속에 살면서 향락에 탐닉하는 삶이 얼마나 추하고, 반대로 근검절약하며 진지하고 단순하게 살아가는 것이 얼마나 도덕적으로 선한가를 이해하게 될 것이다."

· 자신의 성격과 '본성'에 따르는 것

"그러나 모든 사람은 각자 고유한 자신의 재능을 굳게 지켜나가야 한다. … 우리는 인간 본성의 보편적인 법칙들을 거역해서는 안 되기 때문이다. … 심지어 다른 어떤 더 중대하고 좋은 것이 있다 해도 우리는 자신이 추구하는 바를 우리 자신의 본성이 명하는 규범에 따라 판단하게 된다. 왜냐하면 자연, 즉 인간 본성에 대항하여 싸운다거나 내가 도달할 수 없는 목적지에 가보려고 하는 것은 소용없기 때문이다. … 마치 '나뭇결 방향을 거스른다'는 옛말처럼 인간의 자연적 본성에 직접적으로 위배되는 것은 합당하지 않다."

"만약 무언가 참으로 합당한 것이 있다면 우리의 인생 전체와 개별적인 행동들을 시종일관 일치시키는 것 이상이 없을 것이다. 그리고 만약 다른 사람들의 본성을 모방하면서 자신의 본성을 무시한다면 이런 일관성은 결코 유지될 수 없을 것이다."

권력의 행사에 대하여

키케로는 "정의와 동떨어져 있는 지식은 지혜라기보다는 오히려 간교함이라 불러야 한다"는 플라톤의 말을 언급한다. 위험에 대비하는 정신 자세도 공익에 근거한 것이 아니라면 "용기 있다기보다는 오히려 뻔뻔스럽다고 말해야 한다." 역설적으로 야망이 큰 사람일수록 자신의 목표를 달성하거나 명성을 얻기 위해 무슨 짓이든 하려는 헛된 유혹에 빠지기 쉽다. 명예를 누리는 사람일수록 그 위치에 도달하기까지 겪어야 했던 '시련과 위험'이 그들에게 '나는 그럴 자격이 있어'라는 생각을 심어주어 권력에 연연하거나 자신의 몫이 아닌 것을 받아들이는 데 취약하게 만들 것이다.

키케로의 영향

키케로는 모순적이다. 그는 로마 공화정과 법치주의의 이상을 지지했으나 다른 한편으론 몇몇 반역자들을 재판도 없이 처형했다. 아무리 계엄령이 내려진 상태였다고 해도 반역자들 역시 시민이었기에 많은 사람이 이를 용서할 수 없는 처사로 생각했다.

그렇지만 키케로의 영향력만큼은 누구도 부인할 수 없다. 그는 그리스 철학, 특히 플라톤의 철학을 로마의 지식인층에 알리는 데 크게 기여했다. 그의 세계관은 기독교 철학자들에게 영향을 미쳤고, 특히 성 아우구스티누스는 키케로의 《호르텐시우스 Hortensius》(지금은 소실된 작품)를 읽고 인생이 바뀌었다고 전해진다. 또 키케로의 윤리학과 자연법 개념은 중세 기독교 철학의 토대를 마련했다. 에라스무스 같은 철학자들은 키케로가 원형적인 인본주의자라고 주장했고, 계몽주의 사상가인 볼테르와 흄은 키케로의 회의적이고 관용적인 세계관을 예찬했다. 그의 공화정 이상은 미국 건국의 아버지들(존 애덤스도 그를 존경했다)에게 지대한 영향을 미쳤고 프랑스 혁명가들에게까지 전수되었다. 다만 프리드리히 엥겔스는 키케로가 정치적·경제적 권력을 부유층 이상으로까지 확대하는 데에는 전혀 관심이 없었다고 비난했다.

강경하고 비타협적인 관료로서 키케로는 개인적 열망을 희생해서라도 의무를 지켜야 한다고 믿던 강직한 사람이라는 인상을 준다. 그렇지만 그의 인본주의는 술라Sulla나 카이사르 같은 잔인한 독재자와 대조적이었고, 그는 가능하다면 모든 사람이 자신의 특성에 맞는 직업을 가져야 한다고 설득하는 데 힘을 쏟았다. 이러한 견해는 스토아 철학이 그 엄격한 의무감으로 정평이 나 있지만 실은 개개인과 그들이 세상에서 할 수 있는 저마다의 고유한 역할을 중시했음을 말해준다.

(함께 읽으면 좋은 책) 《논어》, 《순수이성비판》, 《군주론》, 《국가》

키케로 더 알아보기

기원전 106년 로마 라티움 지역 아르피눔의 기사 가문에서 태어났다. 키케로의 성은 라틴어로 '병아리콩'을 뜻하는 키케르cicer란 단어에서 유래했다. 유복한 가문 출신의 테렌시아와 결혼해 1남 1녀를 두었다. 딸 툴리아가 30대 중반의 나이로 사망해 무척 슬퍼했다고 한다.

카이사르가 암살당한 후, 공화정이 회복되길 기대하며 마르쿠스 안토니우스에 맞서 옥타비아누스를 지지했다. 두 독재자는 얼마 동안은 제2차 삼두정치*하에서 권력을 나누기로 합의했으나 실은 둘 다 정적들을 제거할 심산이었다. 안토니우스의 살생부에 이름이 올랐던 키케로는 계속 쫓겨다니다가 기원전 43년 마케도니아로 도망치려던 중에 암살당했다. 안토니우스는 키케로의 손과 머리를 절단하여 원로원에 전시하도록 명령했고, 그의 아내인 풀비아는 키케로의 입에서 혀를 뽑아내어 머리핀으로 찌르길 즐겼다고 전해진다.

영국 작가 로버트 해리스의 《임페리움》과 《루스트룸Lustrum》은 키케로의 인생을 소설화한 3부작 중 1, 2편으로, 키케로가 자유인으로 해방시킨 노예 비서 티로Tiro의 눈을 통해 이야기를 풀어나간다.

* 로마가 공화정에서 제정으로 넘어가는 과도기에 나타났던 세 명의 지배자가 다스리는 정치 형태.

Book 14

공자와 제자들이 이야기로
쌓은 세상 이치의 모든 것

공자의
《논어》

공자 孔子

동양 철학의 대가로 유학의 창시자며, 인류 역사상 가장 영향력 있는 철학가다. 정치가이기도 했으며 교육자로 3천 명이 넘는 제자를 길러내기도 했다. 인간 사회의 원리로서 하나의 이치로 모든 것을 꿰뚫는다는 일이관지一以貫之를 내세웠으며, 사람이 마땅히 지켜야 할 도리로서 인의예지신仁義禮智信을 강조했다.

유교의 경전인 《논어》는 여러 사람의 말을 모은 것이란 의미로, 공자의 제자들이 '스승'의 사상을 기록으로 남기기 위해 한데 모은 일화와 문답으로 구성되어 있다. 따라서 단일한 권이라기보다는 여러 편을 묶은 전집의 개념으로 봐야 한다. "공자께서 말씀하시길"로 시작하는 부분이 많고, 보통 제자들의 이름을 따서 '《논어》〈○○편〉'이라고 부른다. 개인의 사상을 다룬 서적 중 가장 오래되었다. 다만 제자들이 엮은 만큼 공자의 가르침을 본래 그대로 전하고 있느냐에 대해서는 의문의 여지가 있다.

공자는 춘추 시대 말기에 활동한 만큼 '남을 아끼는 마음'과 '인간다움'을 중요시했다. 수많은 국가가 난립해서 전쟁을 벌이는 탓에 죽어나간 사람이 많았기 때문이다. 따라서 이기심을 버리고 공동체와 조화를 이루는 것이 중요하다고 보았으며, 그러기 위해서는 각자 맡은 자리에서 책임을 다하고 올바르게 행동해야 할 필요성이 있었다. 그렇다고 모든 사람이 똑같아야 한다는 의미는 아니다. 서로 다른 악기들로 구성된 오케스트라가 하나의 아름다운 소리를 내듯이 거대한 통합체 내에는 어떤 유형의 사람들이든 나름의 설 자리가 있다.

공자의 사상은 수백 년 동안 중국을 이끌었으나, 마오쩌둥의 문학혁명 때 봉건체제의 일환이란 이유로 타도의 대상이 되었다. 최근 들어 다시 중국 정부는 유교의 부흥을 허용하고 있는데, 유교가 도덕적 덕성을 중시해 '조화로운 사회'를 만들고 서구의 자유 민주주의에 대항할 대안을 제시할 수 있다는 이유에서다. 오늘날 중국의 중등학교에서는 공자의 경전을 가르치고 정부는 전 세계 유교연구소들을 재정적으로 후원하고 있다.

인仁이란 무엇인가

인仁은 유교 윤리의 핵심 개념이다. 《논어》에 자주 등장하는 인은 여러 의미를 담고 있다. 그중 하나는 우리가 개발해야 할 자질로서 '어진 마음'을 뜻하고, 다른 하나는 '인간이 되어가는' 과정, 즉 충분한 덕성을 닦고 기르는 존재가 되는 과정을 의미한다. 여기에는 서(恕, 자기가 바라지 않는 것을 남에게 행하지 않음)와 경(敬, 공경함이나 경건함) 그리고 자기 자신보다 전체를 생각하는 자세 등이 포함된다. 인에 관한 공자의 사상을 일부 소개하자면 다음과 같다.

공자께서 말씀하셨다. "군자는 덕을 생각하나 소인은 편히 머물 곳을 생각하고, 군자는 법도를 생각하나 소인은 혜택받기를 생각한다."

공자께서 말씀하셨다. "이익에 따라서 행동하면 원한을 사는 일이 많아진다."

공자께서 말씀하셨다. "군자는 의로움에 밝고 소인은 이익에 밝다."

현명한 자는 무엇보다 덕을 좋아하고 항상 올바르게 처신할 것이다. 덕은 인간이 자신의 야망과 열정을 견제하기 위해 필요한 멍에와도 같다. 공자는 신의를 소를 묶어 수레를 앞으로 나아가게 하는 멍에 걸이에 비유한다. 이것이 없다면 가축들이 제멋대로 날뛰며 혼란스러울 것이다.

아래의 구절이 시사하듯이 우리는 '자아'에 충실해야 하지만 역설적이게도 자아를 아무리 많이 분석해 무지의 장막을 벗겨내더라도 자신에 관해 어떤 진리도 발견하지 못할 가능성이 높다. 우리는 단순히 모든 이들에게 혜택을 주는 자질을 표현하는 그릇인 것이다.

공자께서 나가시자 문인들이 물었다. "무슨 말씀이십니까?" 증자가 말하였다. "스승님의 도는 우리 본성의 원리에 충실한 충忠과 이 원리를 다른 사람에게 자애롭게 적용하는 서恕일 뿐입니다."

공자의 성품

《논어》는 단순히 공자의 말을 모아놓은 책이 아니라 그의 제자들이 그려낸 공자라는 인물상이기도 하다. 어떤 제자는 이렇게 말한다. "공자께서는 온화하면서도 준엄하시고, 위엄이 있으면서도 험악하지 않으시며, 공손하면서도 편안하셨다." 또 다른 제자는 이렇게 말한다. "공자께서는 네 가지를 절대로 하지 않으셨다. 사사로운 뜻을 갖는 일이 없으셨고, 기필코 해야 한다는 일이 없으셨으며, 무리하게 고집부리는 일도 없으셨고, 자신만을 내세우는 일도 없으셨다."

공자는 제자들에게 자주 훈계를 했지만 악의가 없고 단지 제자들의 행실이나 관점을 비추는 거울 역할로 그랬을 뿐이다. 또 공자는 매우 인간적이면서도(그가 아끼는 제자 하나가 겨우 서른하나라는 나이에 사망했을 때 공자는 한동안 비통한 심정을 감추지 못했다) 대부분의 사람들이 그저 꿈만 꿀 뿐인, 정신적 자유와 깨우침을 얻은 '인간 이상의' 존재기도 하다. 많은 일화에서 공자의 평정심과 언제나 온당하고도 시의적절한 그의 행동을 이야기한다. 공자 자신도 "군자는 평온하고 너그럽지만 소인은 늘 근심에 싸여 있다"라고 말했다. 이렇듯 두 가지 자질을 대조하여 말하는 공자의 방법은 기억하기 쉽고 때로는 기지마저 느껴진다.

공자께서 말씀하셨다. "군자는 사람들과 화합하지만 부화뇌동하지는 않고, 소인은 부화뇌동하지만 사람들과 화합하지는 못한다."

공자께서 말씀하셨다. "군자는 느긋하되 교만하지 않고, 소인은 교만하되 느긋하지 않다."

항상 그에게 지혜를 갈구하는 제자들에게 어느 날 공자는 이렇게 말했다. "나는 말을 하지 않으련다." 자공이 말하였다. "스승님께서 만일 말을 하지 않으시면 저희들이 어떻게 스승님의 뜻에 따르겠습니까?" 그러자 공자가 대답했다. "하늘이 무슨 말을 하더냐? 사계절이 운행하고 온갖 것들이 생겨나지만, 하늘이 무슨 말을 하더냐?"

공자는 경전을 익히는 것을 자기완성의 방도로 보았고 그만큼 총명하지 못한 제자들을 꾸짖기도 했다. 《논어》에서 자하는 이렇게 말한다. "모든 장인은 일터에 있음으로써 그들의 일을 이루고, 군자는 배움으로써 그들의 도를 이룬다." 공자 자신도 이를 더욱 간명하고 힘 있게 말한 바 있다. "말의 힘을 알지 못하면 인간을 알 수가 없다."

출세하는 법

공자가 살던 시대에는 관직에 등용되는 것이 많은 젊은이의 야망이었다. 제자인 자장이 공자에게 높은 자리에 오르는 가장 좋은 방법을 묻자 공자는 이렇게 대답한다. "말에 허물이 적고 행동에 후회가 적으면 출세는 자연히 이루어진다."

또 나중에는 이렇게도 말한다. "지위가 없음을 걱정하지 말고 그 자리에 설 만한 능력을 갖추기를 걱정해야 하며, 자기를 알아주지 않는 것을 걱정하지 말고 남이 알아줄 만하게 되도록 노력해야 한다."

장기적 안목으로 공정하게 다스리는 법

공자께서 말씀하셨다. "덕으로 국정을 다스리는 것은 마치 북극성이 제자리에 있고 모든 별이 이를 떠받들며 돌고 있는 것과 같다."

정부의 고문이자 관직에 몸담기도 했던 공자의 통찰은, 법을 어기는 사람에게 심한 처벌을 내리기보다 백성을 덕으로 이끄는 정치를 하는 편이 낫다는 것이다.

공자께서 말씀하셨다. "백성들을 정치로 인도하고 형벌로 다스리면 백성들은 형벌을 면하고도 부끄러워함이 없다. 그러나 덕으로 인도하고 예로써 다스리면 백성들은 부끄러워할 줄도 알고 또한 잘못을 바로잡게 된다."

어떻게 보면 공자는 병법의 달인인 손자와도 유사한 면이 있다. 둘 다 인간 본성의 이해를 철학의 중심으로 삼았다.

통치자로서 존경을 얻고 부패를 방지하는 것에 관해서도 공자의 지침은 간단하다. 통치자가 '곧은 사람을 기용하고' 비뚤어진 사람을 멀리하면 백성들이 그 행동에서 공정함을 발견해 자연히 복종하게 된다. 만일 반대로 행동하여 비뚤어진 사람을 윗자리에 앉히게 되면 백성은 정권에 아첨만 해댈 것이다. 공자는 훌륭한 통치자의 또 다른 자질을 이야기하는데, 백성들에게 충분히 혜택받고 있다는 확신을 주되 스스로는 낭비하지 말라거나, 정권이 지나치게 가혹해서는 안 된다거나, 사람들에게 위엄을 갖추되 험악치 않게 대하라는 것 등이다.

마지막으로 공자는 사회나 국가를 건설할 때 인내심을 강조했다. 개인적인 변덕에 따라 통치하지 말고 만사가 순리에 따르기를 기다려야 한다. 이러한 장기적인 시각을 견지하면 후대를 포함한 모든 이들의 이해관계를 고려하고 선조와 과거 관리들이 특정 분야에서 이룩한 성과를 받아들일 수 있다. 전쟁과 대격변의 시대에 일국의 장기적인 평화와 번영, 정의를 추구하는 공자의 비전은 통치자들에게 큰 호응을 얻었다.

시대를 초월하는 것

공자는 효孝를 중시했다. 《논어》에도 부모의 삼년상의 중요성을 말하는 대목이 여러 번 나온다. 한 제자가 충효의 의미를 묻자 공자는 요즘의 효는 단지 물질적인 '봉양'을 뜻하게 되었다며 단순히 먹여 살리는 것은 개나 말도 할 수 있다고 유감을 표한다. 공자에 따르면 정말 중요한 것은 공경이다. 부모를 공경하는 것은 자신을 가다듬으며 우리가 그저 과거에서 미래로 이어지는 거대한 사슬 중 하나의 고리에 지나지 않는다는 사실을 받아들이는 것이다.

그렇지만 공자는 전통 그 자체에 얽매이지는 않았다. 그는 당시 풍습대로 주인과 함께 매장당할 처지에서 도망쳐온 노비 소년을 거두고 지켜주었다. 공자는 법정에서 순장은 충효를 끔찍할 만큼 극단으로 몰고 가는 야만적인 관습이라고 주장해 소년을 구했다. 물론 의무는 중요하지만, 스스로 항상 덕을 추구하는 것이 의무지 특정한 관습이나 전통을 맹목적으로 따르는 게 의무는 아니라는 것이 공자의 논지였다. 관습이나 전통은 변할 수밖에 없지만 공경이나 정직 같은 자질은 시대를 초월하기 때문이었다.

(함께 읽으면 좋은 책) 《니코마코스 윤리학》, 《키케로의 의무론》

공자 더 알아보기

기원전 551년, 춘추시대 말기에 오늘날의 산동성 지역에서 태어났다. 두 살 때 아버지를 여의어 귀족 가문에서 태어났음에도 궁핍한 유년기와 청소년기를 보냈다.

20~40대에 다양한 일을 했으나, 그를 따르는 추종자들이 늘어나면서 관직에 진출할 젊은이들을 가르치는 관료가 되었다. 관료로서도 출세해 쉰세 살 때는 노나라의 형조판서(대사구)에 올랐다. 하지만 노나라 왕과 의견 충돌을 빚은 후 추방당했고, 14년간 이 나라 저 나라를 떠돌아다니며 다른 왕의 정치 고문역을 해주곤 했다.

기원전 485년 노나라 복귀가 허용되었고, 돌아와서 《시경》과 《서경》 등을 비롯한 많은 저작을 남겼다. 기원전 479년 제자들이 보는 가운데 세상을 떠났다.

Book 15

'나는 생각한다, 고로 존재한다'
영원히 남을 철학적 명제의 탄생

데카르트의
《제일철학에 관한 성찰》

르네 데카르트 Renè Descartes

계몽주의 시대의 프랑스 철학자로 과학과 수학에도 지대한 공헌을 했다. '근대 철학의 아버지'로 불리며 '나는 생각한다, 고로 존재한다'라는 유명한 말로 합리주의 철학의 길을 열었다. 프랑스에는 '데카르트'란 도시가 있는데, 데카르트가 태어난 고향으로 1996년 데카르트 탄생 400주년을 기념해 지명을 바꾼 것이다. '끊임없는 의심'으로 철학적 혁신을 시도했다.

《제일철학에 관한 성찰》은 데카르트의 대표 저작으로 1641년에 라틴어로 출간되었다. 여섯 성찰로 구성되어 있으며 "나는 생각한다, 고로 존재한다"는 그 유명한 철학적 명제가 바로 이 책에 담겨 있다. 이 철학적 명제는 한마디로 신 중심적 사고에 물들어 있던 중세 철학에 내민 도전장이었다. 이로 인해 우리는 신 중심의 사고에서 벗어나 인간 중심의 사고를 할 수 있게 되었다. 신의 형상이었던 인간이 이제 신을 증명해야 하는 존재로 거듭난 것이다. 그야말로 사고의 '전환'이며 '전복'이었다. 이것이 근대 철학의 시발점이었으며, 그렇기에 데카르트를 '근대 철학의 아버지'라고 칭하는 것이다.

데카르트의 이러한 사고의 전복은 '의심'에서 출발했다. 지금껏 당연하다고 생각했던 것이 과연 진실인지 확인하는 것이다. 데카르트는 우리가 믿고 있는 많은 것이 '거짓'이라고 생각했다. 그래서 그 거짓과 잘못된 신념을 지우고 그걸 대체하는 사상을 하나씩 찾아내고자 했다. 그는 말했다. "학문에서 무엇이든 확고한 것을 정립하려면 일생에 한 번은 모든 것을 뒤집어엎고 최초의 토대에서 다시 시작해야 한다."

《제일철학에 관한 성찰》을 통해 데카르트는 그가 무엇을 알 수 있는지를 확인하고자 했다. 그리고 모든 것을 의심해도 의심하는 내가 있다는, 의심할 수 없는 단 하나의 명제를 얻었다. 생각하는 인간을 강조한 데카르트의 철학은 이후 스피노자, 칸트, 헤겔 등 후대의 많은 사상가에게 영향을 주었다. 심지어 헤겔은 데카르트를 "철학의 신대륙을 발견한 영웅"이라고까지 칭했다.

우리가 의심할 수 없는 진실이 과연 있을까

제1성찰과 제2성찰은 데카르트의 유명한 '방법적 회의'를 통해 전개된다. 그는 감각을 통해 얻은 모든 정보에 의문을 제기할 수 있다고 주장한다. 그 분명한 예가 우리가 파란만장한 경험을 하고 난 뒤 깨어나서 그게 단지 꿈이었음을 깨닫는 순간이다. 사각

형 탑이 멀리서 보면 둥글게 보이는 등의 원근법이 우리의 눈을 속일 때도 그렇다. 사소한 예처럼 보이지만 데카르트는 여기에서 보다 중요한 문제를 도출해낸다. 천문학과 의학 같은 자연과학은 우리의 감각을 통한 관찰과 측정에 기반을 두기 때문에 학문적으로 신뢰할 수 없다는 것이다.

데카르트는 기하학과 수학처럼 세상의 다른 어떤 존재에도 기초하지 않는 학문은 신뢰할 수 있다고 본다. 이러한 학문은 추상성 때문에 항상 옳다. 2와 2를 더하면 내가 꿈을 꾸든 말든 간에 답은 언제나 4다. 그러나 인간은 빈번히 계산 오류를 저지르기 때문에 우리는 모든 수학적 판단의 정확성 역시 의심해봐야 한다. 그러므로 이런 학문에서도 확고한 지식이 존재한다고는 말할 수 없다.

이렇듯 우리의 지식 기반이 얼마나 불확실하고 불안한지를 지적하던 데카르트는 문득 의지할 수 있는 한 가지를 발견한다. 우리가 일부 지식에 호도당하거나 우리가 아는 모든 지식에 속고 있다면, 어쨌든 그런 속임을 당하는 '나'가 있어야 한다는 것이다.

나는 이로부터 내가 하나의 실체고 그 본질 혹은 본성은 오로지 생각하는 것이며, 존재하기 위해 아무런 장소도 필요 없고 또 어떤 물질적 사물에도 의존하지 않는다는 결론에 이르렀다.

인간의 본질은 '생각하는 존재'라는 것이다. 이 세상에 대한 우리의 모든 판단이 잘못되었다고 해도(사실 우리는 물질세계가 실제로 존재하는지조차 확신할 수 없다), 또 우리가 사실이라고 인식하는 것에 끊임없이 속고 있더라도 우리가 인식을 하고 의식을 갖고 있다는 사실만은 의심할 수 없다. 이런 일련의 사고를 통해 데카르트는 "나는 생각한다, 고로 존재한다"라는 유명한 결론에 도달한다. 라틴어로 '코기토 에르고 숨cogito ergo sum'이라고 하며 '코기토 명제'라고도 불린다.

나는 세계에 하늘, 땅, 정신, 물체 등 아무것도 없다고 스스로를 설득해왔다. 그렇다면 나 자신도 역시 없다는 결론이 나오지 않을까? 그렇지는 않다. 내가 만일 나에게 어떤 것을 설득했다면, 분명히 나는 존재해야 한다.

데카르트는 실재하는 것에 대해 항상 그를 속이려 드는 '전능한 기만자'가 있다고 가정한다. 그래도 그는 만약 자신이 속고 있으려면 자신이 존재해야만 한다고 추론한다. "내가 스스로 어떤 것이라고 생각하는 동안 그는 결코 내가 아무것도 아니게끔 만들 수는 없을 것이다."
같은 맥락에서 데카르트의 또 다른 위대한 통찰은 자신을 신체가 없이 존재하는 기묘한 상태에 있다고 가정할 수는 있어도 정신이 없는 신체라고 가정할 수는 없다는 것이다. 그러므로 그의 본질은 정신 또는 의식이며 육체는 대단히 부차적인 것이다.

정신이 존재한다고 주장하고 나서 데카르트는 정신 외부에 있는 존재도 확신하고 싶어 한다. 그래서 모든 것을 의심해가면서 지식 기반을 재구축하려 노력한다. 그의 결론은 감각적으로 인식되는 대상, 즉 우리가 보고 듣고 냄새를 맡는 사물은 우리 정신의 일부일 수 없다는 것이다. 우리가 원치 않더라도 그 물체들이 우리에게 영향을 미치기 때문이다. 어떤 물체가 떨어져서 바닥에 부딪치는 소리를 듣는 것은 나의 의식적인 결정과는 상관없다. 그러므로 그 소리는 내 정신에서 비롯되는 것이 아니라 정신 바깥에 존재해야만 한다. 이로써 그는 우리 외부에 물질적인 물체가 존재한다고 결론 내린다.

데카르트는 그로 하여금 모든 것을 의심하게 만든 가상의 기만자와 달리 자애롭게도 우리에게 육체와 감각을 부여한 신은 기만자가 아니라고 주장한다. 신은 우리의 감각적 정보가 마치 외부 대상에서 유래한 듯 보이게 속이지 않으리란 것이다. 현대 철학자들이 보기에 이런 가정은 좀 불안하다. 예를 들어 정신 분열적 환청에 시달리는 사람은 자신에게 말하는 외부의 목소리를 듣는다고 생각하지만 실제로는 전부 그들의 정신 속에서 벌어지는 일이다. 그럼에도 인간 존재의 본질을 의식으로 파악해 우리를 우리 신체로부터 분리시킨 데카르트의 주장은 철학사적으로 대단히 큰 업적이다.

우리가 알 수 있는 것을 정확히 찾아내겠다는 그의 여정은 충분히 허무주의적 결론에 도달할 위험이 있었지만 실제로는 철석같은 확실성을 입증하여 인간에게 우주에 대한 확신을 심어 준 듯 보였다. 정신과 신체의 '이원론' 덕분에 근대 과학은 발전할 수 있었다. 우리의 육체와 다른 동물을 포함한 관찰 대상(세계)과 관찰 주체(우리)를 명확히 나누었기 때문이다. 인간은 관찰 및 추론 능력이라는 특권을 부여받아 자연을 지배하고 완벽을 지향하는 사물을 만드는 것이 정당화되었다. 우리의 의식은 전지전능하고 만물을 꿰뚫어 보는 신의 축소판인 것이다.

신의 존재를 증명하다

데카르트는 의심 자체를 고찰하면서 이것이 특히 인간적이라고 주장한다. 우리는 보는 관점에 따라 의심으로 고통을 받거나 축복을 받지만 어쨌든 안다는 것은 분명히 의심하는 것보다 나은 일이므로 더 '완벽한' 일이다. 그러므로 우리가 얼마나 많은 것을 의심하고 사는지를 돌아보면 인간은 불완전한 존재임에 틀림없다. 그런데 불완전한 존재는 자신이나 남을 위해 완벽한 것을 만들어낼 수 없다. 먼저 완벽한 다른 존재가 있어야 하고 그들이 인간을 만들고 완벽의 이상을 불어넣어야 한다. 데카르트는 만약 그가 자신을 창조했다면 자신이 완벽해야 할 텐데 자신은 그렇지 않으므로 어딘가 우리를 창조한 다른 존재가 있어야만 한다고 추론한다. 이것은 명백히 신이므로 그는 신이 존재해야만 한다고 결론짓는다.

데카르트에게 신의 관념은 단순히 인간이 만들어낸 망상이 아니라 창조주가 우리에게 심어주려 했던 가장 중요한 생각이었다. 이런 관념을 통해 우리는 스스로 완벽하지는 않아도 완벽한 존재로부터 유래했다고 생각할 수 있게 되었다. 실제로 데카르트는 신의 관념이 신이 우리에게 새겨놓은 '창조주의 표식'이라고 말한다.

데카르트의 신은 전능할 뿐만 아니라 자애로워서 인간이 자체적인 추론을 통해 신이 현존한다는 진리에 도달하기를 기다리고 그 과정을 지원하며, 심지어 우리가 (신뿐만 아니라 이 세상이 존재한다는 사실까지) 모든 것을 의심하는 지점에 도달하기를 기대할 정도다. 그렇지만 신은 우리가 추론을 통해 결국 본질적인 진리로 회귀하기를 바란다. 신은 인간을 어느 하나의 막다른 골목으로 내몰지 않는다. 신성은 우리에게 신앙이나 이성 중 어느 하나를 통해서 모든 것을 말해주지 않는다. 우리는 시험을 하고 질문을 하며 스스로 찾아나가야 한다.

데카르트는 점점 신앙이 없는 것은 그릇된 일이라고 믿게 되었지만 그럼에도 종교와 과학이 각각 정신과 물질을 상징한다고 보아 두 가지를 분리하는 개념을 고수했다. 궁극적으로는 과학, 예술, 추론에 있어서 인간의 모든 성취가 진리로 돌아가는 방법이고 물질은 단지 그런 진리가 표출된 것에 불과했다.

철학은 한 그루의 나무와도 같다

현대 철학자들은 데카르트의 형이상학적 측면을 슬쩍 얼버무리거나 비난하면서 그의 탁월한 세계관의 '옥에 티' 정도로 여기는 경향이 있다. 교과서들은 이런 가장 이성적인 인간도 그가 살았던 시대의 종교적 성격을 완전히 탈피할 수는 없었다며 신의 현존을 증명하려 했던 그의 열망을 '용서해주자'는 분위기다. 그런데 정말로 데카르트가 오늘날 살아 있었다면 그런 형이상학의 흙탕물 속에는 발조차 담그지 않았을까?

데카르트는 이렇게 말했다. "철학 전체는 한 그루의 나무와 같아서 그 뿌리는 형이상학이고 줄기는 물리학이며 그 줄기에서 뻗어나간 가지들은 그 밖의 모든 학문들로 이들은 세 가지 주요 학문, 즉 의학과 역학, 도덕으로 귀착된다." 데카르트의 '지식의 나무'에서 형이상학이 그 뿌리에 해당한다. 그의 의식, 심신이원론, 자연과학에 대한 애정은 단순히 가지에 불과하다. 과학과 회의적 세계관은 신의 존재를 해체하는 데 아무런 역할도 하지 못했다.

그렇지만 데카르트는 대표적인 합리주의자로서 만물에 '영혼'이 깃들어 있다는 중세적 사고를 해체하는 데 크게 기여하기도 했다. 그의 정신과 물질의 이원론은 그런 미신이 필요 없었기 때문에 실증적 과학의 발전을 가능케 하는 동시에 우주가 지적인 정신의 창조물이라는 생각과도 절연할 필요가 없었다. 실제로 데카르트의 물질과 정신, 물리학과 형이상학 사이의 절묘한 균형은 그가 젊었을 때 탐독했던 아퀴나스와 놀랄 만큼 공명한다. 그의 이원론 체계는 스피노자와 라이프니츠 같은 후대의 합리주의 철학자들에게도 크나큰 영향을 미쳤다.

> 함께 읽으면 좋은 책 《신학대전》,《순수이성비판》,《과학혁명의 구조》,《변신론》,《에티카》

르네 데카르트 더 알아보기

1596년 프랑스 라에(지금의 데카르트)에서 태어났다. 토마스 아퀴나스의 신학(토미스트Thomist)이 수용하는 범위 내에서 아리스토텔레스의 논리학, 형이상학, 윤리학, 물리학을 가르치던 예수회대학교에서 훌륭한 교육을 받았다. 프와티에대학교에서 법학을 공부한 뒤 스물두 살 때 공병으로 근무하며 유럽 전역을 다녔다. 데카르트가 그 유명한 철학의 환영을 경험한 것은 30년 전쟁에 참여했을 때였다. 바이에른 공작 휘하에 들어간 그는 어느 날 생생한 세 가지 꿈을 꾸었고 그것이 자신을 학문의 길로 인도하는 것이라 믿었다. 모든 지식을 한데 모으고, 철학과 지혜가 통합되며, 인간 지식의 진리와 오류를 밝히는.
50대 때 스웨덴 크리스티나 여왕의 철학 교사로 초빙되었으나, 평소 혼자 지내는 게 익숙했던 그에게 일이 힘에 부쳤는지 폐렴에 걸려 1650년에 세상을 떠나고 말았다.
첫 저서는 《세계Le Monde》였으나 지구가 태양 주위를 돈다는 이론이 포함되어 있어 갈릴레이와 같은 고초를 겪고 싶지 않아서 출간을 포기했다. 이 책은 그의 사후 14년이 지난 1664년에 출간되었다. 그 외 저서로는 《방법서설》,《철학의 원리》,《정념론》 등이 있다.

〈운명Fate〉은 1860년에 발표된 랄프 왈도 에머슨의 노년기 에세이로, 운명의 우리의 모든 것이지만 자유와 의지도 운명의 일부니 우리가 운명을 통제할 수는 없어도 다르게 흘러가게 할 수는 있다는 에머슨의 통찰을 담았다.* 그런데 우리가 〈운명〉을 살펴보기 전에 함께 살펴봐야 할 작품이 있으니 바로 에머슨이 장년기에 쓴 〈자기 신뢰〉다.**

* 〈운명〉은 《삶의 수행The Conduct of Life》이라는 에머슨의 에세이집(1860)에 실려 있는 글로, 한국에서는 다양한 에머슨 에세이 모음집 등에서 만나볼 수 있다.
** 〈자기 신뢰〉는 에머슨의 《에세이 제1집Essays: First Series》(1841)에 실려 있는 글로, 별도의 단권 도서로도 발표되었다. 한국에서도 동명의 단권 및 에세이 편집본 등이 다양하게 출간되어 있다.

〈자기 신뢰〉는 에머슨이 마흔을 앞두고 쓴 에세이로 지금까지 수많은 미국인의 사랑을 받으며 미국의 개인주의 윤리를 상징하는 대표적 작품이 되었다. 자기 자신을 믿는 데서 자신의 재능이 발휘될 수 있다는 '자기 신뢰Self-reliance'는 에머슨의 핵심 사상 중 하나다. 그런 만큼의 동명의 에세이에서 에머슨은 순응과 잘못된 일관성을 피하고 자신의 본능과 생각을 따를 것을 주장한다.

이로부터 약 20년 후에 나온 〈운명〉은 제목에서도 보이듯이 〈자기 신뢰〉와는 대척점에 서 있는 것처럼 보인다. 실제로 에머슨은 〈운명〉에서 우리 인간을 둘러싼 자연의 거대한 힘이나 어쩔 수 없는 상황 등에 순응하는 모습을 보인다. 어떻게 보면 개인의 힘에 관해 거침없는 의견을 피력했던 과거의 젊은 자신한테 내미는 도전장처럼 보이기도 한다. 하지만 자세히 들여다보면 〈운명〉은 〈자기 신뢰〉의 확장임을 알 수 있다.

〈운명〉은 인간과 우주의 관계에 관한 에머슨의 기본 입장을 재확인하고 있다. 현명한 사람이라면 이 세상에 우연이란 절대로 없다는 것을, 만물은 예정된 대로 흘러간다는 것을 잘 알 것이다. 하지만 인간의 역사를 보면 인간은 자유와 의지로 많은 것을 바꾸어놓았다. 그저 흐르는 대로 순응했다면 인간은 지금과 같은 문명을 쌓아 올리지 못했을 것이다. 인생의 법칙은 결코 막을 수 없이 그 자체의 논리로 움직이지만, 동시에 우리에게 기회와 가능성을 열어준다. 그 과정에서 우리는 자신의 작은 자아를 잃게 되겠지만, 대신 무한히 거대하고 강력한 무언가와 조화를 이루게 된다. 그전까지는 운명의 지배를 받던 처지에서 같이 세계를 만들어나가는 공동 창조자가 되는 것이다.

운명을 시인하다

에머슨은 인생에 '거스를 수 없는 천명'이 존재하며 실제로 운명이 있다고 시인하며 말문을 연다. 그러면서도 '개인의 뜻'과 '성격의 힘' 역시 실재하는 힘이라고 단언한다. 그렇다면 이 상반되는 듯 보이는 힘을 어떻게 화해시킬 것인가?

개인적인 차원에서 우리들 대부분은 우리의 개성이 세계와 균형을 이루고 우리가 그럭저럭 필연과 자유의 간극을 넘나들며 거스를 수 없는 천명이 존재하기는 해도 '그런 천명에는 다 이유가 있다'고 느낀다. 우리의 삶은 본질적으로 자신이 살고 있는 시대의 정신과 한계 내에서 몸소 의지를 발휘하는 것이다. 에머슨은 "시대의 수수께끼는 한 사람 한 사람의 힘으로 스스로 해결해야 한다"고 말한다.

에머슨은 전형적인 미국인의 시각에서 천박함이 엿보인다는 사실을 인정하면서 위대한 국가는 "허풍쟁이나 어릿광대였던 적이 없고 인생의 공포가 무엇인지 확실히 알면서도 의연히 거기에 맞서 싸울 용기가 있었다"고 말한다. 그는 기꺼이 전쟁에서 죽기를 불사했던 스파르타인과 '미리 정해진 운명'을 순순히 받아들이며 역시 적의 칼날을 향해 돌진했던 터키인, 아랍인, 페르시아인을 거론한다. 심지어 과거 미국의 칼뱅파 신도들조차 '우주의 무게'에 비하면 자신들 개개인은 보잘것없다는 비슷한 위엄을 갖추고 있었다. 에머슨은 초서Chaucer의 표현처럼 운명이 전쟁과 평화, 증오와 사랑의 행로를 결정하는 '위대한 사자'인 마당에 하찮은 우리들이 실질적 영향력을 갖는다고 믿는 것은 오만이라는 뜻을 내비친다.

게다가 에머슨에 따르면 자연은 그렇게 자애로운 존재가 아니라서 '남자든 여자든 가리지 않고 태연히 물속에 빠뜨리고' 인간이 탄 배를 '먼지 한 톨처럼' 집어삼킨다. 동물은 종족끼리 서로를 잡아먹고, 화산은 폭발하며, 도시는 바닷속으로 함몰되고, 콜레라가 온 도시에 창궐한다. '신의 섭리'가 과연 이런 재난으로부터 우리를 구해줄까? 설령 신의 섭리가 존재하더라도 우리는 그 힘을 알아볼 길이 없으므로 거기에 의지할 수도 없다. 에머슨은 '이 경외할 은인에게 신학생의 청결한 셔츠와 흰 목깃으로 치장시켜봤자' 아무런 도움이 되지 않는다고 말한다.

자연은 다정하지 않고 그 형태는 압제적이기까지 하다. 새의 존재가 그 부리 형태와 길이, 날개 너비로 결정되듯이 인간의 가능성은 성별, 인종, 성격, 재능 등에 좌우된다. "모든 정신은 자신이 살 집을 만들지만 나중에는 그 집에 구속당하게 된다." 우리의 DNA와 가문의 혈통이 우리의 운명을 만드는 것이다.

인간은 어머니가 만들어준 그대로의 존재다. 기관사에게 시를 요구하고 일용 잡부에게 화학적 발견을 기대하는 것은 조잡한 천만 짤 수 있는 편물기에 대고 어째서 캐시미어를 짜지 못하냐고 추궁하는 것과 마찬가지다. 땅을 파는 인부에게 뉴턴의 법칙을 설명해달라고 요청해보라. 그의 두뇌의 섬세한 기관들은 100년 동안 조상 대대로 이어진 중노동과 초라하고 빈곤한 생활 때문에 위축되어 있다. … 이처럼 인간에게는 단 하나의 미래밖에 없고 그것은 이미 신체 구조상으로 정해져 있다. … 세상의 모든 특권, 모든 법을 총동원하더라도 이에 간섭하거나 그를 시인이나 왕자로 만들 수 없다.

에머슨은 동양의 종교에 조예가 깊었고 특히 카르마, 환생, 윤회 등에 관심이 많았는데 이것들은 모두 우리 현생의 본질과 상황이 대부분 전생에 행한 행동과 경험에서 비롯된다는 개념이다. 한편 에머슨은 서양의 전통에서도 이런 세계관을 지지할 만한 근거를 찾아냈다. 독일의 철학자 프리드리히 셸링이 "인간이라면 누구나 한 가지 느낌, 즉 본인이 옛날부터 현재까지 영원히 자신이며 시간의 경과 속에서 자신이 된 것이 아니라는 느낌을 품고 있다"라는 말을 남긴 것이다. 모든 사람은 "자신의 현재 상태를 만드는 데 관여했다." 만약 이 말이 사실이라면 우리가 무슨 근거로 인간이 빈 서판 상태로 태어난다고 만용을 부리겠는가?

과학사를 되돌아보면 특정한 발견이 특정한 시점에 나온 것이 불가피해 보이는 경우가 종종 있다. 우리는 어떤 발명과 착상을 흔히 개인의 공으로 돌리지만 실제로는 두서너 명이 동일한 결론에 거의 동시에 도달하는 경우가 적지 않다. 진보는 특정 개인과 상관없이 그 자체의 추동력으로 이루어진다는 뜻이다. 특정한 인간은 얼마든지 대체 가능한 '매개체'일 뿐이고 이를 부정하는 생각은 신의 비웃음을 살 뿐이다.

그러나 운명의 무게는 사람마다 다르게 느껴진다. 우리가 광폭하고 야만적인 존재라면 운명도 똑같이 광폭하고 무서운 모습을 드러내지만, 우리가 온화하면 우리의 행동을 가로막는 힘도 온화해진다. 인간의 영혼이 정화됨에 따라 그를 구속하는 제약도 고상해지겠지만 그럼에도 "필연의 고리는 항상 가장 높은 곳에 위치한다."

그럼에도 인간은 자유롭고 힘이 있다

이처럼 운명의 무게를 강력히 주장하던 에머슨은 돌연 방향을 바꾸어 운명에도 한계는 있다고 주장하기 시작한다. 세계를 움직이는 또 다른 원동력, 그의 표현으론 '힘'이 있기 때문이다. 만약 운명이 '자연사自然史'라면 힘은 그 강력한 적수고, 인간은 '하찮은 짐'이 아니라 이미 결정된 듯한 역사의 진행을 가로막는 '거대한 대항력對抗力'이다.

에머슨은 인간의 자유도 운명의 일부고 "인간이 사고하는 한 인간은 자유롭다"고 말한다. 운명을 지나치게 깊이 생각하는 것은 건전하지 않고, 나약하고 게으른 사람일수록 모든 것을 운명 탓으로 돌리기 쉽다. 운명을 대하는 올바른 방식은 운명의 자연적인 힘을 일깨우되 자신의 행동의 자유는 여전히 견지하는 것이다. 자유는 감정과 상황에 휘말려 나약해지기 쉬운 우리에게 확고한 의지를 북돋워줄 수 있다.

인간이 강과 나무와 산과 비교해서 뒤떨어져서는 안 된다. 강처럼 흐르고 나무처럼 가지를 뻗으며 산처럼 저항력을 갖지 않으면 안 된다.

다른 사람들이 운명을 해로운 힘으로 믿더라도 우리는 운명을 이로운 힘으로 여기고 자신이 '운명의 천사로부터 보호받고 있음'을 알아야 한다. 에머슨은 예기치 못한 자연의 분노를 길게 설명한 뒤 "운명에는 운명으로 맞서 나갈 수 있다"고 주장한다. "우주에 잔혹하고 우발적인 수많은 사건이 있다면 우리를 구성하는 원자들 역시 광폭하게 대항할 것이기 때문이다."

게다가 우리는 스스로를 자유롭게 만드는 창조력을 지니고 있으므로 기계의 일개 부품으로 전락하는 대신, 우주의 발전에 참여해 우주의 작동 원리를 깨닫고 그 과정에서 우리의 독창성으로 채울 만한 틈새를 발견할 수 있을 것이다. 우리가 만물 통합의 이치를 더 많이 깨우칠수록 세상 속에서 우리의 가치도 자연히 늘어갈 것이다. 우리는 운명의 책에 쓰여 있던 내용 못지않은 '실제 운명'을 직접 써내려갈 수 있다.

> 사유는 모든 것을 마음먹은 대로 만들 수 있는 수준까지 인간의 정신을 끌어올림으로써 물질적 우주를 해체시킨다.

에머슨의 또 다른 발견은 "항상 어느 한 사람이 다른 사람보다 그 시대의 신의 섭리를 더 많이 표현한다"는 것이다. 진리를 인식하는 것은 "진리에 대한 지배 욕구와 깊은 관련이 있다." 자연의 힘은 엄청나지만 불타오르는 인간의 의지도 그에 못지않아 한 나라 전체를 일대 충격으로 몰아넣거나 새로운 종교를 창시할 수도 있다. 영웅은 명백히 운명을 잊은 듯이 행동하고 세계가 다른 식으로 펼쳐질 수도 있다는 사실 따윈 전혀 안중에도 없다.

가만히 들여다보면 운명은 단지 우리가 완벽히 설명해내지 못하는 원인에 불과하다고 에머슨은 주장한다. 예컨대 장티푸스로 인한 사망은 누군가 장티푸스 예방에 일조한 하수 시설을 개발하기 전까지는 '신의 뜻'처럼 보였다. 괴혈병 역시 라임주스로 예방이 가능하다는 걸 발견할 때까지는 수많은 선원을 죽게 했다. 철도 노선이 깔릴 때까지 광활한 대륙은 골치 아픈 장애물이었다. 이렇듯 인간의 창조력은 종종 전지전능한 '운명'으로 보이던 것들을 가차 없이 비웃는다.

에머슨의 결론

〈운명〉의 끝부분에서 에머슨은 인간과 사건의 관계로 다시 돌아온다. 그는 "인간의 영혼은 결국 자신에게 일어날 사건을 그 안에 포함하고 있다. 사건은 영혼이 생각하는 것을 현실화한 데 불과하기 때문이다. … 사건이란 자신의 모습을 표출한 것에 지나지 않는다. 그래서 자기 피부처럼 자기 몸에 꼭 맞는다." 그러면서 에머슨은 이렇게 말을 잇는다.

> 인간의 운명은 그 사람의 성격이 만들어내는 것이다. … 한 사람의 성장은 그의 야심, 그의 친구, 그의 행동 속에서 명확하게 표현된다. 그는 운명의 한 조각처럼 보이지만 실은 인과관계의 한 조각에 가깝다.

에머슨은 역사를 도로에서 서로를 밀치는 두 소년에 비유한다. 인간은 밀고 또 밀린다. 약한 사람은 환경에 의해 밀려나지만, 현명하고 강한 자는 결코 끄떡도 안 할 듯한 대상도 언젠가는 움직일 수 있다는 것을 알고 세상에 자신의 생각을 아로새길 수 있다는 것도 안다. 에머슨은 이렇게 묻는다.

우리가 지금 살고 있는 이 도시도 어떤 한 사람의 의지에 굴복한 잡다한 물질의 집합체에 불과하지 않은가? 화강암이 아무리 저항을 하더라도 인간의 손이 훨씬 강하기 때문에 마음먹은 대로 이용할 수 있었던 것이다.

(함께 읽으면 좋은 책) 《인간의 조건》, 《고슴도치와 여우》, 《에티카》

랄프 왈도 에머슨 더 알아보기

1803년 미국 보스턴의 목사 집안에서 8남매 중 하나로 태어났다. 그가 여덟 살이 되기도 전에 아버지가 사망했다. 열네 살 때 하버드대학교에 진학해 졸업 후 한동안 교사 생활을 하다가 다시 하버드신학대학원에 들어갔다. 그 후 유니테리언교* 목사가 되었다. 한눈에 사랑에 빠진 엘렌 루이자 터커와 결혼했으나 곧 그녀가 폐결핵에 걸리는 바람에 잃고 말았다. 신학적 견해의 충돌로 목사직을 그만두고 유럽으로 여행을 떠났고, 그곳에서 토머스 칼라일, 새뮤얼 테일러 콜리지, 윌리엄 워즈워스 등을 만나 교류했다.

1835년 미국으로 돌아와 콩고드에 정착, 리디아 잭슨과 재혼해 슬하에 다섯 자녀를 두었다. 1836년 《자연Nature》을 출간, '초월주의' 원칙을 제시했다. 당시 함께 어울렸던 초월주의자로는 헨리 데이비드 소로, 마거릿 풀러, 아모스 브론슨 올컷, 엘리자베스 피바디 등이 있다. 그 후 2년간 하버드대에서 논쟁적인 강연을 했는데, 첫해에는 미국 지식인의 유럽으로부터의 독립을, 두 번째 해에는 모든 교리와 교회를 벗어난 독립적인 믿음을 강조했다.

1841년과 1844년에 수필집 1, 2권이 출간되었는데 〈자기 신뢰〉, 〈영적인 법칙Spiritual Laws〉, 〈대령Over-Soul〉, 〈보상Compensation〉, 〈경험 Experience〉 등이 수록되었다. 1850~1860년대에는 《위인이란 무엇인가Representative Men》, 《영국인의 특성English Traits》, 《처세론The Conduct of Life》 등이 출간되었다. 1882년에 세상을 떠났다.

* 삼위일체론을 부정하고 하나님의 존재만 인정하는 신교 교파.

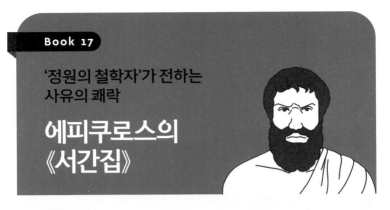

Book 17

'정원의 철학자'가 전하는
사유의 쾌락

에피쿠로스의
《서간집》

에피쿠로스 Epikouros

그리스 헬레니즘 시대의 철학자로 그의 이름을 딴 에피쿠로스 학파의 창시자다. 에피쿠로스 학파는 금욕적 쾌락주의를 추구하는 것으로 유명하다. 아테네의 자택과 정원에서 철학 학교를 열고 '정원 학교'라 칭했는데 덕분에 '정원의 철학자'란 별호가 붙었다. '모든 사람에 대한 인간애'를 강조했으며, 어떤 것에도 흔들리지 않는 마음의 평정 상태인 '아타락시아'를 추구했다.

《서간집Letters》은 엄밀히 말하면 에피쿠로스의 저작은 아니다.[*] 에피쿠로스는 살아생전 300편이 넘는 저작을 남겼다고 하는데 오늘날까지 전해지는 건 그중 극히 일부다. 그리스의 철학자이자 전기 작가인 디오게네스 라에르티오스의 《유명한 철학자들의 생애와 사상》에 나오는 그의 전기 속에서 언급되는 매우 짧은 작품인 〈중요한 가르침Máximas Capital〉과 에피쿠로스가 남겼

---

[*] 현재까지 남아 있는 에피쿠로스의 글은 후대에 한데 묶은 것으로 한국에서는 《쾌락》이라는 에피쿠로스 사상 입문서로 만나볼 수 있다.

다고 하는 세 편의 편지, 그 외 1888년에 바티칸에서 사본으로 발견된 아포리즘 모음집과 고고학 발굴에서 나온 단편들이 있을 뿐이다.

따라서 여기서는 에피쿠로스가 직접 남겼다고 하는 세 편의 편지들을 중점적으로 살펴볼 예정이다. 이 세 편지는 에피쿠로스가 세 명의 제자, 즉 헤로도토스Herodotus(역사가 헤로도토스가 아니다), 퓌토클레스Pythocles, 메노이케우스Menoeceus에게 보낸 것이다. 이 편지들을 보면 우주와 자연에 관한 고찰이 꽤 길게 이어져 있어, 에피쿠로스가 왜 여기에 이토록 관심을 가졌을까 의아해할지도 모른다. 이 문제에 대한 답은 비교적 간단한데, 과학이 독자적으로 발전하기 전까지 '천체'라는 물리적 자연에 관한 의문은 철학의 영역에 속했기 때문이다.

에피쿠로스의 철학은 간소하고 이성적으로 사는 것, 일단 최소한의 수요가 충족되면 우정과 자연을 즐기며 사는 것이었다. 그는 플라톤의 '형상'과 같은 형이상학적 개념을 믿지 않았고 대신 유물론적인 우주관을 채택하여 우리가 감각으로 인식할 수 있는 것을 중시했다. 그는 사후 세계도 믿지 않았으므로 현재의 삶에서 행복을 얻는 데 진정한 의미가 있다고 보았다.

다만 에피쿠로스는 육신의 쾌락보다 사유의 쾌락을 더 높이 평가했고, 그렇기에 에피쿠로스의 쾌락주의를 육체적 쾌락주의로 보아서는 안 된다. 육체적 쾌락은 에피쿠로스 인생관에서 일부에 불과하다. 이런 오해를 사게 된 데에는 그의 '정원 학교' 때문인데, 이곳은 남성뿐만 아니라 여성은 물론이고 노예와 매춘부에게도 열려 있었기 때문이다. 하지만 에피쿠로스는 세간의 인식과 달리 금욕적 생활을 했고, 그가 여기는 쾌락도 '고통이 없는 상태'를 의미했을 뿐이다. 에피쿠로스에게는 신체적 고통 없이 마음의 평정을 이루는 것, 다시 말해 '아타락시아'에 이르는 것이 곧 행복한 삶이었다.

지식이 늘어날수록 두려움은 줄어든다

퓌토클레스에게 쓴 편지에서 에피쿠로스는 관찰을 통해 천체 현상을 밝혀낼 수 있으며 우주의 원리를 설명하는 데 근거 없는 이야기나 신화에 의존해서는 안 된다고 주장한다. 예를 들면 '달 위에 사는 인간'이란 없다. 우리가 볼 수 있는 달 표면은 그저 물질의 배열에 불과하다. 마찬가지로 기후의 변화도 신의 분노로 인한 것이 아니라 대기의 변동과 우연의 일치에 따른 것이다. 에피쿠로스는 지진과 화산도 이 같은 방식으로 설명한다. 그에게 우주란 어떤 천상의 존재가 시시각각 마음대로 움직이는 것이 아니라 이 세계가 시작될 때부터 존재하던 모든 물질 덩어리들이 자명한 원칙에 따라 지속적으로 질서 정연하게 움직이고 있는 것이다. 이런 우주에 '임의적인 변동의 여지가 있는' 것은 아무것도 없다고 에피쿠로스는 말한다.

우리는 이 우주의 실제 작동 원리를 파악하기 위해 열린 마음을 유지하면서 우리의 기존 생각이 사실에 부합하지 않으면 기꺼이 그런 생각을 버려야 한다. 에피쿠로스에 따르면 인간이 어려움에 빠지는 것은 오로지 우주의 운행에 자신의 의지나 동기를 투영하려 애쓰기 때문이다. 우리는 자신의 행동으로 벌을 받거나 의식을 잃게 될(죽음) 일을 두려워하지만 사실 이 거대한 삼라만상의 체계에서 보면 그런 일은 아무런 의미도 없다. 우주와 그 원리를 더 많이 알아갈수록 자신의 공포와 비이성적 생각을 우주와 연관 지어 생각하려는 성향은 줄어들고, 그것이 단지 우리 머릿속에서 벌어지는 현상임을 직시하게 된다.

에피쿠로스는 퓌토클레스에게 이렇게 말한다. "우리는 천체 현상을 알아가는 데 마음의 평안과 확고한 믿음을 얻는 것 외에 … 다른 어떤 목적이 있다고 생각해서는 안 된다. 다른 모든 학문의 경우에도 그렇듯이 말이다." 다시 말해 우리의 지식이 늘어날수록 우리의 두려움은 줄어든다. 그러니 사실을 밝혀내는 것은 좋은 일일 수밖에 없다.

헤로도토스에게 보낸 편지에서 에피쿠로스는 우주의 기원과 물질의 본성에 관한 자신의 이론을 좀 더 상세히 설명한다. 그는 우주가 정반대 요소인 물체와 허공으로 구성되고 '물체의 수나 허공의 크기는' 무한하다고 주장한다. 심지어 그는 '원자들atomos'(가장 작은 입자를 가리키는 고대 그리스 용어)이 무한하기 때문에 세계도 무한할 수 있다고 말한다. 다음과 같은 구절은 양자물리학자가 썼다고 봐도 무방할 것이다.

원자들은 영원히 운동한다. 원자들 중 어떤 것은 … 서로 멀리 떨어져 있지만 어떤 것은 다른 원자들과 엉키거나 주위를 둘러싼 원자들에 갇혀 정지한 채로 빠른 진동 상태를 유지한다.

그렇지만 에피쿠로스는 우리가 물체를 어느 수준 이상은 나눌 수 없으며, 만일 그렇지 않다면 모든 것이 파괴되어 영원한 것은 남아 있지 않을 것이라고 말한다. 그의 또 다른 흥미로운 우주론적 시각은 우주에 수많은 원인이 있다는 것이다. 그러므로 그가 볼 때 모든 것을 설명하는 '유일한' 이야기가 있다는 주장은 비합리적이다. 이성적인 탐구라면 현상에 대한 여러 원인을 발견해낼 가능성이 높다. 그는 이렇게 단언한다.

우리가 어떤 이론을 받아들이면서 현상과 부합되는 다른 이론을 거부한다면 우리는 과학 탐구의 길에서 완전히 벗어나 신화로 돌아가게 될 것이 분명하다.

진정한 행복의 원천
과학적으로 에피쿠로스는 그의 시대를 앞서간 듯 보이지만 이런 우주론이 그의 인생에 관한 지침과 무슨 관련이 있을까? "우리의 삶은 비이성적인 믿음이나 근거 없는 상상을 필요로 하지 않는다. 우리는 혼란에서 벗어나 살아야 한다"라는 그의 말은 학문과 개인의 삶에 똑같이 적용될 수 있다. 한마디로 행복이란 착각에서 벗어나는 것이다.

메노이케우스에게 보낸 편지에서 에피쿠로스는 우리의 모든 선택이 '신체의 건강과 마음의 평안'을 지향해야 한다고 주장한다. 그것이 행복한 삶의 목표기 때문이다. 우리의 행위가 고통과 두려움을 피하고 쾌락을 추구하는 것은 당연하고도 바람직하다. 그러나 이 말이 곧 우리가 언제든 온갖 종류의 쾌락에 탐닉해야 한다는 의미는 아니다. 이성적인 사람이라면 마음속으로 어떤 쾌락과 그에 따르는 고통을 저울질해볼 것이고, 또 어떤 고통은 그것을 참으면 당장의 쾌락보다 더 큰 쾌락을 얻게 된다는 것을 알게 된다.

따라서 모든 쾌락은 그 본성이 우리와 친숙하기 때문에 좋은 것이지만, 우리가 모든 쾌락을 선택하는 것은 아니고, 또 고통은 비록 나쁜 것이지만 우리가 항상 고통을 피하는 것도 아니다.

에피쿠로스는 음식을 예로 들면서 '사치스러운 정찬'이 아니라 단순한 식사에 만족해야 한다고 언급한다. 만약 우리가 사치스런 음식에 길들여지면 그런 음식을 먹지 못하게 될까 봐 걱정이 생기겠지만, 반대로 그런 고급 음식을 가끔씩만 먹는다면 먹을 때마다 한결 더 맛있게 즐길 수 있을 것이다.

에피쿠로스는 쾌락과 행복을 연결 짓는 자신의 철학이 방탕한 육체적 쾌락을 의미하는 것으로 오해받을 여지가 있음을 인정한다. 그러나 에피쿠로스의 진정한 목표는 그보다 진지하게 '신체적 고통이나 마음의 혼란으로부터 자유를 얻는 것'이다. 진정으로 즐거운 삶은 끊임없이 먹고 마시며 섹스에 탐닉하는 삶이 아니라 모든 것을 스스로 생각하고 선택하면서 정신적 고통을 초래할 일은 행동으로 옮기지 않는 삶이다.

에피쿠로스는 올바른 일을 하면 자연히 마음이 평온해지기 때문에 도덕적인 삶은 곧 즐거운 삶과 같다고 믿었다. 잘못된 행동의 결과로 전전긍긍할 일이 사라지면 누구든 자유롭게 친구, 철학, 자연, 소소한 위안으로 이루어진 소박한 삶을 즐길 수 있는 것이다.

에피쿠로스는 나아가 우연이나 행운을 믿지 말고 신중함을 믿어야 한다고 강조한다. 신중한 태도는 안정성을 보장해준다. 현명한 자는 "비이성적인 방식으로 큰 성과를 이루는 것보다는 이성적으로 숙고했으나 좋은 결과를 얻지 못하는 편이 낫다고 생각한다. 잘못 판단하고도 운이 좋아 성공하는 것보다는 옳게 결정하고도 실패하는 편이 차라리 낫기 때문이다." 에피쿠로스는 메노이케우스에게 이와 같이 행동하면 "너는 자나 깨나 고통받지 않게 될 것이며 사람들 사이에서 신처럼 살게 될 것이다"라고 말한다.

마음의 평온이 중요하다

에피쿠로스는 신의 존재를 부정하지는 않았지만, 신은 사소한 인간사 따위에는 관심이 없으므로 신이 우리에게 벌을 내릴 것이라는 믿음은 옳지 않다고 주장했다. 에피쿠로스의 철학은 사람들을 불합리한 공포와 미신에서 구해내고, 만약 선택할 때 이성을 사용한다면 행복해질 가능성이 훨씬 높아진다는 것을 보여주고자 한다.

월리엄 제임스의 실용주의 철학을 무려 2000년이나 앞서간 에피쿠로스의 철학은, 만일 그런 선택으로 우리가 행복하고 평온해진다면 이성이 삶을 이끄는 최고의 안내자임을 알게 될 것이라고 주장한다. 좋은 사람은 스스로를 괴롭히지도 않고(《중요한 가르침》에서 말했듯이 '분노나 호의에 연연하지 않고') 다른 사람에게 폐를 끼치지도 않는다. 그리고 오늘날까지 전해지는 다른 단편에서 에피쿠로스는 이렇게 조언한다.

밀짚침대에 누워 있어도 두려움을 느끼지 않는 편이 마음의 평온을 잃은 채 호화로운 금의자에 앉아 있는 것보다 낫다.

마음의 평온을 얻는 원천 중 하나는 인간관계다. 라에르티오스의 기록에 따르면 에피쿠로스는 우정을 삶의 최대 즐거움으로 장려했던 사람답게 실제로 당대의 누구보다도 친구가 많았다고 한다.

함께 읽으면 좋은 책 《에티카》,《인간의 이해력에 관한 탐구》,《행복의 정복》

에피쿠로스 더 알아보기

기원전 341년에 그리스의 사모스섬에서 태어났다. 플라톤 학파의 팜필루스Pamphilus에게 철학 교육을 받았다. 열여덟 살 때 아테네로 건너가 군 복무를 마치고 아시아 해안의 콜로폰으로 이주한 부모와 함께 살았는데, 그곳에서 또 다른 스승인 나우시파네스Nausiphanes를 만나 욕망에 휘둘리지 않는 '평정심'을 인생의 목표로 삼는 데모크리토스Democritus의 사상을 전수받았다.

기원전 306년에 아테네에 다양한 계층의 사람을 포괄하는 철학 학교, 즉 정원 학교를 세웠으며, 그의 격언에 따라 살기를 희망하는 추종자들의 기부금으로 생활을 이어갔다. 고대 그리스와 로마의 에피쿠로스주의 공동체들은 모두 이 정원을 모방했다.

에피쿠로스의 철학은 생전에 이미 빠르게 전파되었고, 그의 사망(기원전 270년) 이후에도 계속 이어졌다. 로마에서는 루크레티우스Lucretius가 에피쿠로스 사상을 탐구하는 시를 지어 그의 인기를 유지시켰고, 키케로도 그의 저서에서 에피쿠로스의 철학을 언급했다. 중세 초기의 기독교는 에피쿠로스를 혐오스런 호색가로 매도했으나, 16세기에 재평가되었다. 특히 에라스무스와 몽테뉴가 그를 가톨릭교회의 미신 및 부패와 대조되는 이성적이고 분별력 있는 인물로 새롭게 조명했다. 여기에 프랑스 철학자 피에르 가상디Pierre Gassendi의 에피쿠로스의 삶과 태도에 관한 저작이 신뢰성을 더해주었다.

Book 18

이 책을 가지지 않은 사람은 없다, 지적 욕구를 자극한 화제의 책

미셸 푸코의 《말과 사물》

미셸 푸코 Michel Foucault

20세기 프랑스 철학자로 사르트르 이후 가장 두드러진 프랑스 철학자로 꼽히며 문학, 사회학, 정치학 등 많은 분야에 영향을 끼쳐 인문학과 사회과학에서 가장 많이 인용되는 학자 중 하나다. 개별적인 사건에 주목, 치밀한 사료 분석을 통해 한 시대나 사회가 공유하는 인식의 틀을 밝히려고 노력했다.

《말과 사물》은 출간과 동시에 엄청난 화제를 불러일으켰다. 1966년에 출간된 이 책은 사실 그리 쉽게 읽히는 책은 아니다. 1971년 미국에서 《The Order of Things(사물의 질서)》로 번역 출간되었을 때 문예평론가 조지 스타이너는 이렇게 평했다. "솔직히 처음 읽을 때는 … 주술사의 현란한 넋두리 같기도 했다. 프랑스어 원문을 읽어보고 이것이 어색한 번역의 문제가 아님을 깨달았다." 그럼에도 이 책은 읽지 않아도 소장은 한다는 말이 있을 정도로 대단한 성공을 거두었다. 당시 프랑스의 한 시사 주간지에서는 이를 일컬어 '모닝 빵 같은 푸코'라고 했다.

푸코는 각각의 시대에는 우리의 앎을 만드는 거대한 인식의 틀이 있다고 보았다. 이를 '에피스테메epistemé'라고 한다. 보다 철학적으로 자세히 설명하면, '특정한 시대를 지배하는 무의식적인 인식 체계나 특정한 방식으로 사물들에 질서를 부여하는 무의식적인 기초'를 의미한다. 푸코는《말과 사물》을 통해 이러한 에피스테메를 밝히는 작업을 시도했고, 그러기 위해 선택된 학문이 '고고학'이었다. 그렇기에 이 책에는 '인문과학의 고고학'이라는 부제가 붙어 있다.

생물학이나 경제학 같은 특정 학문을 생각할 때 우리는 직선적인 사고방식에 따라 생각한다. 최초의 개념부터 현재에 이르기까지 점진적으로 진화하는 하나의 지식으로 보는 것이다. 하지만 이러한 방식은 진실을 반영하지 못한다. 푸코에 의하면 17세기 사람들이 생명과학(생물학)을 바라보던 방식은, 19세기 사람들이 생물학을 바라보던 방식보다 17세기 사람들이 돈과 재산을 바라보던 방식과 더 공통점이 많다. 각 에피스테메는 문화적으로 완결되어 있어 다른 에피스테메로 '이어지지' 않는 것이다.

푸코의 '에피스테메'는 토머스 쿤의 '패러다임'과 비슷해 보인다. 흥미롭게도 쿤의《과학혁명의 구조》는 푸코의《말과 사물》보다 불과 4년 앞서 출간되었다. 이는 아마도 지식이 개인은 거의 알 수 없는 특정한 세계관의 형태로 나타난다는 증거일 것이다. 두 작품 모두 지식이 선형적으로 축적된다는 믿음과 현대 지식의 오만함에 일격을 가한다. 실제로는 어떤 분야든 전혀 다른 곳에서 새로운 형태의 '앎'이 불쑥 튀어나오면서 갑작스레 지식의 토대가 형성되어 모든 것을 집어삼키는 경향이 있다. 어쩌면 1000년 후의 사람들도 오늘날 우리가 지식이라고 부르는 범주와 자의적인 연상을 보고 비웃지는 않을까.

범주의 구성

푸코는 보르헤스의 소설을 읽던 중 거기에 인용된 어느 중국 백과사전의 '동물'의 정의를 보고 웃다가 《말과 사물》의 집필 아이디어를 얻었다고 한다. 그 정의는 다음과 같다.

(a) 황제에게 속하는 동물, (b) 향기로운 동물, (c) 길들여진 동물, (d) 식용 젖먹이 돼지, (e) 인어, (f) 신화에 나오는 동물, (g) 풀려나 싸대는 개, (h) 지금의 분류에 포함된 동물, (i) 미친 듯이 나부대는 동물, (j) 셀 수 없는 동물, (k) 아주 가느다란 낙타털 붓으로 그려지는 동물, (l) 기타, (m) 방금 항아리를 깨뜨린 동물, (n) 멀리서 볼 때 파리처럼 보이는 동물.

이 기묘한 분류를 보며 푸코는 우리 모두가 생각하고 바라보는 특정한 방식이 있어 다른 방식으로 생각하고 보기란 불가능하다는 통찰에 이르렀다. 그렇다면 우리가 불가능하다고 느끼는 지점은 정확히 무엇일까? 보르헤스의 목록이 기묘한 것은 거기에 열거된 항목들을 관통하는 질서, 즉 지식의 공통된 '토대'가 없기 때문이다.

그러면 다음과 같은 질문이 이어진다. 우리의 분류 체계는 어떤 토대에 기초할까? 우리 시대나 문화가 참이나 거짓이라고, 관련 있거나 무관하다고 상정하는 것들은 무엇일까? 푸코는 우리가 그 무엇도 객관적으로 인식하지 않을뿐더러 우리의 분류 체계 역시 무의식적으로 인정되고 수용된 가정에 불과하다고 주장한다.

> 질서는 사물들 속에 사물들의 내적 법칙으로 주어지는 것이자 사물들이 서로를 대하는 방식을 결정하는 은밀한 관계망으로, 시선·관심·언어의 격자 없이는 존재하지 않는다. 질서는 이미 그곳에 있고 침묵 속에서 표출의 순간을 기다리고 있으면서도 오직 이런 격자의 빈칸들 속에서만 심층적으로 드러난다.

푸코는 특정한 과학이나 지식 영역에 출발점과 선형적인 발견의 역사가 있다는 기존의 통념을 '특정 시대에 특화된 인식론적 영역'이란 관점으로 대체하고, '여차저차해서 무언가를 발견하여 이러저러한 영향을 미쳤다…'는 식의 전통적인 사상사를 특정 시대에 모든 사람이 믿거나 생각했던 바에 관한 분석으로 대체하고자 했다.

푸코에 따르면 우리가 고고학적 발굴에서 바라는 것은 어느 특정인이 아니라 그 공동체 전체가 어떻게 살았고 무엇을 믿었는가에 관한 지식이다. 예를 들어 만일 우리가 스웨덴의 식물학자 칼 폰 린네를 연구한다면 그의 발견들을 정리하는 것만으로는 충분하지 않다. 린네의 발견이 발표되어 주목받을 수 있었던 지적이고 문화적인 '담론', 즉 당대의 '암묵적인 질서'까지 이해해야 한다. 한 문화의 언어, 인식 체계, 교역, 기술, 가치관, 위계질서 등을 지배하는 기본 규칙이 '누구나 각자 상대하며 익숙해져야 할 경험적 질서를 기저부터 구축하기' 때문이다.

푸코는 고전주의적 지식(16세기 이전의 지식)과 근대성을 이루게 된 사고·지식의 경계를 분석함으로써 이런 담론 연구에 착수한다. 그는 언어, 경제학, 생물학 등 세 분야의 본격적인 분석에 앞서 미술작품(벨라스케스의 〈시녀들〉)과 문학작품(세르반테스의 《돈키호테》)을 분석한다.

근대성의 형성 1: 언어 그 자체를 위한 언어

푸코에게 고전주의적 지식의 핵심은 정신적 재현이다. 고전주의 사상가들은 특정 사상의 옳고 그름에는 이견이 있을 수 있어도 사상이 대상의 재현이란 점에는 모두 동의했다. 이런 관점에서 보자면 언어는 그저 진실이나 대상의 재현일 뿐 그 자체로는 실질적인 역할이 없었다. 언어는 신체를 통해 사상을 재현한 것이므로 그 사상과의 관계를 제외하면 아무런 의미도 없었던 것이다.

극단적인 관점에서 보면 고전주의 시대에는 언어가 존재하지 않고 다만 작동한다고 말할 수 있을지도 모른다. 언어의 모든 실존은 그 재현하는 역할에 있고, 정확히 이 역할로 한정되며, 이 역할 속에서 소진된다. 언어는 재현 외에는 달리 설 자리도 없고 다른 가치도 없다.

푸코는 칸트의 시대 이후로 언어가 단순히 사상을 재현하는 역할을 넘어 독립적이고 본질적인 생명을 부여받았다고 주장한다. 더는 일반 문법만으로 충분하지 않았다. 대신 자연어의 역사와 텍스트 자체의 연구에 초점을 두는 문헌학과 언어의 혼란이나 왜곡을 근절시키려는 분석철학이 발전했다. 근대 사상의 이런 두 가지 상호보완적인 접근법은 대륙 철학과 분석철학을 구분하는 근간이 되었다. 사상을 직접 재현하는 역할에서 해방된 언어는 그것과 세계를 묶어주던 유사성의 체계 없이 독자적인 실체로서 다뤄질 수 있게 되었다. 내용과 형식 사이에 간극이 생기면서 주석의 단계에서 비평의 단계로 넘어갔다. 이제 언어는 그 자체로 진실이 되었다.

이러한 새로운 에피스테메는 "누가 말하고 있는가?"라는 니체의 질문에 "언어 자신"이라는 대답으로 스테판 말라르메Stéphaen Mallarmé가 환기시킨 '순수문학' 영역을 가능케 만들었다. 이제 문학은 유사성이나 재현이 아니라 그 자체로서 영향력을 지니게 된다. 푸코는《돈키호테》의 분석에서 이렇게 말한다.

이 작품에서는 언어가 사물과의 오랜 친족 관계에서 벗어나 단절된 상태에서 오로지 문학으로서만 재등장하게 되는 고고한 자립 단계에 들어서게 된다. 이는 유사성의 관점에서 볼 때 광기와 허상 중 하나인 시대로 접어드는 지점을 언어가 보여주기 때문이다.

만일 우리가 어떤 종류이든 의견, 신념, 선입견, 미신 등을 반영해 역사를 쓰려고 한다면 푸코는 이렇게 말할 것이다. "이런 주제에 관해 쓴 내용은 언제나 그 언어 자체보다 증거로서의 가치가 낮다." 시대를 불문하고 사람들의 진짜 생각을 알고 싶다면 그들이 말하려는 내용보다 말하는 방식과 거기에 깔린 가정에서 더 많은 통찰을 얻을 것이다. 우리는 과학에 객관적인 실체가 있다고 생각하지만 푸코는 과학이 단지 '잘 만들어진 언어'에 불과하다고 일축한다.

근대성의 형성 2 : 인간의 탄생

근대적 사고방식의 발전에서 언어보다 더 중요한 것은 인식론적 개념인 '인간' 그 자체의 형상이다. 푸코는 고전주의 시대(또는 그 이전)에는 인간이 존재하지 않았다고 주장한다. 인간이란 종의 개념이나 인간 본성이라는 심리학적·도덕적·정치적 개념이 없었기 때문이 아니다. '있는 그대로의 인간에 대한 인식론적 의식이 없었기' 때문이다.

그러나 근대성의 형성으로 우리는 만물의 수평적 분류에서 벗어나 수직적 개념의 범주화, 즉 추상화가 가능해졌다. 마치 '생명과학'(본질적으로 생물의 분류학)이 근대에 들어 보다 추상적이고 개념적인 학문인 생물학에 자리를 내주었듯이 근대성과 함께 개념으로서의 인간이 등장했다. 하지만 푸코는 "인간은 최근 들어 발견된 형상이다. 그리고 아마도 종말에 가까운 발견물일 것이다"라고 주장한다. 이 말은 만일 오늘날의 세계관이 무너진다면 현재와 같은 인간의 고귀한 상도 언젠가는 심하게 제한적으로 보일 수 있다는 뜻이다.

(함께 읽으면 좋은 책) 《과학혁명의 구조》,《과학적 발견의 논리》,《철학적 탐구》

1926년 프랑스 푸아티에에서 태어났다. 의사였던 아버지로부터 의학 공부를 권유받았지만 학창 시절부터 문학과 역사에 더 관심을 보였다. 1945년에 푸아티에를 떠나 파리의 앙리4세고등학교에 들어갔고, 1년 뒤에는 파리고등사범학교에 입학했다. 뛰어난 학생이었지만 인간관계에 서투르고 동성애 성향 때문에 고민이 많았다. 이 시기에 마르크스주의 철학자 루이 알튀세르를 만나 친구가 되었다. 결국 철학, 심리학, 정신의학 분야에서 학위를 받았다.

1950년에 프랑스 릴대학교의 조교수가 되었다. 얼마 후 프랑스를 떠나 스웨덴의 웁살라대학교에서 강의하다가 폴란드 바르샤바대학교와 독일 함부르크대학교의 프랑스연구소 소장으로 임명되었다. 역사, 특히 정신과 치료의 변천사에 관심을 갖게 되어 《광기의 역사》를 펴내 대단한 호평을 받았다. 1963년에는 《임상의학의 탄생》을 출간했다.

1965년 군 복무를 위해 튀니지로 떠난 애인 다니엘 드페르Daniel Defert를 따라 튀니스대학교로 옮겼다. 1966년 《말과 사물》을 발표해 엄청난 극찬을 받으면서 자크 라캉, 클로드 레비 스트로스, 롤랑 바르트와 함께 당대의 위대한 사상가 반열에 올랐다. 또 같은 해에 《지식의 고고학》을 출간했고, 끌레르몽페랑대학교에서 철학과 학과장직을 맡았다.

1970년 콜레주드프랑스의 '사유 체계의 역사학' 교수로 선발되었다. 그의 왕성한 정치 참여와 사회적 행위에 관한 관심은 조직과 통제의 '기술'을 고찰한 1975년작 《감시와 처벌》에 고스란히 녹아 있다.

1976년 《성의 역사》 1권이 출간되었다. 1970~1980년대에 그의 명성은 점점 더 높아져서 전 세계를 돌며 강의했고, 미국의 연구소에서 보내는 시간이 많아졌다. 또 이란을 두 차례 여행한 후 이탈리아 신문에 이란 혁명에 관한 글을 기고하기도 했다. 1984년에 파리에서 숨을 거뒀다.

Book 19

《뉴욕타임스》 27주 연속
1위를 차지한 짧지만 독특한 철학서

해리 프랭크퍼트의
《개소리에 대하여》

해리 프랭크퍼트 Harry Frankfurt

현대 미국의 저명한 도덕철학자로 프린스턴대학교 철학과 교수를 지냈다. 그의 주된
연구 분야는 도덕철학과 정신철학, 행동철학, 17세기 합리주의 등으로 이 분야에서 영
향력 있는 논문을 다수 발표했다. 데카르트의 합리주의 해석과 자유 의지에 관한 연구
로 유명하다.

《개소리에 대하여》는 67쪽(한국어판 96쪽)에 불과한 책으로 출간
즉시 베스트셀러에 올랐다. 원래는 1986년에 해리 프랭크퍼트
가 문예지《래리탄Raritan》에 기고한 동명의 수필로 2005년에 책
으로 출간되었고, 무려 27주간이나《뉴욕타임스》베스트셀러
1위를 차지하는 등 화제를 모았다. 이 책을 기반으로 프랭크퍼
트는 다음 해《진실에 대하여On Truth》라는 책을 펴내기도 했다.

　프랭크퍼트는 우리가 주변의 개소리bullshit에 온통 휩싸여 있
으면서도 그것이 무엇인지 알지 못한다고 지적한다. 프랭크퍼트

는 개소리는 거짓말과 다르다면서 거짓말보다 개소리가 더 진실을 위협하며 우리를 서서히 함정에 빠트린다고 보았다.

우리는 거짓말로 인해 때론 충격이나 경악에 빠지곤 한다. 하지만 어쨌든 이것이 인간 본성에 합치된다고 여긴다. 하지만 개소리는 다르다. 개인을 넘어 조직과 정부 차원으로 확장되는 개소리는 인간성의 왜곡과 타락으로 봐야 한다. '진실의 권위'를 부정하고 이야기를 꾸며내 말하는 걸 선호하다 보면 히틀러나 폴 포트Pol Pots*의 시대를 다시금 초래할 수도 있기 때문이다. 생각해보라. 이들이 얼마나 매력적 개소리로 수백만 명의 추종자를 거느렸는지.

따라서 개소리는 분명 중요한 문제고, 이를 이론화함으로써 프랭크퍼트는 철학에 매우 큰 기여를 했다. 물론 다른 학자들도 각자의 방식으로 이 주제에 주목했고 글을 써왔다. 일례로 사르트르는 우리에게 '본래성(authenticity, 진실된 태도를 고수하는 것)'이란 개념을 제시했다. 하지만 길고 어려운 책 속에 파묻히고 말았다. 더 많은 철학자가 일상적인 언어를 사용해《개소리에 대하여》만큼 일목요연한 책을 쓴다면 철학이 평범한 사람들에게 미치는 영향은 분명 늘어날 것이다.

개소리가 거짓말과 다른 이유

프랭크퍼트는 개소리가 단순히 '허풍humbug'과 같은 것인지 궁

---

* 캄보디아의 독재자로 20세기 최악의 사건인 킬링 필드의 주동자다.

금해한다. 분석철학자 막스 블랙Max Black은 허풍을 '자신의 생각과 느낌, 태도를 가식적인 말과 행동을 통해, 그러나 거짓말에는 못 미치게 허위로 드러내는 행위'라고 정의했다.

개소리는 의도적으로 오해를 유발하면서도 대놓고 거짓말까지는 하지 않는다는 점에서 허풍과 비슷하다. 개소리 역시 남들에게 허세를 부리고 고의적으로 실질과는 다르게 보이려는 측면이 있다. 그러므로 개소리와 허풍은 둘 다 비록 내 입으로 직접 말하지는 않더라도 나는 그렇게 믿거나 생각하고 있다는 인상을 풍기는 것이 목적이다. 이런 말과 인상의 차이를 이용해 실제 거짓말을 내뱉지 않고도 오해를 유발할 수 있다. 허풍의 주된 목적은 '사실'을 변화시켜 실제 현실을 바꾸는 것이 아니라 그저 화자를 달리 보이게 하는 것이다. 예를 들어 거창한 정치적 연설은 세계의 실상을 전달하기보다는 연설자가 애국자나 영적인 지도자, 혹은 도덕의 수호자처럼 보이는 데 목적을 둔다.

프랭크퍼트에 따르면 이런 허풍에는 개소리의 진정한 본질이 충분히 녹아 있지 않다. 그 본질을 설명하기 위해 그는 먼저 롱펠로의 시를 인용한다.

이전 예술의 시대에 / 석공들은 대단히 조심스럽게 일하였다네 / 매 순간, 보이지 않는 부분에서 / 왜냐하면 신은 어디든지 보고 있기 때문이라네

구시대의 장인들은 남들 눈을 의식해 일하기는커녕 오히려 그 반대였다. 누가 작업의 세부 과정을 살펴보지 않더라도 스스로 제대로 일하고 있다는 확신을 얻기 위해 일했던 것이다. 이와 반대로 조악하게 만들어진 제품은 제작 과정에서 시간, 장인 정신, 관심이 완전히 결여되어 있는 이른바 'bullshit(엉터리)'다. 모든 것이 생산자의 이익을 높이는 단기적 효과에만 치중하다 보니 제품의 품질과 내구성은 뒷전으로 밀려난 것이다.

이어서 프랭크퍼트는 비트겐슈타인과 그의 러시아 교사인 파니아 파스칼Fania Paccal의 일화를 소개한다. 하루는 비트겐슈타인이 편도선 절제 수술로 입원해 있던 그녀의 문병을 왔다. 수술 후 심경을 묻는 그에게 파스칼이 "방금 차에 치인 개" 같은 느낌이라고 말하자 비트겐슈타인은 "당신은 개가 차에 치일 때 어떤 느낌인지 모릅니다"며 화를 냈다. 비트겐슈타인이 개의 느낌을 옹호하려 했다기보다는 유명한 언어 분석가답게 파스칼이 언어를 제대로 사용하지 못한다고 느꼈던 것이다. 그녀는 자신의 감정을 사실적으로 표현하지도 못했고 개의 기분도 알 수 없었다.

비트겐슈타인의 반응은 분명히 도가 지나쳤지만 프랭크퍼트는 이 일화로부터 개소리의 정의를 이끌어낸다. 즉 개소리란 단순히 노골적인 거짓말이 아니고, 실제로는 거짓말에 못 미칠 때가 많으며, 그보다는 뭐가 참이고 거짓인지에 전혀 관심이 없는 말을 의미한다.

거짓말쟁이와 개소리꾼의 차이

한 무리의 남자들이 모여 여자, 정치, 스포츠, 차에 대해 한담을 나누는 '불세션bull session'의 목적은 어떤 위대한 진리를 발견하거나 알리는 것이 아니라 그저 재미 삼아 수다를 떠는 것이다. 동사로서의 '개소리하기bullshit'는 단순히 한 사람의 개성을 드러내는 방식일 수 있다(물론 그의 진심이나 주제에 관한 관심과는 거리가 멀지만). 그러나 이렇게 남의 시선을 의식할 뿐 진실과는 하등 무관한 잡담이 한 사람의 존재 방식의 전부가 되면 문제가 발생한다. 인생을 제대로 영위하자면 사실이 필요한데, 만날 '실없는 소리hot air'만 늘어놓는 사람을 보면 우리는 분노하게 된다.

프랭크퍼트에 따르면 '거짓말은 목표가 명확한 행위'로서 때로는 숙련된 솜씨를 요구한다. 스스로 사실임을 분명히 알고 있거나 도덕이라고 인정하는 바에 대한 오해를 조장해야 하기 때문이다. 따라서 거짓말쟁이가 "거짓말을 꾸며내려면 … 스스로 무엇이 진실인지를 알고 있다고 생각해야 한다."

반면 평생 개소리만 일삼는 사람은 진실에 비추어 거짓을 날조할 필요 없이 그저 사실 여부와 아예 무관한 '이야기를 꾸며내기'만 하면 되므로 거짓말쟁이보다 훨씬 자유롭다. 개소리꾼은 상당한 창의력을 발휘할 수 있고, 굳이 비유하자면 기술자보다 예술가에 더 가깝다. 이런 개소리 예술가들은 사실을 와전하거나 조작할 필요도 없는데, 어차피 자신의 목적을 지지하거나 정당화하는 방식으로 직접 이야기를 지어내면 되기 때문이다.

거짓말쟁이나 정직한 사람과는 달리 개소리꾼의 눈은 결코 사실에 머물지 않는다. 사실은 오로지 그들이 '그 상황을 무사히 빠져나가도록' 돕는 한에서만 존중된다. 이런 점에서 '진실의 더 큰 적은 거짓말이 아니라 개소리'라는 것이 프랭크퍼트의 결론이다.

왜 이토록 개소리가 넘쳐나는 걸까

프랭크퍼트는 오늘날 개소리가 과거보다 더 늘어났는지는 알수 없지만 "부정할 수 없을 만큼 많은 건 사실"이라고 말한다. 그이유 중 하나는 우리 대부분이 잘 알지 못하는 문제에 대해 이야기하도록 요구받기 때문이다. 민주주의 사회는 우리가 수많은 정치적 사안에 관해 의견을 갖고 있기를 기대하므로 우리는 "잘모르겠다"는 말을 하지 않으려면 뭐라도 의견을 제시해야 한다. 게다가 우리는 진실을 알아보고 가려낼 수 있다는 믿음 자체가 의문시되는 상대주의적인 세상에 살고 있어, 올바른 것을 찾으려는 이상은 점차 솔직함을 추구하는 이상으로 대체되고 있다.

사람들은 점점 이 세상을 정확히 표현하기보다 자신을 정직하게 표현하려는 쪽으로 바뀌어가고 있다. 실재에 만물의 진리라고 여길 만한 고유한 본성이 없음을 확신하면서 저마다 자신의 본성에 충실해지는 데 전념하고 있다.

프랭크퍼트가 직접 언급하지는 않았지만 이런 특수한 경향성은 사실 몽테뉴로부터 시작되었다고 말할 수 있다. 몽테뉴는 이 세상에 자신이 모르는 것이 얼마나 많은지를 즐겨 고백하다가 그나마 자신이 아는 것, 즉 자기 자신을 돌아보는 데까지 이르렀다. 그러나 프랭크퍼트는 이런 관점에 문제가 있다고 지적한다. 우리는 자기 자신이라도 올바르거나 진실하게 볼 수 있으리란 보장이 없고, 결국 다른 어떤 것에 관해 아무것도 확실하게 말할 수 없다는 것이다. 오히려 그는 우리가 세상에 대해 많이 알수록 자신을 진실하게 드러내기 시작할 가능성도 더 높아진다고 말한다.

함께읽으면좋은책 》《촘스키, 세상의 물음에 답하다》,《수상록》,《철학적 탐구》

해리 프랭크퍼트 더 알아보기

1929년 미국 펜실베이니아에서 태어났다. 1954년에 존스홉킨스대학교에서 박사학위를 받았다. 예일대학교와 록펠러대학교에서 강의를 하다가 1990년 프린스턴대학교의 교수로 영입되어 2002년까지 도덕철학 교수를 지냈다. 데카르트의 합리주의와 진실, 자유 의지 대 결정론의 문제(특히 이것이 도덕적 책임에 미치는 영향), 보살핌과 사랑 등에 학문적 관심을 가졌다.
저서로는《우리가 신경 쓰는 것의 중요성The Importance of What We Care about》,《사랑의 이유The Reasons of Love》,《진실에 대하여》,《자신을 진지하게 생각하고 제대로 보는 것Taking Ourselves Seriously & Getting It Right》등이 있다.

Book 20

철학사의 가장 높은 봉우리지만
정복하고 싶은 불후의 대작

헤겔의
《정신현상학》

게오르크 빌헬름 프리드리히 헤겔 Georg Wilhelm Friedrich Hegel

독일의 관념론을 완성시킨 18~19세기 철학자로 칸트의 이론을 계승했다. '정반합正
反合'이라는 변증법적 3단계 사고방식을 도식화한 것으로 유명하다. 전통 철학의 완성
자이자 현대 철학의 비판적 출발점이기 때문에 헤겔을 모르고서는 철학을 깊이 공부
할 수 없다. 그만큼 철학사에 있어 중요한 인물이지만, 난해하기가 이를 데 없어 철학
사상 가장 오르기 힘든 봉우리로 꼽힌다.

《정신현상학》은 청년 헤겔의 대표작이자 서양 철학의 최고 문제
작이다. 이 책은 1807년에 출간되었는데, 1806년 나폴레옹이
프로이센을 점령했을 때 헤겔은 이미 이 책의 원고를 완성해 가
지고 다녔다고 한다. 당시 헤겔은 나폴레옹이 예나로 입성하는
모습을 지켜보았는데, 이는 묘하게도 헤겔의 마음을 흔들었다.

　헤겔은 인간의 사고가 세계정신* 자체의 사고라고 보았고, 세

---

* 　세계사 속에 자기를 전개하여 실현하는 신적 이성으로서의 정신.

계의 역사는 세계정신이 자신의 역사를 전개해가는 과정이라고 보았다. 그렇기에 자신의 역사를 새로이 만들어나가는 나폴레옹이 인상 깊었던 모양이다. 헤겔은 나폴레옹을 가리키며 "저기 말을 탄 세계정신이 지나간다"라고 표현했다.

헤겔은 영혼을 해친다고 낭만주의의 비판을 받은 기술, 자유, 자본주의도 저지될 수 없는 의식 또는 정신의 위대한 발현이라고 주장했다. 이처럼 헤겔은 자기 철학에서 사고, 이념, 이성, 정신을 앞세웠는데 이를 '관념론'이라고 한다. 관념론은 칸트로부터 시작되었는데, 헤겔은《정신현상학》에서 실재적 경험과 선험적 인식을 종합한 칸트의 이론을 발전시켜 사고와 존재를 동일시 여기는 데에 이르렀다.

헤겔은 우리의 인식이 세 단계로 이루어진다고 보았는데, 긍정적 정립과 부정적 반정립 그리고 이 둘을 거친 종합 정립이다. 바로 오늘날 우리가 변증법적 3단 논리라고 부르는 '정반합(테제-안티테제-진테제)'이다. 헤겔은《정신현상학》에서 변증법적 개념을 전면적으로 도입해 논의를 전개해나간다.

이렇게 헤겔의 학문은 형이상학에 기반을 둔 관계로 과학이 아니라는 비판을 받기도 했다. 또한 세계정신의 목적을 위해 개인을 도구로 전락시키는 것 아니냐는 비판도 받았다. 따라서 철학적 세계관을 수립하는 것보다는 일상적 지식에 철학을 접목하는 것을 중요하게 여기는 분석철학이 탄생하게 되었다(물론 헤겔은 긍정적인 해결책을 제안하긴 했다). 더욱이 헤겔에 대한 비판에서 현대 철학의 주요한 사조가 탄생하게 되었으니, 바로 마르쿠스주의와 실존주의, 실용주의다.

《정신현상학》의 의의

사실 《정신현상학》은 쉬운 책이 아니다. 독자들이 "말하려는 내용은 알겠는데, 꼭 이렇게 어렵게 써야 했나요?"라고 헤겔에게 원망 섞인 푸념을 늘어놓더라도 할 말이 없는 작품이다. 헤겔 연구자인 프레더릭 바이저Frederick Beiser의 말을 빌리자면 헤겔을 읽는 것은 "종종 괴롭고 진이 빠지는 경험으로, 이를테면 지적으로 모래를 씹는 행위와도 같다." 하지만 그 통찰마저 놓쳐버린다면 대단히 애석한 일일 것이다.

헤겔이 책의 서문에서 밝혔듯이, 그 이전의 철학자들은 철학을 오로지 하나의 사조만이 '이겼다'고 말할 수 있는 '사상들의 경쟁의 장'으로 보았다. 그들은 문제도 이데올로기의 각축장이란 관점에서 바라본다.

이에 반해 헤겔은 철학을 마치 새처럼 조감하는 다소 독창적인 접근법을 취했다. 그는 오랜 세월에 걸쳐 '진리가 점진적으로 발전하는' 과정에서 격돌하는 철학 사조들마다 제 나름의 역할이 있다고 믿는다. 이를 식물에 비유하면, 꽃봉오리가 사라지면서 꽃이 피어나고 다시 그 꽃이 지면서 열매에 자리를 내줄 때

비로소 나무의 본래 목적이나 진실이 드러나게 된다. 헤겔의 목적은 철학을 일방향성에서 해방시켜 전체의 진리를 보여주는 것이었다. 다채롭고 풍성한 문화와 철학은 하나의 거대한 기획으로 보는 편이 나았다.

《정신현상학》은 때때로 '영혼현상학'으로 번역되기도 하는데, 신비로운 '영혼'보다는 의식을 다루는 책이다. 현상학이란 드러나거나 표출되는 사물을 연구하는 학문이므로 이 제목은 말 그대로 실세계에서 의식이 어떻게 발현되는가를 연구한다는 의미다.

헤겔은 한 사람 한 사람이 수천 년간의 역사 발전의 산물이라 보고, 현재 인간이란 종이 어느 지점에 도달했는지를 밝혀내고자 한다. 그에게 '학문science'이란 자연현상뿐만 아니라 시간에 걸친 의식의 발전을 연구하는 것이다. 또 '역사'는 우리 자신에 관한 의식이 점점 커져가는 과정이다. 완전히 발현된 우주는 하나의 움직임 속에서 정신이 점점 확장되다가 다시 본래로 돌아오는 과정이다. 이 책의 가제가 '의식의 경험에 관한 학문'임을 염두에 둔다면 헤겔의 생각을 이해하는 데 도움이 될 것이다.

학문의 범위를 확장하다

헤겔은 이전이나 이후 세대의 모든 경험주의나 유물론에 반대하며 자연적이고 물리적인 현상에 국한해 지식을 추구해야 한다는 생각은 말도 안 된다고 주장했다. 오히려 현상계를 충분히 들여다봄으로써 종국에는 그 이면의 내적 진리를 이해하고 절대정신*에 관한 지식을 획득해야 했다. 헤겔이 보기에 인류가 물질계에 머물러야 한다거나 물질계만이 유일한 세계라고 느끼는 사람은 용기가 부족하거나 나태한 사람이었다. 충분히 이해하려면 물질계든 아니든 모든 영역을 살펴보아야 했다. 그것이 진정한 학문 연구였다.

헤겔에게 '개념Begriff'이란 가시적으로 발현된 것만이 아니라 무언가의 본질적인 속성을 의미한다. 그는 이렇게 말한다.

> 참다운 사상과 학문적 통찰은 오직 개념의 노동 속에서만 얻어진다. 개념만이 보편적인 지知를 창출해낼 수 있으니, 이러한 앎은 건전한 상식의 그늘 밑에 있는 평범하고 모호하고 빈약한 지식이 아니라 교양으로 다듬어진 완전한 인식이다.

다시 말해 진정으로 학문적이려면 순전한 물질계를 넘어서 무언가의 숨겨진 논리 또는 물질이 전개되는 과정의 진실을 밝혀내야 한다. 헤겔은 자신의 이런 학문관이 널리 수용되지 않을 것을 알고 있었고 실제로 훗날 알프레드 J. 에이어와 버트런드

---

* 주관과 객관을 동일화하여 완전히 자기 인식에 도달한 정신.

러셀 같은 분석철학자들이 헤겔을 대수롭지 않게 여겼던 이유도 여기에 있었다.

계몽주의 이후의 사상가로서 헤겔은 '과학적인' 언어로 이야기해야 했지만 그것은 스티븐 호킹이 인정하지 않을 법한 과학이었다. 헤겔에 따르면 자연과학이 유혹적인 것은 바로 눈앞에 있는 것을 보다 보니 어떤 세부 사항도 빠짐없이 보여 우리가 모든 것을 보고 있다는 느낌을 받기 때문이다.

하지만 사실 자연과학은 정보나 데이터만 제공할 뿐 어떤 이해도 제공하지 못하므로 수준 낮고 추상적인 종류의 지식이다. 게다가 사물은 오로지 관측자 지각의 맥락 속에서만 존재하므로 '객관적' 분석이란 것도 환상에 불과하다. 어차피 대상과 주체가 서로 결합할 수밖에 없고 대상, 관측자, 보는 행위가 전부 하나인 것이다. 이런 시각을 갖게 되면 이른바 '과학적 사실'을 비웃게 되고 과학에서 그 분석 대상인 세계만큼이나 의식이 중요한 비중을 차지한다는 사실을 깨닫게 된다. 헤겔에게는 이것이 세계를 보다 현실적으로 이해하는 방식이다.

하이데거는《정신현상학》을 강의하면서 헤겔의 '절대적' 실재와 '상대적' 실재의 구분에 주목했다. 상대적 지식이란 다른 사물과의 관계로 본 어떤 사물에 관한 지식이다. 반면 절대적 지식은 그 자체로 존재할 뿐 다른 어떤 것과의 관계도 필요로 하지 않는 실재에 관한 지식이다. 헤겔에 따르면 학문이란 우리 의식을 통해 절대적인 실재를 식별해내는 일이다. 이런 관점은 실제 사물의 세계를 연구하고 이해한다는 학문의 일반적인 정의에 근본적으로 배치된다. 그러나 헤겔은 상대적인 현상계가 나무들이라면 우리는 숲을, 즉 만물의 배후에 있는 비물질적인 실재를 보아야 한다고 주장한다.

진정한 학자라면 진리에 도달하기 위해 기꺼이 (상대적 지식과 절대적 지식) 모두를 보려 할 것이다. 그리고 다행히도 우리는 의식 덕분에 그럴 능력이 있다. 헤겔은 철학이 다른 모든 종류의 지식에 우선하는 절대적 지식을 의식할 수 있게 해주므로 진정한 학문이라고 말한다. 서문에서도 밝혔듯이 그의 목표는 철학을 단지 지知에 대한 사랑에서 실질적인 앎으로 변화시키는 것이었다.

헤겔에게 진정한 학문이란 '우주를 발견하는 것'이 아니라 우리들의 정신과 의식 그 자체를 발견하는 것이다. 과학, 역사, 철학은 사실 시간의 흐름에 따라 우리의 의식이 각성되어온 과정을 표현하는 여러 방식에 불과하다. 학문의 도정은 모든 것을 점점 더 작은 부분과 범주로 쪼개어 들어가다가 이 과정이 끝나면 이것들을 전부 원래대로 봉합시켜 다시 전체를 이해하는 방향으로 되돌아가는 것이다.

헤겔의 세계관 속에서의 개인

세계의 발전은 곧 의식(정신)의 발전임을 인정한다는 의미는 무엇일까? 헤겔은 우리가 이런 거대한 세계의 움직임에 비하면 개개인의 역할은 지극히 미미할 수밖에 없음을 깨닫는 것이라고 설명한다. 우리는 분명히 스스로 할 수 있는 바를 이루기 위해 힘써야 하는 한편 세계가 우리 손에 달려 있지는 않다는 것을 확신할 수 있다.

헤겔은 그토록 거시적으로 전체상을 조망한 사상가치고는 뜻밖에도 개인이 행복해질 수 있는 방법을 제시한다. 개인은 인간의 개별성이 허상에 불과하고 육신을 갖는다는 것은 일시적으로 '대상 세계와의 … 일치'를 경험하는 것뿐임을 인식할 때 행복해진다. 인간의 개별성을 믿으면 막다른 지경에 이르게 되지만 우리가 다른 모든 것과 통합되어 있음을 깨닫고 나면 행복해지지 않을 수 없다. 고통은 자신만의 좁디좁은 세계에 갇힌 채 그것이 실재라고 믿는 데서 비롯된다. 반면 우리가 통합된 절대정신의 발현이나 매개체일 뿐이라는 자각이 생기면 행복 아니면 불행이라는 이분법을 넘어 진리에 이르게 된다.

헤겔에 따르면 한 문화나 민족은 명백한 개별성을 가지고 있고 그들의 '세력' 덕분에 그것을 표출할 수도 있다. 이런 개별성은 그들에게 고유의 맥락을 부여한다. 그러나 좀 더 보편적이고 추상적인 관점에서 보자면 어느 한 집단만의 행위로 보이던 것이 실은 '만인에게 공통된 기능과 습관'임을 발견하게 된다. 우리가 자기 스스로를 위해 행한 일이 결국에는 다른 사람들의 수

요를 충족시키고 전체적인 사회의 발전을 가져온다("개인은 자기의 개별적인 노동을 행하는 가운데 … 무의식적으로 공동의 노동을 수행하게 된다"). 한편 그렇게 넓은 관점에서 각자의 역할을 하는 가운데 우리의 개별성 역시 충분히 표출된다. 헤겔은 보수적인 정치관을 여실히 드러내면서 고대의 으뜸가는 현자들은 "인간의 지혜와 덕성이 자기 민족의 관습대로 살아가는 데에 있다"는 것을 알고 있었다고 설파한다.

인간은 날 때부터 법이나 관습은 물론이고 행복이란 추상적 개념도 전혀 의식하지 않은 채로 나름의 목표를 추구하고 그 과정에서 손에 잡히는 대로 얻고 즐기면서 "마치 무르익은 열매를 낚아채듯 생명을 움켜쥔다." 인간에게 지구는 그저 욕망을 충족시키기 위한 유쾌한 놀이터일 뿐이다. 그러다가 어느 순간 자신만을 위한 삶으로는 온전한 만족을 얻지 못한다는 사실을 깨닫는다. 자신이 '아주 잠시 동안만 개별자일 뿐 실은 보편자라는 것'을 자각하고 나면 기존의 목표 따위는 제쳐놓게 된다.

이처럼 단순히 욕망 덩어리(대자존재對自存在)로만 보던 자기 자신을 갑자기 더 큰 보편성이나 의식, 적어도 타인들과 공동체의 일부(즉자존재卽自存在)로 보게 되는 자기의식의 변화는 항상 긍정적인 경험이라고만은 말할 수 없다. 본인 스스로를 단지 역사적 필연성의 일부로만 여기게 되기 때문이다. 개인은 개별성의 느낌을 상실하고 그 자리를 메울 것은 아무것도 없어 보인다. 그는

"이해할 수도 없는 보편성의 위력에 짓눌려 산산이 으깨진다." 그러나 사실 개인의 의식은 죽은 것이 아니라 자아를 필연성의 일부나 보편율의 발로로 이해하는 새로운 의식 차원으로 격상된 것뿐이다. 우주 속 하나의 객체에 불과하던 우리가 이제는 그 우주 작용의 일부가 되거나 '자기 안에 법칙을 간직한 … 마음'이 되어 인류의 행복을 보다 열린 눈으로 바라보게 된다.

우리가 한때 누렸던 쾌락은 우리가 설령 그럴 마음이 전혀 없다고 해도 언젠가는 반드시 개별성을 포기해야 한다는 엄청난 깨달음 앞에서 자취를 감추고 만다. 우리에게 이런 깨달음의 계기를 부여하는 것은 자아지만 자아는 그 과정에서 스스로 자신의 사형선고를 쓰고 있다는 사실을 인식하지 못한다. 우리는 이제 우리 마음속의 법칙이 모두의 마음속 법칙이 되었음을 안다. '나'란 점점 성장하는 의식의 일부에 지나지 않는다. 헤겔에게 '덕성'이란 개별성을 묵살하려는 욕망을 뜻한다. 개별성은 모든 종류의 일탈을 야기한다(세계행로). 그래도 우리는 물이 튀길 때 따로따로 떨어지는 물방울처럼 개별적이다. 물방울들은 찰나의 순간 동안 공기 중에 뿔뿔이 흩어져 있다가 다시 모여 본래의 원천으로 되돌아간다.

헤겔의 종교관

헤겔 연구자 스티븐 훌게이트Stephen Houlgate가 분석하듯이 헤겔의 주된 관심사는 이성이었다. 우주는 오로지 이성에 따라 움직이기에 이성을 해독하기 위해 사변 철학이 생겨났다. 그렇지만 대부분의 사람들은 철학을 공부할 수 없거나 원하지 않았기에 이 지점에서 종교가 의의를 얻었다.

헤겔은 우리가 철저히 이성적인 우주에 살고 있다는 사실을 체감하게 되면 그것이 훨씬 큰 파급 효과를 지닐 것으로 보았는데 바로 그런 경험을 제공하는 것이 종교였다. 철학적 용어로는 이 물질세계를 탄생시킨 '존재의 근원'이라고 칭할 것을 종교에서는 '신'이라고 불렀다. 그러므로 신을 사랑한다면 결국 이성을 사랑하는 셈이었다. 만약 신이 언제나 완벽하게 이치에 맞다고 느낀다면(아마 해당 순간에는 늘 그렇지 않더라도 지나고 나서 그렇다고 느낀다면) 우리는 무작위성이 아닌 이성에 기초한 우주론을 수용할 것이다.

이처럼 신과 이성을 동일시했던 헤겔의 주장에 현대인은 "글쎄, 나는 이성을 믿을 테니 신을 믿는 건 네 마음대로 해"라고 말할 수도 있다. 이것도 헤겔을 바라보는 한 가지 시각이겠지만, 헤겔이라면 아마 이렇게 응수했을 것이다. "좋아. 하지만 이성을 물질적인 관점으로만 바라본다면 이 세계에서 이성의 작용을 충분히 이해했다고 말할 수는 없을 거야." 무신론자에게는 모든 종교적 믿음이 꾸며낸 이야기겠지만, 루터교도였던 헤겔에게는 기독교가 단지 성경의 모든 말을 문자 그대로 받아들이는 것이

아니라 종교적 형상화와 이야기를 통해 이성과 그 작용을 드러
내는 하나의 방식이었다. 이성을 '신앙'과 '사랑'의 느낌과 함께
지적이지 않은 방식으로 표현하는 것이다.

헤겔이 종교를 '정신적 지주'나 '위안' 같은 심리적 환상으로
여기지 않았다는 점은 주목할 만하다. 그에게 신앙과 사랑은 우
리가 물질계의 가시적 진실을 넘어 실재의 핵심으로 다가가는
자연스럽고 인간적인 방법이었다. 홀게이트는 이렇게 말한다.

> 우리는 헤겔이 신앙과 철학을, 세계에 관해 두 가지 다른 설명을
> 제시하는 경쟁 관계로 보지 않았음을 기억해야 한다. 헤겔은 오히
> 려 신앙과 철학이 같은 이야기를 들려주고 같은 진실을 드러내지
> 만 서로 다른 방식으로 그 진실에 도달할 뿐이라고 생각했다.

우리가 신의 사랑을 받는 존재라는 확신은 이성이 우주를 움
직이는 힘이란 개념을 달리 표현한 것에 불과하다. 이렇다 보니
종교인과 무신론자 양쪽 모두 헤겔을 자기편이라고 주장하게
되었다. 비록 양쪽 다 헤겔 이론의 일부분에 해당되지만 말이다.
헤겔의 논지는 유물론적 세계관과 정신적 세계관이 똑같이 올
바르고 진실하다는 것이었고, 그의 철학은 워낙 방대하여 양쪽
모두 모순 없이 포용할 수 있었다.

(함께읽으면좋은책) 《전체와 접힌 질서》,《순수이성비판》,《공포와 전율》

1770년 독일 남부의 작은 공국에서 하급 공무원의 아들로 태어났다. 뛰어난 지적 능력 덕분에 튀빙겐대학교에 진학했다. 여기서 훗날 관념론 철학자가 된 프리드리히 폰 셸링과 유명 시인이 된 프리드리히 횔덜린을 만났다. 대학 졸업 후에 베른과 프랑크푸르트에서 개인 교사로 일하다가 예나대학교의 시간 강사가 되었다.

《정신현상학》을 완성했을 때 나폴레옹 군대가 예나로 진격하여 대학이 폐쇄되었고 때문에 무직 상태가 되었다. 그 후 밤베르크의 한 신문사 편집자로 일했으며, 1808~1815년에는 뉘른베르크의 김나지움 교장직을 맡았다. 이 시기에 세 권짜리 저서로 《정신현상학》의 속편인 《대논리학》을 출간했고, 《철학 대계 Enzyklopädie der philosophischen Wissenschaften im Grundrisse》를 집필했다.

뉘른베르크에서 결혼해 가정을 꾸렸다(딸은 태어난 지 얼마 되지 않아 사망했으나 아들 둘이 더 있었다). 그 후 1816년에 하이델베르크대학교의 교수가 되어 다시 학계로 복귀했다. 1818년에는 베를린대학교로 옮겼고, 1831년에 사망할 때까지 적을 두었다. 헤겔이 죽고 난 후 그의 추종자들은 좌파와 우파로 갈라졌고, 칼 마르크스가 헤겔좌파의 대표적 주자로 부상했다.

1801년에 첫 저작인 《피히테와 셸링 철학 체계의 차이Differenz des Fichteschen und Schellingschen Systems der Philosophie》를 내놓았다. 1821년에는 그의 정치철학을 담은 《법철학 강요》를 출간했으며, 《역사철학강의》는 1831년에 그가 죽고 난 후 출간되었다.

Book 21

'존재'의 의미를 새롭게 해석하는 20세기의 가장 뛰어난 철학서

마르틴 하이데거의 《존재와 시간》

마르틴 하이데거 Martin Heidegger

현대 독일의 철학자로 20세기 실존주의 형성에 큰 영향을 미쳤다. 하이데거를 실존주의자의 대표로 보는 시각도 있지만, 정작 본인은 '존재' 자체가 관심사라며 이와는 선을 그었다. 현상학*의 창시자 후설의 제자로 젊었을 때부터 사상가로서 명성이 높았지만, 나치에 협력한 이력 때문에 개인으로서든 학자로서든 여전히 논쟁의 대상이 되고 있다.

《존재와 시간》은 마르틴 하이데거의 대표작으로 1927년에 출간되었다. 이 책은 원래 하이데거가 프라이부르크대학교 철학과 정교수 자격을 받기 위해 제출한 것이었는데, 일거에 하이데거를 20세기 철학의 거장 반열에 올려놓으며 그의 오랜 '무명기'를 끝내버렸다. 그런데 사실 이는 학자적 명성이 그렇다는 말이지, 이미 다른 대학에서 몇 년간 강의를 하고 있던 하이데거는

---

* 주체(나)가 대상을 어떻게 느끼고 의식하는지를 기술하고 분석하는 학문.

열혈 청중을 거느리며 독일 학생들 사이에서 재야 사상가로서 명성을 쌓고 있었다. 그의 제자이자 한때 연인이었던 한나 아렌트가 말했듯이 "고작 이름뿐이었지만 그 이름은 마치 숨은 왕의 소문과 같이 온 독일을 떠돌았다."

《존재와 시간》은 근대 철학 이후 주변부로 밀려난 '존재론'을 다시금 철학의 중심으로 가져다 놓았다. 제목에서도 알 수 있듯 이 '존재'와 '존재의 시간성'에 대해 다루고 있는데, 하이데거는 여기서 인간 대신 '현존재'란 새로운 개념을 내세운다. 현존재란 '지금 있는 존재'로 자기 존재 방식이나 자기 주위의 사물에 관심을 가지는 존재다. 하이데거는 죽음 앞에 놓인 유한한 존재의 우리가 진정 알고 싶은 것은 과학적 지식이 아니라 우리 존재의 의미며, 따라서 이에 대해 생각해야 한다고 주장했다.

하이데거는 이 책에서 그동안 철학자들이 '존재' 자체를 당연시 여기고 '존재자'를 제대로 탐구할 시도조차 하지 않았다고 강하게 비판하며, 2500년에 달하는 서양 철학사를 해체하고 재구성한다. 《존재와 시간》이 20세기의 가장 뛰어난 철학서로 평가받는 것은 바로 이 때문이다. 그러나 한편으로는 어렵기로 악명이 높아 독일인들조차 《존재와 시간》 독일어판은 언제 출간되냐는 농담이 있을 정도다.

《존재와 시간》 덕에 하이데거는 스승인 에드문트 후설의 뒤를 이어 프라이부르크대학교 총장 자리에까지 올랐다. 하지만 이

자리는 그의 순진한(보기에 따라서는 그저 지극히 암울한) 정치적 인식을 만방에 폭로하는 계기가 되었다. 그가 공개적으로 나치당을 지지하고 나섰던 것이다. 그가 진짜 반유대주의자였는가에 대해서는 여전히 의견이 분분하다. 그는 유대인인 한나 아렌트와 공공연한 연인 사이였고, 그녀는 평생 하이데거의 충실한 지지자로 남았다. 이 문제를 어떻게 보든 간에 하이데거의 철학이 그의 정치관에 좌초되었다는 사실은 공교롭게도 그의 철학적 관점, 즉 아무리 독자적으로 보이는 인간이라도 결코 자신이 속한 사회적 환경과 분리될 수 없다는 사실을 단적으로 보여준다.

존재란 무엇인가

《존재와 시간》의 도입부에서 하이데거는 고대와 중세에도 분명히 '존재'에 의문을 품은 철학자들이 있었지만 아무도 제대로 탐구하지는 못했다고 지적한다. 모든 사람이 '존재하고' 있고, 그래서 '존재한다'는 게 무엇인지 알기 때문에 별도의 의문은 불필요하게 여겨졌던 것이다. 그러나 하이데거는 철학적 분석의 측면에서 "존재의 의미는 어둠 속에 가려져 있다"고 말한다.

후대 연구자들은 이 질문에 관한 하이데거의 대답을 붙들고 오늘날까지도 씨름하고 있다. 그가 그 대답을 영어로 번역하기 힘든 다양한 독일어 용어들로 숨기듯 표현해놓았기 때문이다. 그중 가장 중요한 용어는 '현존재Dasein'로 문자 그대로 번역하면 '거기에 있음'이지만 하이데거는 인간을 비롯해 스스로 생각하는 의식 단위를 가리켜서 이 단어를 사용했다. 하이데거의 중요한 질문은 '인격이란 무엇인가?', '시간과 공간으로 제한된 이 세계에서 인간으로 산다는 것은 어떤 의미인가?' 등이었다.

하이데거가 보기에 과연 외부 세계가 존재하는지, 우리가 실제 알 수 있는 것은 무엇인지에 대해 철학이 천착하는 것은 시간 낭비였다. 중요한 것은 '세계-내-존재', 즉 우리가 의미와 가능성으로 충만한 세계 안에 존재한다는 사실이었다. 이전 철학자들은 세상을 바라보는 의식이 자아라고 생각했지만 하이데거는 일찍이 공부했던 중세 기독교 신학의 영향을 받아 자아를 세상 속에 위치시킴으로써 완전히 다른 길로 나아갔다. 데카르트에게 자아의 명제가 '나는 생각한다'라면, 하이데거는 '나는 관심이 있다'였다. 이 말은 정서적 호감을 표현하는 통상적인 의미가 아니라 무언가를 찾고 연구하며 만들거나 다루고 구축한다는 의미에 가까웠고, 그 대상은 사회적·정치적 의미에서 타인들 속의 내 위치(타인에 관한 관심을 포함)와 나 자신의 발전 또는 전개였다.

하이데거에게는 세계를 바라보는 세 가지 방식이 있었다. '둘러봄Umsicht', 다른 존재에 대한 '돌봄Rücksicht', 자신에 대한 '꿰뚫어 봄Durchsichtigkeit' 등이다. 각 방식은 근본적으로 다르고 데카르트의 단순한 심신이원론의 차원을 넘어선다. 이런 구분을 통해서 우리는 하이데거가 '존재'에 흔히 눈에 보이는 것보다 훨씬 더 많은 사유거리가 있다고 느꼈던 이유를 알아나가기 시작한다.

세계에 내던져지다

현상학의 창시자 후설의 제자이자 조교였던 하이데거는 특유의 수사적 방식으로 '현상학Phänomenologie'이란 용어의 기원이 '스스로를 보여주다'란 의미의 '파이네스타이phainesthai'이고, 이는 다시 '드러내다'라는 의미의 '파이노phaino'에서 유래했음을 밝혀낸다. 이로써 하이데거의 현상학은 만물이 스스로를 보여주는 방법, 특히 인간이 자신을 세상에 '드러내는' 방법을 규명하는 학문이 되었다.

　이런 연구를 통해 하이데거는 인간을 어떤 영원한 본질이나 영혼의 발현으로 보는 온갖 종류의 신학적 개념에서 벗어나 인간의 삶이라는 무대에서 스스로를 표현하는 존재로 설명했다. 현존재의 본성은 지속적으로 자신을 돌아보고 자기 위치를 탐색하면서도 불확실성을 극복하고 자기 정체성을 확신하는 것이다. 이런 본성 중 하나는 스스로를 세계에 보여주거나 드러내는 것이며, 인간이라면 이 경우 말과 행위를 이용한다. 삶이란 결국 자신이 처한 환경 내에서 모든 가능성을 탐색하는 과정이다.

　'피투성thrownness'은 《존재와 시간》에서 결정적인 개념이다. 인간은 스스로 선택하지 않은 특정한 시간과 공간, 가족 속에 내던져지고 인생이란 이러한 시간과 공간 영역으로의 내던져짐을 이해하는 과정이다. 나는 어떻게 이곳에 왔을까? 나는 왜 여기에 있는가? 나는 지금 무엇을 하는가? 이런 당혹감에는 일부 선천적인 '죄의식' 내지는 '부채감'이 내재해 있다. 우리는 인생에서 무언가를 이루어야 한다는 모종의 책임감을 느끼고 다행히도 말과 행위 능력을 갖추고 태어난다. 이런 능력을 활용할 때 우리는 인생의 의미를 발견한다. 사실 우리 앞에 의식과 환경이란 원료가 주어진 상태에서 인생이 의미를 갖지 않는 게 오히려 불가능할 것이다. 죽음 역시 하이데거에게는 한 사람이 자기를 보여주는 과정의 끝이란 점에서 중요하다. 죽음 그 자체도 본질적으로 무언가를 드러낼 수 있는 것이다.

기분이란 무엇인가

하이데거는 기분과 감정에 대해 종래의 심리학적 해석과는 전혀 다른 관점을 제시한다. 그는 인간이란 존재의 본질을 끊임없이 변화하는 감정 상태로 본다. 우리의 느낌과 기분은 실생활이나 일에 비해 무시되거나 간과되어야 할 것이 아니라 우리 존재의 중심이다. 우리는 어느 한순간에도 감정을 경험하고 있거나 적어도 '자신이 무언가를 대하는 방식을 느끼고' 있다.

　기분이란 긍정적이든 부정적이든 세계에 대한 우리의 반응을 유발한다. 기분 때문에 우리는 중립적으로 남아 있을 수가 없다.

기분은 우리가 지금 이 순간 존재한다는 게 어떤 일인지를 늘 의식하게 만든다. 실제로 우리는 중립적인 논리적 추론을 통해서가 아니라 성향이나 기분에 따라 세계를 이해한다. 하이데거는 모든 지능이 감정과 성향을 토대로 형성되거나, 그의 표현을 빌리자면 '이해란 항상 기분적으로 규정된다'고 주장한다.

　독일어로 기분을 뜻하는 단어 '스티뭉Stimmung'은 한때 악기의 조율을 의미했다. 기분이란 우리의 존재를 주변의 세계에 '조율하는' 것이다. 우리는 세상과 불협화음을 낼 수도 있고(공포·걱정·두려움을 느낄 경우), 조화를 이룰 수도 있으며(만사가 순조롭게 풀려나갈 경우), 우리를 새로운 기분으로 몰아넣는 사건이나 장소, 사람과 마주칠 수도 있다(위대한 연설이나 아름다운 숲 등). 우리는 끊임없이 스스로를 세상에 맞춰 조율해가고 있는 셈이다.

본래적 자아

하이데거가 말하는 본래성이란 우리의 실존을 인식할 가능성이 매우 낮다는 것을 인정하면서도 계속해서 '이해하려' 노력한다는 의미다. 비본래적인 인간의 삶은 사회적 '그들'에 의해 형성되지만 본래적인 개인은 적어도 시간, 공간, 공동체가 허락하는 범위 내에서는 자신이란 존재의 주인으로서 충분한 자유를 만끽한다. 그러나 본래성에는 언제나 정도의 차이가 있을 뿐 지금껏 어느 누구도 진정으로 공동체나 사회의 목소리, 하이데거가 말하는 '세상 사람들'로부터 완전히 분리된 적은 없다.

하이데거에 따르면 실존의 본질적 속성은 그것이 나의 것이라는 점이다. 이런 깨달음에는 엄청난 파급 효과가 있다. 사실 이런 자각의 무게는 너무도 도저하여 본래적 삶의 의미를 제대로 이해할 수 있는 사람은 거의 없다. 인간에게 보다 자연스러운 존재 양식은 자아실현이나 힘겨운 자기 성찰의 길을 걷기보다는 그냥 수많은 인간 중 하나로 살아가는 것이다. 게다가 자아실현이나 자기 성찰을 추구하는 사람들 중에도 온전히 '자기 힘으로만 만들어진' 사람 같은 건 없다.

인생에 대처하는 적절한 방법은 세상의 여론과 별개로 실재나 진리의 결론으로 이르는 길을 따라 인생에 몸을 내던지는 것이다. 역설적이게도 우리는 자신이 이 세상의 매우 중요한 부분임을 인정할 때에야 비로소 세상의 변화를 만들어낼 수 있는 지점을 정확히 찾을 수 있다. 오로지 인간만이 세계 속에 존재할 뿐만 아니라 이 세계를 만들어가는 데 기여할 수 있는 것이다.

불안과 결단성

하이데거에 따르면 불안의 감정은 인간이 세상에서 경험하는 '자기 집에 있지 않음(편히 쉴 수 없음)'의 자연스런 결과다. 그러나 불안은 본래적인 삶의 필연적 요소기도 하다. 본래성의 본질은 우리가 이런 고립감을 없애거나 줄이는 것이 아니라 그냥 사실로 받아들여 개의치 않고 살아가는 것이기 때문이다.

사실 어떤 사람이 인생과 충분히 일체감을 느끼며 완전히 집에 있는 듯 편안하다면 그것은 비본래성의 신호다. 그가 아직 우발적이고 완전히 불가사의한 실존을 충분히 인식하지 못한다는 의미기 때문이다. 인간의 위대함은 자기 존재의 수수께끼를 궁금해하면서도 그런 불확실성(과 그에 따른 공포)을 받아들이고 어떤 경우에도 인생에서 무엇이든 해보기로 선택한다는 데 있다.

하이데거의 용어 중 '양심'이란 도덕적인 의미가 아니라 스스로에게 끊임없이 자기 성찰의 길을 걸으며 독자적으로 행동하라고 일깨우는 것이다. 또 '결단성'이란 우리가 대중적인 관습과 의견을 가진 '그들'이나 '사람들'에 흡수당하지 않고 세계와 타인과의 관계 속에서 수행해야 할 고유한 역할을 수행하기로 분명히 결정하는 것이다.

시간 속의 존재

하이데거가 볼 때 존재의 결정적인 특성은 그것이 시간 속에서 전개된다는 것이다. 시간 속의 존재란 항상 무언가를 향해 움직이고 있으므로 인간이란 존재의 본질은 미래 지향성이다. 우리는 과거의 산물로서 과거를 반추하지만 인간의 진정한 본질은 앞을 바라보는 것이다. 우리는 우리 자신의 가능성인 것이다.

하이데거는 철학이 감각이나 이성 중 어느 한 가지를 통해 얻어진 자료에 기초해야 한다는 생각을 거부했다. 세상이 단지 우리 마음의 투영물일 뿐이라는 쇼펜하우어의 개념도 전적으로 부정했다. 우리는 분명히 세상 속에 존재하고 있고 세계와의 관계 속에서 아무 의미도 없이 존재하기란 불가능하다. 나는 사랑하고, 나는 행동하며, 나는 영향력을 지닌다. 이것이 나란 존재의 본질이고 이런 자각은 평생에 걸쳐 명확해진다.

인간 스스로의 가능성을 확인하다

하이데거는 사르트르를 비롯한 실존주의자들에게 지대한 영향을 미쳤지만 정작 본인은 인간이나 그 실존이 아니라 존재 자체가 관심사고 인간은 존재의 가장 발전된 표현 양식일 뿐이라고 강조하여 실존주의와는 분명한 선을 그었다. 일반적인 학계의 시각에 따르면 하이데거는 삶에 유용해지려는 목적으로 존재를 탐구한 것이 아니었다. 《존재와 시간》은 자기계발서가 아닌 것이다. 그러지만 이 책을 읽다 보면 그런 영감을 받지 않기가 오히려 어려울 정도다.

하이데거의 본래적/비본래적 존재 양식의 구분은 상식적으로도 충분히 수긍할 만하다. 우리는 보통 인간에게 사교적이고 당대의 관습을 받아들이며 정치생활에서 제 역할을 하도록 요구한다. 그러면서도 인간이 스스로의 가능성을 파악하고 이로써 무언가를 이룩해내는 것이 진정한 삶이라는 데에는 다들 동의한다.《존재와 시간》은 그 딱딱한 문체에도 불구하고 시종일관 인간의 가능성과 존재라는 특권에 대한 열정으로 끓어오르는 작품이다. 실존으로 내던져진 당혹감을 극복하고 시간 속에서 강인한 자아를 구축하는 것이 얼마든지 가능하다는 전언이다.

(함께 읽으면 좋은 책)《인간의 조건》,《제일철학에 관한 성찰》,《순수이성비판》,《공포와 전율》,《존재와 무》

마르틴 하이데거 더 알아보기

1889년 독일 남서부의 메르키르히에서 보수적인 가톨릭 가정에서 태어났다. 열네 살 때 사제가 될 생각으로 신학대에 들어갔지만 문학과 철학, 과학을 공부하기 위해 이내 그만두었다. 열여덟 살 때 철학자 브렌타노의 논문 〈아리스토텔레스의 존재에 대한 이해Von der mannigfachen Bedeutung des Seienden nach Aristoteles〉를 읽고 깨달음을 얻어 후설의 작품을 탐독하기 시작했다. 20대 때는 가톨릭 잡지에 논문을 발표했고, 1913년 철학 박사학위를 받았다. 2년 후에는 중세 철학자 던스 스코터스Duns Scotus에 관한 박사 후 논문을 완성했다. 1918년 프라이부르크대학교의 사강사Privatdozent 겸 후설의 조교가 되었다. 1923년 마르부르크대학교의 조교수로 임명되었고, 1928년 다시 모교로 돌아와 교수가 되었다.

강경한 독일 민족주의자였던 그는 나치당의 공격적인 '국가 사회주의'에 이끌려 프라이부르크대학교의 총장이던 시절 대학 조직을 개편하라는 나치의 지침에 따랐다. 여기에는 유대인 학생 차별 조치도 포함되었다. 하지만 종전 후 '탈나치화' 청문회에서 자신은 국가 사회주의의 순진한 신봉자였을 뿐 나치가 집권하여 어떤 짓을 할지는 예상하지 못했다는 변론을 했고, 한나 아렌트도 이를 도왔다. 두 사람은 1976년에 하이데거가 사망할 때까지 계속 연락을 주고받았다.

Book 22

경험과 관찰에 기반해 새로운
인간학을 세운 근대 철학의 고전

데이비드 흄의 《인간의 이해력에 관한 탐구》

데이비드 흄David Hume

스코틀랜드 출신의 18세기 철학자이자 역사학자며 경제학자다. 영국의 경험주의를
완성시켰다는 평가를 받고 있다. 애덤 스미스와 함께 스코틀랜드 계몽주의*를 대표한
다. 도서관 사설 시절 8년에 걸쳐 6권에 달하는 전집 《영국사》를 출간해 베스트셀러
작가가 됐으며, '영국의 가장 위대한 저술가'란 영예도 안았다. 프랑스에서도 '영국의
볼테르'라고 불리며 인기를 얻었다.

1748년에 출간된 《인간의 이해력에 관한 탐구》는 우리가 모르
고 지나칠 수 있었던 책이 개정판으로 새로 출간되면서 세기의
명저가 된 케이스다. 이 책의 원본은 1739년에 20대의 데이비
드 흄이 익명으로 발표한 《인간 본성론A Treatise of Human Nature》
이다. 20대에 쓴 책치고는 매우 훌륭했고 그 자체로도 역대 최
고의 철학서라 불릴 만했지만 흄의 관조적 표현대로 '언론에서

---

* 계몽주의는 양대 산맥이 있는데, 스코틀랜드 계몽주의와 프랑스 계몽주의다. 프랑스 계몽주의를
대표하는 인물로는 볼테르, 루소, 디드로, 몽테스키외 등이 있다.

사산'되었을 정도로 사람들의 반응은 냉담하기 그지없었다. 심지어 이 책으로 무신론자라는 낙인이 찍혀 교수직에 임용되지도 못했다.

처참한 실패에 흄은 원고를 좀 더 대중적으로 손보기 시작했다. 그렇게 탄생한 것이《인간의 이해력에 관한 탐구》다. 사실 이 책도 당시에는 그리 큰 성공을 거두진 못했지만 사후에 재평가되며 근대 철학에 큰 영향을 끼쳤다. 대표적으로 칸트는 "흄을 읽고 독단의 잠dogmatic slumber에서 깨어났다"고 평하기도 했다. 아마 이런 분위기에는 (흄의 전기를 쓰기도 했던) 에이어와 같은 20세기 논리실증주의자들의 출현도 한몫했을 것이다. 실제로 논리실증주의자들은 흄의 후신이라 자처하기도 했다.

흄은 이 책에서 경험과 관찰에 토대를 둔 새로운 인간학을 세우고자 했다. 흄에 따르면 인간의 모든 지식은 경험으로부터 유래한다. 그리고 이러한 경험은 개인이 '지금 느끼는' 인상들이나 '머릿속에 재현해봤을 때 생기는' 관념으로 이루어진다. 이러한 관점에서 본다면 진리는 개인적이면서 주관적인 것이 된다. 따라서 흄은 선험적 이성을 중요시하는 합리주의와는 대척점을 이룬다. 실체나 자아 같은 형이상학적 용어에 대응하는 인상이나 관념이 없기 때문이다. 신도 마찬가지다. 흄이 무신론자로 오해받은 것도 당연하다

흄은 다른 철학자들과는 달리 철학서는 딱 세 권만 남겼다. 하

지만 그의 사상 때문인지 많이 읽히지는 않았다. 대신 흄은 역사서에서 성공을 거두었는데, 스코틀랜드 변호사협회 도서관 사서로 일하면서 출간한《영국사The History of England》(1754~1762)가 수십 년간 영국 최고의 역사 베스트셀러가 된 덕분에 부와 명성을 얻게 되었다. 대중적 글쓰기에 관심이 많았던 만큼 그의 철학서도 쉽게 읽힌다. 그리고 이 세 권만으로도 그의 영향력은 대단해 칸트와 더불어 가장 많이 인용되는 철학자다.

연구의 진정한 대상은 '우리'가 되어야 한다

전통적으로 흄은 자신의 연구가 대단한 역할을 하리라 믿지 않았던 철학적 회의론자로 알려져 있지만 뉴턴이 자연과학 분야에서 이룬 바를 철학 분야에서 이루려 했던 '인성학자' 흄의 명성은 지난 수십 년간 널리 퍼졌다.

흄은 우리의 추론 능력은 단순히 언어 능력의 결과일 뿐이고 '인간의 본성', 오늘날로 치면 '심리'는 뇌와 신경계 관련 지식을 통해 더 잘 설명될 수 있다고 믿었다. 흄은 존 로크와 조지 버클리의 뒤를 이어 이성이 아니라 경험, 즉 우리가 오감을 통해 받아들이는 인상이 철학의 기반이 되어야 한다고 주장했다.

현대 과학철학자 토머스 쿤의 주장을 미리 앞서 제시했던 흄은 "모든 학문이 많든 적든 인간의 본성과 관계가 있다"는 것을 발견했다. 우리가 만일 자연과학이 인간 밖의 객관적인 지식의 영역이라고 생각한다면 스스로를 속이는 셈이다. 사실 흄은 인간의 본성을 파악함으로써 '가장 완벽한 학문 체계'를 만들 수 있다고 믿었다. 또 논리, 도덕, 정치의 문제가 자연과학과 적어도 같은 차원에 있어야 한다고 생각했으므로, 만약 그가 오늘날 살아 있었다면 의심의 여지 없이 심리학과 사회과학을 열렬히 지지했을 것이다. 그가 《인간 본성론》에서 밝힌 대로 '인간학은 다른 모든 학문을 위한 유일하게 확고한 기반'이기 때문이다.

데카르트의 인식론에 의문을 표하다

흄이 보기에 고대와 현대 철학자들은 모두 인간 이성의 힘을 너무 과대평가했다. 인간, 신, 우주를 이해하기 위해 거대한 체계가 구축되었지만 그것을 차치한다면 궁극적으로 우리가 알 수 있는 것은 오감을 통해 직접 경험하는 내용뿐이었다. 흄은 데카르트와 완전히 반대의 길을 택하면서 영구불변의 추상적 관념이란 존재하지 않는다고 주장했다. 오히려 모든 개념은 감각을 통한 최초의 인식이나 사물의 인상으로부터 간접적으로 형성된다. 우리는 무엇을 경험할 때까지 그에 관한 개념을 가질 수 없다. 예를 들어 우리가 (직접 본 적이 없는) 황금산을 상상할 수 있는 것은 과거 경험했던 금과 산 때문에 가능하다.

인과관계론은 흄 사상의 요체다. 그는 어떤 일이 다른 일을 야기하는 듯 보이지만 이는 단지 우리의 정신이 둘을 결부하기 때문이라고 주장했다. 우리는 결코 어떤 일이 다른 일을 초래했다고 확신을 갖고 말할 수 없다. 다만 두 가지 일이 '습관적인 이어짐customary conjunction'을 형성했다고 말할 수 있을 뿐이다. 예를 들어 우리는 피부에 불이 닿으면 고통스러울 것이고 눈이 닿으면 차가울 것이라고 추측하지만 실제로 이런 요소 간의 연결고리는 아무것도 없다.

게다가 우리는 어떤 일이 사실처럼 보이기 때문에 항상 사실이라고 말할 수도 없다. 흄의 주장에 따르면 실제로 인간의 '지식' 대부분은 단순히 습관이나 모든 사람이 사실이라고 받아들이는 통념에 의거한다. 습관은 진실을 전하는 것이 아니라 단지 삶을 더 용이하게 만들 뿐이다. 습관 덕분에 우리는 매 순간 새로운 감각을 통해 세계를 재구성하지 않고도 나름의 의미 있는 세계를 구축할 수 있다.

인간의 인식을 분석한 결과, 흄은 상상과 현실이 우리가 믿는 정도를 제외하고는 사실상 아무런 차이가 없음을 발견했다. '현실'이란 그저 우리가 더 강력하게 믿는 생각일 뿐이었다. 그는 또 확고하고 통합된 자아, 즉 '나'가 있다는 생각도 거부했다. 우리는 단순히 관념의 묶음이고 우리의 정신은 무대와 장면이 매 순간 바뀌는 극장과도 같다(이는 고정불변의 자아란 없고 우리가 경험하는 '나'란 끝없이 이어지는 순간적인 감정과 지각일 뿐이라는 불교 사상과 놀랄 만큼 유사하다). 흄은 우리가 생각하기 때문에 곧 존재한다는 데카르트의 주장에 의구심을 표했다. 흄이 느끼기에 분명히 말할 수 있는 것은 '생각이 존재한다'는 사실뿐이었고, 그렇다고 해서 자아 또는 개별적 영혼의 존재나 영원성이 입증되는 것은 아니었다.

흄을 둘러싼 논쟁

흄에 관한 전통적인 실증주의적 해석은 인과관계의 '규칙성 이론regularity theory'으로 요약될 수 있다. 즉 만물은 서로의 발생 원인이 될 수 없고 우리가 말할 수 있는 것은 오직 사건이 특정한 규칙적 패턴을 띨 수 있다는 것뿐이다.

흄의 예에 따르면 하나의 당구공이 다른 당구공을 쳐서 굴러가게 하는 것을 보고 두 번째 공이 움직인 원인이 첫 번째 공 때문이라고 가정할 수는 있어도 확신할 수는 없다. 우리가 말할 수 있는 것은 다만 두 대상이 '근접해 있고, 연속적이며, 지속적으로 연접해 있고' 주변에 흐르는 보이지 않는 힘이나 에너지는 없다는 사실뿐이다. "하나의 대상이 다른 대상에 근접해 있고 선행해 있으면서도 그것의 원인으로 생각되지 않을 수 있다"고 흄은 말한다.

실증주의 진영에서는 원인과 결과를 정확히 꼬집어 말하려면 누구든 '이해할 수 없는 말'(즉 형이상학적 용어)을 동원해야 하고, 이것은 철학을 모욕하는 처사라는 흄의 입장을 지지한다. 실제로 흄은 철학적 엄격성을 요구하고 모든 형이상학적 저서를 곧이곧대로 받아들이지 말라고 당부하며 《인간의 이해력에 관한 탐구》를 다음의 유명한 구절로 마무리 짓는다. "그 책이 수나 양에 관한 어떤 추상적인 추론을 담고 있는가? 그 책이 사실과 존재에 관한 경험적 추론을 담고 있는가? 두 가지 질문에 모두 아니라는 답이 나오면 그 책은 궤변이나 망상만을 담고 있을 터이니 불 속에 던져버려라."

한편 흄에 관한 사실주의적 해석(대표적으로 갤런 스트로슨Galen Strawson)은 사건들 간에 (다소 모순적이라도) 흄의 표현대로 '필연적 연관성'이 있을 테지만, 감각을 통해 세계를 이해하는 우리의 제한된 능력 때문에 이런 인과관계를 파악할 수 없다는 《인간의 이해력에 관한 탐구》의 주장에 주목한다. 이런 사실주의적 관점을 지지하는 흄의 주장 중 하나는 다음과 같다.

우리는 어떻게 한 사건이 다른 사건에 뒤따라 생기게 되는지를 경험을 통해서만 알 수 있다. 그러나 둘을 묶고 그것들을 분리될 수 없는 것으로 만들어주는 내밀한 연관성에 대해서는 경험이 알려주는 바가 전혀 없다.

사실주의자들이 보기에 어떤 것도 다른 것을 야기하지 못한다는 규칙성 이론의 주장은 터무니없다. 흄은 결국 상식, 즉 사람들이 일반적으로 지닌 사물이나 관념에 대한 '자연적 믿음'의 강력한 신봉자였다. 만약 이런 자연적 믿음 중 하나가 '실생활에서 어떤 일이 다른 일을 발생하게 한다'는 것이라면 철학에서 그것이 진실이 되지 못할 이유가 어디 있겠는가? 흄은 이렇게 말한다.

> 우리는 여전히 자연의 신비스러운 모든 것을 밝혀내지 못하고 있으며, 대상들의 몇몇 표면적인 성질만을 겨우 알 수 있을 뿐이다. 자연은 그 대상들이 작용할 때 전적으로 의존하고 있는 자연의 힘과 원리를 우리에게 숨기고 있다.

이런 지적을 통해 흄은 칸트와 키르케고르 같은 철학자가 나아갈 길을 열어주었다. 이들은 비록 제1원인, 신 또는 만물 뒤에 숨어 있는 질서가 정말 존재하는지를 확실히 알기란 불가능하지만, 그렇다고 우리가 물질계 너머에는 아무것도 존재하지 않는다거나 근원적인 원인 따위는 없다고 단언할 수 있는 것은 아니라고 주장했다.

어떤 해석이 옳을까

인간이 대상, 인과관계, 우주에 대해 무엇을 알 수 있는가에 관한 흄의 탐구는 어찌 보면 데카르트와 그의 《제일철학에 관한 성찰》의 방식에 따른 논리적 연구로 볼 수 있다. 흄의 결론은 단순히 그가 연구하기로 선택한 문제에 관한 논리적 '입장'일 뿐 반드시 그의 개인적 신념과 부합하는 것은 아니었다. 실제로 흄은 친구에게 보낸 편지에서 "나는 아마도 자네가 상상하는 것만큼 심한 회의론자는 아닐 걸세"라고 쓴 바 있다.

흄은 자신이 무신론자라는 비난에 반박했지만 그의 극단적인 회의론 때문에 격분한 당대 신학자들에게는 그렇게 보일 수밖에 없었다. 아마도 논쟁을 푸는 열쇠는 그가 결코 "신은 없다"고 말한 적이 없고, "신의 존재에 관한 다양한 근거 자체가 인간의 순전한 추측일 뿐이므로 논의에 아무런 도움이 안 된다"고 말했다는 사실일 것이다.

인간으로 존재하라

철학자가 되어라. 그렇지만 당신의 모든 철학 한가운데에서 계속 한 인간으로 존재하라.

여기서 보듯이 흄은 결코 철학 자체를 대단히 신뢰하지는 않았다. 친구들과 즐겁게 몇 시간을 보낸 후에 흄은 가끔 방으로 돌아가 자신이 쓴 글을 읽어보며 전부 헛소리처럼 보인다고 탄식했다. 그가 느끼기에 확실성을 찾는 것은 바보나 할 짓이었고 그가 철학서를 계속 집필한 이유는 단지 그 과정에서 즐거움을 느꼈기 때문이었다. 그러면서도 흄은 미신과 종교에 비해 철학의 냉철한 사색이 대다수의 사람들에게 재미없는 일임을 인정했다.

만약《인간의 이해력에 관한 탐구》의 테마가 '우리가 정말로 아는 것은 무엇인가?'라면, 흄은 끝내 우리에게 확실한 답을 들려주지 않는다. 그럼에도 그는 실질적 지식이 부족하다고 해서 우리가 세계를 포기할 이유는 없다고 말했고, 스스로도 의미 자체보다 깊은 성찰에서 우러난 신념에 따라 이성적으로 행동하는 데에 중점을 두었던 키케로 같은 철학자를 존경했다. 대부분 사람에게는 이런 류의 철학이면 충분했고 그 외에 (흄 본인이 몸담았던) 보다 사변적이고 나름대로 흥미로운 종류의 철학은 궁극적으로 인간에게 큰 도움이 되지 않을 터였다.

그러나 흄은 자신의 소일거리를 익살스럽게 변명하면서《인간 본성론》에서 이렇게 썼다. "일반적으로 말해서 종교에서의 오류는 위험하지만 철학에서의 오류는 그저 우스꽝스러울 뿐이다." 그는 세계를 객관적으로 파악하는 우리의 능력이 감각에 의해 자연히 제한된다고 느꼈지만 그럼에도 인간은 그 경험에서 의미를 만들어낼 필요가 있고 우리는 마치 경험하는 것이 실재인 양 살아가야 한다고 주장했다. 우리 모두가 철학자처럼 생각하고 모든 것을 의심하며 살아갈 수 없는 것이다.

흄은 인간관계가 두루 원만했고(그의 별명은 '사람 좋은 데이비드le

bon David'였다) 그의 문체도 그의 성격을 반영하듯 독단적이지 않고 온화하다. 친구이자 동시대인이었던 애덤 스미스처럼 흄도 가급적 많은 사람들이 읽을 수 있는 방식으로 글을 썼고 이것이 그의 주가를 올린 또 하나의 이유였다.

(함께 읽으면 좋은 책) 《제일철학에 관한 성찰》,《순수이성비판》,《과학혁명의 구조》, 《인간지성론》,《블랙 스완》

데이비드 흄 더 알아보기

1711년 영국 에든버러에서 태어났다. 아버지가 일찍 세상을 떠나는 바람에 가정 형편이 어려웠다. 에든버러대학교에 입학해 《인간 본성론》을 집필할 때, 졸업하는 대신 브리스톨로 가서 경리 사무직으로 일했다. 그 후 3년간 문필가의 길을 걷기 위해 프랑스로 유학을 떠났다.

첫 저작인 《인간 본성론》은 거의 주목받지 못했지만, 애덤 스미스의 전조격인 정치경제학 글을 포함한 《도덕, 정치, 문학에 관한 에세이Essays, Moral, Political and Literary》는 좋은 성과를 거두었다.

종교관 때문에 끝내 에든버러와 글래스고에서는 교수직을 얻지 못했고, 영국 귀족의 가정 교사, 사서, 파리 주재 영국 대사관 서기관 등 다양한 직업을 전전했다. 대사관 서기관을 지내면서 스코틀랜드 밖의 다양한 유럽 계몽주의 인사들과 교류하게 되었는데, 그중 장 자크 루소와는 친구가 되었지만 나중에 싸우고 헤어졌다. 1707년에 이루어진 잉글랜드와 스코틀랜드의 통일을 지지했다. 1776년에 세상을 떠났다. 마지막까지 임종을 지킨 전기작가 제임스 보즈웰은 이 유명한 '무신론자'가 마지막 숨을 거둘 때까지 농담기를 잃지 않았다고 전했다.

저서로는 《도덕 원리에 관한 탐구An Enquiry Concerning the Principles of Morals》,《정치적 담론Political Discourses》,《영국사》 등이 있다. 1757년작 《네 편의 논문집Four Dissertations》에는 논쟁적인 〈자연종교에 관한 대화Dialogues Concerning Natural Religion〉가 포함되었는데, 흄은 이 논문을 사후에 출판하도록 지시했다.

Book 23

한 권으로 배우는
실용주의의 정수

윌리엄 제임스의
《실용주의》

윌리엄 제임스 William James
19세기 미국의 실용주의 철학자이자 심리학자로 실용주의 체계를 확립하고 보급하는 데 힘썼다. 미국에서는 실용주의를 창시한 찰스 샌더스 퍼스보다 더 많이 강조되고 언급된다. '종교적 체험'이라는 말을 처음 사용했으며, 미국에 심리학과를 맨 처음 도입하여 '미국 심리학의 아버지'로도 불린다.

1907년에 출간된《실용주의》는 윌리엄 제임스가 퇴임을 앞두고 1906~1907년에 했던 보스턴 로웰학회 강의와 뉴욕 컬럼비아대학교 강연을 한 권으로 정리한 것이다. 미국의 위대한 사상가로 꼽히는 제임스는 실용주의의 창시자는 아니지만, 실용주의를 체계화하고 널리 알리는 데 크게 기여했다(실용주의 철학은 찰스 샌더스 퍼스가 처음 제시했고 F. C. S. 실러와 존 듀이가 발전시켰다). 이 책에서 제임스는 실용주의의 기원과 의미를 밝히고, 자신의 실용주의를 풀어놓는다.

제임스는 인간의 기질이 다른 어떤 요소보다 철학에 큰 영향을 미친다고 생각했다. 즉 기질에 따라 유리한 철학적 사유를 택하거나 옹호한다는 것이다. 이를테면 기질이 딱딱하면 추상적 원리보다는 구체적 사실을(경험론), 무르면 구체적 사실보다는 추상적 원리를(합리론) 추구하게 되며, 철학의 역사는 이 기질 간의 충돌의 역사라고 보았다.

아울러 제임스는 인간의 지식은 인간의 삶을 향상시키는 방향으로 나아가야 한다고 보고 실생활에서 사용할 수 있는 가치, 즉 현금 가치를 중요하게 여겼다. 실생활에서 바로 쓸 수 없는 철학적 지식은 제임스에게 무의미했다. 종교도 마찬가지다. 어떤 식으로든 사람들에게 위안을 준다면 종교를 배제할 이유가 없으며, 종교적 체험으로 행복에 도달할 수 있다면 그것으로 충분했다. 또한 제임스는 우리는 자신만의 경험으로 이루어진 세계를 가지고 있고, 그 세계는 제각기 다른 모습을 하고 있다고 보았다. 따라서 우주도 자아도 다원적이라고 주장했다.

철학은 기질이다

제임스는 누구한테나 철학이 있다는 말로 강연을 시작하는데, 그가 말하는 철학이란 이렇다.

철학이란 인생의 진솔하고 심오한 의미에 관한 거의 말로 표현하기 힘든 감각을 말한다. 책에서 얻을 수 있는 철학은 일부분에 지나지 않는다. 각 개개인이 우주의 삼라만상을 바라보고 느끼는 방식이 곧 철학이다.

제임스는 집주인이 방을 빌려줄 때에는 하숙인의 직업과 수입뿐만 아니라 전반적인 인생관도 확인하고 싶어 할 것이라는 G. K. 체스터튼의 말을 인용한다. 결국 개인의 철학이 전부인데, 학계 철학자들은 진실의 객관적인 판별자로 비춰지길 바라는 마음에서 이런 사실을 어떻게든 은폐하려 든다.

제임스는 아예 대놓고 "철학의 역사는 상당 부분 인간 기질 간 충돌의 역사다"라고 말한다. 이 말은 철학자들이 어떤 객관적인 발견이 아니라 각자의 개인적인 편견에서 결론을 도출한다는 의미다. 현실주의적이거나 이상주의적인 철학 이론은 각각 그 철학자의 완고하거나 유연한 정서적 성향 및 기본적인 세계관을 반영한다. 그러나 직업 철학자라면 자신의 기질을 주장의 근거로 제시할 수는 없으므로 기질적 편향성을 감추려 애쓴다. 그러므로 철학자의 본령은 거짓말이다. '철학의 모든 전제 중 가장 강력한 전제는 결코 언급하지 않기' 때문이다.

철학의 소비자인 우리 역시 결백하다고는 말할 수 없다. 우리도 본능적으로 자신의 기질에 부합하는 특정한 철학자에게 유독 호의적이며, 그렇지 않으면 거부 반응을 보인다.

철학의 두 가지 범주

제임스는 철학자들을 두 가지 기본 범주, 즉 모든 것을 적나라한 사실과 관찰로 귀결시키려는 경험주의자와 추상적이고 영구적인 원칙을 믿는 합리주의자로 구분한다. 전자는 비감상적이고 숙명론적이며 비종교적이고 대개 비관적인 세계관을 가진 사람들이 많은 반면, 후자는 자유 의지, 영적인 질서, 만물의 통합을 믿는 낙관주의자들이 많다. 당연히 양쪽 진영은 서로를 폄하하려는 경향이 있다.

제임스는 우리가 경험론적 가치관을 가진 시대에 살고 있지만 그렇다고 종교를 갈구하는 인간의 자연스런 충동을 물리칠 수는 없다고 말한다. 많은 사람이 정신적인 요구를 다루지 않고 전적으로 유물론적인 우주를 제시하는 철학과 실질적 사실을 도외시하는 종교 철학 사이에서 좌초하고 있다. 제임스에 따르면 우리들 대부분이 추구하는 것은 '지적 관념을 다루는 능력을 행사할 뿐만 아니라 유한한 인간의 삶이라는 이 현실 세계와 적극적인 연관성을 갖는 철학'이다. 과학적인 부류의 사람들이 현대 사회에서 설 자리를 잃은 '뭔가 현실과 동떨어져 있고 망령 같은' 형이상학적 철학에 등을 돌린 것도 놀랄 일이 아니다.

그러나 순수한 경험주의자와 달리 실용주의자는 신학적 진리나 칸트의 선험적 관념론처럼 신과 무관한 형이상학적 개념에 개방적이다. 단 그런 개념이 구체적인 혜택을 준다는 것만 입증된다면 말이다.

어떤 음식은 우리 입맛에 맞을 뿐만 아니라 치아, 위장, 근육 조직
에도 좋은 것처럼 어떤 관념은 생각하기에 알맞거나 우리가 선호
하는 다른 관념을 지지하기에 적합할 뿐만 아니라 인생의 실질적
인 투쟁에도 도움이 된다. 우리가 영위해야 할 더 나은 인생이 있
고 우리를 그런 인생으로 이끌어줄 어떤 관념이 있다면, 그것이
훨씬 더 중요한 다른 혜택과 우연히 충돌하지 않는 한 우리로서는
그 관념을 믿는 편이 분명히 더 나을 것이다.

제임스는 실용주의가 근거와 사실을 중시하는 입장이지만 신
도들에게 구체적인 혜택만 제공된다면 종교에도 개방적이라고
설명한다. 실용주의는 매우 드물게도 '현실적인' 경험주의자들과
'이상적인' 합리주의자들이 모두 수용할 수 있는 철학인 것이다.

실용주의가 우리에게 무엇을 해줄 수 있는가
제임스는 어떤 신념이나 생각은 그 실효성의 관점에서만 의미
를 갖는다는 퍼스의 주장을 거론한다. 단순한 추측에 불과하거
나 실제 어떤 식으로든 상황을 변화시키지 못할 모든 관념은 무
가치하다. 우리는 만약 그 관념이 참이라면 세계가 어떻게 달라
질 것인가를 질문해야 한다. 그는 이렇게 말한다.

구체적인 결과를 추적해보는 간단한 검증을 거치는 순간 얼마나 많은 철학적 논쟁이 물거품처럼 무의미하게 사라지는가를 보고 있자면 놀라울 지경이다. 어딘가에서 차이를 만들지 않는 차이는 어디에도 있을 수 없다. 구체적 사실의 차이로 스스로를 표현하지 못하는 추상적 진리에는 어떠한 차이도 없다. … 만일 이 세계 공식 또는 저 세계 공식이 참이라면 그 공식이 우리 삶의 결정적 순간에 어떤 확실한 차이를 만들어줄 것인가를 밝혀내는 것이 철학의 모든 기능이어야 한다."

철학자들은 항상 신, 물질, 이성, 절대자, 에너지 등 우주의 비밀을 벗겨줄 단 하나의 원리를 찾아왔지만, 제임스는 이제 더는 그런 개념을 자명하다고만 보지 말고 실용주의적 방법에 따라 각 개념의 실질적인 현금 가치를 따져봐야 한다고 주장한다. 만약 철학이 호텔이고 각각의 철학 사조가 방을 하나씩 차지하고 있다고 가정하면, 실용주의는 단지 또 하나의 방이 아니라 종교적이거나 과학적인 여러 방들로 통하는 호텔 복도와도 같다. 각각의 철학 사조는 기꺼이 각자의 방을 떠나 복도에서 실용주의와 만날 때 비로소 정확하게 판단될 수 있고, 또 그래야만 실용주의는 각 철학 사조의 진정한 가치와 실용성에 관한 주장을 드러낼 수 있을 것이다.

제임스는 과학의 시대에 사는 우리 대부분의 딜레마를 정확히 꼬집어서 이렇게 말한다.

우리의 진리들 중 어느 하나의 최대의 적은 우리의 나머지 진리들일지도 모른다. 진리는 … 스스로를 보존하고 자기와 모순되는 것은 무엇이든 제거하려 드는 필사적인 본능을 갖고 있다. 내가 절대자로부터 도움을 받아 행여 절대자를 믿게 되면, 나의 다른 모든 믿음으로부터 집중 공격을 받아야만 한다.

다시 말해 우리가 신이나 다른 종류의 절대자를 믿게 된다면 '도덕적 안식처'를 부여받겠지만, 그동안 배워온 다른 모든 것의 실재를 감안할 때 과연 그 믿음이 유지될 수 있을까? 만약 어떤 사람이 모든 반대 근거에도 불구하고 비물질적인 실재에 대한 신앙이나 믿음으로부터 여전히 강력한 혜택을 얻고 있다면 그들은 전혀 비이성적이지 않다. 그들은 실용주의적인 것이다. 실용주의는 "사실상 어떤 편견이나 엄격한 계율, 증거로서 중시하는 바가 없이 … 합리적인 혜택이 입증될 수 있는 한 어떤 가설이라도 환영한다"는 점에서 경험주의와는 전적으로 다르다.

요컨대 실용주의는 논리와 감각 중 어느 쪽이나 따르면서 '신에 대한 탐구 영역을 넓히고' 기꺼이 "가장 변변치 않고 가장 사적인 경험도 고려할 것이다. 또 신비로운 경험에 실질적인 결과가 따르는 한, 그런 경험까지도 고려할 것이다." 이 마지막 대목은 제임스의 또 다른 저서《종교적 경험의 다양성》과도 연관이 있는데 이 책은 (비록 제임스 본인은 에피파니epiphany*를 경험할 만한 기질이 못되었지만) 회심 경험이 한 사람의 인생을 바꿀 수 있다는 사실을 완전히 인정했다. 회심은 의심의 여지 없이 추상적인 관념에서 막대한 실질적 이익을 얻을 수 있다는 것을 보여주었다.

왜 존재해야 하는가

제임스는 모든 것을 하나로 보는 일원론적 우주관과 생명의 놀랄 만한 다양성과 다수성에 초점을 맞추는 다원론적 우주관의 구분을 재조명한다. 전통적인 시각에서는 오로지 전자만이 종교적이고 후자는 혼란상을 초래할 뿐이었다. 그러나 제임스는 우리가 설령 세상의 발전 과정에 신적인 필연성이나 다른 '논리적 필연성'이 없다고 믿더라도, 여전히 다원적인 우주론의 힘은 믿을 수 있다고 주장한다. 그에 따르면 개인들을 통해 '여기저기에서' 나타나는 '순수한 열망'으로부터 진보가 이루어진다. 세계를 현재와 같은 형태로 만든 것은 우리이므로, 만약 다른 삶이나 세계를 원하더라도 우리가 행동에 나서야 한다.

　왜 어떤 것이든 존재해야 하느냐는 질문에 제임스는 이렇게 대답한다.

---

* 신의 존재가 현세에 드러나는 것.

왜 어떤 것이든 존재해야 하는가에 대해 내가 생각해낼 수 있는 유일하게 실질적인 이유는 누군가가 그것이 여기에 있기를 바라기 때문이다. 그 존재는 세계 전체로 보자면 아무리 미미한 양이라도 위안을 주기 위해 … 요구되는 것이다. 이것이 바로 살아가는 이유고, 이런 이유에 비하면 물질적 원인이나 논리적 필연성은 유령처럼 실체가 없다.

제임스의 이런 답변은 사건 자체에 진리가 담겨 있다(말하자면 무슨 일이든 실제 일어나 봐야 안다)는 그의 전반적인 철학을 고려할 때 놀라울 것이 없다. 우리는 신이 우주를 7일 만에 창조했다고도 믿을 수 있고 우주가 빅뱅과 함께 자연 발생적으로 탄생했다고도 믿을 수 있지만, 어느 쪽이든 우리의 설명은 사실 중요하지 않다. 분명한 것은 우주가 존재한다는 사실이므로 실용주의적 입장에서는 존재하는 것만 연구하는 쪽이 이치에 맞는다.

(함께 읽으면 좋은 책) 《언어, 논리, 진리》, 《도덕과 입법의 원리 서설》, 《인간의 이해력에 관한 탐구》, 《선의 군림》

1842년 뉴욕에서 태어나 유복하고 교양 있는 환경에서 자랐다. 10대 때 온 가족이 유럽으로 이주했고, 덕분에 여러 언어를 배웠다. 1860년에 다시 미국으로 돌아와 1년 반 동안 화가가 될 길을 모색하다가 하버드대학교에 진학, 의학을 전공했다. 1865년 유명한 동물 연구가 루이스 애거시와 함께 탐사를 떠났으나 여행 도중 연이은 질병에 시달리며 향수병까지 앓았다.

1867년 독일로 건너가 생리학을 연구하다가 심리학이라는 새로운 분야와 사상가들을 접하게 되었다. 2년 후 하버드대학교로 복귀하여 스물일곱 살에 의학학위를 취득했다. 서른 살 때 하버드대학교에서 생리학 강사직을 얻었으나 우울증에 시달려 학생들을 가르치기까지는 시간이 걸렸다.

1875년 심리학 강좌를 열어 미국 최초의 심리학연구소를 건립하고, 1878년에 《심리학의 원리》 집필에 착수했다. 보스턴의 교사이던 앨리스 하우 기븐스 Alice Howe Gibbens와 결혼하여 슬하에 다섯 자녀를 두었다.

미국에 방문한 지그문트 프로이트와 칼 융을 만났고, 버트런드 러셀, 앙리 베르그송, 마크 트웨인, 허레이쇼 앨저 등과 알고 지냈다. 그의 동생 헨리 제임스 또한 미국의 유명한 문학가다. 제자로는 교육학자 존 듀이와 심리학자 에드워드 손다이크가 있다. 1910년에 세상을 떠났다.

다른 주요 저서로는 《믿으려는 의지The Will to Believe》와 《종교적 경험의 다양성》 등이 있다.

Book 24

마음이 작동하는 방식을
보여주는 행동경제학의 통찰

대니얼 카너먼의
《생각에 관한 생각》

대니얼 카너먼Daniel Kahneman

이스라엘 국적의 현대 심리학자이자 행동경제학자로 2002년 노벨경제학상을 수상
했다. '행동경제학의 아버지'라 불리는데, 행동경제학이란 행동주의 심리학 방법론을
중심으로 하는 경제학 이론이다. 《블룸버그》지 선정 '세계 금융 분야에서 가장 영향력
있는 50인'에 이름을 올렸으며, 《빈 서판》의 저자 스티브 핑거는 "생존하는 심리학자
중에 가장 영향력 있다"고 평가했다.

2011년 출간된《생각에 관한 생각》은 대니얼 카너먼의 대표 저
서로 대중적 인기와 학계의 이목을 다 잡은 작품이다. 1996년에
사망한 동료 학자인 아모스 트버스키와 함께 판단과 의사결정,
특히 특정 상황에서 합리적으로 예측 가능한 편향(시스템적 오류)
에 관해 공동 수행한 유명한 실험을 정리한 책으로 심리학자로
서의 카너먼 경력의 정점에 해당한다. 이 책을 두고《블랙 스완》
의 저자 나심 니콜라스 탈레브는 "《국부론》이나《꿈의 해석》같
은 고전의 반열에 오를 것"이라 평했다.

카너먼은 '전망 이론', 즉 불확실한 상황에서 의사결정을 할 때 나타나는 특이한 행태를 설명하는 이론으로 2002년 노벨경제학상을 수상했다. 이렇게 카너먼이 심리학과 경제학의 경계를 허물고 양쪽에서 눈부신 성과를 거두었다는 것은 그가 현대의 르네상스적 교양인이라는 증거로서 (본인도 인정했다시피) 그의 저작은 철학 분야에서도 중대한 의미를 지닌다.

카너먼에 따르면 우리의 직관은 옳을 때도 많지만 빗나갈 때도 많다. 게다가 우리는 종종 자신의 판단을 과도하게 확신하곤 한다(카너먼의 표현에 의하면 '성급한 결론에 도달하는 기계'다). 객관적인 관찰자가 우리보다 상황을 더 정확히 파악하는 경우도 적지 않다. 자신의 감각을 통해 세계를 인식하기 때문에 각자 보고 듣는 바에 따라 해석은 사람마다 다를 수밖에 없다. 우리는 '진실'을 저마다 다르게 경험한다. 심지어 우리의 내면에도 보편적이거나 표준적인 인식 방식 따윈 존재하지 않는다.

카너먼은 우리가 실은 자신의 생각도 항상 통제하지 못하는 '자신에게조차 낯선 사람'이라고 주장한다. 더욱 우려스러운 점은 우리가 명백한 사실도 못 볼뿐더러 "자신이 못 본다는 사실조차 모를 수 있다"는 것이다. 이 책에서 카너먼은 우리의 완전히 다른 두 가지 생각 방식을 살펴보는데, 그것은 '빠르게 생각하기'(시스템 1)와 '느리게 생각하기'(시스템 2)다.

생각은 실제로 어떻게 이뤄지는가: 두 가지 시스템

우리는 생각이 하나의 의식적 생각에서 다음 생각으로 이어진 다고 믿지만 카너먼은 대부분의 경우 생각은 이런 식으로 진행 되지 않는다고 말한다. 생각은 어떻게 생겨났는지 알 수 없는 상 태로 떠오른다.

우리는 정면의 책상 위에 램프가 있다는 것을 어떻게 믿게 되는 가? 전화기 너머에서 들리는 애인의 목소리에 짜증이 섞여 있음 을 어떻게 감지하는가? 길에서 거칠게 달려드는 자동차를 어떻게 의식도 하기 전에 가까스로 피하는가? 이런 이유들은 아무리 추 적해도 알아낼 수가 없다. 인상과 직관과 많은 결정을 만들어내는 정신 작용은 머릿속에서 조용히, 자신도 모르게 진행된다.

카너먼은 이런 즉각적인 인상을 빠르게 생각하기 또는 시스 템 1이라고 부른다. 반면 느리고 깊게 생각하는 시스템 2에는 세금 서류 작성, 좁은 공간 내의 주차, 논리적 주장의 타당성 확 인 등에 필요한 생각이 포함되는데, 여기에는 주의와 노력, 철학 적 용어로는 이성이 요구된다. 우리는 보통 느리게 생각할 때보 다 빠르게 생각할 때가 훨씬 더 많다.

두 가지 시스템은 서로 연계 및 상호작용한다. 시스템 1이 당 면한 문제를 즉시 해결할 수 없을 때는 상세하고 신중한 처리를 담당하는 시스템 2에게 해당 문제를 살펴보고 답을 찾아달라고 지원을 요청한다. 우리는 시스템 1을 이용해 운전에 대해 생각하지 않고 고속도로를 달려갈 수 있다. 그러다가 갑자기 어디로 가고 있는지 생각할 필요가 생기면 시스템 2가 가동된다. 시스템 1을 이용해 우리는 별생각 없이 아이에게 책을 읽어줄 수 있다. 그러다가 아이가 질문을 해오면 시스템 2가 발동한다.

시스템 1의 빠른 판단은 대체로 훌륭하고, 해당 분야의 전문가라면 언제든 풍부한 전문 지식을 바탕으로 시스템 1의 판단을 내릴 수 있다. 시스템 1의 판단을 통해 우리는 상당한 시간과 노력을 절감할 수 있다. 그러나 시스템 1의 판단은 결코 완벽하지 않다. 거기에는 시스템적 편향이 있고, 또 잠시도 작동을 멈추지 못한다는 문제가 있다. 시스템 2는 생각의 속도를 늦추어 더욱 이성적으로 판단할 수 있으므로 보통 전체를 책임지지만, 직관적인 시스템 1의 판단을 무시하기보다는 옹호하는 성향이 강하다.

시스템 1의 판단은 정보 부족에 연연하지 않는다. 그저 알고 있는 바를 이용해 곧장 결론에 도달한다. 예를 들어, "민딕이 좋은 지도자가 될까? 그녀는 똑똑하고 강인한데"라는 말을 들으면, 우리는 자동적으로 '그래, 그녀는 좋은 지도자가 되겠군'이라고 생각한다. 그런데 만약 그다음에 "민딕은 몰인정하고 청렴하지 못해"라는 말이 이어진다면 어떻게 될까? 왜 우리는 앞서 더 정확한 판단을 내리기 위해 민딕의 자질에 관한 더 많은 정보를 요구하지 않았던 걸까? 카너먼은 우리의 뇌는 그런 식으로 작동하지 않는다고 말한다. 우리는 기존의 불완전한 지식에 입각하여 편향을 만들거나 제한된 사실로 이야기를 짜맞춘다. 이것이 인간 판단의 'WYSIATI' 원칙, 즉 '보이는 것이 세상의 전부이다What You See Is All There Is'라는 원칙이다.

생각의 오류들

《생각에 관한 생각》에서는 직관적 사고의 일련의 편향과 오류를 검토하는데, 그중 상당수는 카너먼과 트버스키가 발견한 내용이다.

카너먼은 평소에 "정치인이 다른 분야의 사람들보다 더 간통을 많이 저지른다"는 개인적인 지론을 갖고 있었다. 권력 자체가 최음제인데다 집 밖에서 보내는 시간이 많다는 이유에서였다. 그러나 얼마 후에 카너먼은 그것이 단지 정치인들의 불륜이 상대적으로 더 많이 보도되기 때문에 생긴 오해였음을 깨달았다. 그는 이것을 '가용성 휴리스틱availability heuristic'이라고 부른다. 휴리스틱이란 우리가 무언가를 발견하거나 문제를 해결하게 해주는 방법이다. 가용성 휴리스틱의 맥락에서 우리는 최근 기억에 남아 있는 내용일수록 보다 적절한 정보로 판단하는 경향이 있다. 이런 측면에서 언론의 역할은 명백히 중요하다.

우리는 도시 생활보다 사바나 초원의 생존 투쟁에 더 적합한 신경 메커니즘을 갖고 있다. 그래서 "매 상황을 끊임없이 좋거나 나쁜 것으로 평가하며, 그에 따라 도망가거나 접근하려 한다." 일상생활에서 보자면 이것은 실패를 회피하려는 성향이 성공에 이끌리는 성향보다 더 크다는 의미가 된다. 우리는 나쁜 소식에 우선권을 부여하는 선천적인 메커니즘을 갖고 있다. 우리 뇌는 눈 깜짝할 사이에 포식자를 감지할 수 있고, 이 속도는 우리 뇌의 일부가 방금 포식자를 보았다는 사실을 인지하는 속도에 비해 훨씬 더 빠르다. 이런 이유로 우리는 스스로 행동하고 있다는 사실을 '알아차리기도' 전에 행동할 수 있는 것이다.

"위협이 기회보다 더 중요시된다"고 카너먼은 말한다. 이런 본능적인 성향 때문에 우리는 테러 공격처럼 일어날 가능성이 높지 않은 사건에 '과도한 비중을 둔다.' 또 복권에 당첨될 가능성 등을 과대평가하기도 한다.

카너먼에 따르면 "감정과 상관없이 침착하고 친절하게 행동하라"는 것은 매우 훌륭한 조언이다. 우리의 움직임과 표현이 우리가 실제 느끼는 방식을 결정짓기 때문이다. 카너먼은 (마치 웃는 것처럼) 입이 양옆으로 벌어지게 연필을 물고 있던 피험자들이 마치 얼굴을 찌푸리듯이 연필을 입에 물고 있던 학생들보다 똑같은 만화를 더 재미있게 생각했다는 실험 결과를 소개한다.

또한 어느 대학 카페테리아에서는 '정직한 상자honesty box' 위에 크게 뜬 두 눈 사진을 붙여 음료 마시는 사람을 응시하는 것처럼 보이게 하자 사람들이 훨씬 정직하게 음료값을 상자에 집어넣었다. 그러다가 두 눈 사진을 꽃 사진으로 바꾸자 사람들이 상자에 집어넣는 액수가 확연히 줄어들었다. 이것을 '점화 priming' 효과라고 한다. 또 다른 실험에서는 피험자들에게 여러 방법으로 돈의 이미지를 떠올리게 했더니 서로 협조하지 않고 집단 활동의 참여를 꺼리며 혼자 문제를 해결하려는 성향이 높아졌다. 다른 연구에서는 사람들에게 노년을 상기시키자 걷는 속도가 느려졌고, 학교 안에 투표소를 설치하자 학교 자금 지원을 늘리자는 안건에 (그전까지 결정하지 못하다가) 찬성하는 사람들이 늘어났다.

점화 효과와 비슷한 '닻 내림anchoring' 효과는 질문에 앞서 제시하거나 상기시킨 숫자가 그 대답에 영향을 미친다는 결과에서 잘 드러난다. 예를 들어 "간디가 세상을 떠났을 때 나이가 144세였는가?"라는 질문을 받은 사람들은 그렇지 않은 사람들보다 거의 대부분 간디가 사망한 나이를 더 높게 추정한다. 또 다른 예로 "1인당 12개로 구매를 한정한다"는 안내를 받은 쇼핑객은 그렇지 않은 경우보다 대부분 더 많은 양을 구매한다.

카너먼은 예를 들어 우리가 어떤 정치인의 정책이 마음에 들면 그의 목소리와 외모도 좋아질 가능성이 높다고 '후광halo' 효과를 설명한다. 만약 우리가 파티에서 어떤 사람을 만나 즐거운 시간을 보내고 나면 그가 자선단체에 기부할 가능성을 평가해

달라는 요청을 받았을 때 그에 대해 전혀 모르더라도 '후하게' 평가할 가능성이 높다. 때때로 후광 효과는 첫인상의 비중을 극적으로 확대시켜 그 이후에 받은 인상을 전혀 중요하지 않게 만들기도 한다. 카너먼은 시험지를 채점할 때 한 학생의 시험 답안지 중 첫 번째 답의 점수가 나머지 답 채점에도 큰 영향을 미친다는 것을 깨달았다. 그는 결국 반 전체의 답안지를 학생별이 아닌 문제별로 확인하는 방식으로 바꿈으로써 채점의 정확도를 높일 수 있었다.

'가용성 편향availability bias'은 우리가 어떤 사태의 발생 가능성을 추정할 때 최근에 우리에게 벌어졌던 일이나 뉴스에서 보도된 일에 매우 크게 영향을 받는다는 것을 알려준다. 예를 들어 사람들은 벼락에 맞아 죽은 사람이 보툴리누스 식중독에 걸려 죽은 사람보다 더 많다고 생각하지만 실제로는 후자가 52배나 더 많다.

카너먼은 또 '희망 오류miswanting'에 대해 우리를 행복하게 해줄 것처럼 보여 내린 결정이 장기적으로 그렇지 않은 경우(예를 들어 새 차나 집 구입, 다른 도시로의 이주 등)라고 설명한다. 기후가 행복에 전혀 영향을 미치지 못한다는 것을 입증한 사람도 카너먼과 그의 동료인 데이비드 샤케이드David Schkade였다. 캘리포니아인들은 그곳의 날씨를 좋아하고 미국 중서부 거주자는 그 지역의 기후를 싫어하지만, 이런 점이 그들의 전체적인 행복감에 영향을 주지는 못한다. 추운 지역에서 캘리포니아로 이주한 사람이라면 처음 몇 년간은 더 행복하다고 느낄 수 있겠지만 그것은 그들이 전에 살던 지역과 현재 지역의 날씨를 자꾸 비교하기 때문일 뿐 장기적으로 행복을 좌우하는 요인은 아니다.

카너먼은 또 우리가 살아가고 있는 실제 순간이 시작, 결말, 큰 사건 등에 비해 뇌에 훨씬 적은 인상을 남긴다고 이야기한다. 그래서 우리는 다음 휴가에 어디로 갈지 또 무엇을 할지를 결정할 때 실제 경험보다 기억에 더 많이 의존한다. 기억하는 자아가 경험한 자아보다 결정에 더 큰 영향을 미치는 것이다. 그럼에도 우리는 여전히 인생의 나머지 부분, 즉 '사건과 사건 사이의 시간'을 견디며 살아가야 한다. 카너먼의 말로는 "우리의 마음은 이야기를 좋아하지만 시간을 처리하는 데 적합하게 설계되지는 않은 듯하다."

각 시대마다 고유한 사고 편향이 있다. 1970년대에는 대부분의 사회과학자들이 인간은 전반적으로 합리적이고 건전하게 사고하지만 때때로 감정이 이런 합리성을 앗아간다고 믿었다. 그러나 실제 상황은 거꾸로다. 우리는 정말로 필요할 때만 이성적인 정신에 의존한다. 우리의 생각이 감정에 '오염되는' 것이 아니라 우리의 생각 자체가 대부분 감정적이다.

어디서나 원인을 읽어내는 성향

시스템 1은 질문하기보다 믿고 확정하려는 편향성을 갖는다. 이런 유형의 사고는 언제나 사건들 사이의 연관성과 심지어 있지도 않은 인과관계를 찾아낸다. 우리는 분명 무작위로 발생한 사건들에도 어떻게든 인과관계를 채워 넣으려고 한다. 이런 행동은 무작위적인 과정이 전혀 무작위적으로 보이지 않는다는 사실에서 근거를 찾는다. "무작위성에서 패턴을 찾으려는 인간의 성향은 압도적으로 강하다"고 카너먼은 말한다.

어떤 것이 통계적으로 유의미한지를 제대로 이해하려면 무작위성을 배제할 만한 아주 큰 표본이 필요하다. 카너먼은 우리가 "주변 세계에 대해 데이터로 입증되는 것보다 더욱 단순하면서도 정합적인 시각을 갖게 된다"고 주장한다. "우연한 사건을 인과관계로 설명하는 것은 불가피하게 틀릴 수밖에 없다." 무엇이든 너무 많이 읽어내는 오류를 피하려면, 진짜 무작위성은 때때로 무작위로 보이지 않을 수도 있다는 점을 이해해야 한다.

어떤 농구선수가 몇 차례 연달아 골을 넣거나 몇 게임 연속 좋은 경기를 펼치면, 우리는 그가 '물이 올랐다hot hand'고 생각한다. 또 어떤 투자 자문가가 3년 연속 좋은 실적을 보이면 그를 투자의 귀재라고 여긴다. 그러나 두 사람은 단지 진짜 무작위성으로 설명될 만한 수준의 좋은 성적을 거두었을 뿐이다.

이처럼 착각에 불과한 확실성이 가장 두드러지게 요구되는 곳은 CEO들이 기업 실적에 큰 영향을 미친다고 간주되는 산업계라고 카너먼은 지적한다. CEO 효과는 (긍정적이든 부정적이든) 과장되기 일쑤인데, 우리는 다들 어느 한 사람이 신비로운 성공 비결을 갖고 있다거나 미꾸라지 한 마리가 온 회사를 망친다고 믿고 싶어 하기 때문이다. 카너먼에 따르면 "성공한 기업과 실패한 기업을 비교하는 것은 사실 운 좋은 기업과 운 나쁜 기업을 비교하는 것이나 다를 바 없다." 예를 들어 톰 피터스와 로버트 워터맨의《초우량 기업의 조건》이나 짐 콜린스의《성공하는 기업들의 8가지 습관》에서 선별한 위대한 기업들의 사례는 사실 당대에 형편없거나 평범하다고 여겨지는 기업들과 거의 차이가 없다. 이 같은 책들은 성공 신화나 실패담에 열광하는 독자들에게 해당 상황을 이해할 수 있다는 환상을 유지시킬 뿐이다.

전문가의 판단이라는 환상

카너먼이 이스라엘 군대에서 심리학자로 근무할 때, 그의 임무 중 하나는 장교 후보생의 역량을 판단하는 것이었다. 카너먼과 동료들은 관찰에 근거한 자신들의 평가가 정확하다고 자부했지만 막상 군인들이 장교 훈련에 들어가자 그들의 판단은 완전히 잘못된 것으로 판명되었다. 여기에서 얻을 수 있는 교훈은? "자신감이 높다는 것은 그 사람이 자기 머릿속에서 정합적인 이야기를 만들어냈다는 표시일 뿐 그 이야기가 사실이라는 보장은 없다."

카너먼은 증권 전문가의 신화를 깨뜨리는 연구를 즐겨 한다. 그의 말로는 주식 종목 추천이 주사위 굴리기보다 그다지 나을 게 없다. 전문적인 이미지로 먹고 사는 업계치고 이상하게도 연구가 거듭될수록 증권 컨설턴트가 추천하는 유망주의 실적은 우연적 선택보다 나을 바가 없고, 매해 성과들 간의 상관관계는 거의 제로에 가깝다.

카너먼은 또 필립 테틀록Philip Tetlock의 저서 《전문가의 정치적 판단: 얼마나 옳을까? 우리가 어떻게 알 수 있을까?Expert Political Judgment: How Good Is It? How Can We Know?》의 연구 결과를 소개한다. 이 책은 정치 전문가의 예측이 원숭이가 다트를 던져 선택한 결과와 비슷했고, 순전히 우연에 따른 예측보다 도리어 정확성이 떨어졌음을 입증했다. 결국 전문가들이 상황을 읽는 능력은 평범한 신문 독자들에 비해 나을 바가 없었고 오히려 유명한 전문가일수록 대체로 예측이 형편없었는데, 원인은 그들의 지나친 자신감에 있었다.

카너먼은 대부분의 경우 단순한 원칙이 인간의 직관을 이긴다고 믿는다. 신용 리스크, 유아 돌연사 확률, 신규 사업의 성공 가능성, 입양 적합성 등 다양한 영역을 평가할 때 전문가보다 알고리즘에 따른 예측이 더 정확하다. 인간의 가치 평가는 고질적으로 일관성이 부족한 데 반해 알고리즘은 그렇지 않다. 전문가들은 복잡한 정보의 전체 범위를 고려하려 애쓰지만 올바른 판단을 내리는 데에는 대개 2~3개의 변수면 충분하다.

일례로 날씨의 세 가지 특성만을 변수로 삼아 보르도 와인의 미래 가치를 예측하는 알고리즘이 있는데, 이것이 와인 전문가의 평가보다 훨씬 정확하다. 물론 직관이나 전체적인 판단이 유용할 때도 있지만 사실이 확보되지 않은 경우라면 알고리즘을 대체하기 힘들다. 전문가의 직관은 오로지 안정적이고 규칙적인 환경(예를 들어 체스 등)에서나 신뢰할 수 있을 뿐, 복잡하고 열려 있는 상황에서는 그렇지 못하다.

합리적 의사결정을 위하여

카너먼의 대단히 흥미로운 결론 중 하나는 심리학 연구가 우리의 사고 및 행동 양식을 변화시키는 데 전혀 효과가 없다는 것이다. 예를 들어 어떤 심리학 연구를 통해 우리가 곤경에 처한 타인을 도울 때 본인 말고도 도와줄 사람이 있다고 생각하면 주저하게 된다는 사실이 밝혀졌다고 해보자. 그렇다고 해서 우리의 행동이 달라지지는 않는다. 자기만은 그렇지 않다고 생각하고 넘어갈 뿐이다. 오로지 개별적인 사건만이 우리를 변화시킬 수 있다는 뜻이다.

하지만 카너먼은 "질병을 연구한다고 해서 건강을 부정하는 것이 아니듯이, 이 책이 생각의 오류를 다룬다고 해서 인간의 지능을 폄하하는 것은 아니다. 대부분의 사람들은 대부분의 시간 동안 건강하며, 대부분의 판단과 행동도 대부분의 경우에 적절하다"고 말한다.

실제로《생각에 관한 생각》은 인간의 다양한 종류의 사고 편향과 오류에 초점을 맞추면서도 부정적인 논조를 띠지 않는다. 오히려 우리가 이전까지는 이런 많은 생각의 맹점들을 몰랐거나 의식하지 못했기 때문에 그 앞에서 속수무책이었다는 점에서 역설적으로 희망을 제시한다. 이제 우리는 이론을 개발하거나 합리적인 의사결정을 내릴 때 이런 요소를 고려할 수 있게 된 것이다.

(함께 읽으면 좋은 책) 《인간의 이해력에 관한 탐구》,《블랙 스완》

대니얼 카너먼 더 알아보기

1934년 어머니가 이스라엘을 방문 중일 때 텔아비브에서 태어났다. 그의 부모는 리투아니아 출신이었으나 온 가족이 나치의 박해를 피해 머물던 프랑스에서 어린 시절을 보냈다. 1948년 가족들은 영국령 팔레스타인으로 이주했고, 카너먼은 예루살렘의 헤브루대학교에서 심리학을 전공했다.

대학 졸업 후 이스라엘 군대에서 심리학자로 복무하며 장교 평가 테스트를 개발했다. 20대 중반에 미국으로 건너가 캘리포니아대학교 버클리캠퍼스에서 심리학 박사학위를 취득했고, 1961년에 이스라엘로 돌아와 몇 년 동안 강사 생활을 했다. 이후 미시건대학교, 하버드대학교, 스탠퍼드대학교 등에서 연구를 하며 교수직을 역임했다. 현재는 프린스턴대학교 우드로윌슨스쿨(공공정책대학원) 심리학과에 선임학자Senior Scholar 겸 명예교수로 몸담고 있다. 심리학 교수 앤 트레이스먼Ann Treisman과 결혼했다.

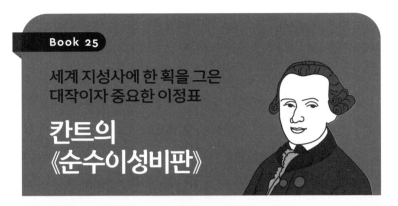

Book 25

세계 지성사에 한 획을 그은
대작이자 중요한 이정표

칸트의
《순수이성비판》

임마누엘 칸트 Immanuel Kant

계몽주의 시대를 대표하는 철학자로 "철학은 칸트 이전과 이후로 나뉜다"는 말이 있을 정도로 철학사에 한 획을 그었다. '비판 철학'의 창시자로 경험론과 합리론을 종합했으며, 근대적인 의미의 윤리와 도덕 개념도 칸트로부터 시작되었다. 당대는 물론이고 현재까지 그 영향력이 대단해서 역사상 가장 많이 인용되는 철학자로 꼽히고 있다.

《순수이성비판》이 처음 출간된 1781년은 세계 철학사에 기념비적인 해로 꼽힌다. 칸트의 대표 저작인 이 책은 자연, 법, 정치 등 모든 것이 냉철한 이성의 빛에 종속되던 계몽주의의 산물로 물질세계와 형이상학의 접목을 시도하며 시공간의 틀에서 인간 중심의 세계를 완성한, 그야말로 세계 지성사에 한 획을 그은 이정표와도 같다.

이 책이 출간된 시점은 뉴턴의 역학이 세상에 소개된 지 100년 정도 지났을 때로 세상의 모든 현상과 사건은 과학적 법칙으로 설명될 수 있다는 기계론적 세계관이 퍼져 있었다. 칸트 역시 이를 받아들여 태양계의 기원 등에 관한 과학서를 집필했지만, 이 시계의 태엽처럼 돌아가는 우주에서 과연 도덕이 설 자리가 있을지 의문이 들었다.

칸트는 우리가 감각을 통해 확인할 수 있는 것만이 지식이라고 주장하는 경험론에도 이성으로 온 우주를 설명할 수 있다는 합리론에도 불만을 가졌다. 그렇다면 과학적으로 형이상학적 문제를 전개해나갈 방법은 없을까? 이에 칸트는 '제3의 길'을 시도한다.

칸트에 따르면 우리의 인식은 외부적인 경험으로부터 비롯된다. 하지만 경험은 제각각이라서 상대적이다. 이에 반해 수학적 명제 같은 진리는 언제나 절대적이며 이는 경험 이전의 것이다. 아마도 선험적 인식이 없다면 우리는 절대적인 보편적 진리를 얻을 수 없을 것이다. 그렇다면 보편적 진리가 미치는 범위는 어디까지일까? 우리는 이를 어떻게 확인할 수 있을까? 우리의 인식은 도덕, 신, 영혼에 대해서 무엇을 알 수 있을까?

결국《순수이성비판》은 경험적인 것과 선험적인 것을 구별하고 선험적인 것의 타당한 범위와 그 한계를 명쾌하게 하는 것을 목적으로 한다. '순수이성'은 경험 이전의 이성, '비판'은 판단 혹은 분석을 뜻한다. 정리하면 '순수이성비판'은 '선천적 인식 능력을 분석한다'는 의미인 것이다. 칸트의 '비판 철학'에서 '비판'

은 이러한 뜻이며, 선험적 인식을 토대로 경험적 지식을 더해 기존의 인식론을 혁신하고자 했다. 이성이 우리를 상당히 발전시킬 수 있는 건 사실이지만 시공간의 제약 내에 존재하는 우리가 어떤 형이상학적 문제든 확실히 알 수 있다고 믿는 것은 무리였기 때문이다. 이러한 칸트의 비판주의적 인식론은 이후 여러 사상 분야에 큰 영향을 미쳤다.

시간과 공간의 존재

《순수이성비판》의 핵심은 '선험적 관념론', 즉 시간을 초월한 본질, 실체, 진리인 '물자체'와 우리 주위에서 보는 현상계의 칸트식 구분이다. 우리 인간은 자신들이 실재하는 대상 세계(행성, 가구 등)의 관찰자고 시간은 우리 외부에 객관적으로 존재한다고 생각한다. 그러나 칸트의 파격적인 사상에 따르면 시간과 공간은 독립적으로 존재하는 것이 아니라 단지 인간이 세계를 인식하는 방식에 불과하다. 시간과 공간이 있어서 우리는 감각으로 입수한 정보를 걸러내고 이해할 수 있다.

또한 우리는 패턴을 인식하고 생존에 필요한 모든 신체적 움직임에 엄청난 관심을 쏟도록 설정되어 있다. 우리는 사물을 '있는 그대로', 즉 그 영원하고 형이상학적인 실재를 보는 게 아니라 그것이 우리에게 의미하는 바를 보도록 만들어졌다. 세계에 관한 우리의 지식은 세계의 '실질적인' 존재 양식과 일치하지 않는다.

우리가 지각하는 세계는 그것에 관한 우리의 지식과 일치한다.

영적인 믿음이 과연 합리적일 수 있을까

젊었을 때 칸트는 과학적 방법으로 형이상학적 지식을 얻을 수 있다고 믿었다. 그러나 신비주의자 에마누엘 스베덴보르 Emmanuel Swedenborg가 영적 세계의 비전을 제시한 책을 읽고도 별다른 감흥을 받지 못한 칸트는 입장을 바꾸어 우리가 그동안 한 번도 진정한 형이상학적 지식을 가져본 적이 없다고 결론 내렸다. 우리가 발견한 유일하게 확고한 진실은 인간 이성의 한계를 인식한 것이었다.

이 지점에 이르면 (흄이 그랬듯이) 칸트도 형이상학은 무의미하다 말했을 것으로 예상하기 쉽지만, 칸트는 그저 오감에 따라 시공간의 제약 내에서 살아가는 우리가 형이상학을 제대로 논할 수 있으리라 기대하는 것은 착각이라고만 언급했다. 또 당시에는 영적 본성에 관해 합리적이거나 과학적으로 입증된 바가 없었기 때문에 신학이 합리적이고 본격적인 학문 분야로 취급받지 못했다.

그러나 칸트는 분명히 신이 존재한다는 것을 입증하기란 불가능하지만, 신이 존재하지 않는다는 것을 입증하기도 불가능하다고 역설한다. 형이상학적 문제에 모종의 확실한 토대를 원하는 것은 인간의 본성이므로 확실성을 추구하려는 노력은 이성적이다. 비록 그 답은 우리 능력 밖에 존재하더라도, 거대한 질문을 던지는 것이 인간됨의 본질이다. 칸트가 정말로 반대했던 것은 독단론dogmatism, 즉 이성적 사고가 결여된 맹목적인 믿음이었다.

도덕은 실재한다

칸트는 우리가 이성을 잘 사용할수록 보다 객관적인 도덕에 이를 수 있다고 믿었다. 만약 어떤 행위를 이성적으로 옳다고 볼 수도 없고 또 보편적으로 적용할 수도 없다면, 그것은 아마 좋은 일이 아닐 터였다. 이것이 바로 칸트의 유명한 '정언 명령'이다.

> 네 의지의 준칙이 항상 보편적인 입법 원리로 통용될 수 있도록 행동하라.

우리의 행위는 모든 사람이 우리와 똑같이 행동했을 때 사회에 보탬이 될 수 있을지 여부에 따라 판단되어야 한다. 사람은 목적을 위한 수단이 아니라 목적 그 자체로 여겨져야 한다. 물론 이것은 대부분 종교의 기본 원칙이지만, 칸트는 이 원칙이 철학적으로도 이성적이고 타당하다는 것을 굳세게 입증해냈다.

칸트가 보기에 정언 명령은 이성에 기초한 도덕이기 때문에 정언 명령에 따라 행동하는 사람이나 사회는 결코 심각하게 잘못될 수 없었다. 칸트는 우리가 자연계의 모든 법칙과 신비를 밝혀내기 위해 노력하는 것도 옳지만, 도덕률을 찾아내고 발견하는 것 역시 인간의 숙명이라고 생각했다. 칸트 연구자인 세바스티안 가드너Sebastian Gardner는 칸트의 입장을 이렇게 표현한다. "우리는 합리적인 세계의 일원으로서 뉴턴의 법칙에 따르고 정신적인 세계의 일원으로서 도덕률에 따른다."

도덕은 과학에 떠밀려 힘을 잃어가는 사안이 아니라 인류가 이룩해놓은 위대한 업적 중 하나로 볼 수 있다. 도덕이 이성에 근거하는 한에서 말이다. 칸트의 묘비에는 (《실천이성비판》에서 따온) 이런 묘비명이 새겨져 있다.

그것에 대해 더 자주, 더 깊이 생각하면 할수록 점점 더 새롭게 늘어나는 경탄과 외경으로 마음을 채워주는 두 가지가 있다. 내 머리 위의 별이 빛나는 하늘과 내 마음속의 도덕률이다.

도덕은 인간의 경험과 비물질적 세계를 연결하는 일종의 가교다. 어떤 것이 옳거나 그르다는 느낌은 거짓되거나 임의적이지 않다. 이러한 면은 우리가 형이상학적 원칙에서 결코 자유로울 수 없다는 사실을 시사한다. 도덕률은 딱 행성과 별만큼 실재적이다.

칸트의 행복론

행복의 추구는 자기 의무를 수행하고 우주 안에서 제 위치를 지키는 것에 비해 부차적인 문제라고 생각했던 스토아학파와는 달리, 칸트는 행복이 인간의 정당한 목표이자 시간과 공간 속에 존재하는 인간의 물질적 본성의 일부라고 믿었다. 다만 행복의 추구는 도덕적 탁월성을 추구하는 더 큰 범주의 일환으로 보아야 했다.

이에 칸트는 "스스로 행복해질 가치가 있도록 행동하라"는 절충안을 내놓았다. 이 말은 마치 그의 경건주의Pietist*적 배경에서 나온 듯 들리지만, 본뜻은 신이 시켜서가 아니라 순수하게 이성적인 차원에서 행복을 얻을 가능성을 극대화하기 위해 도덕적인 삶을 살아야 한다는 것이다. 도덕률을 거스르면 우리는 불행해질 운명에 처한다. 그러나 옳은 일을 행하면 우리 자신을 위해 질서 있고 평화로운 세상을 이룩할 수 있다. 칸트는 실제로 매우 행복한 사람이었다고 전해진다.

인간됨의 본질

칸트는 마지막 저서 《학부들의 논쟁Der Streit der Fakultäten》(1798)에서 철학이 관념에 대한 학문이나 '모든 학문들에 대한 학문'

---

*   17세기에 일어난 종교적 부흥 운동.

이 아니라 "인간에 대한 학문, 즉 인간의 표현·사유·행동을 다루는 학문으로서 인간을 그 모든 구성 요소에 따라 인간이 존재하고 또 존재해야 하는 대로, 즉 인간의 자연적 규정뿐만 아니라 인간의 도덕성과 자유의 관계에 따라 기술해야 한다"고 설파하려 애쓴다. 고대 철학은 인간을 우주의 한낱 수동적인 일부분으로 여겼지만 칸트는 인간이 '이 세계 내에서 철저하게 능동적인 지위'를 갖는다고 보았다.

> 인간은 그 자체로 자신의 모든 표상과 개념의 본원적인 창조자고, 자신의 모든 행위의 유일한 창시자여야 한다.

우리는 뉴턴식의 기계적인 세계에서 굴러다니는 공도 아니고 외부의 신에게 행동을 통제당하지도 않는다. 우리는 인식을 갈고 닦아 자신을 개선하고 그럼으로써 긍정적으로 세상을 변화시킬 수 있는 자율적인 존재다.

칸트는 인간의 행동이 종종 무의식적 성향에 좌우되어 자유의지란 거의 없어 보인다는 점을 인정해 프로이트의 전조가 되기도 했다. 그렇지만 인간은 분명 이성적 능력을 바탕으로 더 높은 이상과 관념에 따라 살아감으로써 잠재력을 실현하고 인류발전에 공헌할 수 있었다. 칸트에 따르면 인간됨의 본질은 자유다. 우리는 자유롭게 세상을 바라보고 이성과 경험을 기초로 스스로 옳다고 생각하는 대로 세계를 구성한다. 어떤 동물이라도 이런 인간을 흉내조차 낼 수 없다.

사실상 인간의 최대 성취는 시간과 공간을 초월하는 속성 때문에 다른 세상에서 온 듯 보이고 그래서 기꺼이 '신'이라 믿을 수 있는 보편적인 도덕률의 존재를 발견한 것이다. 신이 객관적인 실재인지 아닌지는 끝내 알 수 없겠지만 여기서 그것은 문제되지 않는다. 중요한 것은 우리에게 이 세계를 의미 있게 만들어갈 강력한 자유가 있다는 사실이고, 여기에는 보편적인 도덕률에 기초하여 윤리를 개발해갈 자유도 포함된다. 이것이 인류의 숙명이고 칸트의 핵심적인 메시지다.

인간이 본질적으로 자유롭고 자신의 의지로 움직이며, 문화적·정치적인 맥락과는 별개로 볼 수 있는 존재라는 칸트의 사상은 프랑스 혁명에도 철학적인 영감을 불어넣었다. 현대의 자유 의지 연구의 관점에서 보면 칸트의 입장이 아주 견고하지는 않다. 그럼에도 만일 우리가 개인의 본질적인 자유를 믿는다면, 이런 단순한 개념을 충분한 논거를 갖춘 철학적 논의로 전환시켰다는 점만으로도 칸트는 위대한 인물일 것이다.

칸트의 철학사적 위치

칸트 같은 최고의 철학자가 형이상학을 철학사에서 매우 중요한 주제라고 보았다면, 극단적인 경험주의와 합리주의 진영에서 바라듯이 형이상학이 그렇게 쉽게 묵살될 만한 사안은 아닐 것이다. 또 조지 버클리와 라이프니츠 같은 선대 철학자들은 '실재' 세계가 형이상학적이고 우리가 지각하는 자연계는 이 중요한 실재의 표상에 불과하다고 주장함으로써 신을 철학의 중심에 놓았으나, 칸트는 양쪽 다 똑같이 중요하다고 주장했다.

칸트에게 종교는 (불가능하게도) 영적인 진리로 연결되는 통로가 아니라 신중하게 추론한 도덕적 입장을 검증하는 기제였다. 칸트의 생각대로라면 과학과 논리를 수용하는 이성적이고 현대적인 사람이라도 삶 속에 영성의 여지를 남겨두는 것이 가능해 보인다. 그러나 칸트는 또한 (신학은 알 수 없거나, 적어도 감각을 기초로 말하거나 쓸 수 없는 주제나 실체를 연구하는 분야이므로) 신학에 대해 단언할 수 있는 것은 하나도 없다고 주장함으로써 논리실증주의와 비트겐슈타인을 포함한 현대 철학의 철학적 토대를 마련하기도 했다.

칸트의 연구는 양 진영에 모두 도움이 되기 때문에 여전히 흥미롭고 영향력을 지닌다. 경험주의자들은 칸트가 신이란 온통 말뿐이고 신학이란 본질적으로 실없는 소리임을 입증했다고 주장할 수 있다. 반면 신앙인들은 칸트의 저작에서 도덕률과 형이상학의 합리적 기반을 찾을 수 있다. 어느 쪽에 속하건 칸트의 체계는 워낙 공고하고 포괄적이며 내적인 완결성을 갖추고 있어, 그 이후로 어떤 철학자도 감히 그를 무시할 수는 없었다.

함께 읽으면 좋은 책 《니코마코스 윤리학》, 《키케로의 의무론》, 《존재와 시간》, 《인간의 이해력에 관한 탐구》, 《의지와 표상으로서의 세계》, 《철학적 탐구》

칸트 더 알아보기

1724년 동프로이센의 쾨니히스베르크(오늘날 러시아의 칼리닌그라드)에서 태어났다. 아버지는 마구 제작자로 가정 형편이 넉넉지는 않았지만, 어느 경건주의 학교에서 무상 교육을 받을 수 있었다. 이후 쾨니히스베르크대학교에서 과학, 철학, 수학 등 다양한 분야를 공부했다.

돈을 벌기 위해 8년간 개인 교사로 일하면서도 틈만 나면 태양계의 기원에 관한 《보편적 자연사와 천체론Allgemeine Naturgeschichte und Theorie des Himmels》같은 과학서를 틈틈이 집필했다.

박사 논문이자 첫 철학 책인 《형이상학적 인식의 제1원리Principiorum Primorum Cognitionis Metaphysicae Nova Dilucidatio》가 나온 후로, 대학에서 지리학부터 법과 물리학에 이르기까지 온갖 분야에 대해 강의하기 시작했다. 마흔여섯이던 1770년에 와서야 비로소 쾨니히스베르크대학교에서 안정적인 철학 교수직을 보장받았다.

그 외 저서로는 《형이상학의 꿈에 의해 해명된 어느 시령자의 꿈Träume eines Geistersehers》, 《형이상학 서설》, 《윤리형이상학 정초》, 《실천이성비판》, 《판단력비판》, 《이성의 한계 안에서의 종교》, 《윤리형이상학》 등이 있다.

평생 독신으로 살며 쾨니히스베르크를 거의 떠나지 않았다. 사교적이고 위트 있는 인물로 알려졌으며 점심시간에는 자택에서 살롱을 열었다. 1804년에 세상을 떠났다.

Book 26

아들을 제물로 바친 아브라함의
행위에 대한 철학적 해석

쇠렌 키르케고르의
《공포와 전율》

쇠렌 키르케고르 Søren Kierkegaard

19세기의 덴마크 철학자로 크리스천 사상가다. '기독교적 실존주의자'로 평가되며 '현대 신학의 아버지'라고도 불린다. '신 앞에 선 단독자'를 '진정으로 실존하는 나'로 보았다. 짧은 생애 동안 많은 글을 남겼는데 주로 종교적 문제를 다루고 있다. 철학과 신학, 심리학과 문학의 경계를 넘나들면서 현대 사상에 큰 영향을 끼쳤다.

《공포와 전율》은 구약성서의 유명한 이야기, 아브라함과 이삭의 이야기를 가지고 '믿음'의 본질을 논하는 책으로 1843년에 출간되었다. 사실 쇠렌 키르케고르는 살아생전에는 그리 주목받지 못했다. 그는 스스로 "내 철학은 50년 후에 재조명받을 것이다"라고 말했는데 실제로 그렇게 되었다.

키르케고르는 데카르트가 택한 회의론으로 철학적 사유를 하는 당시의 사조에 의문을 가졌다. 데카르트에게는 확실한 건 생각하는 나일 뿐 그 외에 모든 것은 의심의 대상이었다. 물론 키르케고르는 다르게 말하긴 한다. 데카르트는 사실 믿음의 문제에서만은 회의론자가 아니라고 말이다. 일례로《철학의 원리》란 저서만 봐도 데카르트는 하느님의 계시에 어긋나지 않는 한에서 이성이라는 '자연의 빛'을 지지한다고 못 박았다.

의심은 반대는 믿음이고, 키르케고르는 오랫동안 구약성서에 나오는 '믿음의 조상' 아브라함 이야기에 사로잡혔다.《공포와 전율》은 아브라함이 아들인 이삭을 제물로 바치라는 하느님의 명을 듣고 지시 장소인 모리아산으로 가는 3일간의 여정을 되짚어나간다.

아브라함에게 있어 이삭은 부인인 사라와 오랜 기다림 끝에 기적적으로 얻은 단 하나의 아들이었다. 그만큼 유난히 아끼고 사랑하는 대상이었다. 그런데도 아브라함은 주저하거나 의문을 제기하지 않고 바로 말에 안장을 얹고 출발한다. 가는 길에 이삭이 무슨 일이 일어날지 깨닫고 살려달라 애원했지만, 아브라함은 우리의 예상처럼 자신의 행동을 하느님 탓으로 돌리지 않는다. 대신 자신이 모든 책임을 떠안는다. 아들이 '하느님에 대한 믿음을 잃는 것보다는' 차라리 아버지를 괴물로 믿는 편이 낫다고 판단했던 것이다.

그 후 어떻게 됐을까? 다행히도 이삭을 대신할 제물(양)이 나타나고, 아브라함은 믿음의 사람임이 증명되었다. 키르케고르에게는 아브라함의 절대적인 자발성이 비현실적이고 비인간적으로 보였다. 일차원적으로 보자면 아브라함은 살인자다. 하지만 그는 단지 신의 뜻이란 이유만으로 명백히 부조리한 지시를 끝까지 믿고 따른다. 아브라함의 이러한 행위는 뭇사람들로서는 따라갈 수 없는 경지다. 그걸 보는 우리에게 공포와 전율이 일어난다. 바로 이 지점에서 키르케고르는 아브라함의 행위가 인간으로서 최고의 경지를 나타낸다고 주장한다.

위대함의 경지

키르케고르는 누구든지 자신이 사랑하고 기대하는 바에 따라 위대해질 수 있다고 말한다. 자기 자신을 사랑하는 자는 '자기 힘으로' 위대해지고, 남을 사랑하는 자는 '그 헌신 때문에' 위대해진다. 그렇지만 절대자나 신을 사랑하는 자는 이 모두를 뛰어넘는다. 자신을 사랑하는 자가 가능한 것을 기대함으로써 위대해지고 남을 사랑하는 자가 영원한 것을 기대함으로써 위대해진다면, "불가능한 것을 기대하는 자는 그 누구보다 더 위대해진다." 절대자에게 모든 힘을 바쳐 자발적으로 무력해진 자의 위대함은 개인의 힘이나 자기희생을 뛰어넘는 것이다. 키르케고르가 한 말처럼 "항상 최선의 것을 기대하는 자는 삶에 속아 노인이 되고, 항상 최악의 것을 각오하는 자는 젊어서 지레 늙고 말지만, 믿는 자는 영원한 젊음을 간직한다."

이런 사람은 남들의 눈에 미치거나 부조리한 길을 따르는 것처럼 보이지만 그것은 단순히 그들이 세속적인 지혜나 이성에 기대지 않기 때문이다. 만일 신이 불가사의한 방식으로 행동한다면, 신의 수단에 불과한 인간도 때로는 이성을 넘어서 행동하는 듯 보일 수밖에 없다.

부조리를 믿다

키르케고르는 체념이 실은 영웅처럼 보이기 위한 자기중심적인 행위라고 본다. 그에 반해 믿음은 체념한 후에도 여전히 믿는다는 의미이므로 훨씬 더 고차원적이다. 믿음은 이 세계에서는 자신의 행동을 포기하지 않겠다는 의미다.

모리아산으로 가는 내내 아브라함은 '신께서 진정으로 이삭을 요구하신다면' 기꺼이 제물로 바칠 생각이었다. 그는 인간의 모든 합리성을 유보해두었기 때문에 부조리를 믿어야 했다. 그는 스스로를 이렇게 다독일 수밖에 없었다. "나는 이 일의 의미를 모르지만, 대신 신께 그 의미를 맡기고 있다."

키르케고르는 아브라함의 믿음의 도약을 하나의 '운동movement'으로 보았다. 이 운동은 모든 것을 포기하도록 요구하는 듯 보이지만 결국 아브라함에게 모든 것을 안겨준다. 이삭은 아브라함의 품으로 돌아올 뿐만 아니라 이전보다 더욱 훌륭해져서, 대대손손 번영과 풍요의 예언을 실현하는 새로운 이삭이 되었다. 아브라함은 신이 만물의 근원임을 최초로 받아들였기 때문에 이제 절대적으로 지식을 보장받게 되었다.

　믿음의 도약은 지극히 이루기 어렵지만 우리를 보편적 존재
와 통합시켜 진정한 안정을 보장해주는 유일한 힘이다.

믿는다는 것의 힘

키르케고르에 따르면 '믿음의 기사'는 믿음의 도약을 그저 한 발
짝의 걸음으로 바꿔버린다. 이런 사람에게는 믿음의 도약이 평
상시에 사는 방법이기 때문이다. 그는 단 하나의 사랑이나 거대
한 계획에 기꺼이 인생 전체를 건다. 이와 반대되는 것이 평생의
살림살이에 급급한 사람이다.

　키르케고르는 한 여자와 사랑에 빠진 믿음의 기사를 예로 든
다. 그의 구애는 부질없어 보이고 본인도 그 사실을 인정한다.
그렇지만 그는 한발 더 나아가며 이렇게 말한다. "그래도 나는
그녀가 나의 것이 되리라 믿습니다. 이것은 부조리한 것의 힘을
통해 이루어집니다. 신에게는 모든 것이 가능하다는 바로 그 사
실을 통해 이루어지는 것입니다." 그는 순수한 인간의 차원에서
는 그녀를 얻을 가능성이 없음을 인정한다. 그러나 바로 이런 불
가능성 때문에 오로지 신만이 그 일을 가능하게 만들 수 있음을
알게 된 그에게는 믿음의 도약이 일어난다. 그가 부조리를 믿어
야만 무한함이 드러날 수 있는 것이다.

　아브라함의 중요한 점은 그가 고통스러워하면서도 여전히 믿

는다는 점이다(끔찍이 비통해하면서도 그는 심지어 이삭을 나무에 묶고 제물로 바치기 위해 불까지 피운다). 아브라함은 공포, 고통, 고뇌를 뛰어넘었기 때문에 훌륭한 것이 아니라 그런 감정을 끌어안고도 믿었기 때문에 위대하다. 그러는 과정에서 그는 삶의 주인이 되었다. 아브라함의 이야기를 읽은 사람들은 흔히 그가 거기에 도달하기까지 겪어야 했던 각고의 시간은 무시한 채 결과만 보고 그가 원래부터 위대한 자라고 여기는 실수를 저지른다. 만약 우리가 아브라함처럼 되고 싶다면, 그가 성경의 유명 인물이 되기 이전에 어떻게 시작했고, 어떻게 행동했는지를 살펴볼 필요가 있다.

우리는 모두 믿음의 기사가 될 수 있다

키르케고르는 철학이 믿음을 하찮게 여기는 경향이 있다고 보았다. 실제로 철학은 우리에게 믿음에 관해 아무 말도 해줄 수 없다. 믿음은 말과 개념의 범위를 넘어서서 존재하기 때문이다. 일반적인 사고로는 아브라함의 행동을 이해할 수 없다. 그런 상황에서 일반적인 사고는 쓸모가 없는 것이다.

키르케고르의 말처럼 믿음은 실로 "인간이란 존재 안에 있는 최고의 열정이다." 보편성은 한 인간을 통해 발현되고, 그 인간은 영원하고 무한한 것을 표현하게 된다. 키르케고르는 우리 모두가 믿음의 기사가 될 수 있다고 확신했다.

함께 읽으면 좋은 책 《신학대전》, 《제일철학에 관한 성찰》, 《순수이성비판》, 《팡세》

쇠렌 키르케고르 더 알아보기

1813년 코펜하겐의 유복하고 독실한 집안에서 태어났다. 열일곱 살 때 코펜하겐대학교의 신학 과정에 입학했으나 철학과 문학에 빠져 아버지를 실망시켰다. 대학 졸업 전에 아버지는 돌아가셨고, 그는 학위를 받은 후 어느 공무원의 딸에게 청혼했다. 하지만 결혼은 성사되지 않았고 그는 평생 독신으로 남아 주로 아버지의 유산으로 생활했다.

1843년 《이것이냐 저것이냐》를 출간한 후 몇 개월 뒤에 《공포와 전율》을 발표했다. 1844년 《철학적 단편Philosophiske Smuler eller En Smule Philosophi》과 《불안의 개념》을 내놓았고, 1846년 《철학적 단편에 부치는 비과학적 해설Afsluttende uvidenskabelig Efterskrift til de philosophiske Smuler》을 집필했다. 또 필명으로 《죽음에 이르는 병》과 《그리스도교의 훈련Indøvelse i Christendom》을 썼다. 《다양한 영혼의 교훈적인 담론Opbyggelige Taler i forskjellig Aand》에서는 자신이 진정한 기독교의 메시지라고 믿던 바를 제시한 후, 덴마크 교회와 그 세속에 물든 세계관을 매섭게 비판하고 나섰다.

1855년 세상을 떠났다. 비트겐슈타인은 한 친구에게 키르케고르가 "현재까지 19세기의 가장 심오한 사상가다, 그는 성자였다"고 말했다고 한다.

Book 27

분석철학계를 뒤집어놓은
젊은 학자의 충격적 강연

솔 크립키의
《이름과 필연》

솔 크립키 Saul Kripke

현대 미국의 철학자이자 논리학자로 21세기에 가장 큰 영향을 미친 분석철학자 중 한
명이다. 여섯 살 때 고대 히브리어를 읽고, 아홉 살 때 셰익스피어를 읽었으며, 초등학
교 입학 전에 데카르트의 수학서를 읽고, 열일곱 살에는 양상논리학*의 새로운 정리를
개발한 천재다. 2001년에 롤프 쇼크상 논리학 및 철학 부문을 수상했다.

《이름과 필연》은 1970년 스물아홉의 솔 크립키가 메모 한 줄 없
이 프린스턴대학교에서 진행한 세 차례의 지칭이론 강연을 묶
은 것으로, 1972년에 필사한 내용이 다른 논문집에 게재되었다
가 1980년에 크립키가 서문과 부록을 추가해 단행본의 형태로
제작, 발간한 것이다. 지칭이론이란 어떤 대상을 표현하는 이름
에 관한 이론으로 책 제목에서 볼 수 있듯이 '언어의 철학적 의

---

* 양상 개념을 다루는 논리학. 가능, 필연, 우연 따위의 명제 양상을 구분하여 서로의 관계를 밝히는
  논리학으로, 1912년 비양상 논리학에 대한 루이스의 비판을 그 시작으로 한다.

미'를 다루고 있다.

크립키의 이 강연이 있은 후 영미 분석철학계는 들썩이게 되는데, 크립키가 당시의 지배적인 분석철학 기조에 반기를 들었기 때문이다. 프레게와 러셀, 비트겐슈타인의 등장 이후 전통적인 형이상학의 문제는 더 이상 철학의 과제가 아니었다. 이들에게 있어 철학이란 세계관을 구성하는 것이 아니라 언어와 기호를 논리적으로 분석하는 것이었다. 그래야만 인식의 참과 거짓을 밝힐 수 있다고 보았다. 언어만 제대로 사용한다면 보다 명확한 실재를 볼 수 있으리라 이들은 생각했다.

크립키는 강연을 통해 이러한 언어 유물론적 패러다임의 허점을 조목조목 지적하며 다시금 형이상학의 문제를 진지하게 받아들이는 풍토를 조성했다. 그는 양상논리학을 바탕으로 필연성 개념을 체계화한다. 그때까지 선험적인 것은 필연적인 것으로, 경험적인 것은 우연적인 것으로 여겨졌다. 하지만 크립키는 선험성과 필연성이 다르고 경험성과 우연성이 다르다며, 경험적인 필연성이 가능하다고 보았다. 이름으로 대표되는 고유명사(고정 지시어)가 바로 그것이다.

　이는 철학사에서 하나의 분기점이 되었다. 단행본으로 출간된《이름과 필연》은 단숨에 고전 반열에 올랐고, 현재까지 철학계에서 많이 인용되는 저작 중에 하나다.

기술적 표현과 동일성의 문제: 본질주의적 입장

크립키의 양상논리학은 프레게, 러셀, 비트겐슈타인, 존 설John Searle이 설파하던 '기술론descriptivist'에 대한 반발로 나왔다. 기술론적 관점에서는 모든 고유명사가 어떤 식으로든 해당 사물에 관한 사실적 기술과 부합해야 하고, 그 사실은 감각으로 확인되거나 의심할 여지 없는 논리(예를 들면 '모든 총각은 미혼이다')를 통해 참으로 입증되어야 한다. 이 관점에 따르면 미국 최초의 우체국장, 이중 초점 안경의 발명가,《가난한 리처드의 달력》의 저자 등 일군의 진술이 모여 하나의 동일성, 이 경우에는 벤저민 프랭클린에 도달할 수도 있다.

벤저민 프랭클린과 같은 고유명사를 크립키는 '고정 지시어'라고 부른다. 벤저민 프랭클린에 관련된 정보나 기술은 참이거나 참이 아닐 수 있고, 아예 거짓으로 판명될 수도 있겠지만(어쩌면 프랭클린이 이중 초점 안경을 발명하지 않았거나《가난한 리처드의 달력》을 쓰지 않았고, 착오가 생겨 정식 우체국장이 아니었던 것으로 밝혀질지도 모른다), 우리가 벤저민 프랭클린이라고 알고 있는 사람이 바로 프랭클린이라는 사실만은 언제나 변함없이 참이다.

크립키의 주장에 따르면 사실 우리는 어떤 사람에 대해 올바른 정보를 하나도 기술하지 않고도 그 사람을 지칭할 수 있다. 프랭클린이 위에서 언급한 어떤 사항에도 해당되지 않을 '가능 세계possible world'가 존재한다는 것이다. 만일 이럴 경우에 기술론적 입장을 적용하자면 벤저민 프랭클린은 존재했을 수가 없다는 결론이 나온다. 그러나 그는 분명히 존재했었고, 이 사실은 우리가 그를 어떻게 기술하건 그리고 그 기술이 옳건 그르건 상관없이 프랭클린을 프랭클린으로 만드는 어떤 특질이 그에게 있다는 것을 의미한다.

크립키의 '본질주의' 관점에서는 프랭클린의 존재가 오로지 그가 실제 존재했다는 사실에 의해서만 결정된다고 주장한다. 너무 당연한 말처럼 들리겠지만, 그럼에도 이 주장으로 '필연성'에 대한 두 가지 견해가 갈리게 된다. 기술론적인 분석철학자들에게는 동일성이 곧 정확한 기술을 의미하는 반면, 크립키에게 동일성이란 '어떤 존재와 그 자체 사이의' 관계일 뿐이다. 크립키는 또 다른 예로, 어떤 사람이 물리학자 리처드 파인만에 관한 이야기를 듣고 그에 대해 아무것도 모르면서도 그의 이름으로 그를 지칭하는 경우를 든다. 이 사람이 파인만에 대해 들은 정보가 전부 틀렸을 수도 있지만 그래도 그가 지칭하는 것은 여전히 파인만이라는 실존 인물이다.

다른 사례에서는 '키케로'와 '툴리Tully'라는 이름이 등장한다. '툴리'는 키케로의 전체 이름이 마르쿠스 툴리우스 키케로인 데서 비롯된 키케로의 옛날식 영어 이름으로, 둘은 결국 같은 인물의 다른 이름이다. 그렇지만 크립키는 '키케로'와 '툴리'에 관한 기술이 서로 완전히 다를 경우 논리적 기술론에 따르면 두 이름이 전혀 다른 사람을 지칭한다는 결론에 이를 수 있다고 주장한다. 실제로는 두 이름이 동일인을 지칭한다는 점에서 각 이름을 그에 관한 기술과 결부시키려는 기술론의 문제점이 드러나는 셈이다. 이런 크립키의 주장은 이름이 동일성을 표시하는denote 것이 아니라 함축하는connote 것이라던 존 스튜어트 밀의 견해와 맥을 같이한다.

크립키는 보통 아이가 태어났을 때 지어주는 이름이 '인과적이고 연쇄적으로 사용됨으로써' 그 사람을 지칭하는 편법이 된다고 분석한다. 한 사람을 기술하는 방법은 적어도 수백 가지가 있겠지만 그런 기술은 본질적으로 그의 이름과 무관하다. 이름은 그 사람이 존재한다는, 혹은 한때 존재했었다는 사실을 말해준다. 덕분에 우리는 매번 그 사람의 동일성을 확인하기 위해 그에 관한 정확한 기술들을 떠올리지 않아도 된다.

크립키는 언어분석 철학자들이 언어를 더욱 정확하게 만들려는 열망에서 언어의 기능을 지나치게 강조했다고 말한다. 그는 자신이 말하는 동일성의 철학을 요약하기 위해 버틀러Butler 주교의 말을 인용한다.

모든 것은 있는 그대로고 다른 것이 아니다.

한 사람은 그만의 본질적인 속성을 지닌 있는 그대로의 그일 뿐, 아무리 정확한 언어를 동원한다고 해도 그의 동일성을 추가하거나 박탈하거나 입증할 수는 없다.

이름과 그 의미

크립키는 심지어 우리가 어떤 것의 이름을 바꾸더라도 여전히 예전 이름과 새로운 이름이 지칭하는 바를 알고 있다고 주장한다. 이름은 어떤 것에 관련된 사실을 다른 시공간으로 전달하기 위한 도구일 뿐 그 자체로는 아무것도 기술하지 않는다. 여기서 크립키는 금을 예로 든다. 가령 우리가 세계 어딘가의 금광에서는 대기의 특성상 노란색을 띠던 '금'이 그 지역을 벗어나자 실은 푸른색이었다는 사실을 깨달았다고 가정해보자. 그런다고 금이 더는 존재하지 않는다는 의미가 될까? 물론 아니다. 우리는 그저 금의 색깔을 착각했다고 생각할 뿐 금은 여전히 금이다.

마찬가지로 만일 우리가 특정한 종, 예를 들어 호랑이를 특정한 모습과 속성을 가진 동물로 정의했는데 그 동물이 실은 그런 모습이나 특성을 갖지 않는 것으로 밝혀졌다고 해서 우리가 더는 그 동물을 호랑이라고 부르지 않게 될까? 그렇지는 않다. 우리는 여전히 그 동물을 그동안 불러온 대로 호랑이라고 지칭할 것이다. 동물에 대한 사실적 기술이나 속성보다 의미의 인과적 연쇄를 유지하려는 우리의 바람이 더 중요하기 때문이다. 하나의 '자연종'을 이루는 동물의 특질이나 속성은 그다음 문제다.

만일 한때 호랑이에 결부하던 속성을 지닌 새로운 동물 종이 나타난다고 해도, 우리는 호랑이라는 이름을 그 종에 옮겨다 붙이는 게 아니라 완전히 새로운 이름을 붙여줄 것이다. 결국 중요한 것은 우리가 어떤 것을 어떻게 부르는가다.

다시 금의 사례로 돌아와서, 크립키는 과학적인 의미에서 금을 금으로 만드는 요인이 무엇인지를 궁금해한다. 금의 본질적인 특징이란 무엇일까? 우리는 금을 여러 가지 방식으로 기술할 수 있다. 금속이고, 반짝이는 노란색이며, 녹이 슬지 않는 등등. 그러나 이런 기술만으로는 황철석(일명 '바보들의 금')을 진짜 금이라고 믿는 사람들처럼 착각에 빠지기 십상이다. 이런 설명을 뛰어넘는, 즉 말의 범주를 넘어서는 금 자체의 고유한 특징이 필요하다. 결국 크립키는 원자번호 79번의 원소라는 사실이 '금의 본질'이라고 결론 내린다.

이런 방법을 통해 크립키는 자신의 이론이 반과학적이지 않고, 오히려 그렇게 사물의 본질적 특성을 찾는 것이 과학의 본령임을 입증할 수 있었다. 어떤 존재를 말로 기술하는 것은 얼마든지 할 수 있어도 그것의 실질적인 본질을 파악하려면 특정한 미세 구조를 알아야 한다는 것이다.

크립키의 해석이 시도한 것

거의 20세기 내내 철학은 오로지 언어 분석을 통해서만 감각만으로 알 수 없는 것도 무엇이 참이고 거짓인지를 밝혀낼 수 있다고 생각해왔다. 크립키의 폭탄선언은 만약 기술론에 맹점이 있어 언어만으로는 동일성의 핵심에 접근조차 불가능하다면, 왜 그런 입장을 철학의 주축으로 삼아야 하느냐는 문제 제기였다. 아마도 물질적으로 기술될 수 있는 것만이 적절하거나 중요하다고 믿던 세계의 유물론적 시각은 편견에 불과할 터였다.

《이름과 필연》의 마지막 부분은 다음과 같다.

> 내 생각에 유물론은 세계의 물질적 기술이 그 세계의 완전한 기술이고, 모든 정신적 사실은 그것이 물리적 기술의 필연적 결과라는 단순한 의미만으로도 물리적 사실에 '존재론적으로 종속되어' 있다고 주장해야 한다. 내가 보기에는 어떤 동일성 이론가도 이것이 옳지 않다는 직관적 견해에 맞서 설득력 있는 반론을 펼치지 못했던 듯하다.

이런 진술은 (적어도 이론적으로는) 우리의 언어로 기술할 수 없는 정신적이거나 형이상학적인 어떤 현실적 질서가 존재할 여지를 남긴다. 크립키는 수학자이자 논리철학자로서는 드물게 안식일을 챙기던 독실한 유대인답게 어느 인터뷰에서 이렇게 말했다.

내게는 오늘날 많은 사람이 가진 선입견이 없습니다. 나는 자연주의적 세계관을 믿지 않습니다. 나는 선입견이나 세계관에 의거해 사유하지도 않고 유물론도 믿지 않습니다.

현대 세계와 과학의 근간이라 할 자연주의적-유물론적 패러다임을 단순한 선입견 내지는 이데올로기로 치부하다니, 합리주의적 체제에 뿌리를 둔 주류 학자치고는 놀라운 발언이다. 크립키는 철학이 대체로 일상적인 삶과는 연관성이 적다고 말했지만, 만일 그가 옳다면 그것은 '현대' 유물론적 세계관의 종말을 의미한다. 그런 점에서 크립키의 철학은 모든 것을 완전히 재편하는 철학계판 와해성 혁신 기술로 봐도 무리가 아닐 것이다.

(함께 읽으면 좋은 책) 《언어, 논리, 진리》, 《철학적 탐구》

솔 크립키 더 알아보기

1940년 뉴욕에서 태어났으나 어릴 적에 온 가족이 네브래스카주 오마하로 이주했다.
1962년 하버드대학교에서 학사학위를 받았으며, 1973년 옥스퍼드대학교에서 매해 열리는 세계적인 철학 강연인 존로크강연을 맡아 역대 최연소 강사 기록을 세웠다. 하버드대학교, 프린스턴대학교, 록펠러대학교, 뉴욕시립대 대학원에서 교수를 지냈다.
다른 주요 저서로는 비트겐슈타인 철학에 대한 독창적인 해석을 담아 논쟁을 불러일으킨 《비트겐슈타인 규칙과 사적 언어》가 있다. 2022년 9월 15일 세상을 떠났다.

Book 28

과학의 진보는 '비연속적이다'라고
밝힌 문제작

토머스 쿤의
《과학혁명의 구조》

토머스 쿤 Thomas Kuhn

미국의 과학사학자이자 과학철학자다. 스스로를 '철학을 위해 역사를 연구한 물리학
자'라고 일컬었다. 과학의 진보는 점진적이고 연속적인 '축적'이 아닌 '패러다임의 전
환'을 통해 혁명적으로 이루어졌다는 주장을 펼쳐 세계를 놀라게 했다. '패러다임의 전
환'은 이제 과학계를 넘어 사회·정치·문화적으로도 널리 쓰이는 말이 되었을 만큼 큰
영향을 남겼다.

1962년에 처음 출간된《과학혁명의 구조》는 벌써 개정4판이
나왔을 만큼 우리 시대의 고전이 되었다. 이 책을 안 읽어본 사
람은 있어도 '패러다임의 전환'이란 말을 모르는 사람은 없을 것
이다. 그만큼 《과학혁명의 구조》의 영향은 과학사 및 철학사를
뛰어넘는다.

아마도 토머스 쿤이 과학사를 접하는 일이 없었더라면 이 책
은 탄생하지 않았을지도 모른다. 하버드대학교 대학원에서 이
론물리학을 공부하던 시절 박사 논문이 막바지에 달했을 때, 쿤

은 비과학도를 대상으로 실험적인 과학 강의를 해달라는 제의를 받았다. 이때 쿤은 과학사를 본격적으로 접하게 되었고, 이로 인해 그의 진로는 물리학에서 역사학으로, 그리고 과학철학으로 급선회하게 되었다. 30대 중반에 코페르니쿠스 연구서를 집필한 그는 5년 후에《과학혁명의 구조》를 발표했다.

과학의 진화성을 뒤흔든 이 책은 출간되자마자 열광적인 찬사와 논쟁을 동시에 불러일으켰다. 현재 이 책은 24개국 언어로 번역되었으며 1백만 부가 넘게 팔린 베스트셀러이자 스테디셀러다. 원래는《통합과학백과사전Encyclopedia of Unified Science》의 별책 시리즈 중 한 권으로 기획되어 170쪽으로 분량이 많지 않다. 하지만 별도의 단행본으로 확대된 후에 지금에 이른 것이다.

쿤이 이 책에서 제기한 하나의 세계관이 다른 세계관을 대체한다는 '패러다임'의 포괄적인 개념은 그야말로 '혁명적'이었다. 그동안의 과학의 발전은 '연속적'이란 개념을 단번에 무너뜨렸기 때문이다. 오늘날 '패러다임의 전환'은 하나의 상식적 용어가 되어 다양한 분야에서 쓰이고 있다. 실제로 쿤 본인도 패러다임이 과학에만 존재하는 것이 아니라 이 세계를 이해하는 자연스럽고 인간적인 방식이라고 책에서 여러 번 언급한다. 쿤은 아리스토텔레스의 저작을 읽다가 그의 운동 법칙이 그저 '어설픈 뉴턴'이 아니라 세계를 바라보는 완전히 다른 방식임을 깨닫고 이 책을 집필했다고 한다.

과학은 과학자가 만든다

쿤은 우선 기존 과학 교재에서 과학 발전을 설명하는 방식이 관광 안내 책자에서 한 나라의 문화를 설명하는 수준 이상 현실을 설명하지 못한다고 지적한다. 교과서는 점진적으로 축적되어온 사실들을 설명하고, 지식을 확대시킨 성공적인 실험에 근거한 이론들을 소개한다. 그렇지만 과학이 정말로 그렇게 깔끔한 방식으로 전개되는 것일까?

쿤은 과학의 진보를 개인들의 위대한 발견의 관점에서보다는 기존 데이터의 재해석을 허용(또는 불허)하는 당대의 지적 풍토와 과학계의 관점에서 바라보는, 보다 개방적이고 겸손한 입장을 추구했다. 그의 핵심은 과학자들이 단순히 자연의 작동 방식을 설명함으로써 발전해나가는 것이 아니라 자연을 이해하는 패러다임 내에서 활동하는 것이고, 그 패러다임 자체도 일단 현상을 설명하기에 미흡한 것으로 판명되면 새로운 패러다임으로 대체된다는 개념이었다. 쿤이 말하는 패러다임이란 '어느 일정한 시기에 전문가 집단에게 모형 문제와 풀이를 제공하는 보편적으로 인식된 과학적 성취들'을 의미했다.

이런 과학적 진보관은 어떻게 다른 것일까? 기존의 관점에서는 '한쪽에 사실이 있고', '다른 한쪽에 그것을 발견하는 우리(과학자)'가 있다. 그러나 사실이란 관찰자 없이는 존재할 수 없고, 이 말은 과학자의 관심이 현행 과학을 구성하는 데에 절대적으로 중요하다는 의미다. 게다가 과학의 진보에는 새로운 사실의 발견뿐만 아니라 우리가 이미 안다고 생각하던 대상을 새롭게 바라보는 시각도 포함된다. 쿤은 일례로 X선이 기존의 어떤 이론에도 부합하지 않았기 때문에 "놀라울 뿐만 아니라 충격으로 다가왔다"고 전한다. 하나의 패러다임이 다른 패러다임으로 바뀔 때에는 세계 그 자체가 변하는 듯 보인다. "혁명 이전의 과학자 세계에서는 오리였던 것이 혁명 이후에는 토끼로 둔갑하는 것이다."

쿤의 획기적인 통찰 중 하나는 패러다임이 당대 대부분의 질문에 대부분의 대답을 제시할 만큼 정합성이 있으면서도 근본적으로 잘못될 수 있다는 것이다. 천동설은 오랜 세월 많은 사람을 만족시키며 훌륭한 우주론으로 인정받았으나, 어느 순간 그 가설에 맞지 않는 이상 현상이 무시하기 힘들 만큼 많아지면서 지동설의 패러다임으로 대체되고 말았다. 그럼에도 확실성을 선호하는 인간의 본성상 패러다임의 혁명은 언제나 저항을 유발한다. 진정한 발견은 자연이 예측과 다르게 움직이는 이상 현상의 감지에서 시작된다. 과학자들은 새로 알게 된 사실을 어떻게 처리해야 할지 모르기 때문에, 이 사실을 기존 이론에 끼워 맞출 수 있을 때까지 '과학적' 사실로 인정하지 않는다.

패러다임은 스스로 제기한 문제를 해결하는 능력이 점점 불안해질 때 흔들리기 시작한다. 전문가들이 계속 '틀린' 대답을 내놓는 것이다. 패러다임이 위기 상태에 빠지면, 그때 비로소 코페르니쿠스의 천문학이나 아인슈타인의 특수 상대성 이론 같은 새로운 패러다임으로의 전환이 가능해진다.

쿤의 관찰에 따르면 새로운 분야의 초기 단계에는 보통 확립된 패러다임이 없고, 단지 자연의 일부 측면을 설명하려는 견해들이 서로 경쟁한다. 설령 이런 견해들이 전부 기존 과학적 방법론을 따르고 있더라도 그중 하나만이 정설로 받아들여진다. 모든 사람이 그 견해에 동의하기 때문이 아니라 단일한 패러다임을 유지하는 쪽이 더 편하기 때문이다. 우리가 인정하려는 수준보다 훨씬 더 크게 인간의 심리가 작용하는 셈이다. 그래서 쿤은 과학이 그 자유 의지에 따라 냉정하고 객관적으로 진보하는 것이 아니라 과학자들이 만드는 것이라고 주장한다.

정상 과학과 혁명적 과학

쿤은 '정상 과학'과 우리의 세계관을 혁명적으로 바꾸는 과학적 사고나 연구를 구분한다.

정상 과학은 '과학계에서 이 세계가 무엇인지를 알고 있다'는 전제에 입각하는 것이다. "과학 활동에서 대부분의 성공은 그 사회가 필요하다면 상당한 대가를 치르고서라도 그 가정을 기꺼이 옹호하려는 의지에서 나온다." 정상 과학은 미리 정해진 이론적 경로에 걸림돌이 될 수 있다는 이유로 이상 사실을 억제하려는 경향이 있다. 쿤은 기존 패러다임 내의 이런 새로운 발견이나 이상 현상을 '기대에 위배되는 것'이라고 정의한다. 이상 현상이 나타났다고 해서 기존 패러다임을 포기하는 경우는 거의 없다. 보통은 무엇이 문제인지를 파악해가며 기존 패러다임 내에서 연구를 계속한다. 극소수의 과학자들만이 진정으로 '틀에 박힌 사고방식에서 벗어나' 자연을 새로운 시각으로 바라본다.

어떤 과학계에 참여하려면 그 패러다임을 연구하는 것이 기본이고 대다수 과학자들은 그 패러다임 내에서 보다 작은 문제를 해결하거나 보완적 연구를 수행하는 데 평생을 바친다. 그렇지 않으면 뉴턴의 《자연철학의 수학적 원리Philosophiae Naturalis Principia Mathematica》가 발표된 후 많은 과학자들이 그러했듯이, 자연과 이론/패러다임의 간극을 좁힐 수 있는 사실들을 찾아내는 데 주력한다.

정상 과학은 패러다임이 제공하는 미리 짜여진 상당히 딱딱한 상자 속에 자연을 밀어 넣으려는 시도처럼 보인다. 정상 과학의 목적 어디에도 새로운 종류의 현상을 환기시키려는 의도는 없다. 오히려 이 상자에 들어맞지 않는 현상들은 전혀 보이지 않는 경우가 많다.

문제는 예상치 못한 새로운 사실이 나타났을 때, 과학자들이 그것을 '실수'로 제쳐놓거나 그들이 기대하던 결과를 입증하지 못한 방법상의 실패로 일축한다는 것이다. 이처럼 정상 과학의 목표는 무언가 새로운 것을 찾는 것이 아니라 기존 패러다임을 더욱 정확하게 만들어 자연이 이론에 완벽히 부합하게 하는 것이다.

반면 혁명적 과학은 "정상 과학의 전통에 갇힌 활동에 전통을 파괴하는 활동을 보완하는 것이다." 새로운 이론은 단순히 새로운 사실이 아니라 우리가 그 사실을 바라보는 시각의 총체적 변화다. 이런 변화는 이론의 재구성으로 이어지고, 이는 "한 사람의 힘으로 하룻밤 사이에 완결되기란 거의 불가능한 본질적으로 혁명인 과정이다."

서로 다른 두 세계: 패러다임의 비교 불가능성

패러다임의 변화는 이성적인 과정이 아니다. 서로 다른 패러다임 사이에는 일종의 관점상의 심연이 존재하므로 패러다임은 서로 경쟁하지 않는다. 이들은 문제를 해결하는 방법론은 물론이고, 그 문제를 정의하는 데 필요한 용어조차 합의점을 찾지 못한다. 쿤은 패러다임이 서로를 판단할 공통의 기준이 없기 때문에 '비교 불가능하다'고 결론짓는다.

또 각각의 패러다임이 우주의 객관적 사실에 더 가깝거나 더 멀다는 것도 사실이 아니다. 결국 패러다임의 요체는 그것을 만들고 제안하는 사람들이고, 이들은 각기 다른 세상을 살아간다. 쿤은 막스 플랑크Max Planck의 다음 말을 인용한다.

> 새로운 과학적 진리는 그 반대자들을 납득하게 하고 그들을 이해시킴으로써 승리를 거둔다기보다는, 그 반대자들이 결국에 가서 죽고 그것에 익숙한 새로운 세대가 성장하기 때문에 승리하게 된다.

실제로 코페르니쿠스의 주장이 지지를 얻기까지는 그가 죽고 나서 100년도 더 흘러야 했고 뉴턴의 사상이 널리 수용된 것도 그의 《자연철학의 수학적 원리》가 출간된 지 50년도 넘어서였다. "패러다임에서 패러다임으로의 이행은 강제될 수 없는 개종 경험이다." 그럼에도 과학 사회는 마침내 지지를 얻어 새 패러다임이 옳다고 주장하는 바를 '입증하는' 과정에 돌입한다.

패러다임이 의미하는 것

《과학혁명의 구조》는 과학이 우리에게 경험적 관찰을 축적함으로써 세계의 실재를 객관적으로 파악할 수 있는 탄탄대로를 제시하는 것(이른바 계몽주의적 관점)이 아니라 실은 인간의 창조물에 불과하다는 주장으로 큰 충격을 던졌다. 만약 과학이 우리의 이론에 자연을 맞추려는 시도라면, 우리가 먼저 다루어야 할 것은 인간의 본성이다.

우리는 흔히 과학적 이해가 늘어나거나 변화하는 것을 거대한 진보의 일환으로 여기지만, 쿤에 따르면 과학 자체는 아무런 목표가 없고 그저 과학적 설명과 실재를 최대한 일치시키려 노력할 뿐이다. 이 책의 2판에서 쿤은 자신이 상대론자가 아니고 과학적 진보를 믿는다는 점을 분명히 못 박았다. 그러면서도 과학은 마치 진화론처럼 뭔가 단순한 것에서 시작해 진화하기는 하지만 거기에 최종 목표나 지향점이 있다고는 아무도 말할 수 없다고 역설했다.

쿤에 대한 일반적인 평가는 패러다임이 '나쁘다'는 것이다. 패러다임 때문에 사람들의 시야가 편협해져, 지배 원리의 기저를 이루는 패러다임에 의문을 갖지 못하게 된다는 이유에서다. 그러나 쿤은 패러다임이 정립되었다는 것은 그 분야가 어느 정도 성숙해졌다는 신호라고 말한다. 적어도 그 분야에서 전문가들이 동의할 만한 일련의 규칙이 형성되었다는 의미기 때문이다. 패러다임은 결코 긍정적이지도 부정적이지도 않다. 단지 우리에게 세계를 바라보는 프리즘을 제공할 뿐이다. 그 진정한 가치는 패러다임을 객관적으로 바라보고 우리의 진실이 가정에 지나지 않을 수 있음을 인정하는 데 있을 것이다.

(함께읽으면좋은책) 《말과 사물》,《인간의 이해력에 관한 탐구》,《과학적 발견의 논리》

1922년 미국 신시내티에서, 수력 공학자에서 투자 컨설턴트로 변신한 아버지와 편집자인 어머니 밑에서 태어났다. 뉴욕시 부근에서 자라며 여러 사립학교에 다니다가 하버드대학교에 입학했다.

졸업 후 제2차 세계대전 동안 미국과 유럽의 레이더 연구에 참여했다가 물리학 대학원 과정을 마치기 위해 하버드대학교로 돌아왔다. 당시 철학 강의를 듣고 철학 쪽으로의 진로 변경을 고민했지만, 새로 시작하기에 너무 늦었다고 판단했다. 서른 살에 과학사 강의를 시작했고, 이 새로운 학문에 흠뻑 빠져 자신의 본 연구에 쏟을 시간이 별로 없었다. 《과학혁명의 구조》를 집필하는 데도 10년이 걸렸다.

하버드대학교에서 종신 재직권을 보장받지 못해 캘리포니아대학교 버클리캠퍼스 조교수로 자리를 옮겼다. 1964년 프린스턴대학교에서 과학사 및 과학철학 분야의 정교수직을 제안받아 그리로 옮겨 15년간 재직하다가 최종적으로 매사추세츠공과대학교에서 교수 생활을 마쳤다(1979~1991).

1957년에 펴낸 《코페르니쿠스 혁명》이 그의 첫 저서다. 그 외 《양자물리학의 역사에 대한 자료집Sources for the History of Quantum Physics》도 있다. 《과학혁명의 구조》 발표 후 책의 개념들을 일부 재논의하고 규명하며 보냈다(쿤의 자전적 인터뷰가 실린 《'과학혁명의 구조' 이후의 길The Road Since Structure: Philosophical Essays, 1970-1993》 참조). 1996년에 세상을 떠났다.

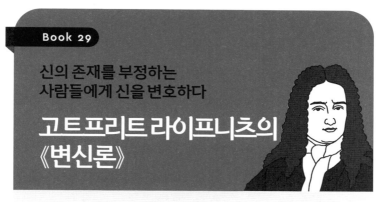

Book 29

신의 존재를 부정하는 사람들에게 신을 변호하다

고트프리트 라이프니츠의 《변신론》

고트프리트 빌헬름 폰 라이프니츠 Gottfried Wilhelm von Leibniz

독일의 천재적 수학자이자 철학자로 박학다식한 사람의 대표격이다. 수학, 철학, 공학, 의학, 정치학, 지질학, 심리학, 도서관학, 신학 등 자신이 흥미를 가진 모든 분야에서 주목할 만한 업적을 남겼다. 철학적으로는 낙관론을, 수학적으로는 미적분을 창시했다. 또한 2진법을 개발해 최초로 사칙연산이 가능한 계산기를 발명했다.

1710년에 출간된 《변신론》은 고트프리트 라이프니츠가 유일하게 남긴 철학서로 책을 넘어서서 하나의 이론으로 정립되었다. '변신론Theodicy'은 라이프니츠가 그리스어의 'theos(신)'와 'dike(정의)'를 결합하여 만든 말인데, 말 그대로 '신을 정당화한다는' 뜻이다.

신이 정말 전지전능하고 선하다면 어떻게 악이 존재하도록 내버려둘 수 있을까? 이는 오늘날에도 끊임없이 제기되는 물음이다. 《변신론》은 이에 답하는 책으로 '악의 존재가 신의 의지에 반하는 것이 아니'라는 주장을 담고 있다.

《변신론》은 원래 라이프니츠가 그의 친구인 하노버 왕가의 젊은 왕비 소피아 샤를로테를 위해 쓴 세 편의 소론으로, 유명한 《역사적·비판적 사전Dictionnaire Historique et Critique》을 쓴 프랑스의 칼뱅파 목사 피에르 벨Pierre Bayle의 사상에 대한 라이프니츠의 소견을 담은 것이다. 소피아가 겨우 서른여섯이란 젊은 나이에 죽자 라이프니츠는 그녀를 위해 쓴 소론을 한데 묶어 책으로 출간해 그녀에게 헌정했다.

벨은 기독교가 신앙의 문제일 뿐 이성으로는 간파할 수 없고 인간의 고통에 관한 의문은 그저 수수께끼로 남을 뿐이라고 주장했다. 라이프니츠는 이런 벨의 입장에 근원적 문제가 있다고 진단하고, 벨의 신학적 회의론에 반론을 시도한다. 〈신의 선함〉, 〈인간의 자유〉, 〈악의 기원〉으로 구성된 《변신론》은 공정하고 자애로운 신을 우아하게 변호하면서 세상에 왜 악이 존재하는지에 대해 설명한다.

신은 인간에게 자유 의지를 부여했다. 이에 인간은 자신의 욕망대로 자유로이 선택을 할 수 있다. 이 과정에서 악이 부수적으로 따라오게 되는데, 이걸 단순히 나쁘다고 할 수는 없다. 행복과 선을 극대화시켜주기 때문이다. 어둠이 있어야 빛이 밝음을 아는 것과 같은 이치로, 이러한 고통이 인간을 더 앞으로 나아가게 하며 삶의 다양한 의미를 채워주는 것이다. 따라서 라이프니츠는 이 세상을 '가능한 세계 중에 가장 좋은 세계'라고 여겼다.

결국 최상의 존재인 신은 최선의 방식에 따라 모든 것을 주관하고 있으며, 우리는 그러한 세상에 살고 있는 존재다. 라이프니츠의 이러한 개념은 낙관론의 토대가 되었다. 최소한 라이프니츠 자신은 진정으로 행복해졌다고 말했다. 어쩌면 이러한 태도는 무작위적이고 무의미해 보이는 우주에서 안정감과 질서를 부여하는 측면도 있다. 하지만 이에 대한 비판도 만만치 않아 볼테르가 소설《캉디드Candide》(1759)를 지어 풍자한 것으로도 유명하다.

어째서 이것이 가능한 세계 중에 가장 좋은 세계인가

우리가 가능한 세계 중에 가장 좋은 세계에 살고 있다는 라이프니츠의 개념에는 신의 완벽성을 인정한다는 전제가 깔려 있다. 간단히 말해, 만일 신이 완벽하다면 설사 인간의 차원에서 보기에는 매우 불완전해 보이더라도 그가 만드는 모든 세계 또한 완벽하다는 것이다.

그렇지만 신은 우리 인간을 완벽하게 만들 수는 없었다. 그러면 인간을 신으로 만드는 꼴이 되기 때문이다. 만물은 저마다 완벽한 정도가 다르다. 인간은 타락한 신성의 사례가 아니라 다소 제한된 완벽성의 사례로 봐야 한다. 라이프니츠는 이런 말로 거의 완벽에 가까운 인체를 찬미한다. "나는 인간이 가끔 아프다는 사실은 놀랍지 않지만 … 인간이 그토록 가끔씩만 아프다는 사실은 놀랍다."

우주는 신의 의도가 담긴 '충족 이유'에 따라 조직된다. 우리의 한정된 지식으로는 이해할 수 없더라도 이 세상에 존재하는 세계에는 반드시 존재해야만 하는 분명한 이유가 있다. 사실 라이프니츠는 가능한 가장 좋은 세계가 인간에게 즉각적인 행복을 보장하는 세계가 아닐 때가 많다고 말한다(그리고 이런 말은 어리석은 낙관론자라는 그의 이미지와 상충된다). 인간은 사리사욕에 따라 행동할 뿐 만물에게 최선의 결과가 무엇인지는 알지 못한다. 우리는 인과관계의 관점에서 만물을 바라보지만 만물의 관계에 대한 우리의 이해는 제한적일 수밖에 없다.

라이프니츠는 우주가 수조 개의 '모나드monad'로 구성된다고 주장한다. 모나드란 (인간의 영혼을 비롯해) 자기 충족적인 실체 또는 존재 형식이다. 모나드는 서로에게 직접 영향을 미치지는 않지만, 우주 내의 만물이 조화롭게 공존하도록 신이 그 질서를 유지한다. 이것이 '예정조화설'이다. 오로지 신만이 만물의 결합 방식과 사건들 뒤에 숨은 지혜를 두루 조망할 수 있다. 우리의 역할은 이런 무한한 지혜와 자애로운 의도를 믿는 것이다.

신이 만든 세상은 부정적인 일이 전혀 일어나지 않는 천진한 유토피아가 아니라 풍요롭고 다양하며 의미로 가득한 현실 세계다. 이곳에서는 최종적으로 좋은 결과를 얻기 위해 중간에 나쁜 일이 필요할 수도 있고 "전체를 더욱 완전하게 만들기 위해 부분이 불완전해질 수도 있다."

라이프니츠는 성 아우구스티누스와 토마스 아퀴나스를 인용하는데, 두 사람 모두 신은 선을 이루기 위해 악을 허용하고 때로는 세계가 나아가야 할 방향으로 가기 위해 악이 필수적이라고 말했다. 악이 있는 세상이 실은 가능한 가장 좋은 세계며 설령 그것이 모든 사람에게 항상 좋지 않다고 해도 그렇다는 것이다. "그렇다고 신이 금지한 죄악에서 즐거움을 찾아야 한다는 말은 아니다." 라이프니츠는 조심스럽게 말하지만, 죄악은 '은총이 넘쳐나게' 하고 발달이 덜 된 상태로 머무르던 인간을 정신적으로 고양시킨다. 단기적으로 보면 분명히 부정적이지만, 종국에는 모든 일이 최선으로 풀려나가는 것이다.

자유 의지는 어떻게 존재할 수 있는가

라이프니츠는 신이 조정하는 우주에서 어떻게 자유 의지가 존재할 수 있는가를 다소 길게 설명한다. 그에 따르면 인간의 행동에 '절대적인 필연성'이란 없다. "나는 의지가 항상 그것이 택한 방향으로 기우는 경향이 있지만, 그것을 택할 필연성은 없다고 생각한다." 신은 인간에게 행동의 자유를 주었다. 나쁜 일이 벌어지기 전이나 직후에 신이 나서서 그것을 바로잡는다면 그 자유가 무효화될 것이고 그 결과 더 좋지 못한 세상이 초래될 것이다. 이 자유는 비록 신이 우리가 보는 모든 것을 만들었지만, '죄를 계획한 입안자'는 아니란 의미다. 신은 다만 인간이 생각하고 행동할 자유를 기초로 다양한 가능세계를 허용할 뿐이다.

> 비록 신의 의지는 항상 결점이 없고 늘 최선을 지향하지만, 신이 거부하는 악이나 미흡한 선이 여전히 나타날 수 있다. 그렇지 않다면 … 만물의 우연성이 무너지고 선택의 여지가 없어질 것이다.

라이프니츠는 인간에게 여러 가능세계 중 하나를 만들어갈 선택권이 있지만, 그들의 과거 행위 탓에 오로지 하나의 세계만 가능해진다는 말로 자유 의지의 범위를 제한한다. 그러나 인간의 의지와 과거 행위를 아는 신은 어떤 세계가 나타날 가능성이 높은지를 알고 있다.

라이프니츠가 자유 의지와 필연성 사이에서 걷는 노선은 '이슬람교도의 운명' 사례에서 보듯이 상당히 미묘하다. 당대에 이슬람 사람들은 페스트로 초토화된 지역을 피해 다니지 않았는데, 그들이 페스트에 걸릴지 말지는 이미 운명으로 정해져 있으므로 그들의 행동으로 바뀔 것은 없다는 이유에서였다.

그러나 고대 철학자들의 표현대로 그런 '게으른 이성'은 인생에 변화를 초래하는 역할이나 현재를 변화시킴으로써 가능한 새로운 세계가 열린다는 개념을 설명하지 못했다. 설령 미래가 어떤 식으로든 신에 의해 결정된다고 해도, 우리가 현재 좋은 의도와 행동에 따라 살거나 새롭고 훌륭한 대의를 만드는 일을 멈추어서는 안 된다고 라이프니츠는 말한다. 그런 다음에야 우리는 나머지 일을 신에게 맡길 수 있다. 또 우리는 신이 우리를 위해 더욱 좋은 일을 염두에 두지는 않을지언정 적어도 우리가 원하는 일이 이루어지기를 바라고 있다고 믿어야 한다. 그러면 어떤 경우든 이로운 결과가 나올 것이라는 사실은 결코 의심할 여지가 없다.

두 개의 선택지

오늘날 신앙의 근거를 제공했다고 평가받는 사람치고는 역설적으로, 라이프니츠는 생전에 무신론자로 고발당했다. 그는 열성적인 신자가 아니었고 세례를 받지 않은 아이는 지옥에 간다는 등 당대의 일부 신앙에 반대했다. 정치가로서나 철학자로서나 그의 중요한 과제는 가톨릭과 개신교를 화해시키는 것이었고, 《변신론》은 이런 목적으로 쓴 범기독교적인 작품이었다(비록 라이프니츠는 개신교도였지만 이 책은 '가톨릭교도' 철학자인 아퀴나스와 아우구스티누스를 대단히 많이 언급한다).

근대 철학의 유명한 일화 중 하나는 라이프니츠가 바뤼흐 스피노자를 방문하기 위해 네덜란드로 여행을 떠났던 사건으로, 매튜 스튜어트의 《스피노자는 왜 라이프니츠를 몰래 만났나》에 잘 기록되어 있다. 두 사람은 판이하게 달랐다. 라이프니츠는 젊고 온화한 '대변인'이자 전도유망한 과학 전문가였던 반면, 스피노자는 많은 이에게 '무신론자 유대인'으로 무시당하던 탁월한 철학자이자 은둔자였다.

스튜어트는 이 둘의 만남을 라이프니츠의 인생과 철학에 있어 결정적인 순간으로 묘사하는데, 라이프니츠로선 자신과 완전히 상반되는 의견임에도 받아들이지 않을 수 없었기 때문이다. 스튜어트는 이렇게 주장한다. "헤이그에서 만났던 이 두 사람은 오늘날에도 우리 모두가 반드시 하나를 선택해야만 하는, 그리고 암묵적으로는 이미 선택하고 있는 두 개의 선택지를 각기 대표하고 있다."

그 선택지란 무엇일까? 신을 요구하지 않는 엄격한 자연법에 따라 돌아가는 우주를 믿느냐, 아니면 신이 만물(인간의 과학적 지식의 발전 등)의 원동력인 우주를 믿느냐는 것이다. "만약 신이 존재한다면 악은 존재하지 않을 것이다"라는 전제로 전자를 선택한 사람이라면 라이프니츠의 이 변론을 읽을 때까지는 적어도 판단을 유보하는 편이 좋을 것이다.

<함께 읽으면 좋은 책> 《신학대전》, 《팡세》, 《국가》, 《에티카》

1646년 독일 라이프치히에서 태어났다. 철학 교수였던 아버지는 그가 여섯 살 때 세상을 떠났다. 놀라운 라틴어 실력을 지닌 특출한 학생이었던 라이프니츠는 라이프치히대학교에서 라틴어, 그리스어, 철학, 수학을 공부하다가 법학으로 전공을 바꾸었다. 그 후에 알트도르프대학교에서 박사학위를 받았다.

정치가 보이네부르크 남작Baron von Boineburg의 고문 겸 사서로 처음 일했다. 스물한 살 때 독일법 개혁에 관한 유명한 책을 썼고, 스물네 살 때는 고위 관료직인 마인츠 선제후Elector of Mainz의 법률 담당 추밀 고문관으로 등용되었다. 30대 중반에는 파리 특사로 나가 수학을 공부하며 프랑스의 위대한 철학자인 니콜라 말브랑슈 및 앙투안 아르노와 친분을 쌓았고, 데카르트의 사상을 접하게 되었다.

1676년 11월 스피노자를 만나기 위해 헤이그를 방문, 3일 동안 토론을 벌였다. 라이프니츠는 이 만남에 대해 자세한 기록을 남기지 않았지만, 아마도 스피노자의 면전에서 썼을 '신의 증명'이라는 한 페이지가 지금껏 전해진다. 같은 해 하노버 공작 밑에서 사서, 고문, 역사가로 일하게 되었다. 그가 죽을 때까지 유지했던 이 직책은 그에게 하노버를 통치하는 브라운슈바이크Brunswick 가문의 장구한 역사를 연구한다는 명목으로 파리, 런던, 이탈리아, 러시아 그리고 독일 내를 여행하며 과학을 접할 기회를 제공했다. 평생 독신으로 살았으며 1716년에 사망했다.

저서로 《철학자의 신조Confessio philosophi》, 《형이상학 서설Discours de métaphysique》, 《단자론Monadologie》 등이 있다. 《신인간지성론》은 1704년에 완성되었으나 그의 사후 50년쯤 지난 1765년에야 출간되었다. 라틴어, 프랑스어, 독일어 등 다양한 언어로 책을 집필했다.

Book 30

인간은 백지상태로 태어난다,
빈 서판 이론의 시작

존 로크의
《인간지성론》

존 로크 John Locke

17세기 영국의 정치학자이자 철학자로 그 유명한 '사회계약설'의 주창자다. 자연권과
소유권 그리고 이를 해치는 정부에 대한 '저항권'을 주장해 프랑스 혁명과 미국독립운
동에 영향을 주었다. 이 때문에 근대 자유주의 시조로 불리기도 한다. 경험론의 대표
주자로 인간은 백지상태로 태어나 경험을 통해 지식을 획득해나간다고 주장했다(빈
서판 이론).

1689년에 출간된 《인간지성론》은 '빈 서판' 이론으로도 유명하
다. 빈 서판은 중세 라틴어 '타불라 라사tabula rasa'에서 비롯된
말로 아무것도 쓰여 있지 않은 깨끗한 석판을 말한다. 로크는 인
간은 모두 백지상태로 태어나며, 후천적 경험으로만 지식을 얻
을 수 있다는 자기만의 경험론을 확립했다. 물론 이는 선험적 인
식을 중요하게 여긴 많은 철학자로부터 비판을 받았고 현대의
많은 연구 결과도 인간의 타고난 경향을 입증하지만, 당시에는
경험주의를 확립하고 확장시키는 데 크게 공헌했다.

특히 인간은 빈 상태로 태어난다는 그의 주장은 모든 인간은 동등하게 태어난다는 자연권으로 이어져 천부인권을 확립시키는 데 기여했다. 로크는 1년 뒤에 익명으로 출간한《통치론》에서 왕권신수설과 절대주의에 반대하며 다음과 같이 주장했다. 사람은 누구나 침해받지 않을 생명권과 자유권, 소유권이 있다. 단 자연 상태에서는 이를 위협받는 경우가 생기므로 사람들은 사회를 구성해 자신들의 권리를 위임하여 이러한 문제를 해결할 수 있다. 이러한 로크의 주장은 훗날 프랑스 혁명과 미국독립운동에 영향을 주었고, 현재의 정치제도에도 많은 영향을 주었다.

로크는《인간지성론》을 통해 백지상태의 인간에게 지식은 어떻게 생겨나고, 지식의 범위는 어디까지이며, 우리의 지식은 진정 확실한지에 대한 탐구를 했다. 총 네 권으로 구성된 이 책은 집필하는 데만 약 15년 이상 걸렸으며 간 권별로 인식의 기원, 인식의 형성, 언어의 기능, 지식의 한계 및 확실성을 다루며 근대 인식론의 지평을 열었다는 평가를 받고 있다. 로크에 의하면 우리는 외적인 경험을 감각으로 얻고(단순 관념), 그렇게 얻은 감각을 비교·결합하는 과정인 반영(성찰)을 통해 관념으로 정립(복합 관념)시킨다. 로크는 우리가 시각, 청각, 촉각, 후각, 미각 등 오감을 통해서 얻는 지식이야말로 가장 정확하고 확실한 지식이라고 말했다.

우리가 인식하는 바가 각자 다르다면
확실한 진리란 어디에 있는가

우리가 '만장일치'로 참이라고 인정하는 특정한 원리나 보편적인 진실이 있다는 생각은 아리스토텔레스 이래로 상식이 되었다. 그러나 로크는 인간에게 본유적 지식이 있다는 견해에 반대했다. 우리는 빈 서판이라는 것이다. 우리는 모든 지식을 오감을 통해 얻고, 우리가 만들어내는 개념이나 관념(이를테면 '흰색, 딱딱함, 단맛, 사고, 운동, 인간, 코끼리, 집단, 술 취함' 등)은 단지 이런 감각적 정보를 바탕으로 도출된 것이다.

인간이 언제 처음 어떤 관념을 가지게 되는가라는 질문은 인간이 언제 지각하기 시작하는가라는 질문과 동일하다. 관념을 가진다는 것은 곧 인식한다는 것이다.

우리는 무엇이든 먼저 감각으로 느끼지 않고는 그것을 경험할 수 없다. 심지어 가장 복잡한 개념도 이런 감각에 뿌리를 둔다. 로크는 이를 '단순 관념'이라 칭했는데, 얼음을 만질 때 즉각 느껴지는 차갑고 단단함이나 백합을 볼 때 경험하는 흰색과 향기처럼 우리가 감각을 통해 얻게 되는 기본적인 경험이다. 이런 단순 관념은 세계의 작동 원리에 관한 복잡하고 추상적인 다양한 관념의 기반을 이룬다. 예를 들어 전속력으로 질주하는 말을 보면 우리는 결국 운동성을 생각하게 된다.

따라서 우리가 '복합 관념'을 형성하려면 반드시 그 전에 단순 관념을 경험해야만 한다. 심지어 힘과 같은 추상적인 개념조차 처음에는 우리가 직접 팔다리를 움직이면 무언가를 할 수 있다는 깨달음에서 생겨난다. 그리고 힘이 무엇인지를 아는 단순 지식에서 우리는 정부와 군대가 왜 권력을 갖게 되는지를 이해할 수 있다. 로크는 나아가 만물을 제1성질과 제2성질에 따라 구분한다. 예를 들면, 바위의 제1성질은 크기나 운동처럼 우리가 지각하든 말든 그것과 결코 분리되지 않는 성질이다. 바위의 제2성질은 검은 색깔이나 단단함처럼 우리가 그것을 지각하는 방식이다.

모든 관념은 애초에 감각에서 비롯되어야 한다는 로크의 신념은 흥미로운 통찰로 이어졌다. 만일 한 사람이 그 옆에 있는 사람과 완전히 다른 관점을 가질 수 있다면(예를 들어 같은 욕조의 물을 놓고도 한 사람은 차갑다고 말하고 다른 사람은 미지근하다고 말할 수 있다면), 역시 개인에 불과한 철학자들이 논하는, 그보다 훨씬 복잡한 관념들이 어떻게 확실하거나 진실하다고 보장할 수 있겠는가? 로크는 세상의 모든 관점이 개인적이고, 추상과 관념은 아무리 매력적이더라도 반드시 의심해야 하며, 특히 그것이 거짓되게 보편성에 호소한다면 더욱 그래야 한다고 주장한다.

도덕성은 본유적인가

로크의 시대에는 도덕성이 본유적이고(사람은 착하거나 악하게 태어난다) 일련의 보편적인 도덕적 원리가 존재한다고 믿었다. 로크는 개인들의 서로 다른 다양한 신념을 지적함으로써 도덕성이 보편적일 수 없음을 입증하고자 했다. 예를 들어 궂고 험한 날씨에 아이들을 밖에 내버려두거나 엄마가 죽으면 아이를 엄마와 함께 매장하는 일은 일부 문화권에서는 일상적인 관습이었지만, 당대의 영국에서는 혐오스러운 짓으로 여겨졌다.

"그렇다면 정의, 경건, 감사, 공정, 순결이라는 타고난 원리는 어디에 있는가?"라고 로크는 반문한다. 만일 '본유적인' 신을 섬기는 마음이 아이들이나 '지적 장애인', 다양한 외국인에게는 결여되어 있다면 그것은 인간이 만들어낸 것이라고 봐야 옳다. 로크는 또 신이 우리에게 부여한 이성 덕분에 우리가 영속적인 도덕적 진실을 발견할 수 있다는 주장을 언급한다. 그는 결국 이성도 인간의 정신이 만든 것이므로 영구적인 진실을 밝혀내는 수단이 될 수 없다고 결론짓는다.

로크에 따르면 어떤 원리가 본유적으로 보이는 것은 단지 '우리가 그것을 처음 인식한 때를 기억할 수 없기' 때문이다. 아이들은 주변에서 들은 내용을 흡수했다가 어른이 되어서야 그것을 질문한다. 아마도 우리에게 유일하게 본유적인 것은 어떤 원리든 우리 삶에 질서나 의미를 부여해주는 원리에 따라 살려는 바람일 것이다. 그러나 '관념과 개념은 예술과 학문만큼이나 본유적이지 않고' 종종 사람들끼리 서로를 속이는 데 이용된다. 그러므로 자유를 얻으려면 우선 각자 스스로의 힘으로 진실 여부를 타진하여 타인의 거짓된 지배를 받지 말아야 한다.

로크의 경험주의적 관점에서 신앙이 설 자리는 어디일까? 로크는 신앙을 단순히 생존, 지속, 지식, 힘, 선 등의 다른 복합 관념에서 도출된 또 하나의 복합 관념으로 본다. 우리는 이런 관념들을 받아들이고 무한대로 증폭시켜 신을 이해하는 수준에 도달한다. 로크는 비록 신의 존재를 '입증'할 수는 없어도, 어떻게든 신에 대한 믿음이 우리 주변 세계의 직접적 경험에서 도출되는 완전히 자연스럽고 논리적인 관념임을 입증해내려 했다.

사람과 인격

《인간지성론》의 2판(1694)에서 로크는 '동일성과 차이성에 대하여'라는 새로운 장을 추가했다. 오늘날 많은 학자들이 이 장을 의식의 동일성 문제를 설명하려는 초창기 시도로서, 이 작품에서 가장 매력적인 부분으로 평가한다.

로크에 따르면, 동일성은 항상 무언가에 대한 오랜 시간에 걸친 우리의 지각에 기반을 둔다. 생물체의 동일성은 비단 2년 전과 입자량이 동일하다는 데에만 기초하지 않는다. 참나무는 과거의 어린 묘목과 동일한 식물이고, 말은 과거의 망아지와 동일한 동물이다. 이런 점에서 로크는 동일성이 그저 끊임없이 변화하는 물질에만 기초하지 않고 무언가의 조직 또는 구성에 기초한다고 주장한다.

그렇다면 이런 주장이 인간에게는 어떻게 적용될까? 로크는 영혼에 관한 매우 흥미로운 질문을 제기한다. 영혼은 어쩌면 여러 생에 걸쳐 연이은 여러 신체에 머물면서 계속 새로운 동일성을 띠어가고 있을지도 모른다. 예를 들어 이런 육신들이 다 남자라고 가정하더라도 그런 일련의 동일성이 같은 '사람'이라고 볼 수는 없다.

여기에서 로크의 주장 핵심은 '사람man'과 '인격person'의 개념 구분이다. 사람(남자나 여자)이 인간 종種의 표현, 즉 (의식과 결합된) 신체, 동물의 표현이라면, 인격이란 신체적 측면을 초월하여 동일성을 표현하는 지속적인 의식을 의미한다. 그래서 우리는 매우 영리한 고양이나 앵무새를 보면 마치 인간 같다며 인격을 부여하려는 반면, 기억을 상실한 인간은 그저 인격을 잃은 신체 정도로 여긴다. 로크는 일상적 영어화법에서 저 사람은 'not himself(그 자신이 아니다)'라든가 'besides himself(그 자신을 벗어나 있다, 즉 미쳐 있다)'라고 말할 때 그것은 "동일성을 가진 인간이 이제 그 사람에게 없다"라는 의미라고 설명한다. 이런 말은 동일성이 신체가 아니라 의식임을 확인시켜준다.

함께 읽으면 좋은 책 《언어, 논리, 진리》,《인간의 이해력에 관한 탐구》,《실용주의》, 《사회계약론》,《블랙 스완》

존 로크 더 알아보기

1632년 영국 서머싯에서 태어났다. 그의 아버지는 변호사이자 하급 관리였다. 유서 깊은 런던의 웨스트민스터학교를 다닌 후, 옥스퍼드대학교에 입학했다. 옥스퍼드대학교에서 장학금도 받고, 두 개의 학위를 딴 후에도 계속 그곳에서 신학과 정치적 문제를 연구하고 가르치며 15년을 보냈다. 1665년에 의학으로 관심을 돌렸고, 이듬해에 앤서니 애슐리 쿠퍼Anthony Ashley Cooper, 즉 애슐리 경(훗날 샤프츠버리 백작)을 만나 쿠퍼의 런던 자택에 머물게 되었다. 1668년에는 쿠퍼의 간 수술을 지휘했다.

쿠퍼가 영국의 대법관이 되자 쿠퍼의 고문이 되었고, 이후 새로운 미국 식민지 캐롤라이나의 설립 준비 작업을 돕게 되었다. 다만 (로크가 초안 작성에 참여한) 캐롤라이나의 헌법이 노예 무역에 기초한 봉건 귀족 사회를 지향했다는 점을 들어, 그의 폭넓은 정치적 식견과 대비되는 현실 정치 활동의 위선을 지적하는 사람들도 많다.

1683년부터 1689년까지 정치적 이유로 네덜란드에서 망명 생활을 하다가, 네덜란드의 총독 오라녜공 윌리엄William of Orange이 영국의 왕위에 오른 명예혁명 이후에 귀국했다. 1690년 영국 상무부Board of Trade의 유급직으로 임명되었고, 몇 년 후에는 정부의 통화정책 자문역으로도 활동했다. 평생 결혼을 하지 않았던 그는 말년에 친구인 다마리스 마샴 부인Lady Damaris Masham 부부와 함께 에섹스에서 살았다.《인간지성론》의 신학적 의미를 놓고 신학자인 에드워드 스틸링플리트Edward Stillingfleet와 오랜 공개 토론을 벌였다. 1704년에 세상을 떠났다.

저서로는《관용에 관한 편지》및《교육론》등과 익명으로 출간한《통치론》및 《기독교의 합리성The Reasonableness of Christianity》이 있는데, 유언에서《통치론》은 자신의 저술임을 밝혔다.

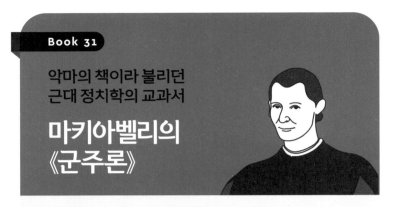

Book 31

악마의 책이라 불리던
근대 정치학의 교과서

마키아벨리의
《군주론》

니콜로 마키아벨리 Niccolò Machiavelli

르네상스 시대의 이탈리아 철학자이자 정치이론가다. 외교관과 군사전략가로 활동하며 도덕적 이상보다는 현실 정치에 관심을 가졌고, 유럽 역사상 최초로 정치를 종교 및 도덕과 분리하려는 시도를 했다. 이러한 실질적 정치활동과 사상의 근간이 근대 정치철학의 기틀을 만드는 데 일조했다.

《군주론》은 1513년 피렌체 정부의 고문을 지내던 니콜로 마키아벨리가 정치 판세가 자신에게 불리하게 돌아가자 향후 보직을 부탁하는 의미로 당시 유력한 메디치가에 헌정한 책으로서 정식으로 출간된 것은 마키아벨리가 죽고 나서 5년이 지난 1532년이다. 아마 그로서는 후대에 이 책이 어떤 영향을 미칠지 상상도 못했을 것이다.

 나폴레옹, 히틀러, 스탈린이 잠자리에서 즐겨 읽었다고 전해지고, 지금도 리더라면 한 번쯤 읽어봐야 한다고 권해지는 이 책은 출간되었을 때도 그랬지만 지금도 여전히 논쟁적이다. 아마도 '마키아벨리즘'이란 말을 들어본 적이 있을 것이다. 목적을 위하여 수단과 방법을 가리지 않는 것을 가리키는 용어로, 바로 마키아벨리가《군주론》에서 주장한 사상 때문에 비롯되었다.

마키아벨리는 이 책에서 군주는 좋다고 여겨지는 행동만 해서는 안 되고, 목적을 위해서라면 배신도 하고 폭력도 이용하는 등 온갖 수단과 방법을 가리지 말아야 한다고 주장했다. 이 같은 비인도적이고 반종교적인 주장에 출간 직후 '악마의 사상'이라 불리며 교황청 금서 목록에 올랐고, 개신교 개혁가들에게도 비난을 받았다.

그렇다면《군주론》이 정말 악행을 부추기는 책일까? 이를 이해하기 위해서는 당시의 이탈리아 정세를 봐야 한다. 당시의 이탈리아는 여러 도시국가로 나뉘어 분열 상태에 있었으며 프랑스나 스페인 등 주변 국가들의 침략도 잦았다. 이런 상태에서 마키아벨리는 강력한 군주가 나와서 이탈리아를 통일하고 번영을 이루어주길 바랐던 것이다.

더욱이 이 지점에서 보이듯이 결국 마키아벨리가 말한 목적은 '공동체와 공공의 이익'을 위한 '정치적으로 좋은 목적'을 뜻한다. 좋은 수단만으로는 좋은 목적을 달성할 수가 없다. 단 이 좋은 목적에 대한 판단을 어떻게 할 것이냐 하는 부분은 여전히 풀어야 할 숙제다. 따라서 이 책은 있는 그대로의 정치적 상황을 냉철히 분석하고 행동 지침을 제시하는 정치학의 기본서로 보는 편이 적절할 것이다.

우리는 저마다 책임지는 자리에서 상처가 되는 결정을 해야 할 때가 있다. 내키지 않더라도 조직의 이익과 장기적인 안녕을 위해서는 그런 결정을 행동에 옮겨야만 한다. 그런 만큼 그 자리는 종종 어두운 책임이 수반되는 외로운 자리다.《군주론》은 그것이 바로 권력의 속성임을 밝히며 인간의 속내를 꿰뚫는다.

군주는 성자가 아니다

14세기부터 16세기까지는 장차 왕국을 물려받을 젊은이들을 위한 '군주의 귀감' 같은 지침서가 하나의 장르를 이루었다. 마키아벨리가《군주론》을 완성한 지 불과 2년 뒤에 출간된 에라스무스의《기독교 군주의 교육Institutio Principis Christiani》은 통치의 성패가 자연히 군주의 성품을 따라가게 마련이라며 군주에게 마치 성자처럼 처신하라고 권고한다. 그런가 하면 1000년 전에는 아우구스티누스의《신국론》이 인간의 결함 많은 정치 구조와 극명히 대조되는 '신의 나라'를 제시하면서, 진정한 성취를 위해서는 마음속 깊이 신을 섬겨야 한다고 주장했다.

하지만 마키아벨리는 인간의 본성을 감안할 때 진정으로 훌륭한 군주나 완벽한 국가란 있을 수 없고, 종교적 이상이 정치에까지 침투하면 국가의 효과적 통치를 위협하게 된다고 보았다.

그는 사회를 결속시키는 종교의 가치는 인정했지만, 교회가 국정에 직접 개입하게 되면 궁극적으로 국가와 교회 모두 부패하게 된다고 믿었다. 당대에 엄청난 권세를 누리며 심지어 프랑스 같은 거대 국가조차 벌벌 떨게 만들던 교황령이나 기독교 국가들이 이런 비근한 예였다. 일부 교황들은 여러 정부를 거느리고 사생아들을 양산하며 정복을 통해 배를 불려나갔다. 마키아벨리는 이런 교회형 군주국에 《군주론》의 한 장을 할애하는데, "이 국가들은 신에 의해서 건국되고 유지되기 때문에 … 그들을 검토하는 것은 오만하고 경솔한 처사가 될 것"이라고 비아냥대면서도 신중히 말을 삼간다.

마키아벨리는 정치와 종교를 별개의 두 영역으로 보았다. 그에 따르면 고귀한 목표를 가진 '선'은 사적이고 종교적인 영역에 맡겨두는 것이 최선이고, 군주의 효과성은 덕virtù, 즉 일국을 설립하고 보존하는 데 필요한 결정적인 힘이나 역량으로 측정해야 한다.

마키아벨리는 플라톤이 《국가》에서 제시했던 이상적인 국가를 반박하려 했고 로마의 정치가 키케로의 원칙에 입각한 정치 행동 수칙에도 동의하지 않았다. 만일 지도자가 완전히 방종하고 탐욕스럽다면 키케로의 방식도 효과적일 수 없다고 판단했기 때문이다. 마키아벨리는 군주가 자신의 좋은 목적을 지키기 위해서라면 '부도덕하게 행동하는 법'도 배워야 한다고 주장했다. 군주는 전쟁을 벌이거나 자신의 암살 또는 축출을 기도하는 반역자들을 처벌하는 등 일반 시민이라면 결코 하지 않을 선택도 해야 한다. 질서와 평화를 유지하고 국가의 명예를 지키기 위해서는 그런 행동이 꼭 필요할 때도 있는 법이다.

무력의 사용이 왜 정당한가

마키아벨리가 도시국가 피렌체를 위해 일하던 때, 피스토이아 Pistoia라는 마을이 내분으로 초토화되었다. 마키아벨리는 이 마을을 점령하여 주민들을 진압하고 질서를 회복해야 한다고 주장했지만 다른 사람들이 그런 적극적인 대응을 내켜하지 않았기 때문에 결국 유야무야되고 말았다. 그러나 그렇게 방치된 결과, 이 마을은 온통 피바다로 변했다. 마키아벨리는 이렇게 주장한다.

무질서를 너무 관대하게 방치하여 많은 사람을 죽거나 약탈당하게 내버려두는 군주보다 몇몇 사람들을 일벌백계하여 기강을 바로잡는 군주가 사실상 훨씬 더 자비로운 셈이다. 전자는 공동체 전반에 해를 끼치는 반면, 군주가 지시한 처형은 단지 특정한 개인들에게만 해를 미치기 때문이다.

아무리 인자한 군주라도 국가의 존립을 위해서는 폭력을 사용해야 할 상황에 직면하게 된다. 마키아벨리는 "결과적으로 무기를 든 예언자는 모두 성공한 반면, 말뿐인 예언자는 모두 실패했다"고 말한다. 그러면서 피렌체의 종교 지도자였던 사보나롤라를 예로 든다. 이 신부의 치명적인 실수는 자신의 도시 비전을 실현하기 위해 강제할 수단이 없었다는 점이라고 마키아벨리는 지적한다. 신부는 누가 보더라도 무자비한 메디치가와 대조적으로 도덕과 공화정의 이상을 회복하려 애쓰던 좋은 사람이었지만, 끝내 자신의 몰락을 막는 데는 무력했다.

군주는 인간인 동시에 야수로서 행동할 수 있어야 한다고 마키아벨리는 단언한다. 효과적인 군주라면 "함정을 알아채기 위해서는 여우가 되어야 하고 늑대를 혼내주려면 사자가 되어야 한다." 또 평상시에 많은 시간을 다양한 전쟁 시나리오를 궁리하며 보내다가 실제 전쟁이 터지면 즉각 대응책을 내놓아 실행에 옮기는 현명한 통치자여야 한다. 군주가 에너지를 다른 데에 써야 한다고 믿으며 스스로를 속일 수도 있지만, 궁극적으로 그의 역할은 국가를 지키고 유지하는 것이다.

그러자면 평소에 나쁘게 여겨지는 행동을 취해야 할 필요도 생긴다. 다만 마키아벨리가 조심스레 단서를 달듯이 "만약 악행에 관해서도 좋은 말을 할 수 있다면" 좋은 국가를 건설하거나 유지하기 위해 자행한 폭력과 단지 군주 개인의 권력을 유지하기 위해 저지른 악의적인 잔혹 행위는 구분해야 한다. 마키아벨리는 잔인한 행위를 일삼던 로마 황제 코모두스Commodus, 카라칼라Caracalla, 막시무스Maximus를 높게 평가하지 않는다. 그들은 워낙 미움을 받아 때 이른 죽음을 맞이할 수밖에 없었다. 그러므로 과도한 잔학 행위는 나쁠 뿐만 아니라 정치적으로도 어리석다.

다른 공국이나 국가 정복에 관한 마키아벨리의 기본 원칙은 "정복자는 어떤 가해 행위든 필요하다면 단숨에 빨리 끝내서 그 일을 길게 되풀이할 필요가 없도록 조처해야 한다"는 것이다. 만일 어딘가를 공격하거나 무언가를 빼앗으려면 가급적 최대한의 군대를 동원해 단번에 해치워서 적들이 일찌감치 포기하게 만들어야 역설적으로 폭력을 최소화할 수 있다. 그러는 과정에서 사람들에게 두려움을 주겠지만 나중에 가서는 오히려 관대한 호의를 베풀었다는 소리를 들을 것이다. 반대로 소극적인 가해 행위는 적들을 계속 잔존시켜 오히려 정복자 자신이 언젠가 보복당하리란 두려움에 시달리게 된다.

마키아벨리를 이해하려면 당대의 지정학적 상황을 이해할 필요가 있다. 그는 이탈리아가 "샤를Charles 왕에게 공략당하고, 루이Louis 왕에게 약탈당했으며, 페르디난도Ferdinand 왕에게 유린당하고, 스위스인들에게 수모를 당하게 되었다"며, 자국의 군주에게 강력한 군대가 있었더라면 이런 상황은 벌어지지 않았을 것이라고 탄식한다. 그렇기는 해도 마키아벨리가 추구하는 목표는 권력 그 자체를 위한 권력이 아니라 민간경제를 번영시키고 법과 제도에 따라 운영하며 문화를 수호하는 강력한 국가의 수립이었다. 그는 하물며 신도 강력하고 통일된 이탈리아가 건설되어 국민에게 안전과 번영을 보장하고 국가의 정체성과 문화를 발전시킬 수 있기를 바랄 것이라고 믿었다. 이런 저자의 관점에서 보자면《군주론》은 확실한 도덕적 근거를 가진 작품이다.

국민의, 국민에 의한

이러한 마키아벨리의 정치적 비전이 실제의 정부에서는 어떻게 나타날까? 마키아벨리는 교황 알렉산더 6세Pope Alexander VI의 아들이자 이탈리아의 군주 겸 추기경이던 체사레 보르자Cesare Borgia를 격찬하면서 그가 그 유명한 '권력을 위해서는 가차 없는 행동까지 서슴지 말아야 한다'는 사실을 자신에게 일깨워주었다고 밝혔다.

그러면서도 마키아벨리는 성공적인 국가가 개인에게 위대한 행동을 통해 영광을 얻을 무대를 제공함으로써 그들의 최선의 자질을 길러줄 수 있다고 믿었다. 한나 아렌트의 지적처럼《군주론》은 고대 그리스와 로마의 영광을 16세기 이탈리아로 다시 소환함으로써 '과거 정치의 위엄을 되살리려는 이례적인 노력'이었다. 마키아벨리는 변변찮은 처지에서도 명예와 권력을 얻을 기회를 잡기 위해 모든 것을 무릅써가며 노력해 자수성가한 사람들을 존경한다.

그렇다면 이런 특별한 개인의 행동에 대한 예찬이 마키아벨리의 다른 저작(《피렌체사Istorie Fiorentine》,《로마사 논고》)에 흐르는 공화국 정신이나 실제 공화국에서 오랫동안 일했던 그의 이력과는 어떻게 조화를 이룰까?《군주론》은 일국의 수립이라는, 불가피하게 한 사람의 영감과 노력으로 이루어지는 거대 사업을 위한 안내서라고 볼 수 있다. 일단 국가가 수립되고 나면 공화국의 민주적 제도를 통해 권력이 적절히 견제되고 균형이 유지될 터였다.

  마키아벨리는 군주, 귀족, 국민들 사이의 미묘한 권력 관계에 대단히 예민했다. 그는 귀족들에게 권력을 의존하는 군주를 경계했다. 귀족들은 군주가 되도록 후원했다는 이유로 집권 후의 그에게 많은 특혜를 바랄 것이기 때문이다. 반면에 국민들의 지지는 귀족보다 더 변덕스럽고 통제하기 힘들지만 어려운 시기에는 정권에 정통성을 부여해주기 때문에 큰 가치가 있었다. "신생 군주는 아무리 강력한 군대를 거느리고 있더라도, 새로운 지역을 점령하는 초기 단계에는 반드시 그 지역 주민들의 지지를 확보해야 한다."

  나중에 마키아벨리는 군주가 과거에 자치법에 따라 살던 국가를 어떻게 지배할 수 있는가라는 문제를 논의한다. 그는 국민들이란 아무리 오랜 지배를 받더라도 한번 맛본 자유나 한때 느꼈던 법과 제도에 대한 자부심은 결코 잊어버리지 않는다고 말한다. 이때 그는 권력의 찬탈자나 정복자가 아무리 확고한 권력을 쥐고 있더라도, 법치와 민주적 자유는 인간의 자연 상태에 부합하기 때문에 쉽게 잊히거나 진압되지 않고 변함없는 힘을 갖는다고 주장하여 공화정에 동조적인 자신의 입장을 살짝 내비친다.

요컨대, 이상적인 국가는 지위 고하를 막론하고 뛰어난 개인이 자신의 야망을 실현할 수 있을 만큼 열려 있는 국가다. 이런 특별한 개인의 이기적인 동기는 보통 모두에게 좋은 결과를 가져올 수 있는데, 그가 성공을 장기간 유지하려면 국민의 자연스러운 바람을 충족시키는 방향으로 자신의 목표를 조율해나가야 하기 때문이다.

함께읽으면좋은책 《촘스키, 세상의 물음에 답하다》, 《키케로의 의무론》, 《선악의 저편》, 《국가》, 《사회계약론》

1469년 피렌체에서 태어났다. 변호사인 아버지 밑에서 라틴어, 수사학, 문법 등 훌륭한 교육을 받았다. 그는 사보나롤라 신부가 통치하는 기독교 공화국에서 살다가 신부가 실각하고 수사들이 대거 숙청되면서 피렌체 정부의 고위직까지 빠르게 승진했다. 1498년 공화국의 제2장관직Second Chancery과 10인 위원회의 서기관을 역임했다. 2년 후에는 최초로 외교 사절로 선발되어 프랑스의 왕 루이 12세를 만났다. 1501년 마리에타 코르시니Marietta Corsini와 결혼해 슬하에 여섯 자녀를 두었다.

1502~1503년 4개월간 발렌티노 공작인 체사레 보르자의 궁전에 머물렀다(이 무시무시한 군주가 마키아벨리가 말하는 군주의 실제 모델이었다고 보는 사람들이 많다). 또 신성로마제국 황제인 막시밀리안 1세와 교황 율리우스 2세의 외교 사절에도 참여했다.

1512년 피렌체 공화국이 붕괴되자 관직에서 쫓겨나고 반역죄로 체포 및 투옥돼 고문까지 당하다가 풀려났는데, 덕분에《군주론》을 집필할 시간이 생겼다.

저서로는 로마 역사가 리비우스Livy의 로마사에 관한 논평서로서 그의 공화주의적 입장을 여실히 드러내는《로마사 논고》, 피렌체 사회를 풍자한 희곡《만드라골라》가 있다. 그의 생전(1521)에 출간된 역사서이자 정치서로서 소크라테스 문답법 형식에 따른《전술론》이 있다.《피렌체사》는 1520년에 추기경 줄리아노 데 메디치Giuliano de' Medici에게 의뢰받았으나 1532년에야 출간되었다. 1527년에 세상을 떠났다.

Book 32

실험적 콜라주 스타일의
미디어 이론서

마셜 매클루언의
《미디어는 마사지다》

허버트 마셜 매클루언 Herbert Marshall Mcluhan

20세기 캐나다의 영문학자이자 사회사상가며 미디어 이론가다. 미디어의 발전이 문명과 인류에게 미칠 영향을 연구하여 언론학에 새로운 연구 방향을 제시한 학자로 꼽힌다. '지구촌'이란 용어를 처음 사용했으며, 월드와이드웹을 탄생 30년 전에 예견한 것으로 유명하다. 미디어 확장 시대를 맞아 그의 영향력과 그에 대한 평가가 다시금 주목받고 있다.

1967년에 출간된《미디어는 마사지다》는 1964년에 출간된 마셜 매클루언의《미디어의 이해》를 파격적 스타일로 재구성한 책이다. 북디자이너 퀜틴 피오리Quentin Fiore가 마치 인쇄술은 지나치게 제한적인 미디어라는 매클루언의 주장에 화답하듯이 매클루언의 핵심 문장을 뽑아내어 강한 이미지와 다양한 서체로 독특한 감각을 선보였다. 내용이 군데군데 비어 있거나 위아래가 전복되기도 하면서 글보다는 시각적 요소를 강조해 마치 최첨단 유행을 걷는 것처럼 보인다.

실제로 매클루언은 독창적인 미디어 연구의 선구자로, 1950년대에 토론토대학교에서 진행한 '커뮤니케이션과 문화'라는 세미나로 명성을 얻었다. 1962년 《구텐베르크 은하계》로 그는 미디어에 대한 새로운 시각을 제시했는데, 이 책에서 그는 오늘날 획일화의 원인으로 쿠텐베르크의 활판 인쇄술을 지목하며, 이 기술이 하나의 '지구촌'으로 만들 것이라고 예견했다(우리가 현재 쓰는 지구촌이란 말은 바로 여기서 비롯되었다).

　그런데 책 제목이 왜 이런 걸까? 원래 《미디어의 이해》에서 매클루언의 유명한 경구는 "미디어는 메시지다"이다. 편집 과정에서 우연히 오자가 생겼고, 이를 본 매클루언이 매우 적절하다고 여겨 수정하지 말 것을 주문했다고 한다. "모든 미디어가 우리를 완전히 두들겨 패고 있고", 미디어 기술이 우리의 개인적·정치적·미학적·윤리적·사회적 삶을 모두 변화시켜 "우리 중에 미디어에 접촉하지 않거나 영향을 받지 않거나 그로 인해 바뀌지 않은 부분은 단 한 군데도 없다"고 느꼈기 때문이다.

　이 말대로라면 트위터나 페이스북 같은 온라인 소셜미디어는 단순히 혁명의 보조물이 아니라 혁명의 심장부다. 소셜미디어는 이런 것들이 없었더라면 서로 연결되지 않았을 사람들을 연결하는 수준을 뛰어넘어, 실질적인 권력의 무게 중심이 그쪽으로 기울게 만든다. 이 새로운 미디어가 바로 메시지고, 이것은 계속해서 세계를 변혁시킬 것이다.

지구촌에서 하나의 사건을
동시에 경험하는 우리들

오늘날 모든 아이가 알파벳을 배우고 우리는 별생각 없이 그것을 가르친다. 하지만 매클루언은 문자와 그 의미가 아이들의 행동 양식과 사고방식을 결정한다고 주장한다. 이 내용은 《구텐베르크 은하계》에서 더욱 자세히 소개되는데, 요지는 알파벳과 인쇄술의 등장으로 훨씬 정신적으로 파편화되고 서로 분리되며 전문화된 유형의 인간이 탄생했다는 것이다. 전자 시대와 그 기술력은 다시 사회 참여를 활성화시키고 우리를 모이게 만들었다.

우리는 전화와 인터넷을 통해 세계적으로 수많은 친구를 사귀고 관계를 맺게 되었다. 우리는 여전히 알파벳을 사용하지만 예전과 다른 표현 매체를 이용해 타인에게 미치는 영향이 기하급수적으로 늘어났고, 우리 역시 타인으로부터 끊임없는 영향을 받게 되었다. 중세말의 학자라면 기껏해야 수백 권의 책으로 이루어진 도서관에 접근할 수 있었겠지만 오늘날에는 일반인들도 버튼 하나만 누르면 자유자재로 수백만 권의 책을 볼 수 있다. 이런 변화가 어떻게 우리의 존재를 변화시키지 않겠는가?

우리의 세계는 완전히 새로운 동시다발성의 세계다. '시간'은 멈추었고 '공간'은 사라졌다. 우리는 지금 하나의 지구에서 … 하나의 사건을 동시에 경험하는 지구촌에 살고 있다.

매클루언의 주장에 따르면 알파벳이 등장하기 전에 인간의 주된 감각 기관은 귀였다. 그러나 알파벳이 나온 후로는 눈이 지배적인 감각 기관이 되었다. 알파벳을 통해 우리는 문장을 구성하는 방식으로, 즉 각각의 문자가 순서대로 연결되는 선형적인 방식으로 생각하게 되었다. "연속체인 음절이 생활의 조직 원리가 된 것이다." 그리고 합리성은 사실이나 개념의 순차적인 연결을 의미하게 되었다.

그렇지만 최근의 새로운 미디어 환경은 다차원적이어서 더는 우리와 동떨어져 있지 않고 다시금 우리 감각에 이전보다 더욱 깊숙이 개입한다. 미디어 정보가 워낙 쉴 새 없이 대량으로 쏟아지다 보니, 우리는 머릿속에서 정보를 적절하게 분류하고 처리할 수 없게 되었다. 그 대신 최대한 빠른 속도로 패턴을 읽어내는 능력이 중요해졌다. 중국 노자를 읽고 감명을 받았다는 매클루언은 이렇게 말한다.

전자회로 체계는 서양을 동양화시킨다. 억제되고, 분리되고, 개별화된 서양의 유산은 동양의 흐르는 것, 통일된 것, 융합된 것으로 대체되고 있다.

자아와 사회적 변화
《미디어는 마사지다》의 초반부에서 매클루언은 미디어 연구자들이 종종 실체보다 '수단이나 과정에만 안일하게 초점을 맞추어' 공격을 당하고 있다고 말한다. 그렇지만 우리가 사는 시대에 기존의 '알려진' 바를 급속히, 근본적으로 변화시키고 있는 것은 바로 이런 수단과 과정이다. 매클루언의 설명으로는 '전자 기술'이 사회적이고 개인적인 삶의 모든 측면을 재형성하면서 "이전부터 당연시되어온 모든 사고와 행동, 관습을 재고하고 재평가하도록 요구하고 있다." 그는 이렇게 경고한다. "모든 것은 변화하고 있다. 당신, 가족, 이웃, 교육, 직업, 국가, '타인'과의 관계까지도 모두 변화하고 있다. 그것도 극적으로 변화하고 있는 것이다."

오늘날의 미디어 환경에서 자라나는 아이들은 부모와 교사로부터 영향을 받을 뿐만 아니라 전 세계에 노출되어 있다. "가족의 성격은 더는 어머니와 아버지라는 성실하지만 서툰 두 전문가의 손에 의해서만 형성될 수는 없게 되었다. 이제는 전 세계가 하나의 현자賢者다." 모든 아이가 미디어에서 사정없이 빗발치는 성인용 정보에 노출되어 이제 '유년기'라는 발상 자체가 매우 구식이 되어버렸다. 긍정적으로 보자면 기술은 학습을 보다 흥미롭게 만들었고 학생들에게 어느 정도의 자기 통제권을 돌려주었다. 교육은 이제 주입식 학습, 칠판, 획일화된 학교생활을 의미하지 않는다.

'공중公衆'과 '개인'의 관계 또한 바뀌었다

요람에서 무덤까지 보편적이고 전제적으로 감시 기능을 수행하는 전자정보 기기는 개인의 사생활 보호권과 사회의 알 권리 사이에서 심각한 딜레마를 낳고 있다. 개인적이고 독자적인 사고와 행동이라는 종래의 개념이 … 즉각적인 전자정보 검색이라는 새로운 방법에 의해 매우 심각하게 위협받고 있다.

실제로 소셜미디어 사이트는 공과 사의 구분을 흐려놓고 있다. 페이스북의 창립자 마크 주커버그는 당연히 이런 현상을 긍정적으로 바라본다. 그는 사람들의 공적인 얼굴과 사적인 얼굴이 일치해야 한다고 생각한다. 이것은 온당한 지적이지만 하이퍼링크로 연결된 세상에서 더 중요한 질문은 생각과 행동이 온라인상에 빈번히 업데이트되지 않는 사람의 경우 과연 어느 정도까지 존재한다고 말할 수 있느냐는 것이다. 자아가 항상 전시되고 있지 않더라도 그 자아는 존재하는 것일까? 이런 생각은 새로운 미디어 환경이 자아, 가족, 사회 등 모든 것을 변화시키고 있다는 매클루언의 주장에 타당성을 부여한다.
매클루언의 지적 중 하나는 각 시대의 기술이 그 후의 시대와는 양립하지 못할 사람들의 조건적 반응과 사고방식을 유도한다는 것이다. 새로운 기술은 구시대의 상업적 질서만 파괴하는 것이 아니라 사고방식 또한 쓸모없게 만든다. 우리는 새로운 시대에 직면해 옛 시절을 떠올린다. 기꺼이 환경의 변화를 직시하려는 사람들은 '시인, 화가, 탐정'뿐이다.

미디어와 직업의 세계

매클루언은 또한 산업화 시대의 기계화와 전문화에서 유래하여 사람들을 기계의 톱니바퀴로 전락시킨 전통적인 '직업' 개념에 종지부를 찍는다. 매클루언에 따르면 새로운 세계에서는 "파편화된 업무 패턴이 다시 한번 통합되는 경향을 보여, 많은 사람이 참견하고 요구 사항이 많은 역할이나 점점 더 헌신적인 충성이라는 구시대적 의미의 가르침과 배움, '인간' 서비스와 닮아가는 업무 형태로 통합되고 있다."

이 말은 오늘날 점점 늘어나는 프리랜서, 컨설턴트, 전문가 경제와 매우 흡사한 이야기로 들린다. 이런 사람들은 자신의 생각이나 제품에 대한 헌신적인 추종자들을 형성하고, 이들의 최대 상품은 그들과 똑같이 되고 싶어 하는 다른 사람들을 지도하거나 훈련시키는 것이다(예를 들어 글쓰기와 요리, 온라인 마케팅 등). 이 모든 일은 회사나 통상 조직 구조 밖에서 이루어지는데 이것도 미디어(인터넷)가 변화를 주도하는 또 다른 사례라 하겠다.

미디어와 정치적 영향

미디어 환경은 정치 역시 근본적으로 바꾸어놓았다. 한때 다수의 개별적이고 뚜렷이 다른 관점으로 구성된 '공중'이 있었으나 이제는 어떤 정치적 결정에든 즉각적인 반응을 보이는 '대중 수용자'로 대체되었다. 우리는 TV와 다른 매체를 통해 세계 어느 곳에서든 현재 벌어지는 일을 실시간으로 보고 반응할 수 있다. 스크린 전체에 감정이 흩뿌려져 있고, 한 사람의 역경이 수백만 명에게 고스란히 전달된다.

이런 미디어에 거의 전 세계인의 접근이 가능해지자 또 다른 결과를 낳았다.

> 전자정보 환경에서 소수 집단들은 더는 억눌리거나 무시될 수 없다. 너무나 많은 사람이 서로를 매우 잘 알고 있다. 우리의 새로운 환경은 참여와 헌신을 강요한다. 우리는 돌이킬 수 없이 서로에게 몰입하고 또 책임을 지게 된다.

소수 집단이 주류가 되어간다는 이런 주장은 노암 촘스키가 물려받았다. 만약 그들이 정보에 접근하고 미디어를 이용해 자신의 관점을 표현할 수 있다면 주류 정당이나 거대 기업과 대등한 권력을 행사할 수 있다는 것이다.

우리가 사는 세상은 어디로 향하는가

사실 매클루언의 예견이 빗나간 부분도 있다. 그는 정보화 시대에는 철도 시대의 기념물인 도시의 중요성이 줄어들어 아무도 살지 않거나 일하지 않는 박물관 같은 장소가 될 것이라고 믿었다. 얼마 동안은 사람들이 도시를 떠나 교외로 이동하면서 매클루언이 옳은 것처럼 보였지만, 가상뿐만 아니라 실질적 체험(우연한 만남의 가능성이라거나 라이브 음악을 접할 기회 등)을 향한 열망 때문에 다시 도시로 돌아오는 경향이 늘었다. 그렇지만 전반적으로 볼 때 1980년에 사망한 사람이 오늘날 우리의 생활 방식을 이토록 정확히 내다봤다는 사실은 참으로 놀라울 따름이다.

매클루언은 인쇄술이 발명되기 전에는 책의 저자보다 책에 담긴 정보가 더 중요했다고 지적한다. 인쇄술 발명 이후에야 '문학적 명성과 지적 노력을 사유 재산으로 여기는 풍토'가 등장했다는 것이다. 그러나 매클루언은 또 이렇게 말한다. "새로운 기술이 대두하면서 사람들이 자기표현의 중요성에 대한 신뢰를 점점 더 상실해가고 있다. 팀워크가 개인적 노력을 앞지르고 있는 것이다." 여기에서 위키피디아가 떠오르지 않는가? 개인 저자들의 명성은 변함없이 중요하지만 협업과 텍스트 자체가 다시 중시될 것이라는 매클루언의 전망은 본질적으로 옳았다고 볼 수 있다.

《미디어는 마사지다》 끝부분에는 1965년 9월의 《뉴욕타임스》1면이 실려 있다. 대규모 정전 사고가 일어나 온 도시를 암흑 속에 빠트린 다음 날 신문으로, 매클루언은 "대정전 소동이 반년만 지속되었다면 전자 기술이 우리 일상생활의 매 순간을 어떻게 형성하고 자극하며 변화시키는지, 즉 마사지하는지를 의심의 여지 없이 알게 되었을 것"이라고 말한다. 1965년이라면 TV의 완전 보급이 아직 덜 된 시점이었다. 사건의 무대를 현재로 옮겨 인터넷이 6개월간 작동을 멈춘다고 상상해보자. 그래도 우리는 같은 세상에 살고 있을까? 우리는 여전히 같은 사람들일까?

(함께읽으면좋은책)《시뮬라시옹》,《촘스키, 세상의 물음에 답하다》

마셜 매클루언 더 알아보기

1911년 캐나다에서 부동산 사업을 하는 아버지와 침례교도 교사였다가 배우가 된 어머니 밑에서 태어났다. 1934년 캐나다 마니토바대학교에서 영문학 석사학위를 받고 1936년 영국 케임브리지대학교에서 박사학위를 받았다. 박사학위 취득 후 곧바로 위스콘신대학교에 조교 자리를 얻어 캐나다로 돌아왔다. 1950년대 초반 토론토대학교에서 포드재단의 지원을 받아 '커뮤니케이션과 문화' 세미나를 시작했으며 이 시기에 명성을 얻었다. 1963년 토론토대학교 문화기술연구소Center for Culture and Technology가 설립되면서 소장으로 취임, 1979년까지 이곳에서 일했다.

그의 첫 책은 광고가 사회와 문화에 미치는 영향을 고찰한 《기계신부》(1951)로 당시의 일반적인 기조, 메시지의 내용이 그 형식보다 중요하다는 입장에 반대하며 커뮤니케이션에서는 전달하는 내용과 무관하게 그 수단 자체가 영향을 준다고 지적했다. 또 다른 저서로는 《미디어의 이해》,《지구촌 시대의 전쟁과 평화War and Peace in the Global Village》등이 있다. 1980년에 세상을 떠났다.

Book 33

개인주의에 바탕을 둔 자유주의의
교본이자 민주주의 입문서

존 스튜어트 밀의
《자유론》

존 스튜어트 밀 John Stuart Mill

19세기 영국의 경제학자이자 철학자로 정치인으로도 활동했다. 개인은 그 어떤 생각도 자유롭게 표현할 수 있으며, 남에게 직접적인 해를 끼치지 않는 한 그 행위는 허용되어야 한다는 주장을 펼쳐 현대 자유주의 사상에 큰 영향을 끼쳤다. 벤담의 이론을 계승해 양적 공리주의를 질적 공리주의로 발전시켰다. 그 유명한 "배부른 돼지보다 배고픈 인간이 낫다"는 말은 밀이 한 것으로 질적 공리주의를 대표하는 문장이다.

1859년에 출간된 《자유론》은 개인의 자유와 국가의 적절한 개입 범위를 논한다는 점에서 애덤 스미스의 《국부론》과 쌍벽을 이루는 저작이다. 존 스튜어트 밀은 1세대 자유주의 페미니스트인 그의 오랜 친구이자 끝내는 아내가 된 해리엇 테일러*와 함께 이 책을 집필했는데, 당시로서는 매우 파격적인 여성의 참정권과 노동자의 권리 등도 주장하고 있어 '민주주의 입문서'로도 꼽

---

* 두 사람이 처음 만났을 당시 테일러는 아이가 셋 있는 기혼자였다. 두 사람은 20년간 친구로 지내다가 테일러의 남편이 사망한 후에 결혼했다.

힌다(테일러의 영향은 밀의 유명한 에세이 《여성의 종속》에서도 확연히 드러난다).

밀은 개인의 자유를 제한하는 어떠한 권력에도 강하게 반대했다. 다른 사람에게 직접적인 피해를 끼치지 않는 한 모든 사람의 자유는 보장되어야 했다. 그래야만 개인의 삶이 꽃피울뿐더러 다양한 의견이 활발하게 오감으로써 사회의 발전이 한층 용이해진다고 믿었기 때문이다. 즉 자유가 확대되면 개인의 삶과 사회 전체 영역에 혜택이 돌아간다는 것이다. 밀은 개인의 행복과 전체의 이익이 조화를 이룰 수 있다고 보았으며, 이러한 법과 사회 제도를 만들어야 한다고 주장했다.

결국 이러한 밀의 자유론은 벤담으로부터 계승한 '공리주의' 사상을 기반으로 한다. 물론 이러한 자유는 개인들이 교양 있고 도덕적으로 성숙할 때 의미 있고 가능한 일이다. 그렇지 않다면 각자의 이해관계가 상충돼 더 큰 혼란을 부를 뿐이다. 밀은 이를 교육으로 해결할 수 있다고 보았으며, 물질적 쾌락보다는 정신적 쾌락을 좇을 것을 주문한다.

정리하자면 밀의 자유란 '개별성의 확대'지 끝없는 자유를 뜻하는 것은 아니다. 밀은 국가의 권력이 확대될수록 개인의 자유가 침해당하는 경향이 있다면서 개인의 자유와 국가의 통제 사이에서 올바른 균형이란 무엇일까 끊임없이 고민했다. 《자유론》은 바로 그러한 고민의 과정이자 답변이다. 이는 오늘날 자유민주주의에 사는 우리의 고민이기도 하다. 과연 개인의 자유는 어디까지 확장될 수 있으며, 정부의 개입은 어디까지 이뤄져야 할까? 묘하게도 밀은《자유론》을 출간한 시점에 이미 이를 '미래의 문제'라고 표현했다.

진정한 자유란 무엇인가

밀은 당대에 상당수의 나라가 민주주의를 표방하고 있지만, 권력을 거머쥔 자들이 국민과는 동떨어진 하나의 계층을 형성하면서 민주주의 국가가 국민의 진정한 자유를 보장하지 못한다고 지적했다. 더욱이 국민이 선출한 통치자 역시 여전히 사회 내 소수 집단을 탄압하고 있었다. 이른바 '다수의 횡포'였다. 밀은 이것이 통상적인 정치적 억압보다 더욱 안 좋은 지배 방식일 수 있다고 판단했다. 이러한 통치는 이른바 '올바른' 행위 방식을 모두에게 강요하는 사회적 압제가 될 수 있기 때문이었다. 그러면서 밀은 이러한 체제에서 새로운 사회 규범에 순응하지 않는 사람은 '재교육'을 받아야 한다고 설명하여 20세기 공산주의 국가를 완벽하게 예견했다. 그런 정권은 육체가 아니라 정신과 영혼을 노예화하는 데 초점을 맞춘다.

　민주주의 사회의 핵심적인 질문은 사회 통제의 요구와 개인이 원하는 대로 믿고 생각할 자유를 어느 선에서 조화시키느냐는 것이다. 다수결 원칙은 어떤 종류의 보편적 도덕도 정립하지 못하고, 단지 우세한 집단의 호불호를 나타낼 뿐이다. 밀은 자신들이 결코 지배 집단이 될 수 없다는 것을 아는 많은 소수 집단들이 종교적 자유를 법제화하기 위해 싸운 후에야 종교적 자유가 법으로 보장되었다고 설명한다. 인간은 선천적으로 편협하기 때문에 사회에서 다양한 입장들이 경쟁하며 서로가 지배 세력으로 군림하는 것을 경계할 때에만 비로소 관용적인 정책이나 법을 만들 수 있다는 것이다.

이런 모든 생각을 종합하여 밀은 자유를 보장하기 위한 그 유명한 '위해 원칙'을 만들었다.

문명사회의 모든 구성원의 의사에 반해 권력을 행사하더라도 정당하게 인정되는 유일한 목적은 그들이 타인에게 위해를 가하지 못하게 막으려는 경우뿐이다. 그 사람 본인을 위해서라는 것은 물질적으로든 정신적으로든 정당화의 충분한 근거가 되지 못한다. 그렇게 하는 것이 그에게 좋다든가, 그렇게 하는 것이 그를 더 유익하게 할 것이라든가, 그렇게 하는 것이 남들 보기에 현명하거나 심지어 옳다는 이유로 어떤 사람에게 그렇게 하도록, 또는 그렇게 하지 말도록 강제하는 것은 정당화될 수 없다.

정부나 사회의 지배 세력도 단지 '국민 자신의 이익을 위한 것'이란 이유만으로 국민에게 법을 시행할 수는 없다. 오히려 자유는 소극적인 의미에서 바라보아야 한다. 어떤 시민의 행위가 명백하게 타인에게 해를 미치지 않는 한, 시민은 그 행위를 할 수 있어야 한다. 밀은 이렇게 말한다. "오로지 자신만 관련된 경우 그의 인격의 독립은 당연한 것이고 절대적인 것이다. 자신에 대해, 즉 자신의 신체와 정신에 대해 각자는 주권자다."

개인의 자유 영역

밀은 또한 타인에게 해를 미치지 않는 한 기본적 자유로 간주되어야 할 개인의 자유 영역을 제시한다.

- 양심의 자유
- '과학 같은 경험적 문제 또는 도덕과 종교 같은 선험적 문제에 관한 의견 및 감각'을 비롯한 사상과 감정의 자유
- 위와 같은 의견을 표현할 자유
- 취향과 탐구의 자유, 즉 다른 사람들에게 '어리석고 편협하며 그릇된' 행동으로 여겨질지라도 '우리의 생활을 우리 자신의 성격에 맞도록 계획할 자유'
- 우리가 원하는 사람들과 단결하고 특정한 목적을 위해 사람들을 규합할 자유

밀은 1850년대 영국에서도 사람들이 신앙을 고백하지 않는

다는 이유로 잡혀가고, 심지어 그들에게는 자신의 혐의를 해명할 권리도 없었다고 지적한다. 사회적으로 용인되는 것과 다른 신념을 가진 사람은 법 테두리 밖에 있었던 것이다.

밀에 따르면 사상과 신념을 규제하는 일의 어리석음은 오늘날 역사상 가장 위대한 인물로 추앙받는 소크라테스와 예수가 생전에는 박해당했다는 사실에서도 확인된다. 매 시대 당대에는 '나쁘게' 여겨졌어도 오늘날에는 '좋게' 평가받는 인물이 있음을 감안한다면, 현재의 의견도 얼마든지 잘못될 수 있다는 사실을 인정해야만 한다.

밀이 보기에 역사적으로 어떤 원칙을 아무 의심 없이 받아들이거나 중대 사안의 논의를 금지시켰던 사회나 국가에서는 "역사상 한 시대를 주목할 만하게 만드는 전반적으로 높은 수준의 정신 활동을 찾아볼 수 있으리라 기대하기 힘들다." 국가는 권력을 행사하고 질서를 부여함으로써가 아니라 열린 토론의 가치를 깨닫고 국민을 자유롭게 놓아줌으로써 위대해진다. 이것은 사실 최고의 지성들에게 가장 위대한 진보를 일구어낼 자유를 부여하는 셈이다.

개성, 좋은 사회를 이루는 기초

밀은 개인의 발전이란 측면에서 '이교도의 자아 긍정'이 '기독교도의 자아 부정'만큼이나 가치 있다고 주장한다. 인간은 자신의 개성을 꽃피우는 수준에 비례해서 사회에 가치 있는 존재가 된다. "모든 현명하고도 고상한 일은 개인에 의해 창시되고 있으며 또한 창시되어야 한다."

밀은 한 나라 사람들의 별난 정도가 그 사회의 천재성, 정신적 활력, 도덕적 용기를 반영한다고 주장한다. 빅토리아 시대의 영국은 공고한 가치 체계로 유명해졌지만, 별난 괴짜들의 땅이기도 했다. 밀은 사람들이 식물과 마찬가지로 저마다 성장하는 데 필요한 조건이 크게 다르다고 설명한다. 그러면서 모든 사람을 획일화하는 중국이나 일본과 달리 유럽은 개성을 인정하고 장려했기 때문에 성공을 거두었다고 조심스럽게 말한다.

밀이 《자유론》을 쓰던 당시에는 모르몬교가 (마치 오늘날의 사이언톨로지처럼) 신흥 종교였는데, 사람들은 어느 작가가 '문명의 퇴보'라고 말한 일부다처제를 허용한다는 이유로 이 종교를 금지하길 요구했다. 이에 밀은 본인도 모르몬교를 싫어하지만 "어떤 사회라도 다른 사회에 문명화를 강요할 권리가 있다고는 생각하지 않는다"라는 입장을 취했다. 나머지 사회가 모르몬교 때문에 직접적으로 피해를 입지 않는 한, 그 종파를 법으로 금지시킬 근거는 없는 것이다. 밀은 이 문제를 이렇게 정리한다.

누구도 술에 취했다는 이유만으로 처벌받지는 않는다. 그러나 군인이나 경찰이 근무 중 술에 취했다면 응당 처벌을 받아야 한다.

요컨대 어떤 행동이 개인이나 공중에게 명백히 손해를 끼치거나 뚜렷이 그럴 위험이 있는 경우에는 즉각 자유의 영역을 벗어나 도덕이나 법의 영역에 속하게 된다.

단 그 위험은 명시적이고 분명해야 한다. 그렇지 않다면 사람들은 방해받지 않고 자신의 신념, 인생 계획, 대의, 관심사를 추구할 수 있어야 한다.

원칙의 적용

《자유론》에서 밀은 자신의 원칙에서 비롯되는 정부 정책의 문제를 한 장에 걸쳐 길게 다룬다. 예를 들어 밀의 원칙에 따르면, 자유로운 사회에서는 사실상 매춘이나 도박을 금지하자고 주장할 수 없고 각자의 양심이 허락하는 한에서 간통이나 도박을 할 자유가 있어야 한다. 그런데 정말 매춘 알선업자나 도박장 운영자가 되는 것이 자유롭게 허용되어도 좋은 걸까?

밀은 이 문제에 명확한 답은 제시하지 않지만 정부의 역할은 '국민 자신의 이익'을 위해 법을 제정하는 것이 아니라 직접적인 피해를 막는 것이라고 거듭 주장한다. 만약 사람들이 (온갖 부정적 측면에도 불구하고) 술을 마시거나 도박하길 원한다면 그것은 그들의 선택이다. 다만 정부는 과세와 면허제를 통해 해악을 방지하는 역할을 할 수 있다(밀도 국민의 음주량을 줄이기 위한 알코올 과

세에는 찬성한다). 그는 또 국가에서 결혼을 원하는 사람들에게 장래 아이를 키울 만한 경제력을 입증하도록 의무화하여 새로 태어날 아기가 가난 때문에 비참한 처지에 놓일 사태를 막아야 한다고 주장한다.

오늘날 행동경제학과 심리학에서는 개인의 자유를 침해하지 않고 사회적으로 유용한 성과를 얻는 방법들을 제시한다. 캐스 선스타인과 리처드 탈러는 《넛지》(2008)에서 정부가 국민에게 아무런 행동을 강요하지 않고도 그들의 결정에 영향을 미치는 방식인 '자유주의적 개입주의liberal paternalism'를 소개한다. 예를 들면, 장기 기증 서류 양식을 만들 때 운전면허 소지자일 경우 별도로 거부 의사를 밝히지 않는 한 사망시 무조건 장기를 기부하는 식으로 바꾸는 것이다. 이런 작은 변화만으로도 그 나라에서 확보되는 장기 수가 극적으로 늘어나 1년에 수백 명의 생명을 구할 수 있다. 그럼에도 이 과정은 규제가 전혀 없고, 그저 저자들의 표현대로 '선택 설계choice architecture'만 바뀔 뿐이다.

개인의 자유와 정부의 역할

밀은 (통치자이든 동료 시민이든 간에) 자신의 의지를 남에게 관철시키려는 것이 인간의 타고난 성향이라고 지적한다. 그러므로 지속적인 감시와 견제가 없으면 정부 권력은 점차 확대되고 개인의 자유는 갈수록 침해당하는 경향이 있다. 그러나 정부가 확대되는 추세를 경고한다고 해서 오늘날의 극단적인 자유지상주의자들처럼 정부에 조금의 정당성도 없다는 의미는 아니다. 하버드 출신의 철학자 로버트 노직은 명저인 《아나키에서 유토피아로》(1974)에서 정부의 주요 역할을 생명과 재산의 보호 그리고 계약 시행으로 국한해야 한다고 주장했다.

밀의 사상적 계승자가 오늘날의 자유지상주의자라고 생각하기 쉽지만, 밀은 결코 극단주의자가 아니었고 애덤 스미스의 상식적 유형에 훨씬 더 가까웠다. 둘 다 정부가 사회와 경제의 전 분야로 영향력을 확대해가는 현상을 경고했지만, 정부가 중요한 역할을 한다는 사실은 부정하거나 의심하지 않았다. 밀을 바라보는 정확한 관점은 그를 진보 정치의 위대한 인도자로 보는 것이다. 그에 따르면 진보의 원칙은 "자유를 사랑하는 형태이든 발전을 사랑하는 형태이든 관습의 지배에는 반대하고, 적어도 관습의 속박으로부터의 해방을 요구한다. 그리고 이 진보와 관습 간의 투쟁이 인류 역사의 주된 관심사를 이룬다."

좌파와 우파 모두 자신들이 밀을 계승한다고 주장해왔지만, 밀이 제시하는 자유의 의미는 다양한 진영 정치를 뛰어넘는다. 《자유론》은 열린 사회를 위한 선언문으로 보는 편이 가장 적합할 것이다.

(함께 읽으면 좋은 책) 《도덕과 입법의 원리 서설》,《정의론》

1806년 영국 런던에서 태어났다. 공리주의자였던 아버지 밑에서 강도 높은 교육을 받은 것으로 유명하다. 또래 아이들과 어울려 놀지 못하고 세 살 때는 그리스어를, 여덟 살 때는 라틴어를 공부했으며, 열두 살 때 이미 논리학에 정통했고, 열여섯 살 때는 경제 문제에 관한 글을 썼다.

프랑스에서 역사학, 법학, 철학을 더 공부하고도 여전히 10대이던 시절에 아버지가 고위직으로 있던 동인도회사에 서기로 입사해 1857년 세포이 항쟁이 벌어져 문을 닫을 때까지 수석 조사관으로 일했다. 조직 생활을 하면서도 벤담의 자택에서 모이는 공리주의협회Utilitarian Society를 결성했고, 벤담과 함께 런던유니버시티칼리지를 설립했다(1825). 공리주의 잡지 《웨스트민스터리뷰》를 비롯한 여러 잡지의 편집자로 일하며 기고도 했다. 사회 개혁적인 면에서 행동주의자였던 그는 런던의 빈민층에게 피임 정보를 나눠준 혐의로 체포되기도 했다. 1865년 하원의원으로 선출되어 활동했고, 여성의 참정권과 기타 자유주의적 쟁점을 위한 운동을 전개했다.

논리학, 경제학, 종교학, 형이상학, 인식론, 시사, 사회 및 정치철학을 망라하는 방대한 저작을 남겼다. 주요 저서로는 《논리학 체계System of Logic》, 《정치경제학 원리》, 《공리주의》, 《종교에 관한 에세이 3편Three Essays on Religion》, 《존 스튜어트 밀 자서전》 등이 있다.

1872년 친구인 앰버리 경Lord Amberley의 차남 버트런드 러셀의 대부가 되었다. 이듬해에 프랑스 아비뇽에서 세상을 떠났다.

Book 34

'나는 어떤 사람인가'에 대한
20년간의 깊은 탐구

몽테뉴의
《수상록》

미셸 드 몽테뉴 Michel de Montaigne

프랑스의 사상가이자 모럴리스트*로 르네상스를 대표하는 철학자이자 문학가다. 정치인으로도 활동했다. 자신의 체험을 사유의 대상으로 삼은 최초의 철학자이기도 하다. 현재의 '에세이'라는 장르를 탄생시킨 장본인으로 《수상록》은 글의 형식으로나 사상적으로나 후대에 많은 영향을 끼쳤다. 파리에 몽테뉴의 이름을 딴 거리가 있다.

《수상록》은 미셸 드 몽테뉴가 긴 집필 끝에 탄생시킨 저작으로 총 세 권 107장으로 이루어져 있다. 자전적 성격의 길고 짧은 글들을 한데 모았으며, 오래 쓰고 고친 덕에 시대상 변화에 따른 몽테뉴의 사상적 변화와 발전도 알 수 있다. 20대 초반부터 법관으로 일한 몽테뉴는 서른일곱 살인 1570년 은퇴를 선언하고 책을 집필하기 시작해 1580년에 초판본 두 권을 출간했다. 이후

---

*   일반적으로 도덕가를 지칭하지만, 16~18세기에 인간의 성찰을 주로 남긴 프랑스의 작가 및 사상가들을 가리키며 대표적으로 몽테뉴, 파스칼 등이 있다.

여행도 하고 보르도 시장도 지내면서 틈틈이 개정판을 냈다가 1586년 보르도 시장을 그만두고 난 후 초판본을 대폭 수정하고 원고를 추가해 1588년 총 세 권으로 된 개정 5판을 출간했다.

몽테뉴의 명제는 '나는 무엇을 아는가Que Sais Je'였다. 그는 노년의 시작으로 여기던 마흔두 살에 이 글귀가 새겨진 메달도 제작했다. 그는 스스로에게 물었다. 내게 지식이 있다면 그 근거는 무엇인가? 내가 나 '자신'이라고 부르는 이것은 무엇인가? 나는 단지 끊임없이 스쳐가는 감정과 생각에 불과한가, 아니면 보다 실체가 있는 존재인가? 이렇게 사색과 글쓰기로 자신에 관해 탐구해보기 위해 몽테뉴는 '시도'라는 의미의 단어 '에세essai'를 책의 제목으로 사용했다.

몇 번이고 개정판을 낸 데서도 알 수 있겠지만《수상록》은 당대에도 상당한 인기를 끌었고,《수상록》을 흉내 낸 책들도 꽤 많았다. 이러한 형식의 글쓰기는 후대에도 영향을 미쳐 셰익스피어, 파스칼, 에머슨, 니체 등이 영감을 받았고, 프랜시스 베이컨은 아예 동명의 책(《에세이》)을 집필하기도 했다. 오늘날 우리가 말하는 '에세이'라는 장르는 이렇게 탄생했다.

몽테뉴는 자전적 성격이 강한 이 책이 자기 미화로 치닫지 않도록 노력한다. 서문에서 몽테뉴는 이렇게 밝힌다. "이 책이 세상 사람들의 호의를 사기 위한 것이었다면, 나는 좀 더 나 자신을 잘 꾸미고 조심스레 검토해서 내보였을 것이다. 그러니 모두들 여기 생긴 그대로의 자연스럽고 평범하고 꾸밈없는 나를 보아주기 바란다. 왜냐하면 내가 묘사하는 것은 나 자신이기 때문이다."

《수상록》에는 냄새, 아이들에 대한 아버지의 애정, 옷 입는 습관, 상상력, 사귐, 식인종 등 별난 주제의 글들이 많이 실려 있다. 여기에서는 몽테뉴의 세계관을 압축하고 있고 이후의 문학가나 사상가들에게 영향을 미친 몇 편의 에세이를 중심으로 살펴보겠다.

허영이라는 인간의 약점

가장 긴 에세이인 〈교만에 대하여〉는 아마도 이 책의 최고 작품으로, 다음과 같이 요약될 수 있다.

> 공적으로나 사적으로나 가장 그릇된 사상을 품고 키우게 되는 원인은 사람이 자신을 높이 평가하는 데에 있다고 본다.

몽테뉴는 과학자들을 그다지 좋아하지 않았고 확실성을 가장하는 태도는 특히 못마땅해했다. "수성의 띠에 걸터앉아서 하늘을 멀리 내다보는 자들, 그들은 나를 골탕 먹이고 있다." 몽테뉴는 자신의 인간 연구에 의하면 인간은 가장 기초적인 문제조차 잘못 생각할 때가 많은데, 어떻게 그들이 설명하는 '나일 강이 불어나고 줄어드는 원인'은 확실하다고 믿을 수 있는지 의아해했다. 또 자신에 관해서도 그토록 번번이 예상이 빗나가는 우리가 어째서 우주에 관한 우리의 '사실'만은 철석같이 믿어야 하느냐고 반문한다.

몽테뉴는 자신이 쓴 어떤 글도 흡족하지 않고 다른 사람들의 호평도 위안이 되지 않는다고 고백한다. 그는 재미있는 이야기나 소소한 잡담에 끔찍이 서툴렀고, 연설이나 주장도 잘 못했다. 그의 산문은 단조롭고 무미건조하며, 플라톤이나 크세노폰 같은 기교라곤 눈곱만큼도 없다. 몽테뉴는 키가 작았는데 그것도 고위직에 오르려는 사람에게는 결점이라고 본다. '훌륭한 외모에서 풍기는 위엄과 존재감이 부족하기' 때문이다.

그 외에도 그는 테니스, 레슬링, 동물 조련 등의 기술이 부족하다. 또 직업관에 대해서는 이렇게 말한다. "나는 선천적으로나 후천적으로나 극도로 게으르고 내 멋대로다. 힘들게 일하느니 차라리 내 피를 뽑아줄 것이다." 그는 자신의 기억력이 너무 나빠서("세 줄의 시구를 외자면 세 시간은 걸린다") 하인들의 이름조차 기억할 수 없다고 토로한다. 시골 땅을 물려받기는 했어도 재정 관리에는 젬병이고, 곡물의 차이도 분간하지 못하며, 빵을 만들려면 누룩이 필요하다는 사실도 모르고 지내다가 남들 앞에서 망신당한 것이 불과 한 달도 안 된 일이라고 털어놓는다. 종합적으로 몽테뉴는 이렇게 쓴다.

어느 누구라도 내가 나를 평가하는 것보다 더 자기 자신 또는 나를 박하게 평가하기란 어려울 것이다. … 나는 가장 속되고 천한 결함을 가졌지만, 그런 것을 떳떳지 못하게 숨기거나 변명해본 적은 없다.

그러나 자신의 무지와 결함을 충분히 인정하면서도 그는 "나에 관해서 무슨 말을 하더라도 나를 있는 그대로 보여주는 이상, 나는 내 할 일을 하는 것이다"라고 말하며 자신에 관해 진정한 사실을 밝혀낼 수 있기를 희망한다. 결국 그에게 마지막으로 남은 것은 그의 판단력 또는 이성뿐이다. 의외로 몽테뉴는 자신의 이런 능력을 높이 평가하고 있었던 듯한데 그것조차 허영의 근원임을 곧바로 시인한다. "우리는 다른 사람의 용기나 체력, 경험이나 민첩성, 미모 등의 장점은 쉽사리 인정해준다. 그러나 판단력의 장점만큼은 아무에게도 양보하지 않는다." 그의 관찰에 따르면 우리의 '교만'에는 두 가지 측면이 있는데 "자기를 높이 평가하는 일과 남을 충분히 존경하지 않는 일"이다.

이제 가면은 필요 없다

보통 결단력 있는 행동을 남자답다고 여기기 때문에 우리는 자신의 우유부단함을 인정하는 몽테뉴가 정말로 자신을 있는 그대로 드러내고 있음을 깨닫게 된다. 그는 페트라르카의 솔직한 말을 떠올린다. "내 속마음은 옳다고도 그르다고도 말할 수 없다." 몽테뉴는 자신의 입장을 방어하는 데는 뛰어나지만 자신의 의견을 개진하는 데는 어려움을 겪어서, 오죽하면 주사위를 던져 결정하는 편이 나을 정도였다. "나는 남의 의견을 좇는 재주밖에 없다. 그리고 군중이 하는 대로 쉽게 이끌려간다. 나는 스스로 사람들을 지휘하거나 지도할 능력이 있는지 확신이 안 선다. 나는 내가 나아갈 길을 남이 터주어야만 안심이 된다."

이렇다 보니 몽테뉴는 다른 사람이 확실성과 절대적 진리를 주장할 때에도 회의적이었다. 이는 과학자들뿐만 아니라 철학자들에게도 해당되는 이야기였고, 여기에서 그는《수상록》을 저술하게 된 동기를 밝힌다.

사람이 가면을 쓰고 자신을 숨기고 다니면서 있는 그대로의 자기를 감히 내보이지 못하는 것은 노예처럼 비겁한 짓이다. … 어질고 너그러운 마음씨를 가진 자는 자기 사상을 배반하지 않고, 기꺼이 사상의 가장 깊은 곳까지 드러낸다. 이것은 완전히 좋거나 적어도 완전히 인간적인 일이다.

윌리엄 제임스가《실용주의》에서 언급했듯이 철학자들이 객관적인 이론을 제시한다는 주장은 근거가 약하다. 철학은 대개 한 사람의 기질을 확장한 것에 불과하기 때문이다. 몽테뉴 역시

'객관적인' 과학과 철학이 실은 인간 정신의 투사에 그칠 때가 많고, 개인적인 견해를 감추려 노력하는 것은 뭔가 감출 것이 있다는 의미임을 간파했다.

몽테뉴는 정치 생활에서 성공하기 위해 온갖 권모술수와 거짓말에 능해져야 한다는 마키아벨리의 가르침에 비판적이었다. 부정한 이유로 얻은 초기 성과에는 언젠가 반드시 손실이 뒤따르게 마련이라고 생각했기 때문이다. 대신 그는 "선보다 더 인기 있는 것은 없다"는 키케로의 말을 인용한다. 몽테뉴는 책략을 짜고 거짓말을 일삼으며 남에게 아첨하는 사람보다는 차라리 자신의 심중을 그대로 드러내는 요령 없고 따분한 사람이 되는 편을 선호했다.

자아라는 존재

몽테뉴는 우리가 머리를 쓰려면 "보통 날개보다는 납덩어리로 만든 추를 매달아야 하고, 열기와 흥분보다는 냉정과 휴식이 더 필요하다"고 생각했다. 평소 우리는 끊임없이 욕망과 동요가 일렁이는 상태이기 때문에 스스로 땅에 발을 붙이고 사물을 있는 그대로 바라보아야 한다. 그러려면 사색이나 명상이 가장 바람직하고, 명상은 "자기를 보살펴서 힘차게 일할 줄 아는 자에게는 강력하고 충만한 공부가 된다"는 것이 그의 설명이다.

인간의 '주된 재능'은 적응력과 융통성이다. 인생 자체가 불공

평하고 불규칙한 마당에 자기의 엄격한 정신적 습관을 고수하는 것은 자기 자신의 노예가 되길 자처하는 어리석은 짓이다. 몽테뉴는 '최고의 정신은 가장 다양하고 유연한 정신'이라고 말한다.

《수상록》은 끊임없이 '자아'라는 존재의 덧없고 변덕스러운 속성을 환기시킨다. 〈서적에 대하여〉에서 몽테뉴는 인간이 나이를 먹을수록 '평온을 얻기' 때문에 지식과 지혜가 늘어난다는 생각을 일축한다.

> 나는 언젠가는 일부 객관적인 지식이 생길 테고 어쩌면 과거에 이미 그것을 설명하는 글귀를 우연히 발견했을 수도 있는 일이다. 그러나 나는 완전히 잊어버렸다. 나는 글을 좀 읽었다고는 해도, 기억력은 아주 약한 사람이다.

몽테뉴는 결국 자신이 할 수 있는 모든 것은 현재 시점에 자신이 알고 있는 듯한 것을 말하는 일뿐이라고 말한다. 그는 결코 모든 것을 알겠다는 희망조차 품지 않는다. 그에게는 열심히 일하지 않고 즐겁게 사는 것이 더 중요하다. 그가 책을 읽는 것은 오로지 즐거움을 얻기 위해서고, 만약 두껍고 진지한 책이라면 그만큼 자기 이해나 잘 살고 죽는 법을 더 명확히 제시할 수 있어야 한다.

몽테뉴는 여러 대목에서 자기모순에 빠지지만 이것을 딱히

약점이라고 볼 수는 없다. 월트 휘트먼이 몇 세기 후에 노래하듯이 '나는 거대하다. 내 안에는 수많은 사람들이 들어 있는' 그런 자아라면 만물을 시시각각 다르게 볼 테니 말이다.

내 안으로 들어가려는 시도

신중히 구축한 세계관이 없다는 이유로 일각에서는 몽테뉴가 철학자가 아니라고 주장한다. 하지만 그렇게 거대한 철학 체계나 이론적 체계를 혐오하며 당대의 과학과 종교의 확실성에 의문을 제기했기 때문에 그는 대단히 현대적인 유형의 철학자가 되었다. 예를 들어 자유 의지의 문제에 있어, 그는 교회의 교리를 벗어던지고 우리가 완전한 우주의 일부라는 스토아학파의 입장을 취한다. 또 〈후회에 대하여〉에서는 왜 무엇이든 후회하는 편이 타당한지를 묻는다. "우리의 정신은 과거나 미래를 통틀어 모든 사물의 질서를 전복시키지 않고는 바람으로든 생각으로든 그 속의 점 하나도 움직여놓을 수 없다."

이런 세계관을 가진 만큼 몽테뉴는 당연히 자신을 너무 심각하게 받아들일 수도 없었고, 그런 과정에서 대부분의 사람들이 스스로에게 하는 거짓말도 피해갈 수 있었다. 그는 두 명의 철학자, 데모크리토스와 헤라클레이토스를 비교한다. 전자는 인간의 삶에 대한 조소와 풍자적 시각으로 유명하지만, 후자는 '우는 철학자'로 불릴 만큼 인간의 처지를 향한 연민과 동정이 깊었다.

몽테뉴는 데모크리토스의 입장을 지지하는데 인간은 죄나 고통을 담는 그릇이기보다 한낱 어리석음으로 가득한 존재이므로 조롱거리로 삼아야 옳다고 본 것이다. "우리는 악의보다도 무위로 가득 차 있다"고 그는 말한다.

그러나 회의주의와 숙명론은 방종한 삶의 변명이 되지 못했고, 그래서 몽테뉴는 열정과 극단주의를 피함으로써(몽테뉴의 메달 반대쪽에는 '자제'라고 새겨져 있었다) 자유롭게 명상과 사색을 추구해가며 자신과 타인, 세상을 조금이나마 밝혀낼 수 있을 만한 행동을 실천에 옮겼다. 《수상록》의 수많은 재미있는 구절 중에는 이런 말이 있다. "이렇게 타락한 시대에 태어난 것도 좋은 일이다. 다른 시대에 비해 도덕군자 소리를 듣기가 훨씬 쉽지 않은가."

몽테뉴는 로마의 풍자가 페르시우스의 "아무도 자기 속으로 들어가려고 시도하지 않는다"란 말을 언급하면서 정확히 그런 시도를 감행함으로써 보다 사적인 부류의 철학적 기틀을 마련했다. 누구든 자서전을 쓰는 사람이라면 그의 책을 읽어보는 게 좋을 것이다. 그러면 '내가 이것을 어떻게 해냈는가'보다 '나는 대체 어떤 인간이었는가'를 쓰는 편이 훨씬 더 흥미롭다는 사실을 깨닫게 될 것이다. 다시 말해, 이런 한계와 잠재력을 가지고 이 시대와 이 공간을 살아가는 한 사람의 이야기 말이다.

함께읽으면좋은책 《제일철학에 관한 성찰》, 《선의 군림》, 《블랙 스완》

1533년 보르도 시장인 아버지와 유대인 혈통인 어머니 사이에서 태어났다. 어렸을 때부터 좋은 교육을 받아 일곱 살 때 이미 라틴어를 깨우쳤다. 10대 때 보르도의 학교와 툴루즈대학교에서 공부했다.

1554년 스물한 살 때 법관이 되어 3년 후 보르도 고등법원의 법관이 되었다. 이곳에서 멘토인 에티엔 드 라 보에티를 만났으며, 한동안 샤를 9세의 궁정에서도 근무했다.

1570년 은퇴를 하고 유산으로 물려받은 페리고르의 가족 영지로 돌아가 서재를 꾸미며 이후 9년간 읽고 쓰고 생각하며 소일했다. 그의 서재는 영지 건물 위 원형 탑 속에 있어서 그가 크게 신경 쓰지 않아도 영지 돌아가는 상황을 파악할 수 있었다. 그는 《수상록》에 이런 구절을 남겼다. "자기 집 안에 자기 혼자 있을 곳도, 자기만의 궁전을 차릴 곳도, 자기 몸을 감출 곳도 없는 자들은 내가 볼 때 아주 가련한 신세들이다!"

자주 고통스러운 담석증에 시달려 치료법을 찾아 휴양 시설로 옮겨 다니며 유럽 전역을 여행하다가 그의 의사와 상관없이 보르도 시장에 선출되어 돌아왔다. 그는 시장으로서 두 번의 임기를 마쳤다.

중매 결혼을 했으며, 《수상록》에는 아내의 이야기가 거의 등장하지 않는다. 말년에 그의 글을 통해 알게 된 젊은 여성 작가 마리 드 구르네Marie de Gournay를 양녀로 삼아 사후에 나올 《수상록》의 발행을 맡겼다. 1592년 편도선 농양으로 숨을 거두었고, 3년 후 신판이 출간되었다.

Book 35

세계적인 문학가가 전하는
윤리학의 본질

아이리스 머독의
《선의 군림》

아이리스 머독Iris Murdoch

20세기 영국의 대표적 문학가이자 철학자다. 시대의 베스트셀러 작가로 2008년
《타임》지 선정 1945년 이후 '가장 위대한 영국 작가 50인'에서 12위로 꼽혔다. 부커상
과 휘트브레드상 등 다수의 문학상을 수상했으며, 영국 여왕으로부터 기사 작위를 수
여받았다. 원래 전공은 철학으로 옥스퍼드대학교에서 15년간 철학 교수로 재직했을
만큼 철학적으로 남긴 업적도 뛰어나다.

1970년에 출간된 《선의 군림》은 세 편의 논문으로 구성된 책으
로 원래는 강의 형식으로 제공되었던 것이다. 각기 다른 곳에서
했던 강의를 엮은 만큼 통일성을 갖추고 있진 않지만, 아이리스
머독의 핵심 철학을 담은 중요한 대표작으로 "예술가와 철학자
의 재능을 결합한 설득력 있는 책"이란 평가를 받으며 오늘날 중
요한 현대 철학서 중 하나로 꼽히고 있다.

사실 머독은 철학자로서보다는 소설가로서 더 유명하다. 등단
작인 《그물을 헤치고》는 《타임》지 선정 '20세기 최고의 책 100

권'에 선정되었으며, 1978년 작《바다여, 바다여》로는 부커상을 수상했을 정도로 문학적 재능이 뛰어나다. 하지만 원래 철학 전공자이자 옥스퍼드대학교에서 15년간 철학 교수를 지냈던 만큼 철학자로서 남긴 업적도 분명하다. 여기서 소개하는《선의 군림》말고도《도덕 지침으로서의 형이상학Metaphysics as a Guide to Morals》등 철학사적으로 의미 있는 저작을 남기기도 했다.

머독은《선의 군림》을 통해 당시 서양 철학계의 주류를 이루고 있던 실존주의와 행동주의, 공리주의를 비판하며 관찰 가능한 외적 행위와 결과보다는 무엇을 하는 게 옳은지에 주목한다. 이기적 존재인 인간이 강력한 의지를 가지고 자율적으로 행동해봤자 일부의 가치만 얻을 수 있을 뿐 보편적 가치를 얻기란 어렵다고 보았기 때문이다. 머독은 현대의 공동체 사회에서 새로운 도덕성을 찾으려 했고, 타인과 현실에 대한 '애정 어린 관심'에서 진리 또는 선을 발견할 수 있다고 보았다.

이에 머독은 플라톤주의적인 접근을 시도한다. 플라톤은 선을 우주의 기저를 이루는 절대적이고 선천적인 것으로서 인간이 평생에 걸쳐 무의식적으로 추구하는 것으로 보았다. 현대 철학자들은 선의 허위성을 폭로하는 데 열심이었지만 머독은 선이 여전히 도덕철학(아울러 인생 자체와 심지어 아무 의미도 없어 보이는 우주)의 핵심 개념이라고 믿은 것이다.

완벽에 대한 추구

우리의 나약함에도 불구하고, '완벽해지라'는 명령은 우리한테 의미가 있다. 선의 개념이 경험 위주의 이기적인 의식으로 함몰되는 데 저항하기 때문이다.

머독은 선이 이 세계의 진정한 구성 요소로서 개인의 경험을 넘어서는 실재를 갖고 있다고 믿었던 철학자 G. E. 무어_{Moore}를 언급하며 말문을 연다. 후대 철학자들은 무어의 생각을 설득력 있게 반박하며 선은 개인의 인식에 기반을 둘 뿐 객관적인 실재를 갖지 않는다고 주장했다. 이런 관점에 따르면 "선은 세계의 일부가 아니라 세계에 부착된 이동식 꼬리표로 생각해야 한다."

머독은 현대 도덕철학에서 제시하는 '전형적인 인간'상을 그려본다. 이들은 매사에 의도가 명확하고 자기 본위적이며 자신이 하는 일과 원하는 일을 잘 알고 있다. 또 결과와 공개적인 행동을 중시하고 정신생활에는 근본적으로 가치를 두지 않는다. 마지막으로 이들은 오로지 자기 의지에 따라 살아가므로 자신의 행동에 책임을 져야 한다. 머독은 이런 인간상을 '실존주의적-행동주의적-공리주의적'이라고 칭한다. 이들은 이 무의미한 우주에서 인과관계의 유일한 동력으로서 의지를 최우선적으로 강조하기 때문에 실존주의적이고, 인간의 내면보다 결과와 행동에 초점을 둔다는 점에서 행동주의적이며 공리주의적이다.

이어서 머독은 내면의 사고에는 내부적 검증 절차가 없기 때문에 우리에게 존재하는 '듯 보이는' 것만으로는 현실성이 없다는 비트겐슈타인의 주장을 소개한다. 비트겐슈타인은 행동과 정신의 관계를 설명하기 위해 비유적으로 "다른 부품이 함께 움직이지 않는 상태에서 혼자 돌아가는 바퀴는 기계의 일부가 아니다"라고 말한다. 믿음·느낌·생각은 그 정확성을 검증할 길이 없으므로 중요한 것은 우리의 행동뿐이고, 따라서 선을 둘러싼 온갖 추상적인 논의는 미심쩍거나 무가치하다는 뜻이다.

머독은 또 윤리학자 스튜어트 햄프셔Stuart Hampshire의 "무엇이든 확고한 실재로 간주되려면 여러 관찰자들이 확인할 수 있어야 한다"는 주장도 언급한다. 그런 다음 비트겐슈타인과 햄프셔의 주장은 모두 옳지 않다고 반박한다.

예를 들어 새로 맞은 며느리에 대한 생각을 바꾸기 위해 자신의 선입견을 지우고 좀 더 올바르거나 애정 어린 눈길로 바라보려고 노력하는 시어머니의 경우를 생각해보라. 문학 작품에서 그토록 생생하게 묘사되는 이런 종류의 갈등은 객관적으로 확인할 수 있든 없든 간에 분명히 실재한다. 이는 자유에서 우러난 내면적이고 도덕적인 행위로서 명확한 인식을 목표로 한다. 다른 사람을 '최대한 좋게 바라보려는' 노력에는 완벽을 지향하는 태도가 수반되고, 이렇듯 도덕적인 의미에서 자신의 완벽을 추구하는 태도야말로 인간됨의 본질이자 도덕철학의 요체인 것이다.

도덕은 과학이 아니다

머독은 경험주의의 모든 용어가 "인간 개개인에게 적용하기에는 무디고 투박하다"고 지적한다. 정신 분석은 개인의 역사를 속속들이 까발리는 객관적인 '과학'을 지향했지만 머독은 정신 분석가가 과학적인 관찰자이자 심판관이 될 수 있다는 생각에 회의적이었다. (시간은 물론 그녀가 옳았음을 입증했다. 정신 분석은 오늘날 지나치게 주관적이라는 이유로 주류적 치료 요법의 범주 밖으로 밀려났다.) 대신 머독이 인간을 바라보는 시각에는 이런 분석이 밑바탕에 깔려 있다.

도덕적 개념은 과학과 논리가 세운 거친 세계 속에서는 작동하지 않는다. 도덕적 개념은 다른 세계에서 다른 목적을 위해 형성된다.

머독은 도덕적 실재가 과학적 실재에 비해 한없이 복잡하고 다양하기 때문에 도덕적 실재를 묘사하는 언어도 불가피하게 특이하고 접근하기 어려울 때가 있지만, 그럼에도 충분히 구체적이고 보편적으로 사용될 수 있다고 주장한다.

나아가 머독은 과학이 우리 문화의 일부이므로 '과학'과 '문화'를 별개의 범주로 분류하는 것은 옳지 않다고 지적하며 이렇게 말한다. "우리는 과학자기 이전에 인간이고 도덕적 주체며, 과학이 인간의 삶에서 차지하는 위치를 논하려면 반드시 언어를 사용해야 한다." 그렇기 때문에 특정한 과학자를 알기 전에 셰익스피어를 아는 것이 언제나 더 중요하다. 문학은 우리가 도덕적이거나 과학적인 인간의 모든 노력을 바라보고 이해할 수 있는 렌즈와도 같기 때문이다.

의지 대신 관심

머독은 실존주의와 인문주의를 모두 공허한 신조라고 여긴다. 실존주의는 자아를 과신하고 그 외에는 아무것도 믿지 않기 때문이고, 인문주의는 인간에게 일말의 도덕적 진지함도 찾아볼 수 없는 '일상적인 합리성'에 따라 살라고 요구하기 때문이다. 그 결과 개인은 '고립된 의지의 원칙'이나 '심리학·사회학 같은 다른 분야로 떠넘겨진 존재 덩어리'로 전락한다. 이런 자기 확신의 철학들은 일종의 '사이비 과학적 결정론'에 빠져 있어, 설령 자유·이성·책임·자기 인식·성실성·상식 같은 훌륭한 가치를 일부 고취한다고 해도 "당연히 죄악이나 사랑은 일체 언급하지 않는다."

머독의 분석에 따르면 비트겐슈타인의 《논리-철학 논고》의 세계에는 도덕적 판단이 설 자리가 없다. 그런 판단에 대해서는 아무런 사실적 가치도 말할 수 없기 때문이다. 다른 철학자들에게도 도덕적 판단은 단순히 '감정'으로 취급될 뿐이다. 실존주의의 관점에서 인간은 물리적 사실의 바다에 떠 있는 외로운 '의지'다. 물론 도덕적인 인생의 비전은 없더라도 행동할 자유가 있는 것은 긍정적이다. 그러나 머독은 실존주의적 관점이 비현실적이고 지나치게 단순하다고 생각한다. 현실적으로 한 사람의 도덕은 평생에 걸쳐 이루어지는 매우 실질적이고 중대한 사안이기 때문이다.

> 도덕적 변화와 도덕적 성취는 서서히 이루어진다. 우리는 자신이 볼 수 있는 것을 갑자기 바꿀 수 없고, 고로 자신이 바라는 것과 해야 할 것도 갑자기 바꿀 수 없으므로, 하루아침에 자신을 변화시킬 수 있다고 생각할 만큼 자유롭지 않다.

이와 정반대의 관점은 우리가 무한한 선택지 앞에서 스스로 의지를 발휘하여 인생의 궤적을 만들어간다고 보는 입장으로, 머독은 이것이 저열한 삶의 방식이라고 단언한다. 그러면서 대안으로 성자와 예술가들에게 익숙한 일종의 '필연성'에 따르는 삶, 즉 '어떤 사람과 사물, 상황을 참을성과 애정을 갖고 지켜보는' 삶, 그래서 의식적인 의지보다는 복종에 가까운 삶을 제안한다. 이런 애정 어린 관심은 수십 년에 걸쳐, 실은 평생 동안 이어지면서 일회적인 결정의 중요성을 경감시킨다. 예를 들어 만약 우리가 어떤 사람을 오랜 세월 지켜본다면, "결정적인 선택의 순간에 대부분의 선택은 이미 끝나 있다." 의지란 의식적인 결심이 아니라 자신이 사랑하거나 지켜보는 것에서 생겨나기 때문이다.

이런 관점은 실존주의-행동주의 이론에서 그저 비합리적인 인간의 방종한 부산물로만 여겨지던 예술의 위대함을 일깨운다. 플라톤의 사상에서 아름다움과 예술은 궁극적으로 동일한 것이다. 미美를 열린 마음으로 바라보는 행위는 이타적이고, 따라서 그 자체로 도덕적이다. 머독이 보기에 선과 진리와 사랑은 서로 긴밀하게 얽혀 있다. 누구나 자기가 관심을 쏟는 곳에서 자신의 도덕성을 발견할 수 있다. 애정을 갖고 지켜볼 때 실재, 진리 또는 선을 발견하게 되는 것이다.

예술을 통해서 보게 되는 것

예술은 베일을 뚫고 외양 뒤에 가려져 있던 실재의 감각을 제공한다. 예술은 죽음과 우연의 맥락 속에서 진정한 모습의 덕성을 드러낸다.

머독은 공공연히 인간은 이기적이고, 인간의 존재에 어떤 외부적 목적이나 신성한 의미 따위는 없다고 주장한다. 인간은 그저 '필연성과 우연의 지배를 받는, 언젠가는 죽을 운명의 덧없는 존재'다. 머독은 신을 믿지 않지만 그렇다고 이성, 과학, 역사를 신격화하지도 않는다. 칸트의 시대 이후로는 개인의 자유·의지·힘이 전부였고, 그것을 극단으로 밀어붙인 지점에 니체의 도덕철학이 있었다. 그러나 이렇게 얻어진 책임감으로 우리는 대체 무엇을 해야 하는가?

머독은 인생의 관건은 우리가 더 나은 사람이 되는 것이고, 그러자면 자아의 규모를 줄여 타인과 세상을 명징하게 바라봐야 한다고 대답한다. '자아에서 벗어나는' 가장 확실한 방법은 자연과 예술과 문학에서 미와 진리를 감상하는 것이다.

우리는 어떤 상처를 곱씹으며 괴로워하다가도 무심코 창문 밖을 내다봤을 때 하늘을 날아가는 황조롱이가 보이면 순간 우리 자신을 잊게 된다. 단순히 환상을 제공해 우리를 위로하는 것이 아닌 진짜 좋은 예술은 "우리에게 독자적인 탁월한 존재를 통해 순수한 기쁨을 전해주기에 충분하다." 이 '불확실하고 불완전하게' 보이는 세상에서는 미와 선과 사랑만이 오롯이 의미를 지닌다. 게다가 일반적인 통념과 달리 미술과 문학은 미술가나 작가에 관한 것이 아니다. 오히려 진정으로 훌륭한 작품이 나오려면 창작자의 자아가 이런 작품과의 동일시에서 벗어나야만 한다.

선을 목적으로 삼아야 한다

머독에 따르면 "자유는 자아의 무게를 아무렇게나 내던지는 것이 아니라 자아를 규율 있게 지배하는 것이다. 또 겸손은 자신을 끌어내리는 이상한 습관이 아니라 … 현실을 사심 없이 존중하는 태도다." 머독의 지침은 플라톤의 동굴 우화에서 동굴 밖으로 나온 사람이 태양을 바라보듯이, 자아로부터 선을 향해 눈을 돌리라는 것이다. 이런 움직임은 또 세계의 특수성·다양성·무작위성에서 벗어나는 것이다.

이러한 함의 중 하나는 자기 인식의 추구라는 게 망상에 가깝다는 것이다. 우리가 설령 그토록 잡히지 않던 자아를 포착하여 직시한다고 해도 막상 대면하게 되는 것은 상상하던 것보다 훨씬 '더 작고 재미없는 대상'일 뿐이다. 그보다는 개인의 범주를 넘어서 관심과 사랑으로 세상과 인간을 온전히 바라보려 노력하는 편이 훨씬 더 가치 있을 것이다.

머독은 '초월적인 것은 의지가 아니라 선이기 때문에' 실존주의-행동주의 사조에서 강조하는 의지나 결단력의 가치는 착각이라고 말한다. 의지가 선한 목적을 향해 나갈 수 있는 '정신의 자연적 에너지'인 반면, 선은 모든 것을 실제 있는 그대로 드러낸다. 힘의 측면에서도 의지는 개인의 일부지만 선은 보편적이므로 상대가 안 된다. 그러므로 머독은 "자유나 올바른 행동이 아니라 선을 목적으로 삼아야 한다"고 주장하면서도, "겸손이란 의미에서의 자유와 올바른 행동은 선에 대한 관심의 자연스러운 산물이다"라고 덧붙인다. 다시 말해, 만일 우리가 선을 최우선적으로 추구한다면 나머지 가치 있는 것들이 전부 저절로 따라오겠지만, 강력한 의지만 추구하다 보면 잘해야 그것밖에 얻지 못한다는 뜻이다.

(함께읽으면좋은책)《순수이성비판》,《국가》,《철학적 탐구》

아이리스 머독 더 알아보기

1919년 아일랜드 더블린에서 태어났다. 어릴 때부터 동물, 노래, 독서를 열렬히 좋아했다. 런던의 프뢰벨부설학교와 브리스톨의 배드민턴여학교를 다녔는데, 옥스퍼드대학교 진학을 준비하며 플라톤과 소포클레스를 읽었다. 서머빌 칼리지에 입학해 훗날 유명 철학자가 된 메리 미즐리와 친구가 되었다. 대학 시절 마르크스주의에 감화돼 대학 졸업 후 공산당에 입당했다.

시인인 프랭크 톰슨Frank Thomson, 군사사학자이자 군인인 마이클 풋 Michael Foot, 노벨상 수상자인 엘리아스 카네티 등과 연인으로 지냈으며, 1956년 옥스퍼드대학교의 영문학 강사인 존 베일리와 결혼했다. 결혼 후 런던과 옥스퍼드에서 살았으며, 아이가 없던 관계로 글쓰기에만 집중할 수 있었다. 주요 저서로는 《잘려진 머리A Severed Head》, 《일각수The Unicorn》, 《바다여, 바다여》 등의 소설과 《낭만적인 합리주의자 사르트르Sartre: Romantic Rationalist》, 《불과 태양The Fire and the Sun》, 《도덕 지침으로서의 형이상학》 등의 철학서가 있다.

1996년에 알츠하이머병으로 사망했다. 전기로는 영국 작가이자 철학자인 피터 콘라디Peter Conradi가 쓴 《아이리스 머독의 삶Iris Murdoch: A Life》과 남편 존 베일리가 쓴 《아이리스의 애가Iris: A Memoir》가 있으며, 이를 바탕으로 2001년 주디 덴치가 머독으로 분한 영화 〈아이리스〉가 발표되었다.

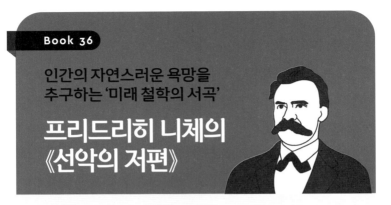

Book 36

인간의 자연스러운 욕망을
추구하는 '미래 철학의 서곡'

프리드리히 니체의
《선악의 저편》

프리드리히 니체 Friedrich Nietzsche

19세기 독일의 문헌학자이자 철학자로 서양 철학의 전통을 깨고 새로운 가치를 세우려 했기 때문에 '망치를 든 철학자'라고도 불린다. 대표적인 명제가 '신은 죽었다'로, 영원불변한 실재나 절대적 가치 같은 형이상학적 세계를 부정하고 현실에서의 삶을 중요하게 여겼다. 여기서 '아모르파티'란 말이 유래되었으며, 실존주의와 포스트모더니즘에 매우 큰 영향을 끼쳤다.

《선악의 저편》은 1886년에 출간된 책으로, 프리드리히 니체가 1881년부터 1886년까지 기록했던 아이디어 노트를 중심으로 기술되어 있다. 니체는 그의 대표적 명저《차라투스트라는 이렇게 말했다》가 너무 어려워 제대로 된 평가를 받지 못했단 생각에 쉬운 글쓰기를 시도했고, 그렇게 탄생한 책이《선악의 저편》이다. '미래 철학의 서곡'이라는 부제가 붙어 있으며, 부제에서 의미하는 대로 근본적인 진리 추구라는 전통적 철학의 명제를 뒤엎는 시도가 가득하다.

그동안의 철학은 '선 vs 악'처럼 이분법적 해석에 사로잡혀 있었다. 인간의 자연스러운 욕망을 죄악시하고 보편적인 선을 지향하도록 이끌어온 것이다. 그 때문에 인간은 항상 현실의 삶을 저당 잡혀야 했다. 하지만 니체에 의하면 '선과 악'은 인간이 만들어낸 것으로 "도덕적인 현상이란 따로 존재하지 않으며 현상에 관한 도덕적인 해석만 있을 뿐이다." 그렇다면 '삶을 위한 도덕'이란 없는 것일까? 있다면 과연 무엇일까?

　니체에게 있어 그것은 바로 힘을 발산하는 것, 즉 '힘에의 의지'였다. 사회를 이루며 사는 우리는 저마다 가치 판단이 다르며 이로 인해 다투게 된다. 그러다 보면 나의 가치를 남들의 가치보다 더 위에 올려두고자 '더 큰 힘'을 갖고자 한다. 이러한 의지의 싸움이 새로운 세계를 불러오며, 더 높은 곳을 추구하기 위해서는 모든 도덕적 관습과 사고방식에서 벗어난 '초인Übermensch'이 될 필요가 있었다. 그런 것들은 나의 가치가 아닌 타인의 가치이므로 언제든 파괴될 수 있어야 했기 때문이다. 따라서 니체에게 있어 이기심, 탐욕, 기만, 가식은 절대 나쁜 것만은 아니었다.

　또한 전통적인 선악 구도에서 고통과 고난은 악으로 간주되어 없어져야 할 것으로 여겨졌다. 그것이 곧 선이었다. 하지만 니체는 고통과 고난도 우리 삶에 필요한 것으로 보았다. 그래야만 우리 자신을 강화하고 고양할 수 있기 때문이다. 이는 신의 섭리에 따르는 수동적 삶의 태도가 아니라 자신의 운명을 오롯이 받아들이는 능동적 삶의 태도, 곧 아모르파티를 뜻한다.

결국 선과 악 너머에 있는 것은 '현실의 삶을 욕망하는 인간'이다. 이러한 파격적인 주장 때문에 니체는 살아 있을 때 학계로부터 배척을 받았지만 그가 남긴 주장은 후대에 큰 영향력을 미쳐 프로이트, 토마스 만, 하이데거, 사르트르, 푸코 등 많은 학자에게 영향을 미쳤다.

왜 진리 추구만 중요시 여기는가

철학자들은 "확실한 것이 불확실한 것보다 가치가 높고 가설은 '진리'보다 가치가 떨어진다"고 믿지만, 니체가 볼 때 그런 가치 평가는 피상적이고, 자아의식에나 필요하며, 자신의 생존을 확신하고픈 욕구의 일환일 뿐이다. 우리가 실재를 이해하기 위해 논리적인 허상을 만들고 싶어 한다는 것이다. 니체는 나아가 대부분의 사람들이 의식적 사고라고 여기는 것도 실은 우리의 본능에 불과하다고 주장한다. 우리는 스스로 믿는 것보다 훨씬 더 적게 생각한다는 뜻이다.

철학자들 역시 예외가 아니다. 그들은 냉정하고 객관적인 논리 체계를 창안해내는 독립적인 정신임을 자처하지만 대부분의 시간에는 그저 본래의 자신 그대로를 분출하며 살아간다. 그들은 진리를 짜내는 기계가 아니라 편견의 옹호자다. 예를 들어 칸트는 도덕군자 같은 '정언 명령'을 전하기 위해 과학적인 철학자의 탈을 썼지만, 니체가 보기에는 세상에 널린 '고리타분한 도덕가와 윤리 설교자들' 중 하나일 뿐이다. 또 스피노자는 자신의 철학을 좀 더 과학적으로 치장하기 위해 '불필요하게 복잡한' 수학적 형식을 차용했다고 니체는 평가한다.

요컨대, 철학자들은 보편적인 지혜를 사랑하는 자들이 아니라 자신의 지혜를 사랑하는 자들이다. 그들 세계관의 중심에는 각자의 도덕적 입장이 있고 '지식'은 거기에 덧입혀놓은 무대 의상에 불과하다. 그렇지만 니체는 이런 주장을 자기가 처음 하는 것은 아니라고 밝힌다. 에피쿠로스 역시 플라톤처럼 겉보기에 '자명한' 진리를 제시하는 철학자들의 과장과 허영을 지적한 바 있었다.

힘에의 의지와 자유 의지

니체는 생명체의 가장 강력한 본능이 자기 보존 또는 생존 욕구라는 심리학자들의 주장이 옳지 않다고 생각했다. 그에게 생명체의 주된 목적은 자신의 힘을 발산하는 것이었다. 이것이 니체의 그 유명한 '힘에의 의지'다(부분적으로는 쇼펜하우어의 '살려는 의지'에서 유래한 개념이다). 간단히 말해 우리는 생존 그 자체를 위해서가 아니라 우리의 힘을 표출하기 위해 살아가고 싶어 한다는 것이다.

이런 점을 감안할 때, 니체가 자유 의지에 대해 한 말은 대단히 의외일 것이다. 그 내용은 다음과 같은 한 문장으로 요약된다.

나는 하나의 사상은 '그 사상'이 원할 때 오는 것이지, '내'가 원할 때 오는 것이 아니라는 사소하고 간단한 사실을 줄기차게 강조할 것이다.

자유 의지를 가진 자아라는 개념은 가정일 뿐이고, 실은 '나'가 아니라 '그들'이라고 칭하는 게 더 정확할 것이다. 왜냐하면 우리는 감각, 감정, 사고의 복합체기 때문이다. 니체가 지적하기를 '의지에서 가장 이상한 점'은 의지가 명령을 내리는 동시에 받는 기제라는 것이다. 우리는 스스로(이른바 '나')가 명령을 내린다고 생각하지만, 실제 우리의 몸은 '많은 영혼으로 구성된 사회적 구조물'이다.

우리는 자신의 결정이 성공의 기반이라고 믿지만 이는 농작물을 수확할 때 다른 모든 관련 요인은 무시한 채 토지 관리자에게만 수확의 공을 돌리는 것과 마찬가지다. 우리는 벌어지는 상황을 완전히 통제하지도, 완전히 책임을 면하지도 못한다. 진실은 그 사이 어딘가에 있다. 순수한 자유 의지를 믿는 것, 또는 니체의 표현으로 '의도된 도덕'은 점성술이나 연금술과 같은 범주로 취급되어야 한다.

그렇다면 니체의 자유 의지에 대한 입장은 그의 '힘에의 의지'

나 '초인' 개념과 어떻게 조화를 이룰까? 니체는 사람들이 창조하거나 지배하려는 본능적 의지에 몸을 내맡겨야 할 때 지나치게 생각이 많다고 여겼다. 자유 의지란 모든 영혼이 신성하다는 믿음에 기초한 기독교의 결벽적인 개념일 뿐, 사실 인간은 인생에서 원하는 바를 움켜쥐려는 고등 동물 정도로 봐야 옳다. 초인의 본성은 숙고하거나 합리화하는 것이 아니라 열정적으로 행동하고 창조하는 것이다.

학문, 철학, 진정한 철학자

니체는 철학과 종교를 대신해 현대의 유일하게 중요한 학문 분야라고 자처하는 과학의 오만함과 무례함을 즐겨 지적했다. 그러면서 철학이 모든 지식 영역 중에서 으뜸가는 '주도적 과제'라고 주장한다. 니체는 현대 철학이 그 고귀한 역할을 포기하고, 예를 들자면 겨우 '인식론'으로 전락했다고 탄식한다. 이제 일반인들의 눈에 철학은 다소 어두운 표정인 반면, 과학은 만물의 척도임을 자처하며 행복하고 자신만만한 표정으로 비춰지더라도 전혀 놀랄 일이 아니다. 니체의 말대로라면 과학은 사실 거의 아무것도 설명하지 못하고 그저 인간의 인식에 따라 세계를 재배치하는 방식에 불과한데도 말이다.

니체는 현대 철학자가 스스로 회의론자가 아니라고 말하는 것은 위험하고 가히 혁명적인 일이라고 지적한다. 그래서 철학자는 차라리 아무것도 모른다고 말하거나 아무것도 알 수 없다고 말하는 편을 선호한다. 그렇지만 회의주의는 그 사용자를 안심시키고 세상의 일부라고 느끼게 만드는 '기분 좋은 잠에 빠뜨리는 아편'이다.

니체에 따르면 회의주의적 관점은 다양한 인종과 계층이 뒤섞여 있어 모든 것이 불안정하고 상대적인 인간에게서 나타난다. 이들은 매사를 철저히 고려하고 순수한 의지만으로는 어떤 일도 수행하지 않는다. 객관성과 과학 정신이란 단지 오랜 세월 문명이 지속되는 곳이면 어디든 만연하는 질병인 의지 마비증의 징후일 뿐이다. 니체는 '철학적 노동자'와 '학문하는 인간'을 진정한 철학자와 구분한다. 그러고 나서 칸트와 헤겔을 철학적 노동자로 분류하는데, 이들은 가치와 진리를 식별하여 일정한 질서에 따라 배열한다. 반면 니체가 말하는 진정한 철학자는 '명령자이자 입법자'로서 "이렇게 되어야만 한다!"라고 외치는 창조자다.

일반적으로 생각하기에 철학자라면 현명하고 신중하며 평범한 삶과는 다르게 살아간다. 그러나 니체는 대안적인 상을 제시한다. "진정한 철학자는 … 비철학적으로, 현명하지 못하게, 무엇보다 무분별하게 살아가고, 인생의 수백 가지 시련과 유혹에 대한 부담과 의무를 느낀다. 그는 스스로 끊임없이 모험을 감행하며 이 나쁜 게임을 즐긴다." 진정한 철학자는 당대와 그 문화의 '나쁜 양심'이 되어 "그 시대 미덕에 해부의 메스를 들이대어야 한다."

'오늘날 위대성이라는 것이 가능한가?'라는 질문 앞에서 니체는 그가 "모든 드문 것, 낯선 것, 특권적인 것, 보다 숭고한 인간과 영혼, 더욱 고귀한 의무와 책임, 창조적인 지배권과 기품에 맞선 전면전"이라고 묘사했던 현대 사회의 속성과 싸워야 했다. 무엇보다 현대인은 공포나 고통으로부터 자유로운 인생을 추구하는데, 이는 안타깝게도 인간의 가능성을 저버리는 행위다. 위대해지려면 우리는 어떤 위험에 부딪히든 간에, 어떤 것에 대해서도 허가를 받지 않은 채로 인생에 몸을 내던져야 한다.

노예의 도덕과 주인의 도덕

인류에게는 자연적인 위계질서, 일종의 자연적 정의가 있다. 니체의 설명으로는 '고귀한 영혼'은 어떤 것을 위해서도 위를 올려다보길 좋아하지 않고 정면을 보거나 아래를 내려다보는데, 이것은 '자신이 높은 곳에 있음을 알고' 있기 때문이다. 니체는 이런 정의가 다른 여러 종교나 도덕의 주장, 즉 자신을 다른 사람들보다 낮출 때 비로소 충만해진다는 주장과 상반된다는 점을 인정한다. 그러나 니체에게 이런 태도는 가식처럼 보인다. 현대의 교육과 문화는 진정한 영혼의 고귀함을 희생시켜 평범하고 대중적인 가치를 찬양하려는 사기 술책이 분명하다.

니체는 민주주의나 '권리의 평등', '고통받는 모든 이들과의 공감' 같은 개념을 경멸했다. 이렇게 공평한 경쟁의 장을 만들려는 시도가 인간이 정말로 위대해질 수 있었던 환경을 파괴했다고 믿었기 때문이다. 온갖 종류의 억압, 가난, 폭력, 혹독한 시련에는 인간에게 독창성, 대담성, 정신력 등을 요구해 평범한 사람을 위대한 인물로 만드는 기회가 내재되어 있다는 주장이다.

니체는 기독교가 '모든 자유와 긍지, 모든 정신의 자기 확신을 바치는 희생'을 강조하고, 신도가 자신의 가능성을 비관하고 자조하게 만든다고 생각했다. 때문에 기독교를 '노예의 도덕'이라 불렀다. 그렇지만 구약성서만은 신성한 정의가 담긴 위대한 작품이라고 예찬했다.

도덕은 인간을 단순하고 이해하기 쉽게 만들기 위해 고안된 것이다. 공통된 원칙이 있다면 우리 모두를 동일한 잣대로 판단할 수 있기 때문이다. 그러나 만약 우리가 일상적인 선과 악의 범주 너머를 바라본다면 인간의 참모습을 볼 수 있어 자연스레 그들에게 믿음과 존경심이 생길 것이다. 그리고 그들이 우리를 대할 때도 우리에게 존경심을 느끼게끔 해야 한다. 괜한 허영이 아니라 타인에게 미치는 힘이 바로 '고귀한 영혼'의 징표인 것이다.

니체가 남긴 것

니체는 전통적 철학적 명제를 거부함으로써 실존주의와 해체주의에 큰 영향을 미쳤다. 하지만 기존의 도덕관을 거부하고 이상주의를 믿는 유대주의를 비판했다는 이유로 (반유대주의자가 아님에도 불구하고) 불행히도 나치 이데올로기에 악용되기도 했다. 20세기의 여러 참혹한 사건들을 감안할 때 니체의 태도는 오늘날 지나치게 순진한 감도 있지만, 아마도 니체로서는 생전에 자기 작품이 거의 읽히지 않았기 때문에 자신의 철학적 시한폭탄을 유럽의 침대 아래 던져 넣더라도 잃을 것이 없다고 생각했던 모양이다.

《선악의 저편》의 두 절은 잠언으로 구성되는데 이 부분을 읽다 보면 "광기는 개인에게는 드문 일이다. 그러나 집단, 당파, 민족, 시대에서는 일상적인 일이다"나 "자살을 생각하는 것은 큰 위로가 된다. 이런 생각으로 사람들은 수많은 괴로운 밤을 견디어낸다"처럼 보석 같은 문구를 발견할 수 있다. 또한 니체는 애정에 관해서는 운이 없었기에 여성을 경멸했지만 "복수하거나 사랑할 때 여성은 남성보다 야만적이다"처럼 남녀관계에 관한 흥미로운 구절도 눈에 띈다.

그렇지만 니체가 너무 신랄하다거나 심지어 심술궂다고 느끼는 사람이 있다면, "사랑으로 행해지는 것은 항상 선악의 저편에서 일어난다"라는 구절을 들려주고 싶다. 사랑은 어떤 도덕적 구분도 뛰어넘는다는 의미다. 사랑은 선도 아니고 악도 아니고 그저 사랑일 뿐이다. 이것이 바로 사랑의 힘이다. 상극相剋을 초월하려 했던 니체의 바람은 빛과 어둠, 선과 악이 모두 정신에서 만들어낸 것이라는 동양 종교의 '이중성' 개념과 별반 다르지 않다. 궁극적으로 모든 것은 그냥 '존재할' 뿐 어떤 꼬리표도 불필요한 것이다.

(함께 읽으면 좋은 책) 《존재와 시간》, 《군주론》, 《의지와 표상으로서의 세계》

프리드리히 니체 더 알아보기

1844년 프로이센의 뢰켄에서 루터교 목사인 아버지 밑에서 태어났다. 아버지는 그가 다섯 살 때 사망했다. 포르타의 기숙학교를 졸업하고, 본대학교에서 고전문헌학을 공부하다가 교수를 따라 라이프치히대학교로 옮겼다. 이때 쇼펜하우어의 책을 접했다. 겨우 스물네 살 때 학생 신분으로 바젤대학교의 문헌학 교수가 되었는데 역대 최연소 교수였다. 프로이센-프랑스 전쟁이 터져 위생병으로 복무한 후 《비극의 탄생》을 집필했다.

잦은 건강상 문제로 교수직에서 물러나 유럽 곳곳의 셋방을 전전하며 넉넉지 못한 연금으로 생활하다가 1889년 신경쇠약으로 병원에 입원했다. 1년 후에 판단력과 언어 능력을 거의 상실한 채 어머니 집으로 옮겨져 간호를 받다가 사망했다. 니체의 병증에 대해서는 매독이나 우울증으로 여겨졌으나 후에 밝혀진 바에 따르면 '뇌연화증'으로 인한 정신 이상 증세였다.

주요 저서로는 《인간적인 너무나 인간적인》, 《즐거운 학문》, 《차라투스트라는 이렇게 말했다》, 《도덕의 계보》, 《우상의 황혼》, 《안티크리스트》와 일종의 자서전인 《이 사람을 보라》 등이 있다.

Book 37

요절한 천재 수학자가 남긴
기독교와 인간 존재에 관한 생각들

파스칼의 《팡세》

블레즈 파스칼 Blaise Pascal

근대 프랑스의 신학자이자 철학자로 '파스칼의 정리'와 '파스칼의 원리'로도 유명한 수학자이자 물리학자다. 엄격한 금욕 종교인 쟝세니즘에 귀의했으며, 인간의 한계를 극복하고 진리와 행복에 도달하기 위해 기독교적 신앙을 강조했다. 신에게서 멀어져 인간 중심으로 돌아가는 세상 속에서 인간 이성의 한계와 불완전성을 강조해 후대에 사상적으로 많은 영향을 끼쳤다.

《팡세》는 사실 미완의 책이다. 블레즈 파스칼이 기독교 신앙을 바탕으로 그때그때 생각나는 대로 적은 글들을 그의 사후 유족들이 한데 엮은 것으로, 정식 출간은 그가 죽은 지 8년 후인 1670년에 이루어졌다. 원제목은 '종교 및 기타 주제에 대한 파스칼 씨의 팡세'로 팡세Pensées란 '생각'이란 뜻이다. 파스칼의 "인간은 생각하는 갈대다"란 유명한 문구가 바로 이 책에 실려 있다.

　파스칼은 수학자와 물리학자로도 유명하다. 수학자 페르마와 함께 확률을 개발하고, 수은기압계의 작동 원리를 밝혀냈으며, 라이프니츠에게 영감을 준 기계식 계산기도 처음 만들어냈다. 그런 그가 어떻게 독실한 신앙자로 변모했을까? 그가 남긴 메모에 의하면, 1654년 11월 23일(서른한 살 때)에 하늘의 목소리를 듣는 경이로운 체험을 했다고 한다. 사실 파스칼은 20대 때 이미 여동생의 영향으로 장세니즘에 귀의했는데, 30대 때 병을 앓으면서 우주 속 인간의 존재에 더욱 몰두하게 되었다.

신 중심의 사고방식에 회의론이 일던 시절에 파스칼은 몽테뉴의 태평하고도 불경한 세계관과 데카르트 같은 지나치게 이성적인 입장을 재고찰하는 것이 자신의 숙명이라 믿었다. '인간은 생각하는 갈대'에서도 알 수 있듯이 인간은 사유할 수 있기에 존엄하고 위대하지만, 늘 흔들리는 불안하고 연약한 존재다. 파스칼은 이 모순을 극복하기 위해서는 신과 신에 대한 믿음이 필요하다고 보았다. 하지만 사람들은 계속 믿음에 대한 이성적 근거를 추구했고, 파스칼은 의심을 거두고 신을 믿어야 할 이유를 제시하는 내기 개념을 고안하기에 이르렀다.

파스칼의 내기

만약 당신이 내기에서 이긴다면, 당신은 모든 것을 얻게 된다. 그러나 내기에서 진다면, 아무것도 잃을 것이 없다. 그러니 주저하지 말고 신이 존재한다는 쪽에 내기를 걸라!

파스칼은 자신이 정통했던 확률과 수학 지식을 기초로 이 내기를 만들었다. 그는 신이 존재하느냐는 질문으로 시작한다. 이것은 이성으로는 결코 답을 구할 수 없는 종류의 문제다. 어느쪽도 확증은 없는 셈이다. 그러나 파스칼은 우리에게 신이 존재한다는 쪽에 걸라고 권유한다. 그의 추론에 따르면 이렇게 얻을 것(영원한 생명과 행복)이 많고 잃을 것(잘못된 믿음)이 적은 내기에 걸지 않는 것은 분명히 바보짓이다.

만약 그런데 이쪽을 선택했다고 해서 당신에게 무슨 나쁜 일이 생기겠는가? 당신은 신자가 될 것이고, 교양 있고 겸손하고 감사할 줄 아는 사람, 자선적인 사람, 신실하고 참된 친구가 될 것이다. 당신은 결코 중독된 쾌락이나 명예, 향락 속에 빠지지 않을 것이다. 오히려 당신은 다른 좋은 것들을 얻게 되지 않을까? 내가 감히 말하노니, 당신은 이 세상의 삶 속에서 득을 보게 될 것이다. 그리고 이 길을 한 걸음씩 걸어갈 때마다 당신이 얻는 것은 너무도 확실한데 비해 당신이 내기에 건 것은 너무도 하찮은 것이었음을 발견하게 될 것이다. 그래서 마침내는 당신이 확실하고 무한한 것에 내기를 걸었고, 이를 위해 아무것도 투자한 것이 없었다는 것을 알게 될 것이다.

비신자라면 이 추론이 그럴싸하게 들리기는 해도 여전히 '확실한' 것은 아무것도 없다고 말할 것이다. 파스칼도 여기에 동감하지만 확신할 수 없는 것은 전쟁 결과나 항해도 마찬가지고, 심지어 우리가 내일까지 살아있을지조차 확신할 수 없다고 덧붙인다. 그렇다면 확률이 적은 쪽에 소액을 걸었다가 그게 만약 사실로 밝혀질 경우 왕창 이득을 얻길 기대하는 쪽이 더 현명하지 않을까? 파스칼은 이렇게 말한다.

> 나라면 신이 없다고 오해하고 살다가 기독교가 진리로 밝혀지는 쪽이 기독교가 진리라고 믿으며 오해하고 사는 쪽보다 훨씬 더 두려울 것 같다.

우리는 이렇게 신이 존재한다고 믿지 않고도 파스칼의 내기를 응용할 수 있다. 신 대신에 어떤 종류의 절대적이거나 보편적인 진리가 존재하고 그 진리가 긍정적이라는 쪽에 내기를 거는 것이다. 만약 그 진리가 우리 인생과 공동체에 유익하다면, 그것을 우리 삶의 중추로 받아들이는 편이 훨씬 더 합리적이다.

의심의 폐단
파스칼은 비종교적인 시대에는 "믿을 이유가 없으므로 믿지 않겠다"는 것이 대부분 사람들의 기본 입장이라고 보았다. 그 자신도 신은 없다고 주장할 만한 많은 일을 봐왔기 때문에 사람들의 의심을 이해했다. 그러면서도 그는 순수하게 물리적인 차원으로만은 삶을 만족스럽게 설명할 수 없다는 생각을 갖게 되었다. '신 없는 인간의 비참함'이라는 절에서 파스칼은 자신을 전적으로 신에게 맡겨야만 평화, 진리, 행복을 발견할 수 있다고 단언한다. 그러지 않기 때문에 불행, 어둠, 혼란, 실수가 발생한다는 것이다. 또 신이 정말 현존한다면 왜 더욱 분명하게 존재를 드러내지 않느냐고 묻는 이들에게는 "신이 숨어 계신다는 점에 불평하지 말고 그분이 그렇게 여러 번 모습을 나타내셨다는 점에 감사해야 한다"고 대답한다.

파스칼은 오직 세 부류의 사람들이 있다고 말한다.

신을 발견하고 나서 그를 섬기는 사람들, 신을 발견하지 못했기 때문에 그를 찾는 일에 열중하는 사람들, 그리고 신을 발견하지 못했을 뿐만 아니라 그를 찾지도 않으면서 살아가는 사람들. 첫 번째 사람들은 올바르고 행복한 사람들이고, 세 번째 부류의 사람들은 불합리하고 불행하며, 두 번째 부류의 사람들은 불행하지만 올바르다.

T. S. 엘리엇은 《팡세》의 서문에서 파스칼에게 신앙이 없는 것은 일종의 게으름이었다는 견해를 이렇게 정리한다.

인류의 대다수는 정신이 나태하고, 호기심이 없으며, 허영에 탐닉하고, 열의가 없기 때문에 의심이든 신앙이든 충분히 가질 수가 없다. 그러므로 평범한 사람이 스스로 회의론자나 비신자라고 자처할 때는, 대부분 무엇이든 결론까지 치열하게 생각해보려는 열의의 부족을 감추기 위해 그런 척하는 데에 지나지 않는다.

파스칼이 생각하기로는 의심을 넘어서는 것이 위대한 인간의 성취였다. '어떤 반대에 부딪치더라도 진리를 알기 위해 충분히 이해하려는' 사람들과 달리, 겸손한 사람들은 흔쾌히 신을 믿는다. 이것은 역설적으로 모든 것을 의심하는 사람들이 아니라 자신의 신념을 철저히 성찰하려던 당대의 '똑똑한' 사람들을 겨냥하여 비판한 말이었다.

허영의 극복
파스칼은 몽테뉴를 반박하면서도, 인간의 본성을 바라보는 '내가 졌다!'는 식의 체념적이고 반어적인 시각에 크게 영향을 받았다. 우리는 확실하고 이성적이며 지적인 척할 수는 있어도, 파스칼에 따르면 인간의 일반적 조건은 '변덕, 권태, 불안'과 무엇보다도 허영이다. 이 세상이 얼마나 부질없는지를 깨닫지 못한다면 대단히 허영이 강한 사람이 틀림없다고 그는 말한다.
　파스칼이 보기에 "우리는 우리 인격이 모욕을 당하거나 존경

받지 못하는 것을 참지 못할 만큼 인간의 인격에 대한 높은 기대치를 갖고 있다. 그러므로 인간의 모든 행복은 이 존경 속에 존재한다." 사람들은 사랑하거나 사랑받기를 열망하고 이런 행위는 종종 "모든 땅과 왕과 군대들, 나아가 전 세계를 뒤흔든다." 그러고 나서 파스칼은 이집트 여왕의 얼굴에 관한 그 유명한 말을 남긴다. "클레오파트라의 코가 조금만 더 낮았더라면 지구의 전 표면이 달라졌을 것이다." 사소한 일(예를 들면 한 여자의 미모 같은)이 역사의 전환점이 될 수 있다는 말이다.

학구적이던 파스칼은 소중한 나날을 '공이나 토끼를 좇으며' 보내는 사람들의 어리석음을 한탄한다. 여기서 문제는 무엇을 좇느냐가 아니라 좇는 행위 그 자체다. 사람들은 자신과의 본격적인 대면을 피하기 위해 이상한 일들에 열중하는 것이기 때문이다. 파스칼은 행복해질 다른 방법을 제시한다.

> 어떤 사람에게 조용히 살라고 권하는 것은 행복하게 살라는 권유다. … 그래야만 그는 그 안에서 고통의 원인을 찾지 않고 그 처지를 유유히 바라볼 수 있다.

이 말은 가끔 이렇게도 표현된다. "인간의 모든 불행은 단 한 가지, 즉 방 안에 혼자 앉아 있지 못하는 데서 비롯된다." 우리는 오락이 없다면 불행하겠지만 오락으로 즐거움을 느끼는 동안에도 계속해서 '자신도 모르는 사이에 죽음에 이르게' 된다. 사실 우리 최고의 순간은 자신의 동기와 목적을 점검하며 보내는 시간인데, 그럼으로써 잘못된 행위를 바로잡고 신의 질서와 진리 및 의도에 눈뜰 수 있기 때문이다. 그래도 파스칼은 인간이 개나 나무와 달리 자신의 비참함을 알 수 있기 때문에 잠재적으로 위대하다고 주장한다. 우리는 강한 욕정(사람과 사물에 대한 본능적인 욕망)에서 출발하여 어떻게든 도덕적 질서에 도달하는 것이다.

> 인간은 자기가 짐승과 같다고 생각해서도 안 되고 천사와 같다고 생각해서도 안 되며, 이 두 가지를 몰라서도 안 되고, 이 두 가지를 모두 알아야만 한다.

인간이 단순히 영리한 동물이라는 믿음은 우리를 모욕하는 것이지만, 그렇다고 우리가 순수하게 정신적인 존재라고 말할 수는 없다. 삶의 목표는 신체와 본능적 성향이라는 현실을 받아들이면서도 우리의 신성을 깨닫는 것이다.

신이 우리에게 원하는 것

《팡세》에는 또 그 유명한 '기하학적 정신esprit de géométrie'과 '섬세한 정신esprit de finesse'이 등장한다. 기하학적 정신을 가진 사람은 명확하고 이의 없이 받아들여지는 원리를 파악하는 데 익숙하기 때문에 직관적인 지식을 믿지 못한다는 문제가 있고, 이런 편협하고 지나치게 까다로운 사고방식 때문에 다른 종류의 앎을 놓치기 일쑤다(파스칼이 보기에는 데카르트가 이런 정신의 좋은 사례였다). 섬세한 정신, 이를테면 인생 법칙은 '눈으로 보기보다는 느껴지는' 것으로 "스스로 이 원리를 느끼지 못하는 사람에게 이것을 느끼게 만들기는 대단히 어렵다." 그럼에도 이런 정신은 실재한다.

이것이 바로 파스칼이 개인 차원에서 과학적 세계관과 종교적 세계관을 넘나드는 방법이다. 우리는 세상 속에서 살아가며 사물의 본질에 도달하는 데 많은 시간을 절감해주는 직관력이나 형이상학적 감각을 기르면서도 이성을 통해 이해 가능한 추상적인 원리를 받아들이는 데 열려 있어야 한다.

"심정은 이성이 결코 알지 못하는 이유들을 가지고 있다"는 문구도 등장하는데, 이 말은 흔히 사랑에 빠진 사람의 행동을 설명하는 데 적용되지만 파스칼의 본 의미는 더욱 일반적이다. 우리는 추론 능력을 활용할 수 있을 때는 의심하지 말아야 하고, 이성적인 인간의 판단력을 이용할 수 있다면 그렇게 해야 한다. 그러나 가장 높은 차원의 추론은 더는 이성이 통하지 않고 다른 차원의 질서에 맡겨야 하는 문제가 있음을 인정하는 것이다.

과학자이자 수학자였던 파스칼은 세상을 파악하기 위해 온갖 지식을 열정적으로 추구했지만, 모든 것을 알 수는 없다는 사실을 인정할 만큼 현명했다. 신은 우리에게 두 가지를 원하는 듯하다. 이 세계 내에서 행동하고 창조하기 위해 이성을 최대한 사용하면서도, 우리가 '인간적 체험을 하는 영적인 존재'임을 받아들이라는 것이다. 최대의 질문 앞에서 우리는 궁극적으로 우리 '심정'이 끌리는 더 위대한 지성의 말에 따를 필요가 있다.

함께 읽으면 좋은 책 《신학대전》, 《제일철학에 관한 성찰》, 《공포와 전율》, 《변신론》, 《수상록》

파스칼 더 알아보기

1623년 프랑스 클레르몽페랑에서 태어났다. 세 살 때 어머니를 여의고 아버지 에티엔Etienne을 따라 두 누이와 함께 파리로 이주했다. 어릴 때부터 조숙하고 영리해서 아버지를 따라 수학과 철학 문제를 논하는 모임에 참석했다. 열일곱 살 때, 아버지가 세금심사관으로 일하게 된 루앙으로 다시 온 가족이 옮겨갔다. 아버지의 세금 계산을 돕기 위해 기계식 계산기를 발명했다.

20대 때 신앙심 깊은 여동생 재클린Jacqueline과 함께 매우 엄격한 기독교 종파인 쟝세니즘에 귀의하고 포르루아얄수도원에 들어갔다. 신비로운 종교적 체험 이후 2년째에 예수회와 교황청의 공격으로부터 쟝세니즘을 변호하기 위해 자신의 종교적·정치적 논쟁집인 《시골 친구에게 보내는 편지Letters Provinciales》를 발표했다. 같은 해에 포르루아얄수도원에서 심한 안질을 앓던 조카인 마르게리트Marguerite가 기적적으로 치유되는 광경을 목도했다. 1662년 서른아홉이라는 젊은 나이에 갑작스런 경련과 함께 사망했다. 부검 결과 장기 손상과 뇌 손상이 심했다고 한다.

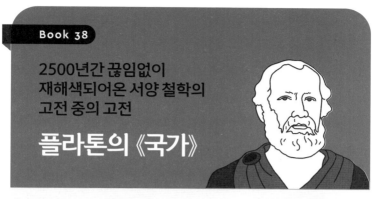

Book 38

2500년간 끊임없이 재해석되어온 서양 철학의 고전 중의 고전

플라톤의 《국가》

플라톤Platon

고대 그리스의 철학자로 소크라테스의 제자이자 아리스토텔레스의 스승이다. 소크라테스와 함께 서양 철학의 원론으로 꼽힌다. 영국 철학자 화이트헤드가 "서양 철학은 모두 플라톤의 각주에 불과하다"는 유명한 말을 남겼을 정도다. 모든 사물의 본질에는 불변하는 이상적 원형이 있다는 '이데아론'을 주장했으며, 현대 대학의 원형인 아카데미를 처음 만들었다.

《국가》는 플라톤의 사상을 집약한 책으로 기원전 4세기에 편찬됐으며, 플라톤의 가장 위대한 저서일 뿐만 아니라 《국가》의 후속편인 《법률》과 함께 가장 방대한 저서에 속하기도 한다. 플라톤은 장장 10권에 걸쳐서 소크라테스의 주특기인 문답법을 통해 철학적 논리란 이렇게 펼쳐진다는 것을 보여준다. 대화의 주도자는 주로 소크라테스며 대담자로 폴레마르코스(대화가 이뤄지는 아테네 항구의 집주인)와 케팔로스(집주인의 아버지이자 지역 원로)와 트라시마코스(소피스트), 글라우콘과 아데이만토스(플라톤의 형들) 등이 등장한다.

우리가 흔히 '국가'라고 일컫지만 폴리테이아Politeia라는 그리
스어의 본뜻은 '정치 체계'에 가깝다고 한다. 실제로 이 책은 이
상적인 정치 체계를 만들어갈 수 있는 '올바름'에 대해 이야기하
는 대화가 주를 이룬다. 그래서 '정의에 대하여'라는 별칭이 붙
었을 정도다. 플라톤은 이러한 올바름을 추적하기 위해 갖가지
주제를 다루며 정치철학, 예술철학, 인식론, 교육학, 미학 등을
넘나든다. 이런 까닭에 서양 철학은 모두 플라톤의 각주에 불과
하다는 이야기가 나온 것이다.

플라톤은 모든 인간이 행복해지기 위해서는 국가가 올바르게
서야 한다고 봤으며, 국가가 올바르게 서기 위해서는 이데아(사
물의 원형)가 실현되어야 한다고 보았다. 그러기 위해서는 이 이
데아를 아는 사람, 즉 '철학자'가 통치하는 국가가 이상적이라고
보았다. 그 밑으로 철학자를 보좌하는 수호자 계급(군인)과 다스
림을 받는 생산자 계급(농민 등)이 존재한다. 이 세 계급은 각기
이성, 기개, 욕망을 나타내는데 이는 플라톤이 인간의 영혼을 세
부분으로 나눈 것과 일치한다. 이 영혼의 세 부분은 각각 지혜,
용기, 절제라는 고유한 덕을 가지고 있다. 이성은 지혜로 다른
자질들을 다스리고, 기개는 용기로 이성을 보좌하고 욕망을 다
스리며, 욕망은 절제를 준수하며 다스림을 받는다. 이런 의미에
서 국가의 통치술과 영혼의 통치술은 대응된다.

오늘 같은 사회에서 이성이 우리를 통제하게 하라는 플라톤의 조언은 금욕적으로 느껴질 수 있겠지만 자기 규율과 이성의 열매는 고대 그리스인에게나 현대인에게나 똑같이 유효하다. 어쩌면《국가》가 오늘날 우리에게 시사하는 점은 지혜, 용기, 절제 같은 자질과 정의 같은 요소가 어떻게 제대로 균형 잡힌 인간을 만드는지를 보여준다는 데 있을 것이다.

이데아론: 동굴 우화

《국가》는 대부분 소크라테스의 가르침으로 구성되지만 형상론, 즉 본질적인 이데아론은 플라톤 본인의 사상이다. 이것이 가장 잘 표현된 부분이 바로 동굴 우화다. 이 동굴 우화는 형이상학의 본질을 제시하며 시대를 초월한 메시지를 전한다.

소크라테스는 대담자들에게 오직 작은 구멍을 통해서만 외부 세계의 빛이 들어오는 동굴 속의 한 무리 사람들을 상상해보라고 한다. 평생을 동굴에서 보낸 그들은 정면의 벽만 볼 수 있고, 고개를 돌려 빛을 볼 수 없도록 사슬로 묶여 있다. 그들 뒤편에는 영원히 타오르는 불이 있고, 이 불과 그들 사이로 사람들이 줄지어 동물 모형을 비롯한 갖가지 물건을 운반하고 있어, 이들의 그림자가 수감자들이 보는 벽면에 투사된다. 사슬에 묶인 자들은 오직 벽에 비친 이 행렬의 그림자와 자신들의 그림자만 볼 수 있다. 그러므로 이들에게 '실재'란 벽면에 비추어진 평면적인 그림자이지 결코 그림자를 만들어낸 본래의 형상이 아닐 것이 분명하다.

그러다가 누군가가 와서 수감자 한 명을 풀어준다. 이 수감자가 지금껏 자기들이 보아온 것이 투사체임을 알고 그 깨달음에 기뻐하기에는 너무나도 급격한 인식의 변화가 요구된다. 이 수감자가 동굴 안의 불빛에도 눈이 부셔하다가 동굴 밖으로 끌려나가 햇빛에 노출되면 그 극도로 밝은 빛에 눈이 아파질 것이다. 그러나 시간이 지나면서 수감자는 태양이 세상의 진짜 빛이고 모든 지각을 가능케 하는 원천임을 깨닫게 된다. 그러면서 아직 동굴에 남아 자신들이 어렴풋이 보는 것이 '실재'라고 믿고 있는 동료 수감자들을 불쌍하게 여긴다.

그가 동굴로 돌아가 더는 어둠 속에서 사물을 잘 보지 못하면, 동료 수감자들은 그가 빛을 보러가서 시간만 낭비하고 눈만 상해서 돌아왔다고 주장할 것이다. 그들은 그의 세계가 영원히 변해버렸음을 이해하지 못하고, 그 역시 단순한 외양을 진리로 여기던 이전의 삶으로 되돌아가는 것은 상상조차 할 수 없다.

여기에서 플라톤은 선의 형상을 태양에 비유하여, 선을 깨닫기란 쉽지 않다는 사실을 강조한다. 또 다른 부분에서 그는 동굴 밖으로 나간 여행을 '생성'에서 '실재'로, 조건부 실재에서 절대적 실재로, 즉 세속적인 인간의 경험에서 실재의 순수한 빛으로 이동한 것으로 설명한다.

이 동굴 우화는 우리 대부분이 그림자를 좇고 외양을 신봉하며 평생을 보내지만, 그런 피상적인 감각의 세계 뒤에는 보다 영구한 진리의 영역이 버티고 있음을 일깨워준다는 점에서 소중하다. 플라톤은 소크라테스를 통해 철학자만이 유일하게 형상의 연구를 통해 이런 진리를 확인할 수 있다고 주장하지만, 실제로는 누구라도 변함없고 완벽한 것을 감지할 수 있다. 우리들 모두 부당한 인식과 오해의 동굴 속에 살고 있지만 우리의 노력 여하에 따라 얼마든지 탈출할 수 있는 것이다.

정의에 따르는 보상

《국가》는 사실 소크라테스가 정의의 의미를 논하며 시작된다. 케팔로스는 정의가 단순히 진실을 말하고 빚을 지면 반드시 갚는 것이라고 주장한다. 그는 비교적 부유한 상태로 죽음을 맞이하게 될 텐데, 재산이 많아 남에게 빚을 지지 않고 평화롭게 죽을 수 있어 좋다고 말한다. 그러나 소크라테스는 그보다 더 진실하고 좋은 삶을 사는 방법은 없느냐고 묻는다.

글라우콘과 아데이만토스는 불의를 옹호하면서, 자기 좋을 대로 살고도 비난받지 않고 심지어 번영까지 할 수 있다고 말한다. 글라우콘은 정의가 그 자체로 좋은 것은 알겠지만 개인적인 차원에서 어떤 도움이 되느냐고 소크라테스에게 되묻는다. 그러면서 귀게스와 그의 마법의 반지 이야기를 꺼낸다. 이 반지는 귀게스에게 자유자재로 남들에게 보였다가 보이지 않을 수 있는 힘을 부여했고, 귀게스는 당연히 이 반지를 이용해 남들에게 보인다면 할 수 없었을 일들을 했다. 이처럼 사람들은 들킬 것이 두려운 경우에만 정의롭게 행동할 뿐, 정의 자체를 위해 훌륭히 행동하는 데에는 아무런 관심이 없다는 것이 글라우콘의 주장이다.

소크라테스는 정의롭게 행동하는 것은 부차적인 선택 사항이 아니라 인간이란 존재의 중심축이라고 말한다. 만일 선한 의도의 행동이 결여된다면 그 삶은 무의미하기 때문이다. 그리고 정의는 개인의 삶에서도 필수적이지만, 좋은 국가의 중심 강령으로서도 대단히 중요하다.

영혼의 세 부분

플라톤은 인간의 영혼을 세 부분, 즉 이성, 기개, 욕망으로 나눈다. 이성은 영혼을 감독하며 전체적으로 최선의 결과를 추구한다. 그리고 우리에게 결단력과 양심을 부여한다. 기개는 야망과 진취력을 북돋우는 한편 분노, 자만심, 수치심 같은 감정을 유발한다. 욕망은 단순히 식욕, 수면욕, 성욕 같은 기본적 욕구를 말한다. 개인은 기개와 욕망에 몸을 내맡기지 않고 이성을 통해 이를 조정하고 이끌 때 정의로워지며, 그 이성은 기본이 되는 보편적 형상인 선에 관한 지식에 기반을 두어야 한다. 이로써 우리는 균형에 도달하고 우리의 행위는 자연히 우리 주변 세계와 조화를 이루게 된다.

플라톤은 소크라테스의 입을 빌려 에르Er의 신화를 소개한다. 에르는 신들의 허락을 받고 생과 생 사이에서 영혼에게 무슨 일이 벌어지는지를 지켜본 사람이다. 에르는 영혼들이 다음 생에 부자가 되거나 유명해질 가능성에는 쉽게 흔들리면서도 그 삶이 정의로운지를 따져보고 선택하지는 않는다는 것을 발견했다. 그러나 수많은 생을 거치며 가장 많이 발전한 사람은 자연스럽게 정의로운 길을 선택했다. 이 이야기가 시사하는 바는 무엇일까? 항상 올바른 일을 추구하는 것이 영원히 행복하고 충만한 삶으로 향하는 길이란 것이다. 이런 식으로 플라톤은 정의가 고귀하기는 하지만 실질적인 도움은 되지 않는다는 주장에 결정타를 날린다. 실은 정의가 좋은 삶으로 가는 유일한 도정인 것이다.

소크라테스는 오로지 '철학자'만이 영혼의 세 부분 간의 균형을 제대로 유지할 수 있다고 말한다. 철학자의 주된 바람은 세상이 가능한 한 좋아지는 것이고, 이를 달성하는 데 도움이 되기 위해 기꺼이 자신의 본능적 욕망을 포기한다. 절대적인 지식을 가진 사람과 심리적·정신적으로 균형이 잡힌 사람은 이런 자질이 결여된 사회의 나머지 사람들을 도울 의무가 있다. 이것이 플라톤의 정의론과 《국가》의 대부분을 차지하는 이상 국가의 비전과의 연결고리다.

이상적인 국가

플라톤은 당대의 실패한 정부 유형, 금권정과 과두정, 참주정 등을 다양하게 살펴보지만 그가 진짜 주목하는 것은 아테네의 민주정이다. 민주정이란 자유로운 남성 시민들이 정기적으로 만나 특정한 안건에 대해 투표하고 행정은 오백인회Council of Five Hundred에 맡기던 민회였다.

　플라톤이 보기에 이런 직접 민주주의의 문제는 외교나 경제와 관련된 복잡한 사안들이 특정일에 투표하러 오는 사람들의 비이성적인 변덕에 좌우된다는 것이었다. 게다가 오백인회는 임기가 1년으로 제한되고 어떤 시민도 두 번 이상 회원이 될 수 없었으므로 전략적이거나 장기적인 사고는 기대하기 힘들었다. 아테네의 지도자들은 국가의 백년대계를 세우고 있어야 할 때 유권자들이 듣고 싶어 하는 말을 들려주며 권력을 얻느라 여념이 없었다. 그 결과는 "즐겁고 무정부인 상태, 동등하건 동등하지 않건 모든 사람을 평등하게 대하는 정체政體"였다.

　플라톤이 제시한 대안은 오로지 국가의 선을 위해 일하는 것을 목적으로 하는 철학자들로 구성된 엘리트 지배 체제였다. 수준 높은 교육을 받고 똑똑하며 정신적으로 고양되고 강직한 이런 개인들이라면 차라리 이 외양 세계의 기저를 이루는 영원한 형상(진·선·미)을 고찰하며 숙고하는 데 시간을 보내고 싶어 할 터였다. 그러나 그들은 모든 것을 아는 극도의 희열을 포기하고 이

지리멸렬한 세계로 돌아와 모두에게 혜택이 돌아가도록 통치할 것을 요구받았다.

플라톤은 상인, 무역상, 군인 등이 국가나 정부를 제대로 운영하리라 기대해서는 안 되고 사회의 선이 어떻게 구성되는지를 전체적으로 개관하는 데 가장 능한 사람들이 국가나 정부를 다스려야 한다고 주장한다.

군인이 지배하는 사회는 항상 전시 상태를 유지하며 시민들의 자유를 제한할 것이다. 기업가가 운영하는 사회는 질시와 물질만능주의로 점철될 것이고, 노동자들이 운영하는 정부는 다른 국가와의 관계를 적절히 조율하기에는 좋은 통치에 대한 지적 소양이 부족할 것이다. 오로지 수준 높은 교육을 받은 제너럴리스트로서 오랜 세월 관념적인 사고를 훈련받은(소크라테스는 철학을 공부하기 전에 수학 분야를 10년 동안 공부하라고 주장했다) 사람만이 잘 통치할 수 있다. 실질적인 행정 지식은 그들에게 필요한 최소한의 자격 요건일 뿐, 최상이자 최적인 통치자의 기본 요건은 실제 상황에서 표출되는 진·선·미의 정신적 형상을 파악하는 능력이다.

플라톤이 국가와 개인의 자질을 결부시키며 국가의 세 계층을 영혼의 세 부분에 비유하는 것이 현대의 독자에게는 다소 이상하게 보일 수 있다. 오늘날에는 한 국가의 성격이나 자질이 그 국민들의 속성과 합쳐져 결정된다고 보는 편이 더 일반적이겠지만, 플라톤은 정반대의 관점을 택했다. 그는 국가의 윤리가 개인의 행위를 주도하고 형성한다고 본 것이다.

문화 규제와 양성평등

《국가》에서 논쟁적인 부분은 플라톤의 문화 규제에 관한 논의다. 그는 당대의 유명한 시와 이야기들이 올바른 도덕적 가치를 심어주지 않는다고 생각했다. 그에 따르면 교육은 선의 개념을 주입하는 데 주력해야 했다. 아이들에게 들려주는 이야기는 엄격히 통제하여 아이들의 뇌가 부정적인 이미지들로 가득 차지 않도록 주의해야 했다. 시민들이 접하는 문학도 거짓말, 방종, 폭력 등을 미화하지 않도록 규제가 필요했는데, 그런 요인들은 자연스레 정신을 더럽히고 약화시켜 국가라는 배를 침몰시킬 것이기 때문이었다. 또 나쁜 인물이 행복해지거나 정의를 희생시켜 승리하는 이야기, 착하게 살면 손해를 본다고 주장하는 이야기는 더욱 좋지 않았다.

이처럼 플라톤은 문화적 측면에서는 고압적으로 보이지만, 양성평등에 관해서는 놀랄 만큼 진보적이었다. 그는 여성을 약하다고 평가하는 것은 대부분 잘못이라고 지적하며 지배자로서 적합한 여성은 남성과 똑같은 교육을 받고 유사한 기회를 얻어야 한다고 주장했다. 그렇지만 가족생활에 관해서는 그것이 사적인 영역이 아니라 국가의 이익을 위해 존재한다는 식으로 대단히 냉정하게 보았다. 그는 소크라테스의 목소리를 빌려 '올바른' 사람끼리 결합할 수 있도록 결혼과 성을 규제하자고 주장했다. 이런 엘리트의 아이들은 국가 보육시설에서 돌보아서 부모들이 자유롭게 정부에 헌신할 수 있게 해줘야 했다. 플라톤 자신은 평생 결혼하지 않았는데, 그의 이런 견해와 결코 무관하다고는 볼 수 없다.

(함께 읽으면 좋은 책)《촘스키, 세상의 물음에 답하다》,《키케로의 의무론》,《군주론》,
《선의 군림》,《사회계약론》

플라톤 더 알아보기

도시국가 아테네의 유서 깊은 귀족 가문에서 태어났다. 그의 인생 초년기에 대해서는 별로 알려진 게 없지만, 스승인 소크라테스에 이끌려 철학에 입문하기 전에는 시학에 빠져 있었다고 전해진다. 그의 젊은 시절의 중요한 사건은 불편한 질문들로 아테네 기득권층을 위협하던 소크라테스의 죽음(기원전 399년)이었다. 플라톤은 스승이 사망하기 직전까지 옆자리를 지켰고, 훗날 소크라테스의 재판, 감방에서의 마지막 나날, 그리고 사망을《소크라테스의 변명》,《크리톤》,《파이돈》같은 작품으로 기록했다.

소크라테스의 사망 후 그리스, 이탈리아, 이집트 등을 두루 여행하며 철학자 에우클레이데스와 피타고라스를 추종하는 사상가들과 어울렸다. 40대에는 아테네로 돌아와 그 유명한 아카데미를 세웠다. 이곳은 철학, 수학, 과학의 경계를 넓히며 아테네 지식의 본산으로 자리매김했다.

소크라테스가 죽기 전에 플라톤은 두 차례 정계 입문을 시도했는데 한 번은 펠로폰네소스 전쟁에서 아테네가 스파르타에게 패한 후였고, 또 한 번은 1년 뒤 민주주의가 회복되었을 때였다. 하지만 이러한 경험으로 정치에 환멸을 느낀 그는 완전히 새로운 차원의 정부를 구성해야만 변화를 가져올 수 있다고 결론짓고 자신이 생각하던 이상 국가를《국가》로 정리했다. 아카데미에서 저술과 학문 활동을 계속하다가 기원전 347년 80세로 생을 마감했다.

Book 39

반증 가능성으로
과학철학의 기반을 다지다

칼 포퍼의
《과학적 발견의 논리》

칼 포퍼 Karl Popper

오스트리아 출신의 영국 철학가다. 고전적인 관찰-귀납법의 방법론을 거부하고 가설을 반증하는 방식을 통해 지식이 확장될 수 있음을 주장해 20세기 가장 영향력 있는 과학철학자로 꼽히고 있다. 《열린사회와 그 적들》이라는 사회과학 저서를 남긴 것으로도 유명하며, 투자의 귀재 조지 소로스는 이 책의 이름을 딴 '열린사회재단'을 만들기도 했다.

《과학적 발견의 논리The Logic of Scientific Discovery》는 1934년 《탐구의 논리: 현대 자연과학의 인식론Logik der Forschung: Zur Erkenntnistheorie der Modernen Naturwissenschaft》이라는 독일어 원본을 1959년에 영어로 재출간한 것이다. 칼 포퍼가《탐구의 논리》를 출간했을 때는 중등 교사로 그의 나이 고작 서른두 살이었다. 이 책이 가져온 영향력은 엄청나서 영문판 출간 이후 포퍼는 과학철학에서 확고한 입지를 다졌고 임레 라카토스, 파울 파이어아벤트, 토머스 쿤 같은 추종자들을 낳았다.

포퍼가 20대일 당시 빈은 지적·정치적 열기로 뜨거웠다. 마르크스주의와 사회주의가 포퍼를 포함해 혁명에 열광하는 대학생들 사이에서 인기를 끌었고, 논리실증주의자들로 구성된 '비엔나 학파'는 입증 가능한 명제와 형이상학적 사변을 구분함으로써 철학의 철옹성을 허물려는 시도가 한창이었다. 이런 지적 활기는 나치즘이 부상하면서 사그라들었고, 유대계였던 포퍼는 1937년 뉴질랜드로 피신해 철학 강사직을 얻었다. 포퍼의 유명한 저서 《열린사회와 그 적들》은 바로 이러한 경험에서 비롯된 것이다(포퍼는 이후 다시 영국으로 이주해 25년간 런던정치경제대학교에서 명성을 떨쳤다).

《과학적 발견의 논리》는 비엔나 학파에서 비롯된 언어분석 철학을 반박하기 위해 집필된 책이다. 당시 언어분석 철학을 대표하던 비트겐슈타인은 언어만 분석하면 모든 철학적 문제를 해결할 수 있다는 믿음에서 아리스토텔레스를 읽지 않은 것으로 유명했다. 그와 대조적으로 포퍼는 철학이 무릇 현실 세계의 문제를 명확히 규명하고 인간이 우주에서 차지하는 위치에 대해 무언가 알려줄 수 있어야 한다고 믿었다.

그런데 포퍼가 보기에 새로운 질문을 던지려면 기존의 토대가 필요한데, 그 토대를 이룰 만큼 일반적으로 인정되는 사실 자체가 철학에는 없었다. 그래서 포퍼는 "어떤 문제의 해결책을 제시할 때마다 우리의 제안을 방어하려 하기보다는 스스로 최선을 다해 그것을 뒤엎고자 애써야 한다"고 주장했다. 다시 말해, 이제 철학(과 과학)은 더는 이론을 증명하기 위해 근거를 찾는 작업에 그쳐서는 안 됐다. 진정한 철학자나 과학자라면 자신의 이론에서 허점을 찾아내어 스스로가 틀렸음을 입증하는 연구를 해야 했다. 그래야만 비로소 지식이란 값을 할 수 있었다.

귀납법의 문제와 그 대안

포퍼는 철학과 과학에서 크나큰 맹점을 찾아냈다. 바로 귀납적 사고다. 귀납적 진술은 구체적 사실을 근거로 보편적 결론을 도출한다. 이를테면 우리가 그동안 봐온 백조가 모두 흰색이었다는 관찰을 기반으로 백조는 하얗다는 개연성을 주장하는 식이다. 그러나 (호주에서 발견된 검은 백조처럼) 이런 주장이 성립하지 않는 사례가 하나만 있어도 귀납적 추론의 오류가 드러난다.

　포퍼는 사실을 수집, 분석, 연관 짓는 '지식의 심리학'과 지식 자체를 시험하는 '지식의 논리'를 구분한다. 만약 어떤 것이 진실이라고 말하려면 어떤 검증을 거쳐야 할까? 아니 과연 검증이 가능하기는 한 걸까? 어떤 이론이 진정으로 과학적이려면 그것이 잘못되었음을 입증할 수 있어야만 한다. 즉 누구나 재수행 가능한 시험 결과를 통해 반증이 이뤄져야 한다. 단지 그 이론이 참임을 입증하는 사례들을 모았다고 해서 이론이 '증명'되거나 '검증'되거나 '확증'되지는 않는다.

가설의 '확률'을 논의하는 대신, 우리는 그것이 무슨 검사, 무슨 시험을 견뎌내었는지를 평가하려 해야 한다. 즉 그 가설이 검사들을 견뎌냄으로써 얼마만큼이나 생존 정합성을 입증할 수 있었는지를 평가하려 해야 한다. 요컨대 우리는 그 가설이 어느 정도까지 '방증'되었는가를 평가해야 한다.

이론은 그것이 거짓인지 여부를 확인할 시험 방법 없이는 참이 아니다. 게다가 포퍼는 귀납법을 믿지 않았기 때문에 이론이 결코 궁극적이고 확정적으로 입증될 수 없고, 단지 분명한 확인 증거를 찾아볼 수 있는 '잠정적 추측'에 불과하다고 말했다.

포퍼의 형이상학론

이런 논증을 통해 우리는 포퍼가 어떻게 진정한 이론과 그럴듯한 발상을 구분하여 과학의 기준치를 높였는지를 이해할 수 있다. 그러나 포퍼가 이렇게 한 이유는 오로지 과학적 연구의 가능성을 믿기 때문이었다. 그는 과학적 이론을 우리가 '세계'라고 부르는 것을 낚기 위해 던지는 그물망에 비유하며 "우리는 세계를 합리화하고, 설명하고, 정복하기 위하여 그물코를 더욱더 촘촘하게 만드는 데 열성을 다한다"고 말한다.

그러나 이론의 엄격성을 요구한다고 해서 그가 형이상학을 비난한 것은 아니다. 실증주의자들은 자신들이 형이상학의 무의미함을 폭로하여 사형선고를 내렸다고 주장했다. 관념은 감각을 통해 확인될 수도 없고, 반박의 여지가 없는 논증을 구성하지도 못한다는 이유를 들어. 그런데 포퍼는 많은 자연과학 법칙이 감각 정보에 근거하는 기본 명제로 환원될 수 없으므로, 만일 감각이 우리의 유일한 기준이라면 이런 법칙들도 제시될 수 없을 것이라고 지적했다. 포퍼는 이렇게 말한다. "사실 나는 순전히 사변적이고 때로는 아주 몽롱하기까지 한 관념들에 대한 신앙이 없다면 과학적인 발견은 불가능하다고 생각하는 편이다. 과학의 관점에서 보면 결코 인정할 수 없는, 그만큼 '형이상학적'인 신앙이 없다면 말이다."

마지막으로 포퍼는 인간이 무언가에 대해 강력한 확신을 갖고 어떤 진실을 파악할 수 있다는 사실을 부정하지 않았다. 다만 그런 확신은 다른 사람이 타당성을 검증할 수 없기 때문에 과학이 될 수 없을 뿐이었다. 포퍼의 관점에서는 베르그송이 말했던 '창조적 직관'이나 아인슈타인이 말한 '지성적 사랑'도 충분히 실재할 수 있지만, 그 성격상 논리적으로 분석될 수는 없었다.

과학은 늪 위에 세워져 있지만
책의 후반부에서 포퍼는 과학적 연구를 수상 도시 베니스에 비유한다.

과학은 확고한 기반암 위에 서 있는 게 아니다. 말하자면 과학 이론들의 구조는 대담하게도 늪 위에 세워져 있다. 그것은 마치 말뚝 위에 세워진 건물과도 같다.

과학은 '말뚝 위에 세운' 구조물에 불과하고 비록 우리가 열망하는 만큼 확실성을 주지는 못하지만, 그럼에도 여전히 가치가 있다. 베니스가 튼튼한 지반 위에 건설되지 않았어도 여전히 소중한 장소임에는 변함이 없는 것처럼 말이다.

함께 읽으면 좋은 책 《인간의 이해력에 관한 탐구》, 《과학혁명의 구조》, 《블랙 스완》

칼 포퍼 더 알아보기

1902년 오스트리아 빈에서 태어났다. 변호사인 그의 아버지는 고전, 철학, 사회, 정치 문제에 두루 관심이 많았다. 어머니는 음악적 열정을 심어주어 포퍼는 음악 쪽으로 진로를 정할 뻔했다.

빈대학교 재학 시절 마르크스주의에 심취해 사회민주당 당원까지 됐으나 역사 유물론에 회의를 품어 탈당하고 이후 거리를 두었다. 1925년에 초등학교 교사 과정을 수료했고, 1928년에는 철학 박사학위를 취득했으며, 이듬해에는 중등학교에서 수학과 물리학을 가르칠 자격을 얻었다.

나치즘이 기승을 부리면서 오스트리아를 떠나야 했던 포퍼는 1937년에 뉴질랜드의 캔터베리대학교에서 강사직을 얻어 제2차 세계대전 내내 그곳에 머물렀다. 전쟁이 끝나고 1946년에 영국으로 건너가 런던정치경제대학교의 논리학 및 과학방법론 교수가 되었다. 1965년에 기사 작위를 수여받았다. 1969년에 퇴임했고 이후에도 저술가, 방송인, 강연자로 활발히 활동하다가 1994년에 세상을 떠났다.

Book 40

공정성 문제를 탁월하게 다룬 20세기 불후의 명저

존 롤스의 《정의론》

존 롤스 John Rawls

미국의 철학자로 '정의' 한 문제만 파고들어 '단일 주제의 철학자'란 별명이 붙었다. 20세기의 가장 위대한 정치철학자로, 영국 철학자 조너선 울프는 "20세기에 두 번째로 중요한 정치철학자에 대한 논란은 있을 수 있겠으나 가장 중요한 정치철학자에 대한 논란은 있을 수 없다"며 롤스를 가장 선두에 놓는다. 1999년 롤프 쇼크상 논리학 및 철학 부문을 수상했으며, 그의 이름이 붙은 소행성이 있다.

《정의론》은 '공정성' 문제를 탁월하게 다룬 윤리서 및 정치철학서로 1971년에 출간되었으며, 출간과 동시에 인문·사회 고전에 오를 만큼 20세기의 중요한 저작으로 평가받고 있다. 존 롤스는 각자의 합당한 몫을 보장해주는 것이 아닌 '공정한 절차에 의해 합의된 것'을 정의라고 보았고, 상충되는 것처럼 보이는 자유와 평등을 통합하려고 했다.

롤스는 존 스튜어트 밀의 틀 안에서 개인의 자유를 우선적으로 강조하며 부와 권력의 재분배를 옹호하는 어떠한 사회주의적 방식도 따르지 않는다. 대신 그는 기회의 평등에 초점을 맞추며 다음과 같은 질문을 던진다. 만약 시민들에게 일시적으로 그들의 사회 내 위상(부와 지위)을 모두 빼앗은 채 최대한 공정한 방식으로 사회를 구성한다면 어떤 일이 벌어질 것인가? 그 사회는 지금의 우리 사회와 어떻게 다를 것인가?

이러한 사고 실험을 위해 롤스는 '원초적 입장'과 '정의의 두 가지 원칙'을 제시한다. 원초적 입장은 사회계약론의 영향을 받은 것으로 공정한 사회에 대한 합의를 이끌어내기 위해 사람들이 모인 상태를 상정한다. 이때 합의를 이루는 데 필요한 것이 기본적 자유 원칙과 차등에 따른 기회균등의 원칙이다. 다만 합의를 이루는 데 있어, 선입견과 편견이 끼어들어 누군가에게는 유리하고 누군가에게는 불리한 선택을 내릴 여지가 있으므로 당사자들의 신분을 알 수 없도록 하는 '무지의 베일'을 제안한다.

이러한 독창적인 설정이 바로 《정의론》의 정수다. 이런 상황에서 사회 구성원들은 자신의 이익을 극대화하기보다는 자신의 피해를 최소화하는 쪽으로 움직인다. 그러면 소수의 피해를 줄일 수 있게 된다. 롤스는 이런 식으로 사회를 조정하고자 한 것이다. 그렇지만 많은 사람이 지적하듯이 불평등이 완화되도록 조정된 사회에서는 정부의 입김이 강해질 수밖에 없어 결국 자유가 위축되게 마련이다. 이로 인해 롤스가 자유를 대단히 강조하긴 하지만, 평등을 극단까지 밀어붙일 거대한 복지 정부의 존립 근거를 제시한다고 비판하는 시각도 있다.

　어떻게 본다면 이 책은 플라톤의 《국가》의 현대판 버전이라고 볼 수 있다. 두 저작 모두 공정한 사회의 비전을 제시하고 있으니 말이다. 차이점이 있다면 한쪽은 모두를 위한 사회, 한쪽은 엘리트 계층에 기반한 사회라는 것이다. 이런 내용상의 차이에도 불구하고, 철학의 위대한 비유 중 하나라는 점에서 롤스의 '무지의 베일'은 플라톤의 '동굴 우화'와 어깨를 견줄 만하다.

원초적 입장과 정의의 두 원칙

정치철학자인 롤스는 로크와 루소가 설파했던 전통적인 '사회계약론'에서 강한 영향을 받았다. 사회계약론에서는 자연 상태의 시민들이 국가의 보호와 질서를 보장받는 대가로 자유의 일부를 자진해서 포기한다고 가정한다. 여기서 '자연 상태'란 어떤 법체계나 정의가 존재하기 이전의 원초적 입장을 뜻한다. 예컨대 루소는 이런 자연 상태에서 법에 의거한 사회로 바뀔 때의 비용과 효익을 분석하여 잃는 것보다 얻는 게 더 많다고 결론 내렸다.

　롤스는 이런 '원초적 입장'을 일군의 자유로운 사람들이 정의로운 사회의 기준으로 삼을 만한 원칙을 찾아내기 위해 한곳에 모인 상태로 상정한다. 이때 논의되는 원칙으로는 공리주의적 원칙(최대 다수의 최대 행복), 직관주의적 원칙(시민들이 적절하다고 받아들일 만한 원칙), 이기주의적 원칙(사회는 오로지 개인에게 혜택을 주기 위해 구성된다) 등이 있다.

우리가 이 집단에 속해 있다고 상상해보자. 우리는 불확실한 상태에서 이런 원칙 중 하나를 선택해야 한다. 아무도 미래를 모르는 상태라면 어떻게 해야 모두의 피해를 최소화하고 이익을 극대화하는 방식으로 사회를 조직할 수 있을까? 또 이렇게도 바라볼 수 있다. 만일 이런 원칙이 최악의 적에게 넘어간다면, 각각의 원칙을 택할 경우 어떤 일이 벌어질까? 예를 들어 만일 사회가 이기주의적 원칙에 기반을 두도록 선택한다면, 일부 사람들(많은 자원과 혜택을 얻을 수 있는 사람들)에게는 환상적이겠지만 나머지(그렇지 못한 사람들)에게는 지옥이 따로 없을 것이다.

이에 롤스는 공정한 사회로 인도할 수 있는 두 가지 원칙을 제안한다.

- (언론·결사·종교 등의) 기본적 자유가 보장되어야 한다.
- 자유로부터 필연적으로 야기되는 불평등은 완전한 기회의 평등을 포함해 최소 수혜자에게 최대 이익을 부여하는 방향으로 조정되어야 한다.

이런 두 원칙을 지원하는 제1의 '우선성 규칙'은 기본적 자유는 타인의 자유를 위해서만 제한될 수 있다는 것이다. 롤스의 표현대로 "자유의 제한으로 반드시 모든 이가 공유하는 전체 자유 체계가 강화되어야 한다." 제2의 우선성 규칙은 정의가 항상 결과의 효율이나 효용보다 더 중요하다는 것이다. 특히 공정한 기회의 보장이 사회 전체의 성과를 달성하거나 정부가 국민에게 이롭다고 생각하는 것보다 더 중요하다. 또 개인이 집단보다 더 중요한데, (공리주의적 방식으로) 전체 사회의 이익이 많아지려면 먼저 모든 개인이 형편이 나아질 기회를 얻어야 하기 때문이다.

정의로 향하는 길인 '무지의 베일'

롤스가 보기에 공정한 사회를 만들기 위한 기존 이론들의 큰 문제는 사회를 운영하는 사람들의 편견과 선입견에 있었다. 이 문제를 해결하기 위해 롤스는 그 유명한 '무지의 베일'을 제안한다.

사회의 모든 구성원이 자발적이고 일시적으로 기억상실증에 걸린다. 그들에게 무지의 베일이 씌워져 자신이 누구인지, 사회에서 어떤 지위에 있었는지 망각하게 되면서 모두에게 공정성이 주된 관심사로 떠오른다. 롤스의 말대로 어쨌든 누군가가 자신이 부자라는 사실을 안다면 과세나 복지 정책에 반대하는 입장을 취할 것이다. 그런 정책이 그의 부를 감소시킬 뿐만 아니라 복지를 부당한 원칙으로 여기도록 길들여져 왔기 때문이다. 무지의 베일은 모두가 자신의 사회적 신분을 알지 못하게 만들어 이런 편견을 제거한다.

무지의 베일 아래에서 우리는 물론 탐나기는 하지만 좋은 지위를 얻을 가능성이 그리 크지 않다는 사실을 알고 있다. 예를 들어 자신이 혹사당하는 농노로 전락할 위험을 막으려면, 어떤 지위에 처하든 행복한 삶을 누릴 합리적인 가능성이 있고 또 사회적 신분 상승의 여지가 많은 사회를 선택해야 할 것이다. 이것이 우리 자신뿐만 아니라 앞으로 사회의 영향을 받게 될 우리 가족과 미래 세대를 위해서도 합리적인 결정이다.

공정으로서의 정의

롤스는 자신의 입장을 '공정으로서의 정의'라고 이름 붙였다. 그는 사회계약론의 계승자임을 자처했지만 공리주의적 정의관과는 분명한 선을 그었다.

사회제도는 질서를 부여하거나 재산을 보호하기 위해서만이 아니라 가장 공정한 결과를 달성하기 위해 존재해야 한다. 그러나 롤스는 '이익의 산술적인 총량'을 추구하는 공리주의 모델은 개인의 자유와 이해관계에 충분한 관심을 기울이지 않는다는 이유로 거부한다. 일부 사람들의 자유를 희생시켜서까지 전체의 이익을 늘려서는 안 된다는 뜻이다.

롤스는 어떤 사회든 자원이 희소하므로 누가 무엇을 얼마나 많이 얻을지가 주요 관건이라고 주장한다. 일각에서는 이 문제를 '재분배'의 관점에서 부정적으로 보겠지만 롤스는 이를 책임뿐만 아니라 권리까지 포함하는 '사회적 정의'의 관점에서, 또는 '사회 협력의 이익과 부담의 적절한 분배'라는 관점에서 본다.

정의와 공정성의 의미에 대해서는 저마다 의견이 다르더라도 정의의 개념으로 사회를 규제해야 한다는 데에는 일반적인 공감대가 형성된다. 롤스에 따르면 우리는 대부분 "개인들 간에 기본적 권리와 의무를 할당함에 있어 부당한 차별이 없을 경우와 사회생활의 이익에 관한 상충되는 요구를 적절히 조정해줄 규칙이 있을 경우에 그 제도가 정의롭다"고 생각한다.

기존 제도의 문제점은 일부 사람에게만 특혜를 제공하도록 편향되어 있고, 그것도 어떤 특별한 자격이 아니라 순전히 우연한 요소인 출생 신분에 따른 차별이라는 데 있다. 그러므로 사회적 정의의 주요 과제는 스스로 통제할 수 없는 요인이나 특성에 의거한 차별을 제거하는 것이다.

롤스는 자유를 강조하기 때문에 이상적인 사회를 결코 절대적인 평등 사회로 보지는 않고 그저 지위나 재산상의 불평등이 발생하기에 앞서 완전히 평등한 경쟁의 장이 제공되는 사회 정도로 본다. 조직을 운영하려면 위계질서가 필요하더라도 직업과 지위에 접근할 완전하고 자유로운 권한이 부여된 후에 이런 상황이 펼쳐져야 한다는 것이다. 각자의 실력에 의해 신분 상승이 이루어지는 사회가 이상적이겠지만 그런 사회는 실력을 발휘할 기회의 평등이 전제되어야만 온전히 구현될 수 있다.

공정한 사회 건설

《정의론》의 제2부에서 롤스는 스스로 공정한 사회를 위한 원칙을 결정하고 시행에 착수하여, 헌법을 만들고 법을 제정하는 시민들을 상상한다. 이런 과정을 마친 후에야 무지의 베일이 걷히고 각자의 구성원이 사회 내에서 자신의 위치를 확인하게 된다.

자유에 중점을 두기로 선택한 사회는 미국과 닮은꼴이 된다. 이 사회는 입법 기구, 독립된 법정 등을 갖춘 자유민주주의와 유사한 형태를 갖추게 된다. 그 외에도 공립학교, 사회적 최소치, 개방적·경쟁적 경제, 독점 방지 등의 특징이 있다. '정의로운 저축' 원칙에 따라 현재 세대는 미래 세대를 위해 적정한 자금을 저축해야 한다.

제3부에서 롤스는 공정으로서의 정의에 기반을 둔 사회가 모든 구성원의 개인적인 성장에 큰 보탬이 되고 그들의 가족에게도 큰 혜택을 준다는 것이 입증되면서 매우 안정적이고 좋은 사회가 되는 과정을 보여준다. 공정으로서의 정의는 사회를 결속시키는 일종의 사회적 접착제 구실을 한다. 인간의 심리 역시 중요하게 작용한다. 공정성이 모두에게 얼마나 혜택을 주는지를 알고 나면 법을 어기는 일이 법적인 문제를 넘어서서 사회적 이슈로도 여겨져 사람들이 가급적 피하려고 애쓰게 될 것이다. 또 공정한 체제에 동참하면 스스로를 정의롭다고 생각할 수 있으므로 공정성에 기초한 사회는 공적인 이익 외에 개인적이고 이

기적인 혜택까지 부여한다. 루소의 말을 상기시키며 롤스는 이렇게 역설한다.

자유롭고 평등한 합리적인 존재로서 우리의 본성을 나타내고자 하는 욕구는 제1의 우선성을 갖는 정당성 및 정의의 원칙에 입각한 행위에 의해서만 실현될 수 있다.

질서정연하고 정의로운 사회의 일원이 됨으로써 우리는 역설적으로 자유를 경험한다. 더는 생존이나 권리를 위해 싸울 필요가 없고 우리가 열망하는 다른 일들을 추구할 수 있는 것이다.

그러나 무엇보다도 공정으로서의 정의에 기초한 사회는 우리의 도덕적 본성에 부합한다. 만약 우리가 동료 시민들을 선의로 대한다면 그 밖의 모든 선은 저절로 따라올 것이다. 공리주의적 관점의 문제는 우리를 단지 욕망을 충족시키기 위한 기계로 취급한다는 점이다. 그래서는 좋은 사회를 위한 장기적인 모델이 될 수 없다. 반면, 롤스의 견해는 고귀하고도 비열한 인간 본성의 '모든' 측면을 고려한다.

(함께 읽으면 좋은 책) 《도덕과 입법의 원리 서설》,《인간지성론》,《자유론》,《국가》, 《사회계약론》,《공정하다는 착각》

1921년 미국 볼티모어에서 태어났다. 저명한 변호사였던 아버지 덕에 유복하게 자랐지만 질병과 두 형제의 죽음으로 유년 시절이 마냥 좋지만은 않았다. 코네티컷에 있는 사립학교인 켄트스쿨에 다니다가 프린스턴대학교에 입학했다. 매우 우수한 학생이었던 그는 영국 성공회 신학대학 진학을 두고 고민했다. 1943년 최우등생으로 프린스턴대학교를 졸업하고, 군에 입대해 태평양에 주둔했다. 미국의 히로시마 원자폭탄 투하의 참상을 직접 목격했다.

군을 떠나 프린스턴대학교로 돌아와 도덕철학 박사학위를 취득한 후에 2년간 강의를 하다가 풀브라이트 장학금을 받고 옥스퍼드대학교로 옮겼다. 여기서 만난 정치철학자 이사야 벌린에게 큰 영향을 받았다. 코넬대학교와 매사추세츠공과대학교에서 강사로 있다가 하버드대학교로 옮겨 교수직을 맡은 뒤 퇴임 때까지 재직하며 토마스 네이글과 마사 누스바움 등 여러 전도유망한 철학자들을 가르쳤다.

다른 주요 저서로는 《정치적 자유주의》, 《만민법》, 《공정으로서의 정의: 개정판Justice as Fairness: A Restatement》 등이 있으며 그 외 여러 중요 논문이 있다.

1999년에 빌 클린턴 대통령에게 "전 세대의 지성적인 미국인들의 민주주의에 대한 신념을 되살리는 데 기여했다"며 미국인문학훈장을 받았고, 같은 해에 롤프 쇼크상 논리학 및 철학 부문도 수상했다.

2002년 세상을 떠났다. '16561 롤스'라고 그의 이름을 딴 소행성이 있다.

Book 41

근대 민주주의 정치 원리를
담고 있는 최고의 고전

장 자크 루소의
《사회계약론》

장 자크 루소 Jean Jacques Rousseau

스위스 출신의 프랑스 소설가이자 사회학자, 철학자로 그 유명한 《에밀》을 남긴 교육
학자이기도 하다. 급진적인 정치론과 교육론을 펼쳐서 당시에는 논쟁의 중심이 되었
지만 후세대에게는 일종의 전환점이 되었다. 18세기의 가장 독창적인 계몽주의 사상
가로 평가받는다. 자유와 평등에 기반한 사회계약을 바탕으로 민주주의 이론의 토대
를 마련했으며 프랑스 혁명에 직접적인 영향을 끼치기도 했다.

1762년에 출간된 《사회계약론》은 《에밀》과 함께 장 자크 루소
의 대표 도서로 꼽힌다. 두 달의 간격을 두고 나온 두 책은 지금
이야 위대한 고전으로 평가받고 있지만, 출간 시점에는 체제 전
복적인 사상과 당대의 종교관을 부정하는 서술을 담고 있어 금
서로 지정되고 루소에게는 체포 명령이 떨어지는 등 그야말로
논란의 중심이 되었다.

루소는 존 로크와 토머스 홉스의 뒤를 이어 주권이 국민에게
있음을 주장했다. 다만 로크와 홉스가 일부 동의하에 통치자에

게 주권을 넘길 수 있다고 한 반면, 루소는 주권은 양도될 수 없으며 문자 그대로 권력이 국민에게 있다면 통치도 국민이 직접 해야 한다고 주장했다. 홉스가 지배를 받거나 자유로워지는 것 중 어느 한쪽을 택해야 한다고 생각했던 것과 달리, 루소는 지배를 받는 동시에 자유로워지는 게 가능하다고 말했다. (입법 기관이 국민의 의회로서) 우리의 '통치자'가 바로 우리 자신이라면 말이다.

《사회계약론》의 첫 문장은 이렇다. "사람은 자유롭게 태어났으나 여기저기 쇠사슬에 묶여 있다. 자기가 남의 주인이라고 생각하는 자도 사실은 그 사람들보다 더한 쇠사슬에 묶인 노예다." 사람마다 정해진 자리가 있다는 중세적 질서 위에서 굴러가던 앙시앙 레짐(구체제)에 아마 이 이상의 모욕은 없었을 것이다. 그가 프랑스와 스위스에서 추방당한 것도 일견 이해가 가는 일이다.

루소는 현명하게도 이상적인 정부 형태를 직접적으로 제안하지 않았는데, 그나마 좋은 정부에 대한 언질을 주자면, 그 나라 안에서 자유롭고 안전하다고 느끼는 사람들이 많고 또 점점 늘어나야 한다는 것이다. 통치자들은 국가의 평화만 유지하면 된다고 생각하겠지만, 루소는 "인류란 종을 진정으로 번영시키는 것은 평화가 아니라 자유"라고 일침을 놓는다.

물론 루소의 주장은 작은 규모의 공동체에서나 가능하지 큰 규모의 국가에 적용되기에는 어려운 점이 많다. 그렇더라도 루소의 주장은 우리에게 많은 것을 시사한다. 그의 주권론은 민주주의의 이론적 토대를 마련했고, 그의 자유에 대한 이론은 프랑스 대혁명이 촉발하는 계기가 되었다(루소는 사후에 프랑스를 위해 공헌한 위인을 기리는 국립묘지 격인 판테온에 유해가 안치되었다). 그리고 벨벳혁명*부터 아랍의 봄**까지 자유와 정치 참여의 열기가 한창인 우리 시대에도 루소의 유령은 여전히 거리를 활보하고 있다. 아울러 국민을 대표하지 못하고 지나치게 당파적인 현대 민주주의를 향해 더욱 민주적인 체계를 갖추라고 영원한 경종을 울린다.

사회 질서와 그 혜택

루소의 사회계약 또는 사회협약social pact은 "사람이 체력이나 정신에 있어서는 불평등할 수 있어도, 약속이나 권리에 의해 모두 평등해진다"는 전제에 기반을 둔다. 즉 인간은 오로지 법의 테두리 안에서 살아야만 번영할 수 있다. 물론 자연 상태에서 살아도 (야만적인 방식으로) 행복해질 수는 있겠지만, 결코 인간으로서 가능한 최대한의 행복에 도달하지는 못한다. 오직 사회만이 인간적 덕성을 개발할 수 있는 환경을 조성하고, 그런 덕성이 바로 인간을 고양시키기 때문이다. 정치적 평등과 자유는 천부적

* 1989년 체코슬로바키아의 공산정권 붕괴를 불러온 무혈 시민혁명.
** 2010년 말 튀니지에서 시작되어 아랍 중동 국가 및 북아프리카로 확산된 유례없는 반정부 시위의 통칭.

권리가 아니라 가장 수준 높은 인간이나 공동체가 존재해야만 보장되는 권리다.

　루소는 법이 없이는 자유도 존재할 수 없다고 믿었다. 저서 《산에서 쓴 편지Lettres écrites de la montagne》에서 그는 이렇게 말한다.

　자유는 자신의 의지에 따라 행하는 데보다는 타인의 의지에 복종하지 않는 데 있다. 또한 자유는 타인의 의지를 우리의 의지에 복종시키지 않는 데 있다.

　동굴에 사는 사람이 동굴에서 도시를 내려다보면 온갖 제약만 보일 뿐, 문명 속에서만 가능한 높은 수준의 발전은 이해할 수 없을 것이다. 인간은 자연 상태를 떠나면서 많은 것(법에 구애받지 않고 약탈이나 도둑질을 하며 내키는 대로 행동할 자유)을 포기하지만, 그것을 대신할 더 큰 이익을 보상받는다. 국가에 자유를 내맡김으로써 불안하고 제멋대로이던 생활이 정의와 양도할 수 없는 재산권으로 대체된 것이다.

　사회에서 인간은 본능과 충동을 버리고 의무, 이성, 타인에 대한 배려를 갖추도록 종용받는다. 자연 상태에서 인간은 '어리석고 열등한 동물'이지만 법과 평등권에 기초한 공동체에 참여함으로써 '지성이 있는 존재, 사람'이 된다. 인간은 국가의 기틀 내에서만 온전히 존재하며 좋은 사회는 시민을 고귀하게 만든다. "단순히 욕망의 충동에 따르는 것은 노예 상태고, 스스로 부과한 법률에 따르는 것은 자유기 때문이다."

힘과 권력은 어떤 경우에 합법적인가

루소가 살던 시대에는 '힘이 곧 정의'라는 생각이 모순 없이 받아들여졌지만, 루소는《사회계약론》에서 그 맹목성을 폭로하고자 한다.

> 폭력은 물리적인 힘이다. 그것이 어떻게 도덕적인 결과를 만들어낼 수 있는지 나는 도저히 모르겠다. 폭력에 굴복하는 것은 어쩔 수 없는 행위지 자기 의지에 따른 행위가 아니다. 그것은 기껏해야 신중을 기한 행위일 뿐이다. 어떤 의미에서 복종이 도덕적 의무일 수 있는가?

'권력자에게 복종한다'는 원칙에 대해, 루소는 그 권력이 약해지자마자 복종의 근거는 사라진다고 지적한다. 복종할 의무가 생길 수 있는 유일한 경우는 권력자가 모든 이들에게 인정받을 만한 도덕적 권위를 갖고 있을 때뿐이다. 그러므로 루소는 "어느 누구도 동료를 지배할 권위를 타고나지 않고 또 힘만으로는 아무 권리도 부여하지 못하므로, 인간 사이에서 성립하는 정당한 권위의 기초는 오직 약속뿐이다"라고 결론 내린다. 그럼 전제 군주의 권위가 신에게서 나온다는 믿음(18세기에도 여전히 이런 믿음이 유지되었다)은 어떻게 되는 걸까? 루소는 이런 생각을 다음과 같이 위트 있게 받아친다.

모든 권력은 신에게서 나온다. 이것은 나도 인정한다. 그러나 모든 병 또한 신에게서 나온다. 그렇다면 의사를 불러서는 안 된다는 말인가?

루소는 국민이 전제 군주에게 복종하는 대가로 '사회적 안녕을 보장'받는 양자 간의 거래 개념을 제시한다. 그러나 그가 보기에 군주들은 제대로 통치하지 않고 전쟁에 막대한 국가 자금을 쏟아 붓거나 백성을 총알받이로 이용하는 경향이 있었다. 또 설령 개개인이 국가와 이런 계약을 맺는다고 해도 자기 자식들에게까지 양도할 수는 없다고 루소는 주장한다. 자식들은 인간으로서 자유롭게 태어났고 '본인들 외에는 아무도 그들의 자유를 마음대로 처분할 권리가 없기' 때문이다.

개별 의지와 일반 의지
루소는 백성이 군주에게 충성하는 계약에는 통치상의 투명성이나 확실성이 보장되지 않는 문제가 있다고 믿었다. 그런 계약은 군주의 변덕에 따라 언제든지 파기될 위험이 있었다. 반면, 모든 사람이 국민이나 나라 전체를 위해 자신의 권리를 자발적으로 포기한 진정한 민주주의에서라면 개개인의 계약상 권리가 명확하고 양도가 불가능할 터였다. 이것이 군주의 지배에 비해 법의 지배가 갖는 커다란 장점이다.

그러나 개인은 국가에 자신의 권리를 양도함으로써 의회의 일반 의지와 자신의 개별 의지가 충돌하는 상황을 맞이할 수 있다. 개인과 국가 간의 사회계약은 '누구든지 일반 의지에의 복종을 거부하는 자에게 집단 전체가 복종을 강요할 것'을 요구한다. 루소는 심지어 더욱 분명하게 이런 개인은 "자유롭기 위해 강요당한다"고 말한다.

이 지점에서 극도의 민주주의자이던 루소가 갑자기 전체주의자로 돌변한 듯한 인상을 준다. 그러나 루소의 전체 사상으로 미루어보건대 그의 의도는 의회나 국민의 의지에 입각한 통치만이 온전한 민주주의 사회를 보장할 수 있다는 정도로 좋게 해석된다. 루소는 전체 의지(모든 개인들이 바라는 것)와 일반 의지를 구분한다.

전체 의지는 단순히 모든 개개인의 이해관계와 욕망의 총합에 불과하지만, 일반 의지란 공동의 이익이나 모두에게 진정으로 최선인 총의總意를 의미한다. 모든 개인들의 욕망이 서로 균형을 이룰 때, 이런 아수라장 속에서 더욱 광범위한 공동의 이익이 나타난다. 루소는 일부 당파나 집단의 이해관계가 일반 의지를 왜곡할 정도로 강성해지지 않도록 항시 경계해야 한다고 경고한다(로비 집단과 업계 단체들이 정부를 쥐고 흔드는 오늘날의 현실을 감안하면, 이 점에서 루소는 대단한 선견지명이 있었던 셈이다). 모두에게 지지를 받는 국가라면 모두를 위해 존재해야지 특별한 일부 단체나 개인을 위해 존재해서는 안 된다는 뜻이다.

아무도 공익을 위해 개인적인 의견을 굽히려들지 않아 양극화되거나 파편화된 사회는 결코 건강하지 못하다는 루소의 경고는 오늘날 협력 정신보다는 당파성으로 얼룩진 대다수의 선진국 민주주의 체제를 겨냥한 말처럼 들린다. 루소는 자신이 보면서 자라난 스위스의 민주주의 모델에 따라 국민이 국정 운영에 직접 참여하는 의회를 염두에 두었기에, 오늘날처럼 개인이 직접 참여하지 않고 국민 대표들의 연합체로 구성된 둔해빠진 선출직 민주주의를 예상하지는 못했다. 그럼에도 우리가 국민의 발언권이 확대된 정부를 향해 한걸음씩 내딛을 때마다, 그곳에는 영락없이 루소의 목소리가 울려 퍼지고 있다.

(함께읽으면좋은책)《촘스키, 세상의 물음에 답하다》,《군주론》,《자유론》,《국가》,《정의론》

장 자크 루소 더 알아보기

1712년 스위스 제네바에서 시계공의 아들로 태어났다. 며칠 뒤 바로 어머니를 잃었다. 아버지는 학식 있는 사람으로 아들에게 독서열, 특히 고전 문학에 대한 사랑을 심어주었다.

열여섯 살 때 어느 조각가의 견습공으로 들어갔으나 조각가가 그를 싫어하는 바람에 무단으로 가톨릭의 사보이 지방으로 건너가 귀족인 바랑 부인 Madame de Warens과 친분을 맺었다. 여기에 머물면서 루소는 큰 서재를 이용할 수 있었고, 음악 수업을 받아 음악 교사가 되었다. 두 사람은 연인 사이로 발전했다. 20대의 루소는 음악가로서의 삶을 추구하며 새로운 기보 체계를 만들기도 했다. 서른한 살에는 베네치아공화국에 주재하는 프랑스 대사의 비서로 일하며 정계 경력을 쌓았으나, 정식 외교관이 아니었기 때문에 마치 하인이 된 듯한 느낌을 받았다고 한다. 다시 파리로 돌아와 당시 묵던 여관의 하녀와 관계를 맺었다. 두 사람은 다섯 명의 자녀를 두었으나 모두 고아원에 맡겨버렸다. 1749년에 친구인 드니 디드로(유명한 《백과전서Encyclopedia》의 편집자)의 권유로 논문 현상 모집에 응모하여 당선되면서 학계에 센세이션을 일으켰다. 또 발레와 오페라 작곡가로서도 상당한 성공을 거두어 1752년에는 프랑스 왕 루이 15세를 위한 공연을 열기도 했다.

교육에도 대단히 관심이 많아서 아이들을 어떻게 키워야 남을 지배하려 들지 않고 모두가 평등하다는 생각을 갖게 되는지를 보여주기 위해 유명한 《에밀》을 집필했다. 《사회계약론》 출간 두 달 후였다. 하지만 교회의 관행과 독단적 교리를 비판해 극심한 공격을 당했고 결국 파리로 도망쳤다. 이로 인해 피해망상증에 시달리게 되었다. 친구인 데이비드 흄의 초청으로 영국으로 잠시 피신하기도 했으나 크게 싸우고는 다시 돌아왔다. 말년에는 파리에서 자서전의 고전인 《고백록》을 저술했다. 이 책은 그가 사망하고 몇 년 지나서야 출간되었다. 1778년 파리 교외에서 숨을 거뒀다.

Book 42

행복이란 무엇인가에 대한
명쾌한 대답

버트런드 러셀의
《행복의 정복》

버트런드 러셀Bertrand Russell

20세기 영국의 수학자이자 논리학자며 철학자다. 현대 철학의 주류인 분석철학의 창시자로 비트겐슈타인의 스승이기도 하다. 반전 운동가로 활동하며 사회적 영향력을 발휘하기도 했다. 과학, 역사, 교육, 종교 등 다양한 분야에서 70권이 넘는 저서를 남겼으며, 1950년 《서양철학사》로 노벨문학상을 수상했다. 철학자 시드니 훅은 "500년 만에 한 번 나올까 말까 한 천재"라고 평했다.

1930년에 출간된 《행복의 정복》은 버트런드 러셀이 서문에서 밝힌 대로 행복에 대한 자기 계발서다. 그런 만큼 러셀의 책 중에선 가장 대중적인 인기를 거둔 책이다. 사실 러셀 하면 앨프리드 노스 화이트헤드와 함께 출간한 기념비적인 저작 《수학 원리 Principia Mathematica》나 노벨상 수상작이자 수려한 문체로 소문난 《서양철학사》를 떠올릴지 모른다. 하지만 《행복의 정복》은 철학자로서의 러셀과 인간으로서의 러셀 사이를 잇는 가교로서 아주 매력적인 저작이다.

백작의 지위를 계승한 러셀은 결혼을 네 차례 했으며 유명한 무신론자였다. 반전, 반핵 운동을 주도했으며, 정계 진출을 시도해 자유 무역과 여권 신장을 외치기도 했다. 그야말로 러셀은 행동하는 철학자였다. 아흔여덟 살까지 살았던 그는 자신의 철학 및 정치 사상을 시험하고 인생에 적용해볼 넉넉한 시간이 있었다. 그래서 이 책이 더 의미가 있다.

행복을 논하는 책들은 지난 수십 년간 셀 수도 없을 만큼 쏟아져 나왔지만 대부분이 경험적 연구에 기반을 두고 있었다. 하지만 러셀은 그런 데이터를 일절 사용하지 않고 자신의 철학으로 진실성을 획득한다. 실제로 러셀은 지극히 충만하고 생산적인 삶을 영위했고, 아마도 이런 사실이 이 책을 권하는 최고의 광고일 것이다.

러셀의 행복 처방전에는 다양한 항목이 포함되지만 그중에서도 중요한 것은 노력과 체념 사이의 '중용golden mean'이다. 모든 일에서 완벽을 추구하다 보면 불행해질 수밖에 없다. 어쩔 수 없는 일은 단념해야 실제로 영향을 미칠 수 있는 중요한 일에 집중할 수 있다. 청소가 덜 되었거나 저녁 준비가 늦는 것까지 일일이 감정적으로 굴다 보면 피곤한 건 오히려 자신이다.

러셀은 (다소 뻔하지만) 행복이 '부분적으로는 외부 환경에, 부분적으로는 자기 자신에게' 달려 있다고 결론짓는다. 행복은 음식, 집, 사랑, 일, 가족, 기타 수백 가지 요인에서 비롯된다. 행복의 원천이 우리 주변에 얼마든지 널려 있다는 점을 고려할 때, 심리적인 사회 부적응자만 아니면 누구든지 행복해질 수 있다고 러셀은 말한다.

더 행복해지는 방법

《행복의 정복》의 도입부에서 러셀은 자신이 행복한 아이는 아니었다고 고백한다. 러셀이 좋아했던 찬송가는 '세상에 지친 이 몸에 죄로 된 짐을 지고'였고, 사춘기 때는 "삶을 증오해 늘 자살할 생각을 품고 있었지만, 수학에 대해서 좀 더 알고 싶다는 욕구 때문에 자살 충동을 억누를 수 있었다"고 그는 말한다.

그렇지만 한 해 두 해가 지날수록 그의 삶은 점점 행복해졌는데, 이는 본인이 좋아하는 일을 더 많이 하고 이룰 수 없는 바람들은 깨끗이 단념했기 때문이었다. 그러나 무엇보다 러셀이 행복해진 주된 비결은 '자신에 대한 집착을 줄인 것'이었다.

자신에 대한 관심은 … 어떤 적극적인 활동으로 이어지기 힘들다. 기껏해야 일기 쓰기에 매달린다거나, 정신 분석을 받으러 다닌다거나, 승려가 되거나 할 뿐이다. 그러나 승려가 된 사람도 규칙적인 수도 생활에 쫓겨 자신의 영혼을 잊어버려야만 행복을 누릴 수 있다.

행복을 가로막는 지나친 자기반성은 우리가 다른 사람과 분리되어 있다는 믿음에 기반을 둔다. 행복은 우리 스스로 대의, 열정, 관심사에 빠져들고, 다른 사람의 안녕을 우리 자신보다 더 중요시할 때 비로소 얻어진다. 러셀은 이러한 사실을 철학이 아닌 경험을 통해 터득했다.

러셀의 인생은 빅토리아 시대의 도덕과 죄의식에 맞선 저항이기도 했다. 프로이트처럼 러셀도 성과 사랑의 억압이 그런 행위 자체보다 훨씬 더 사람들에게 위험하다고 믿었다. 자연스런 감정을 억압하면 의식과 무의식 사이에 괴리가 발생하여 여러 불건전한 방식으로 표출되게 마련이다. 또 죄의식은 우리에게 열등감과 고독감을 떠안겨 행복을 박탈해간다. 우리는 내적 갈등에 시달리고 구속당하느라 어떤 외적인 목표도 달성할 수 없을 것이다.

물론 우리는 행동의 토대가 되어야 할 이성적인 윤리가 결여되어 행동을 제어할 수 없을 때도 불행해질 수 있다. 러셀이 생각하는 해결책은 미신이 끼어들 여지가 없는 '현대적 견해'를 받아들이고 우리의 행동이 타인에게 피해를 주지 않을 것을 알 때에만 행동하는 것이다.

불행에 관한 착각

불행의 근원은 우리에게 벌어진 일들만이 아니다. 러셀에 따르면 우리의 불행은 잘못된 생각과 관점에서 기인한다. 그는 이렇게 말한다.

> 불행은 대부분 세계에 관한 그릇된 견해, 잘못된 윤리와 생활 습관에서 비롯되는데, 이런 요인들은 인간이나 짐승이 누리는 행복이 근본적으로 의존하게 마련인 자연스런 열정과 욕구를 짓뭉갠다.

불행의 심리적 원인은 많고도 다양하지만 공통적인 원인은 어린 시절에 정상적인 만족을 누리지 못했던 경험인 듯 보인다. 그런 경험 때문에 어느 한 가지 만족을 무엇보다 중시하게 되고, 그 만족을 얻는 데만 치중할 뿐 다른 행동은 제쳐놓게 되는 것이다.

어떤 사람들은 시대적 상황 탓에 행복할 이유가 없다고 말한다. 그러나 러셀은 이렇게 지적한다. "사실 그들은 자신들이 불행한 이유를 제대로 깨닫지 못하고 있을 뿐이며, 또한 불행하기 때문에 세상의 불쾌한 특징에 집착하고 있을 뿐이다."

균형 잡힌 삶

오늘날 대부분 사람들이 벌이는 경쟁은 살기 위한 경쟁이 아니라 성공을 위한 경쟁에 가깝다. 사업가는 근본적으로 사소한 일에도 위엄을 갖추기 위해 생존 경쟁이란 표현을 즐겨 쓸 뿐이라고 말하며, 러셀은 이렇게 일침을 놓는다.

사람들은 경쟁하면서 내일 아침을 먹지 못할까 봐 두려워하는 것이 아니라 옆 사람을 뛰어넘지 못할까 봐 두려워한다.

행복을 얻기 위해서는 통찰력과 균형 잡힌 삶만 갖추면 된다. 부만 추구해서는 행복을 얻기는커녕 권태에 빠지기 십상이다. 우리가 계속 성장하며 가능성을 실현하기 위해서는 지적인 호기심도 있어야 한다.

러셀은 실제 성공보다 노력이 행복의 필수 요건이라고 말한다. 노력을 기울이지 않고도 온갖 변덕을 다 충족시킬 수 있는 사람은 욕구가 채워져도 더는 행복해지지 않는다는 것을 깨닫게 된다. 그래서 러셀은 오히려 '원하는 것들 중 일부가 부족한 상태가 행복의 필수 조건'이라고 결론 내린다.

권태에 대하여

흥분과 모험을 바라는 욕구는 인간, 특히 남성에게 있어 뿌리 깊은 것이라고 러셀은 말한다. 수렵 시대에는 이런 욕구가 자연스레 충족되었지만 농경 시대가 도래하면서 삶은 지루해지기 시작했다. 기계 시대가 되어 권태는 꽤 줄어들었으나, 권태에 대한 두려움은 오히려 깊어졌다. "인류가 저지르는 죄의 절반 이상은 권태에 대한 두려움에서 비롯된다는 점에서, 도덕주의자들은 권태를 심각한 문제로 여긴다."

러셀은 심지어 전쟁과 학살, 박해 등도 대부분 권태로부터 도망치기 위한 방편이었다는 대담한 분석을 내놓으며, "어느 정도 권태를 견딜 수 있는 힘은 행복한 삶에 있어서 필수적이다"라고 주장한다. 특히 어린이들의 놀이에는 노력과 창의력을 요하는 행동을 포함시켜야 하고, 극장이나 영화 구경 같은 수동적인 오락거리는 제한해야 한다. 또 아이들을 새로운 자극에 끊임없이 노출시키기보다는 '성과를 얻기 위해 반드시 견뎌야 하는 단조로움'을 참도록 가르쳐야 한다.

성인의 경우에도 자연과 격리된 도박 같은 오락거리는 지속적인 즐거움을 줄 수 없지만, 대지와 접촉할 기회가 있는 일들은 깊은 충족감을 준다. 도시인들은 단지 자연과 격리되어 있다는 이유만으로도 권태를 느낀다.

그밖의 통찰

- 우리는 남들이 우리에 대해 우리 스스로 생각하는 것만큼 높이 평가하지 않는다는 사실을 받아들이기가 쉽지 않다. 우리는 다른 사람들에게 결점이 있다는 것을 알면서도 자신만은 결점이 없다는 평가를 남들로부터 듣고 싶어 한다. 자신의 장점을 과대평가하고 권력에 집착하며 허영을 갖게 되면 불행해질 수밖에 없다.
- 우리가 사랑하는 대상보다 사랑을 하고 있다는 느낌이 우리에게 더 행복

을 준다. 사랑이란 '그 자체로 기쁨의 원천'이고, 나아가 "감미로운 음악과 산에서 보는 해돋이, 보름달 아래 펼쳐진 바다와 같은 최상의 행복을 더욱 증폭시킨다."

• 행복은 주로 주위의 가까운 사람들에게서 얻어진다. "일반적으로 자신과 사회적으로 관계를 맺고 있는 사람들이 받아들일 수 없는 생활 방식이나 세계관을 가지고도 행복하게 살 수 있는 사람은 거의 없다. 특히 함께 사는 사람들이 받아들이지 않는 생활 방식이나 세계관을 가진 사람의 경우는 더욱 그렇다."

• 오만한 자들은 실패 앞에서 불쾌하게 놀라지만, 겸손한 자들은 성공 앞에서 즐겁게 놀란다. 그러므로 기대를 낮추는 것이 최선이다.

• 냉소는 병이고, 설령 어떤 환경 속에서 이 병에 걸릴 수밖에 없었더라도 가급적 빨리 고쳐야 한다. 인간은 많은 일에 흥미를 느낄수록 행복할 기회도 더 많아진다.

• 부모 노릇을 포기하는 사람은 커다란 행복을 포기하는 것이고, 원인 모를 불만에 시달릴 가능성이 높다. 자식이 생기면 연속성과 연대감을 갖게 되어 "스스로 최초의 세포로부터 멀고 먼 미지의 미래로 이어지는 생명 흐름의 일부분이라고 느끼게 된다." 러셀은 실제로 여러 명의 자식을 두었다.

• 또 다른 행복의 필수 요건이자 지속적인 목표는 일에서 얻게 된다. "자부심이 없는 사람은 결코 진정한 행복을 누릴 수 없고, 자기 일을 부끄럽게 여기는 사람은 결코 자부심을 가질 수 없다."

- 인간의 삶, 모든 영역은 그것이 일이든 결혼이든 육아든 외적인 노력이 필요하고 이런 노력 자체가 행복을 가져다준다.

철학자의 행복론

러셀은 좀 더 깊이 파고들어 불행이 의식과 무의식, 자아와 사회 간의 조화가 결여된 결과라고 지적한다. "행복한 사람은 인격이 분열되지도 않고 세상에 맞서지도 않아 자아의 내적인 통합이나 자아와 사회 간의 통합 실패로 고통받지 않는 사람이다."

무엇보다 우리는 관심을 외부로 돌리고 자기 중심성에서 탈피해 질시와 자기 연민, 공포, 자화자찬, 죄의식 등을 피할 때 행복을 얻을 수 있다. 이런 감정을 의식적으로 마주 보고 응시하면서 그것이 왜 생겨났는가를 살펴본다면 극복하는 데 도움이 될 것이다.

러셀은 우주의 만물이 물질이든 의식이든 한 가지 '재료'로 이루어진다는 형이상학적 개념인 '중립적 일원론'을 지지했다. 우리는 흔히 생각하듯이 다른 사람들과 분리되어 있지 않고, 사실 우리가 개별적인 개체라는 믿음이야말로 불행을 지속시키는 주범이다. 모든 불안한 생각은 원치 않는 분리감과 자아가 실재한다는 집착에서 생겨나기 때문이다. 우리가 서로 분리되어 있다는 착각의 실체를 알고 나면, 즐겁지 않게 살기가 오히려 힘들 것이다.

함께 읽으면 좋은 책 《에티카》,《철학적 탐구》

버트런드 러셀 더 알아보기

1872년 웨일스 트렐렉의 진보적이고 유력한 귀족 가문에서 태어났다. 세 살 때 양친을 여의고 가정 교사와 보모에게 교육을 받았다.

1890년 케임브리지대학교 트리니티칼리지에 입학, 명석함으로 일찌감치 두각을 나타냈다. 10대 때 이미 독일 사회민주주의에 관한 책을 출간한 그는 트리니티 재학 시절 수학 집합론의 기초를 뒤흔든 '러셀의 패러독스'를 발견했다.

1903년 수학 논리에 관한 첫 번째 주저인 《수학의 원리The Principles of Mathematics》를 출간했고, 1905년 〈지시에 관하여On Denoting〉라는 논문을 썼다. 1910년 앨프리드 노스 화이트헤드와 함께 집필한 세 권짜리 《수학 원리》 중 1권을 발표했다. 이로 인해 러셀은 논리학과 수학 분야에서 명성을 얻었다.

뉴욕시립대학교와 트리니티칼리지에서 교수 생활을 했으나, 수차례의 반전 운동과 반핵 시위로 수감 생활을 하고 해직당하기도 했다. 1950년 《서양철학사》로 노벨문학상을 수상했다.

물려받은 재산의 상당액을 기부한 것과 달리 1931년에 물려받은 백작위는 계속 유지했는데, 본인 말로는 식당에 자리가 생겼다는 것뿐 별다른 혜택은 없었다고 한다. 1970년에 사망했다.

Book 43

'노력하면 된다'는 신화에
파문을 일으킨 거대 담론서

마이클 샌델의
《공정하다는 착각》

마이클 샌델 Michael Sandel

현대의 미국 철학자이자 대중 지식인으로 "현존하는 철학자 중에 가장 존재감 있다"
는 평가를 받고 있다. 스물일곱 살에 하버드대학교 교수가 되었고, 스물아홉 살에 존
롤스의 정의론을 비판하며 세계적 명성을 얻었다. 현재까지도 하버드대 교수로 있으
면서 '정의'라는 정치철학 분야를 강의하고 있다. 《정의란 무엇인가》로 베스트셀러 작
가가 되었다.

2020년에 출간된 《공정하다는 착각》은 능력주의에 대한 마이
클 샌델의 비판적 시각을 담아낸 책으로 출간 즉시 베스트셀러
가 되면서 그의 명성을 다시 한번 입증했다. 이 책에서 그는 흔
히 아메리칸 드림으로 대표되던, '노력하면 된다'는 신화에 대해
과연 그런지 의문을 제기하며 능력주의가 우리 사회에 가져온
부정적 영향을 설득력 있게 펼쳐놓는다.

2019년 미국 상류층 자녀들의 명문대 부정 입학 스캔들은 능
력과 기회의 평등을 강조하는 우리 사회의 가치에 역행하는 사

건이었다. 대학 입학은 오로지 똑똑함과 성적에 따라 이루어져야 하며 특권층을 위한 '뒷문' 따위는 없어야 했다. 그런데 아이비리그와 옥스브리지 입학생의 대다수가 알고 보면 소득 상위 20퍼센트 가구 출신이다. 부유한 부모들은 자녀의 입시 상담료와 개인 과외비를 추가로 지출하며, 부유한 학생들은 스포츠 장학생으로 입학할 기회가 더 많은 종목을 택하기도 한다.

전통적으로 명문대 입학은 물질적 안정과 높은 사회적 지위를 얻는 보증수표로 여겨졌기에 명문대 입학을 둘러싼 치열한 입시 경쟁은 이해가 된다. 그런데 2019년의 대입 스캔들에 연루된 부모들은 이미 부유층이거나 유명인이었다. 그렇다면 단지 경제적·사회적 필요성 때문에 그럴 리는 없었을 것이다. 대체 무슨 이유로 그랬던 걸까? 이를 두고 샌델은 다음과 같이 지적했다. "불공정한 사회에서 정상에 오른 사람들은 자신의 성공이 도덕적으로 정당하다고 믿고 싶어 한다." 즉 돈이 많아서 고위직에 오르는 것은 부끄러운 일이지만, 자기 능력으로 고위직에 오르는 것은 영광스러운 일이라는 것이다.

하지만 우리가 익히 아는 것처럼 운동장은 이미 기울어져 있다. 행운을 거머쥔 승자들은 그걸로는 모자라 이제 스스로의 성취까지 탐내고 있다. 그러면서 "나는 노력하니 됐는데 너는 왜 못 하냐"며 시작의 기회조차 가지지 못한 패자들을 노력 부족이란 이유로 손가락질한다. 이러한 상황에서 과연 공정한 평등의 기회란 있는 것일까?《공정하다는 착각》은 바로 이런 문제를 다루며 현시대를 사는 우리에게 '공정함'과 '정의'의 의미를 다시 일깨운다.

왜 능력주의가 문제인가

'능력주의'란 용어는 놀랍게도 1950년대에 영국의 사회학자 마이클 영이 처음 만든 것이다. 그가 《능력주의》를 집필하던 당시 영국 사회는 급변하고 있었다. 오래된 계급 체제가 흔들리면서 노동자 계급이 더 많은 사회적 상승의 기회를 얻었던 것이다. 하지만 영은 2033년에 예상되는 미래의 관점에서 능력주의의 어두운 면을 지적했다. 능력주의 사회에서는 사회적 지위가 낮은 사람이 개인적으로 실패한 사람이라는 인상을 심어준다는 것이다. 계급 사회에서는 자신의 유능함을 아는 사람들이 사회적으로 출세하지 못해도 체념할 수 있었다. 어차피 가장 좋은 자리는 대대로 상류 계급에 세습되었기 때문이다. 그러나 새로운 능력주의 사회에서는 누구나 성공할 기회가 있는데도 성공하지 못한 사람들이 자괴감을 떨쳐내기 힘들 것이다.

영은 능력주의 사회에서 오히려 불평등이 증가할 것으로 예견했다. 고학력과 고위직의 사람들은 그렇지 않은 사람들에게 강한 편견을 갖고 굳이 그들과 어울리려 하지 않을 것이다. 이런 능력주의적인 오만은 저학력자들이 느끼는 사회적 낙인과 대조를 이룬다. 영은 이런 사람들이 뒤섞여 살면 일촉즉발의 상태가 된다고 우려하며 2034년에 포퓰리스트 반란이 일어날 것으로 내다봤다. 그러나 샌델은 이 예상보다 18년 앞선 2016년에 이미 트럼프 당선, 영국의 브렉시트, 마린 르 펜 같은 포퓰리스트의 등장으로 반란이 시작되었다고 지적한다. 힐러리 클린턴은 교육 수준이 낮은 백인의 트럼프 지지자들을 향해 '개탄스러운 사람들deplorables'이라 일축하기도 했다.

샌델은 능력주의에 기초한 사회에 대해 두 가지 중요한 질문을 던진다.

1. 어떤 사람들이 다른 사람들보다 더 많은 능력을 가지고 태어나는 '출생의 복권'을 고려할 때 완벽한 능력주의가 정말 공정하거나 타당할까?
2. 설령 공정하다고 해도 그것이 과연 '좋은' 사회일까? 똑똑하고 성공하고 자수성가한 일부 사람들이 나머지 대다수 사람들을 무시하는 상황에서 능력주의가 어떻게 인류 전체의 번영으로 이어질지 상상하기가 힘들다. 공동선에 대한 모든 고민이 완전히 폐기될 것이다.

'사회적 상승에 관한 수사학'은 오늘날 정치인들이 즐겨 쓰는 무기 중 하나다. 버락 오바마는 사람들이 "각자의 재능이 이끄는 데까지 나아갈 수 있게" 해주는 미국에 대해 끊임없이 이야기했다. 그러나 이 점을 지나치게 강조함으로써 우리는 시민권과 봉사 같은, 좋은 사회의 다른 오래된 특성을 잊게 되었다.

누군가 명문대에 입학하면 다 혼자서 해낸 일이라고 생각하기 쉽다. 실제로는 많은 도움의 손길이 있었기 때문에 가능했을 텐데도 말이다. 반대로 누군가 대학에 떨어지면 모든 책임이 자기한테 있다고 책망한다. 어느 쪽이든 학생들은 자신의 노력만 지나치게 강조하고 환경적 요인은 충분히 고려하지 않는 것이다. 이런 사고방식은 "시민적 감수성에 유해하다"고 샌델은 말한다. "우리가 스스로를 자수성가한 사람 또는 자기 충족적인 사람으로 볼수록 고마움과 겸손을 배우기가 더 어려워지기 때문이다."

고마움과 겸손이 부족해질수록 우리는 우리를 키워준 사회와 환경에 감사하지 않는 경향이 있다. 또 '공동선'에 대해서도 관심이 줄어든다. 세계 각국은 이제 GDP와 공동선을 동일하게 본다. 개개인의 가치는 그 사람이 생산할 수 있는 재화와 서비스의 가치에 기초한다. 그러나 시장 자본주의는 사회 구성원 모두가 힘을 합쳤던 전후 시대처럼 공공재를 제공하는 데 실패했다. 이제 경제활동은 누가 가장 많은 이득을 뽑아내는지 겨루는 경쟁에 가까워졌다. 그렇기 때문에 도덕적·정치적 판단을 시장에 내맡겨서는 안 된다고 샌델은 강조한다. 그랬다가는 필연적으로 포퓰리즘, 근본주의, 민족주의가 세상을 지배할 것이기 때문이다.

성공한 사람이 곧 훌륭한 사람이 될 때

능력주의 문화는 초기 프로테스탄트 신학에 뿌리를 두고 있다. 프로테스탄트 교리에서는 어떤 사람이 천국에 갈지 말지가 오로지 하나님의 은총에 달려 있어 평생 자신이 '선택받은' 사람인지를 알 수가 없었다. 신도들이 할 수 있는 일이라곤 소명에 충실히 따르는 것뿐이었고, 그것은 어디까지나 자신의 발전을 위해서가 아니라 하나님의 영광을 위해서였다. 그러다 보니 지극히 성실하게 일하고도(유명한 '프로테스탄트 직업 윤리') 그 결실을 누리기 원하지 않는 삶의 태도가 형성되었다. 프로테스탄트 상인들은 이처럼 열심히 일해 큰돈을 벌고도 소비는 절제했기 때문에 부를 축적할 수 있었다.

시간이 지나면서 이런 가치관은 바뀌었다. 사람들은 더 이상 자기가 하나님의 은총 앞에 무력하다고 믿지 않고 스스로 돈을 벌 능력이 있다고 믿기 시작했다. 세속적인 성공을 거둔다면 그것은 자신이 도덕적으로 훌륭하다는 증거였다. 가난을 면치 못한다면 그것은 자신이 도덕적으로 나약하다는 의미였다. 그 결과 "경제 경쟁에서 도덕론이 더욱 고조되었다. 이는 승자를 추켜세우고 패자를 깎아내린다"라고 샌델은 지적한다. 오늘날 근면, 노력, 긍정적 사고, 신분 상승, 부의 획득을 강조하는 미국식 번영의 복음에서도 그러한 사고방식이 두드러진다. 하나님은 우리가 부자가 되기를 원하시며, 번영은 미덕의 표시라는 것이다.

그러나 고대에 운을 믿던 가치관과 달리 이런 자수성가의 윤리에는 문제가 있다고 샌델은 주장한다. "운의 윤리는 인간의 이해와 통제를 초월하는 삶의 차원을 높이 평가한다. 우주가 반드시 각자의 능력에 맞는 보상을 주지는 않는다는 것이다. 그렇기 때문에 미스터리, 비극, 겸손의 여지가 남게 된다."

성공하거나 운 좋은 사람들이 좋은 결과에 더 많이 감사할수록 다른 사람들에게 더 관대한 태도를 보이게 된다. 그런데 자수성가의 윤리에 따르면 사람들이 기본적으로 각자 받을 만한 것을 받는다는 믿음이 형성된다. 이것이 바로 자본주의의 심화를 부추기고 많은 양심을 무너뜨리는 자수성가 윤리의 어두운 단면이다.

학력주의, 사회에서 용인되는 최후의 편견

삶의 수준과 사회적 지위를 높이는 전통적인 방법은 대학 학위를 취득하는 것이다. 예전에 비해 대학 학위를 취득할 기회가 더 늘어났지만, 그 결과 샌델이 '학력주의'라고 부르는 분열이 생겨났다. 고학력의 능력 있는 엘리트와 각 분야의 전문가들은 시장 주도적인 세계화의 승자가 되었고 같은 나라 국민보다 다른 나라의 엘리트들과 더 많은 공통점을 갖게 되었다. 반면에 노동자 계층은 다른 나라의 노동자들과 경쟁하게 되었다.

1970년대에는 대학 학위가 없는 사람들도 가족을 부양하기에 충분한 급여를 받는 직업을 가질 수 있었다. 그러나 지금은 그러기가 훨씬 어려워졌다. '대학 프리미엄'이 두 배가 되었기 때문이다. 노동자들은 낮은 임금을 받을 뿐만 아니라 '똑똑한' 사람을 가려내는 대학 입시 과정을 거치지 않았다는 이유로 사회적 지위도 낮은 편이다. 1971년에는 고등학교 졸업장만 가진 미국인의 93퍼센트가 풀타임으로 일했으나 2017년에는 그 수치가 69퍼센트에 불과했다.

샌델은 미국의 비대졸자들이 사회적으로 무시당하는 일을 하는 수모를 감당하지 못해 아예 자포자기하는 경우도 생긴다고 말한다. (마약, 술, 자살 등의) '절망사deaths of despair'는 대졸자보다 비대졸자에게 압도적으로 많이 나타난다. 이런 죽음을 오로지 가난 탓으로만 돌릴 수는 없다. 더 큰 원인은 명예와 보상을 얻을 학력 없이 능력주의 사회를 살아가야 한다는 좌절감에 있기 때문이다.

학력주의는 '사회에서 용인되는 최후의 편견'이라고 샌델은 말한다. 트럼프는 그가 다녔던 대학들에 그의 (낮은) 대학 성적과 SAT 점수를 공개하면 고소하겠다고 협박했다. 조 바이든은 본인의 대학 학력을 부풀렸다. 오바마 행정부의 각료들은 대부분 석사 이상의 학위를 지닌 아이비리그 출신이었다. 플라톤의《국가》에 나오는 철인 왕 계급처럼, 그들도 우수한 두뇌만으로 미국의 문제를 해결할 수 있다고 믿었던 것이다. 그렇지만 그들은 높은 학력 때문에 지나치게 오만해졌고 대다수 국민의 삶과 괴리된 정책을 펼쳤다. 오바마 행정부는 2008년 금융위기 당시 은행들을 구제함으로써 민주당에 대한 노동자 계층의 신뢰를 회복 불가능하게 떨어뜨렸다. 오바마 행정부는 또 월스트리트를 존경하고 심지어 우상화했는데, 월스트리트가 능력주의적인 신분 상승의 보루였기 때문이다.

연구에 따르면, 고학력자들은 빈민층, 유색인종, 이민자에 대한 편견보다 저학력자에 대한 편견이 훨씬 더 강하다고 한다. 교육을 많이 받은 '똑똑한' 사람들은 낮은 학력이 노력 부족의 결과라고 믿는다는 것이다. 오늘날 공직 선출자들 가운데 대학 학위가 없는 사람들의 비율은 매우 낮다(3~4퍼센트). 이 사실은 정치인들이 그들이 대표하는 국민과 거의 공통점이 없다는 것을 의미한다. 그들 자신이 현 체제의 '승자'들이고 거시적인 문제를 보지 못하기 때문에 사회적 불평등을 개선하는 데 실패한다. 그 결과 어떻게 될까? 소외된 노동계층과 중산층 유권자들은 트럼프나 르 펜 같은 포퓰리스트들에게 눈을 돌린다.

학력 면에서 '가장 우수하고 똑똑한' 사람이 최고의 지도자가 된다는 것은 신화에 불과하다. 미국의 가장 위대한 대통령 중에 조지 워싱턴, 에이브러햄 링컨, 해리 트루먼은 대학에 다니지 않았다고 샌델은 지적한다. 단순히 고등 교육을 받았다고 해서 그 사람이 아리스토텔레스적인 의미에서 시민의 덕목을 갖추었거나 국가에 봉사하는 삶을 산다는 보장은 없다. 일례로 전후의 영국 애틀리 정부는 주로 노동자 계층으로 구성되었어도 전후의 세계를 재건하는 데 기여했고 국민건강보험National Health Service을 만들었다.

1990년대에 빌 클린턴과 토니 블레어는 교육을 강조했다. 클린턴은 "당신이 무엇을 얻느냐는 당신이 무엇을 배웠느냐에 달려 있다"라고 역설했다. 그러나 사회적 출세의 수단으로 고등 교육을 강조하는 사회일수록 교육받지 못한 사람들에게 더 심한 낙인을 찍게 된다. '똑똑한' 사람들, 기술관료 엘리트들이 지배하는 세상이라면 그것은 곧 나를 '바보'로 만드는 세상이 아닐까?

시민의 자부심을 대체한 소비자의 이기심

현대 자본주의가 '글로벌 인재 시장'을 조성한다면 그 막대한 이득은 소수에게 돌아갈 것이다. 이런 사회는 모든 시민이 생산력이나 소비력이 아닌 자기 자신으로 존중받는 사회와는 완전히 딴판일 것이다. 이런 삶의 시장화를 막기 위해서는 각국 정부가 단지 부나 명성 같은 시장의 척도가 아니라 정의와 봉사를 반영하여 명예와 관직을 수여하는 것이 중요하다고 샌델은 말한다. 또 다른 방법은 우리 사회에서 대학 학위에 중점을 두지 말고 경력과 직업 및 기술 교육에 중점을 두는 것이다. 배관공이나 전기 기술자가 되는 것은 공동선에 중요한 일이므로 대학에 들어가지 못한 대안으로 여겨져서는 안 된다. 이 외에도 샌델은 커뮤니티 칼리지, 취업 사이트, 마을 회관 등에서 다시 시민 교육에 힘쓸 것을 주장한다. 교육받은 사람만이 아니라 모든 사람이 도덕과 정치에 대해 생각하고 배울 권리가 있다는 것이다.

'아메리칸 드림'은 1931년에 제임스 트러슬로 애덤스James Truslow Adams가 《미국의 서사시The Epic of America》에서 처음 사용한 용어다. 그것은 모든 미국인이 '태생이나 지위와 관계없이 자기 자신으로서 남들에게 인정받을 수 있고' 자아를 실현할 수 있다는 꿈이었다. 애덤스는 이런 조건적 평등을 실현한 기관으로 미국 의회도서관을 예로 든다. 각계각층의 어떤 사람이든 그 도서관에 와서 책을 읽고 공부하며 더 나은 삶을 살 수 있다는 것이다. 이것은 국민의 세금으로 마련되어 모든 사람에게 혜택을 주는, 민주주의가 제공하는 공간이다.

샌델은 오늘날 사회의 각계각층과 다양한 소득, 계층, 인종의 사람들이 모이는 공공장소가 드물다는 사실을 한탄한다. 소득 불평등이 심해지면서 사람들은 제각기 다른 장소에서 생활하고 일하고 쇼핑하며 저마다의 생활 방식을 갖게 되었다. 그러므로 "우리가 중요한 공적 문제에 대해 서로 합리적으로 토론하거나 심지어 서로의 의견을 경청할 힘조차 잃어버리고 만 것도 전혀 놀라운 일이 아니다."

민주주의는 완벽한 평등을 요구하지는 않더라도 단순히 소비자의 복지를 극대화하는 것 이상을 요구한다. 민주주의는 모든 시민이 평등하게 모이는 건강한 시민 공동 공간(현실 세계와 온라인)을 필요로 한다. 역사학자 알렉시스 드 토크빌은 과거에 미국을 여행하면서 대중들이 시민 문제에 얼마나 적극적으로 관여하는지에 주목했다. 그때는 미국인에게 주인 의식이 있었다. 그런데 이제는 "우리가 함께하고 있다"는 이 감각이 진기해 보인다. 세계화와 금융화의 여파로 사회적 불평등이 심화되면서 사람들은 동료 시민에게 감사하다는 인식이 줄어들었고 연대 의식과 공유하는 비전에 선뜻 마음을 열기가 힘들어졌다. 사람들은 자신을 키워준 사회(가족, 법률, 제도, 문화)에 모든 것을 빚졌다고 느끼기보다는 '내가 혼자서 해냈다'고 믿게 되었다. 소비자의 이기심이 시민의 자부심을 대체해버린 것이다.

재능의 영역과 노력의 영역 사이에서

샌델의 논지는 강력하지만 문제가 없는 것은 아니다. 샌델은 스티브 잡스나 조앤 롤링 같은 사람들을 향해서도 출생의 복권에 당첨되어 탁월한 재능을 갖고 태어났을 뿐이라고 주장한다. 이런 출생의 우연에 기초한 사회는 공정한 사회가 될 수 없고, 과거의 세습 귀족이 이제는 매우 똑똑하거나 창의적인 귀족으로 대체되었을 뿐이라고 그는 말한다.

샌델의 이런 주장은 성공에 대한 학계의 오해를 드러낸다. 잡스와 롤링이 정말 평균 이상의 지능이나 상상력을 갖고 태어났을지라도 그들이 성취한 바는 손수 만들어낸 것이다. 샌델은 환경에 너무 집중한 나머지 도전 위험과 노력, 독창성을 등한시하는 함정에 빠진 듯하다. 후자는 사람들이 태어날 때부터 지닌 것이 아니라 스스로 개발하는 것이고, 그 시간이 쌓아질수록 성공이 기하급수적으로 커진다. 이런 점에서 그들은 충분히 성공을 누릴 자격이 있다고 봐야 할 것이다.

또한 샌델은 세계화, 개인주의, 시민 생활의 붕괴에 대해 국가가 나서서 바로잡아야 한다면서 경제적 성공보다 시민의 기여를 중시하는 아리스토텔레스식 사회철학으로 복귀해야 한다고 주장한다. 그는 프리드리히 하이에크가 개인이 만든 생산물의 시장 가치와 사회에 대한 개인의 실질적 기여를 혼동했다고 비판하며, 시장이 모든 가치를 결정하는 것에 반대한다. 샌델이 보기에 이런 사회는 사람이 살 만한 곳이 아닌 모양이다.

그럼에도 이 책은 우리에게 깊은 공감을 자아내며 우리가 단순히 경제인으로 살고 싶은지 아니면 시민 사회의 일원이 되고 싶은지를 다시 생각해보게 한다. 우리는 최소한의 간섭과 최대한의 자유를 보장하는 국가에서 소비자로 살아갈 것인가, 아니면 모두의 번영을 추구하는 국가에서 시민으로 살아갈 것인가?

(함께읽으면좋은책) 《니코마코스 윤리학》, 《국가》, 《정의론》

1953년 미국의 미니애폴리스에서 태어났으며 열세 살 때 가족이 모두 로스엔젤레스로 옮겨왔다. 학창 시절부터 두각을 나타낸 그는 브랜다이스대학교에서 정치학을 공부하고, 로즈재단의 장학금 수여자가 되어 옥스퍼드대학교 베일리올컬리지에 입학하게 되었다.

1980년 박사학위를 마치지 않은 상태로 하버드대학교의 최연소 교수가 되었고, 앤티앤드로버트엠재단의 행정 교수Anne T. and Robert M. Bass Professor of Government로 선정되었다. 2002년 미국예술및과학아카데미 펠로우로 선출되었고, 2002년부터 2005년까지 대통령 생명윤리 자문위원회에서 일했다. 2005년 그의 '정의' 강의가 12부작 TV 시리즈로 제작되었고, 2009년에는 BBC에서 매년 석학들을 초청해 진행하는 '리스Reith 강좌'에서 '시민권과 공동선의 정치 전망'을 주제로 강연했다.

다른 주요 저서로는 《정의의 한계》, 《민주주의의 불만Democracy's Discontent: America in Search of a Public Philosophy》, 《완벽에 대한 반론》, 《정의란 무엇인가》, 《돈으로 살 수 없는 것들》 등이 있다.

제2차 세계대전 중에 탄생한
실존주의의 경전

사르트르의
《존재와 무》

장 폴 사르트르 Jean Paul Sartre

20세기 중반의 프랑스 소설가이자 극작가로 자신의 철학을 '실존주의'라고 명명한 최초의 철학자다. 하이데거의 현상학으로부터 영향을 받았다. 사회나 정치 문제에 적극적인 참여를 추구하는 '앙가주망'을 제시해 지식인과 정치계에 큰 영향을 미쳤다. 시몬드 보부아르와 자유계약 결혼으로도 유명하다. 이데올로기에 얽매이기 싫다며 레지옹 도뇌르 훈장 및 노벨문학상 수상 등을 거부해 화제를 모았다.

《존재와 무》는 제2차 세계대전 중인 1943년에 출간된 책으로, 전쟁으로 과거의 모든 확실성이 허물어진 프랑스의 정서를 포착하고 있는 작품이다. 전쟁으로 모든 게 철저히 무너진 상황에서 무슨 가치가 남아 있었을까. 이런 상황에서 장 폴 사르트르는 "인간은 우선 존재하고 이후 자유로운 선택과 결단을 통해 자기 자신을 만들어나간다"는 새로운 존재 방식을 제안했다. 덕분에 사람들은 자신의 미래를 선택할 수 있었고, 이 명백히 새로운 철학은 한 세대를 열광시켰다. 전문 철학서치고 《존재와 무》는 꽤 많이 팔렸다고 한다.

실존주의는 종종 '인생은 무의미다'는 식으로 오해받기 일쑤지만, 가장 유명한 실존주의자인 사르트르는 인간의 자유를 설파했다. 다만 이를 깨닫기 어려운 것이 《존재와 무》가 어렵고 묵직하기 때문이다. 머리글에서 사르트르는 의식이란 '그 존재가 그것과는 다른 하나의 존재를 끌어들이는 한, 그것에 있어서는 그 존재에서 그 존재가 문제인 하나의 존재'라고 정의한다. 하이데거의 영향력이 물씬 풍기는 이 문장은 대체 무슨 뜻일까?

이 말을 이해하려면 먼저 사르트르의 세계관을 알아야 한다. 사르트르는 세계를 기본적으로 두 가지, 즉 자기의식이 있는 존재(대자존재)와 자기의식이 없는 존재(즉자존재, 우리 주변 세계를 구성하는 사물들)로 구분한다. 의식은 그 자신을 이해할 수 있으므로 대자적으로 존재한다. 《존재와 무》는 이런 종류의 의식이 무엇인지 그리고 이것이 진정으로 의식을 가진 존재, 즉 인간에게 어떤 의미인지를 밝히는 데 주력한다.

사르트르 사상의 핵심은 인간에게 근본적인 '본질'이 없다고 보는 것이다. 실제로 인간이 자신의 존재를 분석했을 때 그 중심에서 발견하는 것은 무無다. 그렇지만 이런 무는 사실 대단한 것이다. 우리가 스스로 원하는 자아나 인생을 만들어갈 완전한 자유를 지닌다는 의미가 되기 때문이다. 우리의 자유를 막을 것은 아무것도 없으므로 우리는 소극적인 의미에서 자유롭다. 사르트르는 이렇게 말한다. "자유롭도록 선고받은 인간은 전 세계의 무게를 자기의 양 어깨에 짊어지고 있다. 인간은 세계에 대해서도, 자기 자신에 대해서도 존재 방식에 관한 한 책임을 져야 한다."

이 존재 방식에 관한 책임을 '앙가주망'이라고 한다. 앙가주망은 《존재와 무》에서는 자유롭게 자신의 실존을 성취하는 개념이었는데, 뒤이은 그의 저작 《문학이란 무엇인가》를 통해서는 자유를 억누르는 모든 것에 저항하는 적극적인 사회 참여로 강조되었고, 사르트르는 이를 몸소 보여주었다.

자유와 책임

사르트르에 따르면 우리는 우리의 행동뿐만 아니라 이 세계에 대해서도 책임이 있다. 우리는 각자 자신의 삶에서 특정한 '기획'을 평생에 걸쳐 수행하는 셈이므로 우리에게 벌어지는 일은 무엇이든 그 일부로 받아들여야 한다. 사르트르는 심지어 "사람의 일생에서 우연히 일어나는 일 따위는 존재하지 않는다"라고 말할 정도다.

사르트르는 전쟁에 징집된 경우를 예로 든다. 전쟁이 우리 삶의 외부에서 시작되어 갑자기 우리 삶에 침투한 것으로 생각하면 오산이다. 사실 그 전쟁은 나의 전쟁이라고 봐야 한다. 나는 자살이나 탈영을 해서라도 언제든 전쟁에서 벗어날 수 있지만, 이러저러한 이유(두려움, 무력감, 내 가족이나 조국을 실망시킬 수 없다는 마음 등)를 들어 그 속에 남았고, '이처럼 전쟁에서 도망치지 않았기 때문에 내가 그 전쟁을 선택한 셈이 된다.' 전쟁도 병사가 있어야 일어날 수 있으므로 결국 내가 '그 전쟁이 존재하도록 결정'한 것이다.

그러므로 전쟁을 내 인생의 잃어버린 시간으로 본다거나 내가 정말 원하던 것(꿈, 가족 등)을 빼앗아간 사건으로 보는 것은 부질없는 짓이다. 그 안에서 살아감으로써 나는 전쟁과 거기에 쏟아 부은 나의 시간을 온전히 책임져야만 한다. 사르트르의 표현대로 "나는 날마다 나를 선택한다." 인간의 존재 상태는 끊임없이 본인 스스로를 선택해나가는 것이다. 사람들은 전쟁이 없는 다른 시대에 태어났기를 바랄지 몰라도, 그들 자체가 전쟁을 일으킨 그 시대의 일부이므로 다른 시대에 존재한다는 것은 모순 없이는 불가능하다. "그러므로 나는 곧 이 전쟁이다." 내 삶은 내가 사는 시대를 표현하므로, 무언가 다른 인생을 바라는 것은 무의미하고 비논리적인 망상이다.

사르트르는 우리가 이 세계 속에 '버려져' 있다고 말한다. 고통은 내가 '내 존재의 근거'도 아니고(우리는 스스로를 만들거나 태어나기를 선택하지 않았다) 다른 존재의 근거도 될 수 없다는 깨달음에서 야기된다. 우리가 할 수 있는 것이라곤 세계의 모든 것을 '기회'(붙잡은 기회든, 놓쳐버린 기회든, 애초부터 없었던 기회든 간에)로 바라보면서 우리 존재의 의미를 선택하는 것뿐이다. 자기 존재의 의미를 스스로 선택할 수 있음을 깨달은 사람은 비록 불안하기는 해도 절대적으로 자유롭다. 그들은 변명도 후회도 회환도 없이 살아가면서 자신의 행동을 완전히 책임질 수 있다.

인간의 목적은 자신의 존재와 자유를 깨닫고 누리는 것이다. 그 외에 우리가 내세우는 다른 목적들은 전부 지금 하고 있는 일이 지극히 중요하다고 착각하는 '고지식한 정신'을 보여준다. 사르트르의 말처럼 "성공은 자유에 중요하지 않다." 우리가 원하는 것을 꼭 이루어야만 자유로운 것은 아니다. 그저 선택할 수 있는 만큼만 자유로우면 그것으로 족하다.

마치 우리의 행동이 지극히 중요한 것처럼 살거나 평생을 보편적인 도덕적 가치 체계에 맞추어 사는 것은 일종의 자기기만이다. 매 순간 자신이 나아갈 길을 온전히 자기 힘으로 선택하여 우리 삶을 마치 이런 완전한 자유로 빚어진 예술작품처럼 만드는 것만으로도 우리는 인간으로서의 잠재력을 깨달을 수 있다.

사르트르의 "인간은 그가 아닌 것으로 존재하고, 그인 것으로 존재하지 않는다"라는 말은 우리가 자신의 '사실성facticité', 즉 성·국적·계급·인종 같은 우리 존재의 구체적 사실에서 벗어날 수 없다는 뜻이다. 이 모든 요인이 우리 인생에서 모든 종류의 성취를 힘겨운 고투로 만드는 '역행률逆行率*'을 제공한다. 그렇

---

* 우리의 예측이나 의도와 상관없이 목적과 정반대의 결과를 가져오기도 하는 불운.

더라도 우리는 단순히 이런 사실성의 총합만은 아니다.

　문제는 우리가 스스로의 일관성을 중시하기 때문에 완전히 새로운 일, 즉 자신의 성격에 안 맞는 일을 꺼린다는 데 있다. 일관성이나 성격은 둘 다 일종의 안정성으로 우리가 세계를 바라보고 이해하는 렌즈긴 하지만, 대개는 망상에 불과하다. 우리의 존재를 제한하는 모든 요소에도 불구하고 우리는 스스로 생각하는 것보다 훨씬 더 자유롭다고 사르트르는 강조한다.

자기기만에 대하여

사르트르의 유명한 '자기기만mauvause foi' 개념은 두 가지 유형의 거짓말 구분에 기반을 둔다. 일반적인 거짓말은 '거짓말을 하는 자가 진실을 완전히 알고 있으면서도 숨기는 경우'다. 대상의 세계를 상대로 하는 거짓말이므로 나와 남들이 분리되어 있다는 시각을 반영한다. 반면 또 다른 유형의 거짓말은 속이는 사람과 속는 사람이 구분되지 않는 의식상의 거짓말로서 자기기만이며, 진실인지 거짓인지가 명확하지 않고 자유로부터의 도피를 유발하므로 훨씬 심각하다. 사르트르는 이렇게 말한다.

　자기기만은 겉으로 보기에는 일반 거짓말과 동일한 구조를 갖지만, 내가 나 자신에게 진실을 감춘다는 점에서 결정적인 차이가 있다.

자기기만은 당사자가 문제를 직시하고 진실을 찾기 위해 사태를 완전히 파헤치려는 생각에 저항하게 만든다. 아주 명백한 거짓말이 아닌 한 자신이 원하지 않는 사실이 발견될 경우 너무 자세히 들여다보지 말라고 스스로를 설득한다.

《존재와 무》에서 사르트르는 프로이트를 반박하는 데 여러 쪽을 할애한다. 빈의 정신과 의사인 프로이트는 사람들의 생각과 행위가 끊임없이 무의식에 잠식당한다고 믿었지만, 사르트르는 프로이트의 사례들을 혼자서 읽어나가다가 그의 상담자들이 병적인 자기기만 환자에 불과하다는 것을 발견했다. 또 다른 빈의 정신과 의사인 슈테켈Stekel은 사르트르의 의견에 동의하며 이렇게 말했다. "나는 내 사례 연구를 충분히 깊이 파고들 때마다 정신병의 핵심은 의식이라는 점을 확신하게 된다."

만약 사르트르가 오늘날 살아 있었다면 인간이 잠재적 충동의 방해를 받는다는 기존의 주장을 물리치고 우리 스스로 생각을 조건 지을 수 있다고 역설해온 지난 40년간의 인지 요법의 혁명을 반겼을 것이다.

그럼에도 자유는 부담스럽고, 많은 사람이 자기기만으로 도피하는 것도 바로 이 때문이다. 사르트르는 자기기만이 일상적인 생활방식이며 가끔씩만 올바른 신념에 일시적으로 눈뜨게 된다고 설명한다. 자기기만에 빠진 사람들은 자신이 하고 있는 일을 명확히 볼 수 있지만 그 의미에 대해서는 자신을 속이는 쪽을 선택한다. 사르트르는 남자와 첫 데이트를 하기로 한 여자를 예로 든다. 그녀는 남자가 추파를 던지며 그녀에게 사랑이나 애정을 표하는 행동을 막을 생각은 없지만, 둘의 관계에 대해서는 어떠한 종류의 결정도 내리고 싶지 않다. 그렇다면 그녀는 데이트 때 어떻게 행동할까?

그날 저녁의 달콤한 분위기를 계속 즐기고 싶은 여자는 남자의 말에 담긴 명시적인 뜻 외에 다른 것은 읽으려 하지 않는다. 만약 남자가 여자에게 "당신은 정말 매력적이에요"라고 말하면, 여자는 그 말에서 어떠한 언외의 의미(예를 들면 나는 당신과 자고 싶어요, 혹은 진지하게 사귀고 싶어요 등)도 포착하지 않으려고 애쓴다. 남자가 여자의 손을 잡으면, 여자는 손을 빼는 행동으로 그 행복한 저녁을 망치지 않으려고 자신의 손이 그의 손 안에 있다는 사실을 '알아차리지' 못한 척한다. 그녀는 자신의 몸을 단지 대상으로 바라봄으로써 자유를 지키는 효과를 얻는다. 그녀는 전혀 구속받지 않거나 적어도 상황을 그렇게 보는 쪽을 택한다. 자신의 신체 혹은 그 상황의 '사실'을 초월적인 자아(그녀의 진정한 나)와 분리함으로써 그녀는 특정한 목적, 즉 자유롭고 속박받지 않는다는 느낌을 유지하는 데 도움이 될 만한 거짓말을 만들어내고 있는 셈이다.

모든 사람이 언제나 자기기만과 올바른 신념을 오가며 살아가지만 사르트르는 '자기 발견'을 통해 본래성을 얻는 것, 쉽게 말해 인간이 '있는 그대로의 자신이 되는 것'이 가능하다고 말한다. 그런 사람에게 정직성은 '더는 그의 이상이 아니라 그의 존재가 될' 것이다. 이는 저절로 얻어지는 것이 아니라 그가 진실해지거나 의식적인 행동을 통해 자기 자신이 되어야만 가능하다.

자유와 관계

뻔한 질문 같지만 왜 인간은 관계에 집착할까? 사르트르의 대답은, 비록 우리가 저마다 개별적이고 의식적인 존재일지라도 우리를 바라보고 '현존하게 해주는' 타인이 반드시 필요하다는 것이다. 관계에서의 문제는 우리가 다른 자유로운 의식(인간)을 대상으로 바꾸려 한다는 데에, 더욱이 그것이 불가능하다는 데에 있다.

사르트르의 주장은 우리가 관계에서 행복해지거나 성공할 가능성을 극대화하려면 타인을 '소유'하려는 우리의 본능적인 욕구를 억누르고 상대의 자유를 인정하고 허용해야 한다는 점을 시사한다. 우리는 한 사람을 단순히 '사실성'의 총합이 아니라 자유로운 존재로 봐야 한다. 타인이 우리에게 물질적 혹은 정서적으로 의존하게 만들고자 노력할 수는 있어도, 결코 그들의 의식을 소유할 수는 없다. 사르트르는 "만일 트리스탄과 이졸데가 미약의 힘으로 서로에게 사로잡힌 것이었다면 그렇게 우리의 흥미를 불러일으키진 못했을 것이다"라고 했다. 약물이 그들의 의식을 빼앗아버렸을 테니 말이다.

우리가 소유하기를 원하는 것은 단지 대상으로서의 사람이 아니라 우리를 원하는 그들의 의식적인 자유다. 제아무리 서약이나 맹세로도 이 단계에 이르지는 못한다. 사실 이런 것은 한 사람이 다른 사람에게 정신적으로 자신을 완전히 내맡기는 일에 비하면 아무 것도 아니다. 사르트르의 표현대로 "사랑에 빠진 사람은 상대에게 있어 '세계의 전부'가 되기를 원한다." 상대에게 "나는 나무와 물을 존재하게 할 수 있는 사람이 되어야 한다." 우리는 상대에게 자유의 최종 한계를 제시하고, 상대는 그 지점에서 그 이상을 넘보지 않기로 자발적으로 선택해야 한다. 우리는 사랑하는 상대에게 대상이 아니라 무한한 존재로 비춰지기를 바란다.

나는 이제 세계의 배경 위에서 수많은 '이것들' 가운데 하나의 '이것'으로 보여서는 안 되고 오히려 세계가 나로부터 드러내 보여져야 한다.

사르트르에 의하면 낭만적인 관계는 한 사람의 무無의 상태와 다른 사람의 존재가 결합하기 때문에 그토록 강렬한 것이다. 다시 말해, 우리는 누군가와 사랑에 빠질 때 상대가 우리의 빈 곳을 채워줄 것으로 기대한다. 우리는 존재하기 위해 타자에게 의

존한다(그러지 않으면 우리는 무의 상태다). 그러나 우리가 끊임없이 사랑에 불안해할 수밖에 없는 것은 우리가 언제든 한순간에 연인의 세계의 중심에서 그저 수많은 사람들 중 하나로 전락할 수 있기 때문이다.

그러므로 사르트르는 이런 객관성과 주관성 사이의 밀고 당김이 사랑의 모든 갈등과 풀리지 않는 문제의 정수라고 본다. 관계는 서로의 자유를 인정하려고 하는 연인과 서로를 대상으로 보려고 하는 연인 사이의 영원한 줄다리기다. 상대가 자유롭지 않으면 매력이 사라지지만, 상대가 어떻게든 대상이 되지 않으면 우리는 그를 소유할 수 없다. 또 우리는 상대의 완전한 자유를 인정할 때에만 어떤 식으로든 상대를 소유했다는 말을 들을 수 있다. 어쩌면 자발적으로 스스로를 상대에게 이용될 대상으로 낮추는 것이 이상한 방식이기는 해도 인간됨의 정점일 것이다. 어쨌든 자유로워지려는 인간의 본성에 역행하면서 세상 어떤 것과도 다른 선물을 주는 행위인 것이다.

성과 욕망

사르트르는 성적 욕망이 생식기보다는 존재 상태와 훨씬 더 상관이 있다고 본다. 우리는 날 때부터 죽을 때까지 성적인 존재지만 성기만으로는 우리의 욕구가 다 설명되지 않는다.

우리는 오로지 쾌락을 위해, 혹은 단순히 사정 행위의 대상으로 삼기 위해 누군가를 욕망하지는 않는다. 앞에서 언급했듯이 우리가 욕망하는 것은 의식이다. 사르트르에 따르면 성욕과 다른 욕구 사이에는 큰 차이가 있다. 우리가 냉수를 한잔 마시고 싶을 때는, 일단 물을 마시고 나면 그 욕구가 사라진다. 아주 간단하다. 그러나 성욕은 우리를 위태롭게 한다. 성욕은 의식에 '끈적끈적하게 들러붙는다.' 달리 표현하자면, 성욕은 우리를 침범한다. 우리는 성욕을 일으키거나 억제하려고 노력하지만 어떤 경우에도 성욕은 다른 욕구와 같지 않다. 성욕은 우리 몸뿐만 아니라 정신과도 연관되기 때문이다. 우리는 흔히 성욕에 '사로잡혔다'거나 '빠져들었다'라고 말하는데, 이런 표현을 배고프거나 목마를 때 사용하지는 않는다.

사르트르는 성욕을 잠에 빠져 드는 일에 비유한다. 그렇기 때문에 우리가 성욕 앞에서 그토록 무력해 보이는 것이다. 의식이 몸에 자리를 내주거나, 그의 표현을 빌리자면 "욕망하는 존재는 자기로 하여금 몸이 되게" 한다. 동시에 성관계를 할 때 우리는 상대가 오직 육체가 되기만을 (그리하여 오직 육체로서의 우리 자신을 드러내주기를) 바란다. 상대가 모든 옷과 장신구를 벗기를 바랄 뿐만 아니라 그 몸이 더는 움직이지 않는 단순한 대상이 되기를 바란다.

아무리 알몸의 댄서라도 무릇 댄서만큼 '육체적'이지 않은 자는 없다. 성적 욕망은 상대의 몸에서 그 옷과 함께 운동도 제거하여, 이 몸을 단순한 육체로서 존재하게 하려는 시도다. 다시 말해 타자의 몸을 육체화하려는 시도인 것이다.

사르트르의 말로는, 애무는 '타자의 육체를 탄생시키고', 그들 안에서 욕망을 일깨우는 동시에 우리 자신도 이 세계에 속해 있는 하나의 몸임을 깨닫게 해준다. 그는 정신과 육체 사이의 상호작용을 이렇게 표현한다. "의식은 하나의 몸속에 파묻히고, 그 몸은 하나의 세계 속에 파묻힌다."

성공은 자유에 중요하지 않다

인간의 자유와 존재 상태를 이해하는 것이 '부르주아'적 성취보다 더 중요하다고 말한 사람치고 사르트르는 대단한 업적을 남겼다. 그러니 "성공은 자유에 중요하지 않다"고 말했어도 그가 우리한테 성공의 지침을 제시한다고 볼 수도 있지 않을까?

분명히 그렇다. 개인의 자유라는 포괄적인 윤리를 차치하면, 그 지침이란 "결정론의 그물코 속에 나의 행동을 삽입해야만 한다"는 것이다. 사르트르의 이 말은 우리가 태어난 환경을 받아들이되 기꺼이 그것을 넘어서야 한다는 의미였다. 우리는 현재 처한 특정한 세계를 인정하면서도 창의력을 발휘하여 의미 있는 삶을 추구해야 한다.《존재와 무》는 시종일관 우리 존재의 외부적 사실들이 우리의 존재 양식이나 본성을 좌우하게 내버려두지 말라는 경종을 울린다. 우리의 존재는 언제나 우리 스스로 만들어가는 산물이다. 사르트르 본인도 이런 철학을 평생 실천에 옮기며 살았다.

함께읽으면좋은책 《인간의 조건》,《제2의 성》,《존재와 시간》,《순수이성비판》

사르트르 더 알아보기

1905년 파리에서 태어났다. 해군 장교였던 아버지가 그가 한 살 때 사망해 알베르트 슈바이처의 사촌이던 어머니와 고전 지식을 전수해준 의사 할아버지 손에서 자랐다.

유서 깊은 파리고등사범학교에 진학했고, 그곳에서 앙리 베르그송의《시간과 자유 의지Time and Free Will》를 읽으며 본격적으로 철학에 빠져들었다. 헤겔, 칸트, 키르케고르, 하이데거로부터 깊은 영향을 받았던 그는 학교에서는 짓궂은 농담으로 유명했다. 1929년 소르본대학교에 재학 중이던 시몬 드 보부아르와 만났다. 두 사람의 연인 관계는 양측의 자유로운 연애와 애인 공유 등으로 발전했으며, 평생 가까이 살며 지적인 동반자가 되었다.

제2차 세계대전 중에 군대에 징집되어 기상 관측병으로 복무했다. 그는 전쟁 포로가 되었다가 건강상의 이유로 석방되어 파리로 돌아왔다.《존재와 무》는《파리떼Les Mouches》,《출구는 없다Huis clos》,《반유대주의자와 유대인Réflexions sur la Question Juive》 등과 더불어 이 다작 시기에 나온 작품이다. 역시나 실존주의자인 알베르 카뮈와 잠깐 동안 공동 작업을 하다가 전쟁에 관한 철학적·정치적 견해를 피력한 3부작 소설《자유로 가는 길Les Chemins de la Liberté》을 저술했다. 또 다른 기념비적 작품으로는《변증법적 이성 비판》이 있다.

다양한 곳을 여행했고, 피델 카스트로와 체 게바라를 만나기 위해 쿠바를 방문하기도 했다. 1964년 노벨문학상 수상자로 올랐으나 수상을 거부했다. 쉴 새 없는 줄담배와 각성제 복용으로 건강이 극도로 악화되어 1980년에 사망, 파리의 몽파르나스 묘지에 안치되었다.

Book 45

'이성'이 아닌 '의지'를
철학적 명제로 삼은 대담한 논의

쇼펜하우어의 《의지와
표상으로서의 세계》

아르투어 쇼펜하우어 Arthur Schopenhauer

19세기 독일의 철학자로, 당시 헤겔로 대표되던 철학계의 주류인 이성주의를 탈피해 '의지'를 중심으로 하는 새로운 철학의 문을 열었다. 비합리적이고 맹목적인 의지가 이성을 지배한다면서 사유와 행동, 지성과 감성을 이원적으로 대치시켜 프로이트의 정신분석학이나 낭만주의 문학가들에게 영향을 끼쳤다. 서양 철학과 동양 철학의 유사성을 최초로 발견한 철학자이기도 하다.

아르투어 쇼펜하우어가 대작 《의지와 표상으로서의 세계》를 완성한 것은 1818년, 그의 나이 고작 스물아홉 살 때였다. 하지만 훗날 니체나 프로이트, 비트겐슈타인 등 많은 학자에게 영향을 준 것과는 달리 살아생전 쇼펜하우어는 그리 큰 인정을 받지 못하는 재야의 학자였다(쇼펜하우어는 1851년 《여록과 보유Parerga and Paralipomena》를 출간한 이후에야 명성을 얻게 됐다).

쇼펜하우어는 《의지와 표상으로서의 세계》의 2권을 "자기 시대에만 주목하여 사고하는 사람은 오직 소수에게나 영향을 미칠 것이다"라는 세네카의 말을 인용해서 연다. 쇼펜하우어는 당시 독일 철학계의 거두인 헤겔을 매우 경멸했는데, 헤겔이 칸트의 사상을 왜곡해서 사이비 주장을 펼친다고 봤기 때문이다. 세네카의 인용문은 바로 이를 빗댄 표현이었다. "지금은 옳은 듯보여도 시간이 지나면 부정당할 헤겔 같은 철학자에게 현혹되지 말라. 대신 내가 당신들에게 올바르고도 시대를 초월한 세계관을 제시해주리라."

그러면서 자신은 칸트를 비판적으로 받아들였으며 올바르게 계승했다고 확신했다. 실제로 쇼펜하우어는 《의지와 표상으로서의 세계》에서 칸트의 인식론에 전환을 시도한다. 칸트는 우리가 절대 경험하지 못하는 세계가 있으며 이를 알아내기란 어렵다고 한 반면에 쇼펜하우어는 이성을 통해 이러한 세계도 파악할 수 있다고 보았다. 즉 칸트는 직관이 주어졌다고 설명하는 데 그친 데 반해 쇼펜하우어는 우리의 직관이 어떻게 성립하는지에 대한 설명을 시도한다.

다만 쇼펜하우어는 이성은 외부의 상을 지각하고 투사하는 데 그칠 뿐 우리의 세계관을 구성하고 우리를 이끄는 것은 의지, 즉 충동과 욕망이라고 보았다. 다시 말해 (헤겔로 대표되던 관념론과는 달리) 세계의 본질을 이루는 것은 의지며, 이 의지는 비합리적이고 맹목적이라는 것이다. 우리의 삶의 이유도 살고자 하는 의지에 따른 것일 뿐 어떠한 목적도 없다. 그렇기에 인생은 고통이다.

이런 고통에서 벗어나려면 의지를 초월해야 한다. 이런 면에서
보자면 쇼펜하우어의 철학은 인도 철학이나 불교와도 닮아 있
다. 실제로 쇼펜하우어는 1820년대에 힌두교와 불교를 알게 되
었고, 깊이 연구해 동서양 철학의 가교 역할을 해왔다.

《의지와 표상으로서의 세계》초판본 출간 이후 쇼펜하우어는
계속 이 작품을 매만지고 다듬었다. 1844년에는 2판이 완성됐
고(초판에 비해 분량이 두 배나 늘어났다), 1859년는 3판이 출간됐다.
그럼에도 그의 근본 사상은 변하지 않았다. 언제나 직설적이었
던 쇼펜하우어는 이렇게 말하며 독자들에게 이 책의 재독을 권
했다. "내가 이 책에서 전달하려는 것은 단 하나의 생각이다. 그
런데 온갖 노력에도 불구하고 나로서는 이 책 전체보다 더 간단
하게 이 생각을 전달할 방법을 찾을 수 없었다."

표상과 실재

쇼펜하우어를 이해하려면 먼저 칸트로 거슬러 올라가야 한다.
칸트는 우리가 감각으로 지각할 수 있는 현상계가 있고, 우리의
지각과는 별개로 존재하는 영원한 실재를 가진 '물자체'가 있다
고 믿었다. 우리는 감각의 한계를 벗어날 수 없기 때문에 결코
'세계 그 자체'를 알 수는 없다. 쇼펜하우어는 이런 칸트의 생각
을 받아들이면서도 이성을 통해 진정한 실재(본체)를 파악할 수
있다고 생각했다.

수많은 사물과 지각이 있는 우리의 다종다양한 세계와 달리, 본체는 통일성을 유지하며 시간과 공간을 초월해야 한다. 쇼펜하우어에 따르면 우리가 현실이라고 여기는 것은 사실 정신의 표상이나 투사에 지나지 않는다. 상식과는 정반대로 우리가 거의 알지 못하는 세계가 영원한 실재를 갖고 있고, 논리적으로 조건적이며 표상적인 현상계('현실' 세계)에는 그 안의 모든 것이 죽거나 형태가 변하기 때문에 어떠한 영구적인 실재나 실체도 없다.

그렇지만 쇼펜하우어는 현상계도 혼돈 상태가 아니라 '충족 이유'라는 인과의 법칙에 따라 작동한다고 주장한다. 우리가 인과율의 세계에 산다는 사실을 인정하는 한, 설령 이 세계가 우리 정신의 투사체라 할지라도 이런 주장은 완전히 타당하다. 사실 충족 이유율은 표상의 세계가 절망적인 허상에 그치지 않도록 막아준다. 쇼펜하우어는 심지어 시간과 공간의 원칙도 조건적인 세계의 일부로서 그 자체가 영원한 진리는 아니라고 말한다. 시간은 실제로 존재하지 않지만, 시간과 공간의 차원에 따라 표상의 세계를 구성해야 하는 우리 관찰자들에게는 마치 시간이 존재하는 것처럼 보인다. 쇼펜하우어는 '물자체'라는 칸트의 개념을 동굴 우화로 표현된 플라톤의 '형상'과 매우 유사한 것으로 이해했다.

시간과 공간 속에서 모든 것은 상대적이다. 즉 시간의 1분은 그 전후에 오는 1분과의 관계에서만 실재성을 갖는다. 공간에서는 하나의 물체가 다른 물체와의 관계 속에서만 실재성을 지닌다. 쇼펜하우어는 서구의 전통에서는 만물이 영원히 흐르고 고정된 실재는 없다던 헤라클레이토스의 주장을 환기시키고, 동양의 전통에서는 이 세계가 투사 또는 꿈에 불과하여 관찰자가 오해할 여지가 다분하다는 힌두교의 '마야maya' 개념을 언급한다. 공간이나 대상의 세계만이 그것을 바라보는 자의 표상이 아니라 시간도 마찬가지인 것이다.

쇼펜하우어는 역사가 실제 일어난 사건에 관한 객관적 기술이나 특정한 목표 또는 목적을 향해 나아가는 과정이 아니라, 단지 서술자의 눈으로 바라본 이야기일 뿐이라고 주장하며 도저히 이길 수 없는 강적인 헤겔에게 우회적으로 비수를 날린다. "과거도 미래도 마치 꿈과 같이 공허하고 실재하지 않는다는 것이다."

의지란 무엇인가

쇼펜하우어에게 '의지'란 현상계의 가장 근원적인 존재로서 온갖 종류의 맹목적이고 무조건적인 노력, 즉 생에 대한 의지로 표출된다. 의지는 보통 의식적인 자발성을 뜻하는 용어지만 쇼펜하우어가 말하는 의지는 끊임없이 배출구를 찾는 일종의 에너지로 보는 편이 가장 정확하다. 의지는 인간의 노력뿐만 아니라 동물, 식물, 심지어 무생물의 생명력까지 설명해준다. 쇼펜하우어는 출세작인 《여록과 보유》에서 자유 의지의 문제를 고찰하며 이렇게 쓴다.

> 주관적으로 … 모든 사람은 자신이 의지에 따라 행동한다고 느낀다. 그러나 이것은 단지 그의 행위가 그의 본질 그대로를 표출하고 있다는 의미일 뿐이다.

우리의 의지란 단지 우리의 존재, 기질의 표현일 뿐이고 우리는 이 기질에 맞지 않는 어떤 행동도 하지 못한다. 우리의 동기는 자유롭게 선택되지 않으므로 우리에게 자유 의지가 있다고는 말할 수 없다. 사실 우리가 취하는 대부분의 행동은 그 정확한 이유를 알기 힘들다. 평범한 사람은 "언제나 의지의 목표에 따르려는 의식 때문에 계속 살아가고 활동하게 된다. … 이것이 거의 모든 인간의 삶이다."

지그문트 프로이트가 인간을 잠재의식적 충동에 이끌리는 존재로 규정할 때 쇼펜하우어로부터 얼마나 큰 영향을 받았는지 쉽게 짐작할 수 있다. 프로이트의 '에고ego' 개념은 명백히 쇼펜하우어의 의지와 닮아 있다.

의지를 초월할 수 있을까

대부분의 철학자들이 생명력이나 의지를 중립적 또는 긍정적 개념으로 바라본 반면, 쇼펜하우어는 그것을 우리가 어디로든 도달하려면 반드시 넘어서야 하는 부정적인 힘으로 보았다. 그는 모든 의지는 결핍에서 비롯되기 때문에 '대단히 강력한 의지'는 불가피하게 고통을 초래할 수밖에 없다고 믿었다. 선하고 현명한 사람은 자신을 다만 시간이 흘러도 변함없는 영적 실체의 물질적 표현으로 여기며 무형적이고 진실한 것과 동일시하는 반면, 무지하거나 사악한 인간은 육체나 의지가 곧 자신이라고 생각한다. 그러나 개인의 의지는 모든 사람과 사물을 이끄는 일반 의지보다 중요성이 낮으므로, 지나치게 자신을 믿다 보면 현상계는 단지 거대한 구축물일 뿐 실재는 그 뒤에 숨어 있다는 사실을 깨닫지 못하고 착각 속에서 살게 된다.

이런 제한된 인식 속에서 개인이 보는 것은 만물의 단일한 내적 본질이 아니라 그 본질과는 분리되고 분화된 천태만상의 무수히 많고 서로 대립하는 현상들이다.

이런 사람은 대개 만사를 반대로 보고 항상 강경한 판단을 내리며, 고통을 피하기 위해 쾌락을 추구하면서도 그런 행동이 오히려 고통을 초래한다는 사실을 깨닫지 못한다. 이들은 막판에 가서야 자신들이 신봉해온 '개체화의 원리principium individuationis**가 온갖 두려움의 근원이었음을 알게 될 것이다. 이에 반해 세계를 덜 분리적으로 인식하는 사람들은 자유를 향해 가는 길을 발견한다. 자신이 다른 사람들에게 행하는 바가 곧 자기 자신에게 행하는 바임을 이해한다. '나'라는 것은 없다고 믿고 이런 생각을 행동에 반영하는 경지에 도달해야만 우리는 생로병사의 주기에서 해방되고 시간·공간·인과율의 제약에서 벗어날 수 있다. 현명한 자는 희로애락을 그저 '일자(一者, 절대자)'의 다양한 표현이자 현상으로 간주한다. 이들은 개인적인 의지(또는 에고)를 부정하고 자신이 남과 별개가 아니라는 사실을 깨우치면 평온을 얻는다는 것을 알고 있다.

의지를 초월하는 방법

쇼펜하우어에게는 '나'를 벗어나는 것이 의지를 초월하는 열쇠고, 그렇게 하는 확실한 방법은 수도승처럼 금욕적인 생활을 통해 의지와 욕망, 육체의 난폭한 힘을 외면하는 것이었다. 그러나 다행히도 자연이나 예술을 경험하는 것으로 나를 벗어나는 방법도 있다.

평범한 인간의 정신 상태는 끊임없는 분석·추론·평가의 연속이지만, 온 정신을 현재의 순간에 집중하는 것도 분명 가능하

---

* 현상계에서 실재가 특정한 개별적 사물로 분화되는 것으로 본체계에서는 나타나지 않는다.

다. 예를 들어, 풍경을 바라볼 때 우리는 넋이 빠져 "자신의 개체, 자신의 의지를 잊고 오로지 순수한 주관으로서 객관을 비추는 거울로서만 존재하게 되며 … 그리하여 직관하는 사람과 직관 자체가 더는 구분될 수 없고 둘은 결국 하나가 된다."

쇼펜하우어에 따르면 그 결과 남겨진 것은 단순히 수많은 대상들 중 하나가 아니라 바로 그 대상의 '이데아', 즉 영원한 형상이다. 이것을 바라보느라 무아지경에 빠진 사람은 이제 평범한 개인이 아니라 이데아를 접한 개인이다. 그에게는 갑자기 세계가 더 명확하고 의미 있게 보이는데, 그동안 눈을 가리고 있던 외양을 꿰뚫고 본질에 다다랐기 때문이다. 예술은 한 가지 결정적인 개념이나 사물을 떼어내어 특정한 방식으로 제시함으로써 이성이나 인과율 너머에 존재하는 전체를 비출 수 있다. 반면 과학은 오로지 현상계에만 천착함으로써 우리에게 결코 완전한 만족을 줄 수 없는 연구를 끝없이 이어간다.

쇼펜하우어는 천재성을 '순전히 직관적으로 행동하고 직관에 몰입할 수 있는 능력', 즉 개인적인 자아를 망각하고 우주의 영속적인 이데아를 보며 잠시라도 온전히 상상의 상태로만 존재할 수 있는 능력이라고 정의한다. 이런 상태를 벗어나 어쩔 수 없이 개인적인 자아의 경험으로 복귀해야 할 때, 우리는 살아 있는 모든 것에 강렬한 연민을 느끼게 된다. 타인에게 이런 감정을 느끼는 것은 우리가 의지나 에고의 자장 밖에 머물 수 있는 효

과적인 방법이다. 온정 어린 삶을 살다 보면 자기 자신을 걱정할
틈이 거의 없어지기 때문이다.

앞을 내다보던 철학자 쇼펜하우어

《의지와 표상으로서의 세계》를 집필할 당시, 쇼펜하우어는 아시
아 전역으로 선교 활동을 나갔던 유럽의 선교사들을 보며 그런
노력은 "절벽을 향해 총알을 쏘는 효과밖에 없을 것"이라며, 오
히려 오히려 동양의 지혜가 유럽으로 역류해 들어와 "우리의 지
식과 사고에 근본적인 변화를 불러일으킬 것"이라고 말했다. 그
가 옳았다. 물론 전자의 예상은 빗나갔지만, 확실히 동양의 종교
와 신비주의가 서구에 큰 영향을 미쳤고 그 여파는 점점 더 커지
고 있다.

아울러 쇼펜하우어에게 '극도의 염세주의자'란 꼬리표가 따라
붙는데, 그의 의지에 관한 철학을 보면 그럴 만도 하다. 쇼펜하우
어는 세계와 인간의 동기를 실제와 달리 거창하게 꾸미려 들지
않았고, 그런 점이 조지프 콘래드나 이반 투르게네프 같은 비관
주의 작가와 실존주의자들에게 깊은 영감을 주기도 했다. 하지
만 사실상 쇼펜하우어의 결론은 전혀 어둡지 않고, 오히려 사기
를 북돋우는 쪽에 가깝다. 삶이 그토록 고통스러운 난관의 연속
인 것은 오로지 우리가 현상계에서 진리를 얻으려 집착할 때뿐
이다. 우리는 시간과 공간 속에 사는 존재이지만 역설적으로 이

런 제약을 벗어던질 때 비로소 자유로워진다.

함께읽으면좋은책 《존재와 시간》,《순수이성비판》,《국가》,《철학적 탐구》

쇼펜하우어 더 알아보기

1788년 오늘날 그단스크라고 하는 폴란드 도시에서 태어났다. 다섯 살 때 그 단스크가 프로이센에 합병되면서 가족이 함부르크로 이주했다. 상인이던 아 버지의 뒤를 이을 것으로 기대받아 1797~1799년에 프랑스에서 아버지와 함께 지내고 이후 영국, 네덜란드, 스위스, 오스트리아 등지에서도 살았으나 1805년 아버지가 사망하면서 그가 원하던 대학 입학으로 진로가 바뀌었다.

1809년 괴팅겐대학교 의대에 입학했지만, 철학 강의를 듣고 플라톤과 칸트를 공부했다. 철학을 제대로 공부하기 위해 1811년 베를린대학교로 전학했고, 예나대학교에 〈충족 이유율의 네 가지 근원에 관하여Ueber die vierfache Wurzel des Satzes vom zureichenden Grunde〉란 논문을 제출해 철학 박사학위를 받았다.

《의지와 표상으로서의 세계》를 집필한 후, 베를린대학교로 돌아와 시간 강사가 되었다. 당시 헤겔도 같은 대학에 있었는데, 쇼펜하우어는 학생들이 헤겔의 수업을 듣지 못하게 막으려고 헤겔과 정확히 같은 시간에 강좌를 개설했다가 철저히 학생들에게 외면당하면서 오히려 학자로서의 앞길이 막혔다. 그는 물려받은 아버지 유산 덕분에 간신히 먹고 살 수 있었다.

당시에는 소설가인 그의 어머니 요하나가 사교계의 명사로 쇼펜하우어보다 유명했는데, 모자간 관계는 원만하지 못했지만 어머니 덕분에 괴테(서신 교환) 등을 비롯해 여러 작가 및 사상가들과 교류할 수 있었다.

1831년 콜레라가 유행하자 프랑크푸르트로 이주해 정착했다. 1851년에 출간한 《여록과 보유》가 대중적 인기를 얻으면서 그토록 갈망하던 명성을 얻게 되었다. 1860년 사망했다.

Book 46

빈곤 문제를 해결하는
도덕적 행위에 대하여

피터 싱어의 《물에 빠진 아이 구하기》

피터 싱어 Peter Singer

현대의 호주 철학자로 생명윤리가 주 전공 분야다. 선호 공리주의*를 바탕으로 윤리적 문제에 접근한다. 1975년 동물권을 다룬 《동물 해방》으로 세계적 명성을 얻었다. 2005년 《타임》지 선정 '세계에서 가장 영향력 있는 100인'에 꼽혔으며, 2012년 오스트레일리아 국가 최고시민훈장을 받았다. 현재 프린스턴대학교와 멜버른대학교에서 교수로 재직 중이며 성균관대학교 석좌교수로도 초빙됐다.

《물에 빠진 아이 구하기》는 2009년에 출간된 책으로 '세계의 빈곤을 종식하기 위해 지금 필요한 행동Acting Now to End World Poverty'이라는 부제에서 볼 수 있듯이 빈곤 퇴치와 이를 위한 도덕적 행위에 대해 논하는 책이다. 피터 싱어는 다음과 같은 질문을 던진다. "여러분은 출근길마다 작은 연못을 지납니다. 날씨가 더울 때면 연못에 들어가 노는 아이들이 있지요. 어느 날에도 한

---

* 선택 가능한 행위 중 그 행위에 영향을 받을 모든 사람의 선호를 가장 많이 만족하게 해주는 행위를 선택하는 것이 옳다고 주장하는 이론.

아이가 첨벙거리는데 꼭 물에 빠진 듯 보이네요. 아이를 구하면 며칠 전 새로 산 신발도, 입고 있는 양복도 더러워질 테고 회사에 지각할 텐데 어떻게 할 건가요?"

아마 다들 물에 뛰어들어 아이를 구하겠다고 답할지도 모르겠다. 그런데 이게 정상적인 반응이라면, 우리는 왜 별로 필요도 없는 일(구두 사기, 외식, 집 꾸미기 등)에 그 많은 돈을 쓰는 걸까? 그 돈이면 가난으로 죽어가는 아이들의 생명을 구하고도 남을 텐데 말이다. 혹시 싱어의 직설적인 표현대로, "그런 데 돈을 쓰느라 구호 단체에 기부하지 않아 우리는 우리가 구할 수 있는 아이를 죽게 내버려두고 있는 것은 아닐까?" 이것이 바로 싱어가 말하는 선호 공리주의의 골자다.

《동물 해방》으로 명성을 얻은 그는 동물과 인간의 공존을 모색하고 아기를 의식 있는 존재로 봐야 하는지 등 극도로 이성적인 접근 방식을 통해 줄곧 논쟁적인 입장에 서왔기 때문에, 그가 세계의 빈곤이란 문제를 검토하기 시작했을 때에도 당연히 이목이 집중되었다. 싱어에 따르면 좋은 삶이란 건강, 재산, 새 차, 휴가로 얻어지는 것이 아니라 스스로 이 세상을 좀 더 공정한 곳으로 만드는 데 기여할 수 있다는 깨달음에서 비롯된다.

싱어는 그의 철학적 고찰이 상아탑 안에만 머물지 않도록 노력했고, 덕분에 세계적인 사회 참여 지식인 대열에 합류했다. 《물에 빠진 아이 구하기》는 철학이 현실 세계에서 얼마나 강력한 힘을 발휘할 수 있는지를 뚜렷이 상기시킨다.

사실을 직시하라

싱어는 지난 50년간 엄청나게 증가한 부가 수억 명을 빈곤에서 구해냈다는 사실을 모르지 않는다. 1981년에는 지구인 10명 중 4명이 절대 빈곤 상태에 놓여 있었지만, 이제는 4명 중 1명 정도로 줄어들었다. 그럼에도 여전히 14억 명이 넘는 사람들이 세계은행의 절대 빈곤 기준인 일일 1.25달러 이하로 연명하고 있고, 동아시아권의 생활 수준이 급격히 향상되고 있음에도 사하라 남부 아프리카에서 그 지역 총인구의 절반에 달하는 절대 빈곤 인구수는 30년째 변함이 없다.

　더 나아가 싱어는 선진국의 '빈곤'이 나머지 세계의 '빈곤'과는 차원이 다르다는 것을 지적한다. 부유한 나라에서는 '빈민'으로 분류되더라도 대부분 물과 전기가 들어오고 기본적인 의료 서비스를 누리며 자식에게 무상 교육을 시킬 수 있다. 또 대부분 TV와 차가 있다. 좋은 음식을 먹지는 못하더라도 실제로 기아에 허덕이는 경우는 드물다. 그러나 개발도상국의 빈민은 적어도 1년 중 상당 기간을 굶어야 하고 깨끗한 물을 얻기 어려우며 의료 서비스도 거의 받을 수 없다. 설사 주린 배를 채울 식량이 충분하다고 해도, 기초 영양소 결핍으로 영양실조에 시달리기 때문에 아이들의 뇌에 평생 지워지지 않을 장애를 남길 수 있다.

최빈국에서는 아동 5명 중 1명이 5세를 넘기지 못하고 죽지만, 부유한 나라에서는 이 비율이 100명당 1명꼴이다. 또 홍역은 쉽게 치료할 수 있는 병이지만 부모가 병원에 데려갈 돈이 없다는 이유로 수천 명의 아이가 홍역으로 사망한다. 싱어는 충분히 고칠 수 있는 병인데도 시름시름 병을 앓다가 죽어가는 아이를 속수무책으로 눈앞에서 지켜보는 부모의 심정이 어떻겠느냐고 묻는다.

우리는 다른 사람이 아무 잘못 없이 고통을 겪고 있다면, 어느 정도(때로는 꽤 높은 정도)의 손해를 감수하고서라도 그 고통을 줄여주는 것이 우리의 의무라고 생각한다. 그러나 다양한 사례를 통해 싱어는 우리가 실제 눈앞에 그런 사람이 있는 구체적인 상황에 직면해야만 그렇게 행동한다고 지적한다. 우리가 이런 생각에 부합하는 삶을 살려면 직관을 논리로 대체할 필요가 있다.

1. 사람들이 음식과 주거, 의료 서비스의 결핍으로 고통받고 죽어가는데, 우리가 큰 희생을 치르지 않고 그런 일을 막을 수 있다면 그렇게 해야 한다.
2. 구호 단체에 기부함으로써 우리는 큰 피해를 입지 않고도 직접적으로 생명을 구하는 책임을 다할 수 있다.
3. 따라서 우리가 구호 단체에 기부하지 않는다면, 우리는 나쁜 일을 하는 것이다.

행동해야 할 의무

이런 주장의 타당성을 입증하기 위해 싱어는 뜻밖의 근거를 제시한다. 바로 종교다. 싱어는 성서에 가난한 자들을 돌보라는 말이 3천 번 이상 언급된다고 말한다. 토마스 아퀴나스는 자신과 가족의 기본 욕구를 적당히 충족하고도 한참 넘치는 부를 가진 사람은 그 부를 "가난한 사람이 연명할 수 있도록 나눠주는 것이 합당하다"고 말했다. 히브리어의 체다카Tzedekah는 '자선'과 '정의'가 융합된 단어로써 가난한 사람을 돕는 일이 좋은 삶의 필수 요건이라는 전제에서 나온 말이다. 나아가 《탈무드》에는 자선이 나머지 모든 계명을 합친 것만큼 중요하고, 유대인은 수입의 최소 10퍼센트를 체다카로 내놓아야 한다고 명시되어 있다. 이슬람교의 자카트zakat*와 사다카sadaqa**에서도 체계적인 기부의 개념을 찾아볼 수 있고, 중국의 전통에도 비슷한 메시지가 있다.

싱어는 "어려운 사람들을 돕는 것이 우리의 중대한 의무라는 생각은 전혀 새롭지 않다"고 말한다. 그리고 잉여 재산을 가난한 사람에게 나눠주는 일은 자선의 차원이 아니라 "가진 자의 의무이자 못 가진 자의 권리"라고 말한다.

싱어는 "돈이나 식량을 공짜로 주면 의존하는 습관을 들이게 된다"는 주장에 동의하면서, 가난한 사람들에게 돈이나 식량을

---

* 이슬람교도의 다섯 가지 의무 중 하나인 종교 구빈세.
** 이슬람교도의 자발적인 희사.

직접 주는 것은 가뭄이나 홍수 같은 긴급 사태가 일어난 경우로 한정해야 한다고 주장한다. 그보다는 지역사회가 지속 가능한 부의 원천을 마련하거나 식량을 자급자족할 수 있도록 돕는 편이 훨씬 바람직하다는 것이다. 또한 세계를 생각하기 이전에 가까운 이웃부터 챙겨야 한다('자선은 가정에서 시작된다')는 주장에 대해서 싱어는 우리가 가족, 친구, 지역사회를 더 아끼는 것은 자연스러운 일이지만, 그렇다고 그것이 윤리적으로 정당화되지는 않는다고 역설한다.

싱어는 또 가난한 자들을 돕는 의사결정은 스스로 내려야 하고 어떤 쟁점이든 절대적으로 옳거나 그른 것은 없다는 일각의 견해를 언급하면서, 이것이 약한 도덕 상대주의라고 일축한다. 분명히 우리가 아이의 생명을 구할 수 있다면 이것은 의무의 문제다. 만약 어떤 어른이 아이가 물에 빠져 죽는 것을 지켜보면서도 '선택의 자유'라는 이유로 아무 조치도 취하지 않는다면 우리는 그를 미쳤거나 사악한 사람으로 여길 것이다.

우리는 왜 기부를 주저하는가

싱어는 사람들이 기부를 하지 않는 다양한 심리적 요인을 분석한다. 그는 빈곤에 관한 통계 자료를 제시할 때보다 굶주리는 한 아이의 사진을 보여줄 때 더 많은 기부금이 모인다고 지적하면서 마더 테레사가 남긴 말을 떠올린다. "다수를 볼 때면 움직이

Book 46 | 피터 싱어의 《물에 빠진 아이 구하기》 **483**

지 않아요. 한 사람을 보면 움직입니다." 또 싱어에 따르면 우리는 현지인들과의 정서적 유대감이 없는 머나먼 타지에서 발생한 자연 재해에는 큰 감흥을 느끼지 못한다.

일례로 미국인들은 아시아의 쓰나미 희생자들에게 15억 달러를 기부한 반면, 이듬해에 허리케인 카트리나로 피해를 본 뉴올리언스의 동포들에게는 65억 달러를 기부했다. 자신의 가족이나 종족을 도우려는 마음은 인간이 진화해온 원동력이므로, 이들에게 우선적으로 기부하려는 행위는 충분히 이해할 만하다. 그러나 요즘같이 실시간 커뮤니케이션이 이루어지는 세상에서는 이런 편협한 지역주의가 더는 정당화될 수 없다. 우리는 먼 나라의 재난 소식도 당일 저녁 뉴스로 볼 수 있고, 돈을 보내면 며칠 이내에 지구 반대편 사람들의 생명에 실질적인 영향을 미칠 수 있기 때문이다.

싱어는 또 가난한 사람을 돕는 일이 '바다에 돌 던지기'처럼 헛수고로 보일 경우 사람들의 기부가 줄어든다고 설명한다. 이런 '무익성 사고'는 우리의 기부가 1,000명의 집단 중 200명을 구할 때보다 100명의 집단 중 50명을 구할 때 사람들의 기부 의향이 훨씬 더 높아진다는 것을 의미한다. 즉 구할 수 있는 사람의 수보다 구할 수 있는 사람의 비율이 우리에게 더 큰 영향을 미친다는 것이다. 그러나 우리의 도움으로 몇 명이 됐든 그 사람들의 인생은 완전히 달라질 수 있다.

심리학 연구를 통해 사람들이 낯선 사람보다 주변인을 보살 피길 선호한다는 사실이 밝혀졌지만, 싱어는 이로 인해 우리가 모르고 앞으로 만날 일도 없는 사람을 돕지 않는 행동이 결코 정 당화될 수는 없다고 주장한다. 기부의 판단 기준은 꼭 필요한 것 이 무엇인가가 되어야지 감정적인 반응에 좌우되어서는 안 된 다. 일부 전통에서는 익명의 기부를 최고의 기부 방법이라고 강 조하지만 싱어는 오히려 더 "기부 액수를 공개해야 한다"고 주 장한다. 그래야만 기부 행위를 사회적으로 더 보편화하고 독려 하는 새로운 기부 문화가 조성된다는 것이다.

내 아이냐, 남의 아이냐

싱어는 돈만 있으면 얼마나 많은 생명을 구할 수 있는지를 고려 할 때, 내 아이를 학비가 비싼 사립학교나 최고 명문대에 보내는 일이 과연 정당화될 수 있는지를 묻는다. 결론적으로 그것은 정 당화될 수 있지만, 단 그 아이가 그 교육을 받고 나서 오로지 자 신뿐만 아니라 많은 사람에게 혜택을 줄 경우에만(가난한 자들을 돕는 일에 직접 나서거나 자신이 번 돈을 기부함으로써) 그렇다. 이 질문 은 사실 내 아이의 생명을 다른 아이들의 생명에 비해 얼마나 더 중시해야 하는가라는 보다 광범위한 주제의 일부분이다.

만약 우리가 도움이 절실하게 필요한 가난한 아이들보다 우 리 아이들에게 400배 또는 4,000배 더 많은 돈을 쓴다면 그것은 우리 아이들의 생명이 다른 아이들보다 4,000배 더 소중하다는 의미일까? 싱어는 우리가 다른 아이들을 자기 자식과 똑같이 사랑하고 보살필 만큼 인간의 본능을 넘어설 수는 없지만, 그렇다고 다른 아이들의 기본 수요를 외면하면서 자기 아이들에게 사치품을 사주는 일이 정당화될 리는 만무하다고 결론 내린다.

싱어는 공산주의자나 극단적인 사회주의자가 아니다. 그는 세금을 올리는 데에도 찬성하지 않고, 세계를 더 부유하게 만드는 사업가들에게 기꺼이 경의를 표한다. 그는 또 지금 당장은 적게 기부하더라도 장기적으로 훨씬 더 많은 부를 창출할 수 있는 사업을 시작하는 편이 나을 수 있음을 인정한다. 그렇지만 지금 기부한다면 가난이 줄어들어 그 가난이 나중에 미칠 영향도 줄어들 것이다.

얼마나 많이 기부해야 하는가

그렇다면 얼마나 많이 기부해야 할까? 싱어에 따르면 우리가 '부자'를 포르투갈*의 평균 국민 소득보다 소득이 많은 사람으로 볼 때, 세계에는 약 8억 5,500만 명의 부자가 살고 있다. 이들이 매년 각자 200달러씩만 내면 전 세계의 빈곤이 절반은 해소될 것이다. 200달러는 결코 큰돈이 아니다. 비싼 외식을 한두 번 할

---

* 서유럽, 북아메리카, 일본, 호주, 뉴질랜드의 '부자 나라 클럽' 중에서 최저소득 국가.

만한, 매월 20달러도 안 되는 돈이다.

싱어는 세계 억만장자들의 터무니없는 사치를 비난한다. 통신회사 경영자 아누셰흐 안사리는 단 11일간의 우주 여행에 2천만 달러를 썼다. 마이크로소프트의 공동 창업자 폴 앨런의 요트는 자그마치 2억 달러짜리로 60명의 정규직 선원이 일하고 있으며 다량의 온실가스를 배출한다. "이제는 이렇게 돈을 쓰는 방식이 어리석지만 무해한 허영이라고 생각하지 말아야 한다. 대신 이것이야말로 남들에 대한 배려를 극단적으로 무시한 처사라고 생각해야 한다"라고 싱어는 일갈한다.

싱어는 크리스 엘링거Chris Ellinger와 그의 아내 앤Anne의 사례를 소개한다. 이들은 '50퍼센트 연맹50% League'이라는 기관을 창립했는데 이곳 회원들은 적어도 재산의 절반 이상을 기부한다. 이 단체의 웹사이트에는 백만장자의 기부뿐만 아니라 미국인의 중간 소득인 연간 4만 6,000달러 이내로 살아가기로 결심하고 그 이상 버는 돈은 전부 기부하는 한 부부의 이야기도 올라와 있다. 그 남편은 이렇게 말한다. "저는 따분하고 의미 없는 삶을 살 뻔했지요. 그러나 이제는 남을 도우며 의미 있는 삶을 누리고 있습니다."

아울러 싱어는 그의 친구이자 동물권익 및 사회정의 운동가인 헨리 스피라Henry Spira의 이야기로 책을 마무리하는데, 스피라는 임종을 앞두고 이렇게 말했다.

나는 기본적으로 사람이 단순히 상품을 소비하고 쓰레기를 배출하는 것보다 더 의미 있는 삶을 살고 싶어 한다고 생각합니다. 또 사람이 인생을 돌이켜보며 자신이 한 일 중에서 가장 의미 있다고 여기는 일은 남들을 위해 자신이 사는 곳을 좀 더 좋은 곳으로 만든 것이라고 생각합니다. 이렇게 보면 되는 거예요. 내가 누군가의 고통을 덜어줄 수 있다는데, 그보다 더 큰 동기 부여가 세상에 또 있을까요?

(함께 읽으면 좋은 책) 《니코마코스 윤리학》, 《도덕과 입법의 원리 서설》, 《정의론》, 《공정하다는 착각》

피터 싱어 더 알아보기

1946년 호주 멜버른에서 태어났다. 그의 부모는 오스트리아 출신으로 나치의 박해를 피해 호주로 이민 왔다. 맬버른대학교에서 법학, 역사학, 철학을 공부한 후 옥스퍼드대학교에서 장학금을 받고 도덕철학을 전공했다. 그 후 옥스퍼드대학교, 뉴욕대학교에서 강의하다가 호주로 돌아와 멜버른대학교와 모나쉬대학교에서 20년간 교수로 재직했다. 1999년부터 프린스턴대학교의 아이라 W. 디캠프Ira W. DeCamp 생명윤리학 교수로 재직 중이며, 2022년 성균관대학교 석좌교수로 초빙되었다.

다른 주요 저서로는 《실천윤리학》, 《사회생물학과 윤리》, 《헤겔》, 《아기가 살아야 하는가? 결함 있는 아이의 문제Should the Baby Live? The Problem of Handicapped Infants》, 《삶과 죽음》, 《다윈주의 좌파》, 《죽음의 밥상》(짐 메이슨 공저) 등이 있다.

Book 47

자기 최적화를 수행하는 '인간공학'에 대하여

슬로터다이크의 《너는 너의 삶을 바꿔야 한다》

페터 슬로터다이크 Peter Sloterdijk

현대의 독일 철학자이자 문화이론가다. '지식인 저널리스트'를 표방하며 철학과 문학, 문화비평과 에세이를 조합한 책을 주로 출간하고 있으며 생명 복제, 난민 위기, 페미니즘 등 각종 이슈에 적극적으로 참여하고 있어 현재 가장 논쟁적인 철학자 중에 한명이다. 10년간 TV에서 철학 토론 프로그램을 진행하기도 했다. 독일 철학자 헬무트 플레스너의 이름을 딴 헬무트 플레스너상을 비롯해 각종 다양한 문예상 및 학술상을 받았다.

《너는 너의 삶을 바꿔야 한다》는 '철학계의 악동'으로 통하는 페터 슬로터다이크의 책으로 2009년에 출간되었다. 책의 제목은 라이너 마리아 릴케의 소네트에서 따왔으며, '인간공학에 대하여'란 부제가 붙어 있다. 인간공학이란 자기 최적화 상태에 도달하기 위한 정신적·육체적 수행들을 의미하는데, 1999년 슬로터다이크는 그의 저작 《인간농장을 위한 규칙》에서 이 개념을 처음 소개했다. 이 책에서 그는 인간 복제 옹호는 물론이고, 생명공학 기술을 적극적으로 활용해 엘리트 인간을 선별하고 사육할 것을 주장해 파문을 일으켰다.

《너는 너의 삶을 바꿔야 한다》에서 슬로터다이크는 자신의 인간공학 개념을 바탕으로 '종교'에 대한 새로운 해석을 시도한다. 계몽주의가 승리한 이후 세속주의의 물든 시대에 어째서 종교가 현대 생활의 주요 세력 중 하나로 재부상했을까? 이에 대해 슬로터다이크는 그 '종교'가 표면적으로만 그렇게 보일 뿐 실상은 진짜 종교가 아닌 '심리적 면역 체계'라는 결론을 내린다.

슬로터다이크에 의하면 '진정한 종교'와 미신을 구분하는 일은 무의미하다. 얼마나 효과적으로 교세를 확장하느냐가 중요할 뿐이다. 진짜 차이는 수행하는 사람과 그렇지 않은 사람 사이에서 발견된다. 종교뿐만 아니라 스토아학파 같은 윤리적 전통 및 각종 자기계발 이론은 모두 인간의 수행이라는 동일한 스펙트럼상에 놓인다. 고통으로부터 우리를 보호하고, 자신을 개선하는 방법을 제시하는 것이다. 즉 너는 더 나은 삶과 자신을 위해 '바뀌어야 한다'고 말이다.

모든 정부, 문화, 종교, 기술은 우리를 위협하는 운명과 혼란을 물리치고 희망과 질서를 가꾸려는 시도다. 종교부터 스포츠, 직장에 이르기까지 모든 개인의 수행은 우리 자신과 인간 종의 영광을 위해 잠재력을 실현하려는 노력이다. 슬로터다이크는 마치 지구라는 별을 조사하러 온 외계인처럼 대단히 광범위하고 거시적인 관점으로 인류를 바라본다. 《너는 너의 삶을 바

꿰야 한다》는 전 시대를 관통하는 인간의 꾸준한 노력을 이해할
수 있는 철학적 토대를 제공한다.

수행자의 행성

모든 인간은 1) 고통에 대한 면역력을 갖추기 원하고, 2) 자신의
잠재력을 실현하고자 노력한다. 저마다 이런 목적을 달성하기
위해 선택하는 구체적인 수행 방식과 환경(다양한 시간과 장소)이
다를 뿐이다. 우리는 인생에서 겪게 되는 신체적이고 생물학적
인 위협에 면역력이 생기길 바라는 한편 기술, 의식, 언어, 에티
켓, 훈련, 운동, 교육, 습관, 관습 등을 통해 죽음과 혼돈의 그림
자도 피하고 싶어 한다.

'인간공학'이란 인간이 자신의 발전을 도모하기 위해 스스로
노력하고 기술을 사용하는 방식을 연구할 목적으로 슬로터다
이크가 만든 용어다. 호모 레페티티부스(Homo repetitivus, 반복하
는 인간)나 호모 아르티스타(Homo Artista, 훈련하는 인간)는 목표를
추구하며 끊임없이 자기 향상이나 자기계발 행위에 힘쓴다. 우
리는 "인간의 작은 힘으로도 더 오랫동안 수행을 반복하면 불가
능한 일을 달성할 수 있다"는 신념을 가지고 있다.

대부분의 자기계발 목적의 수행은 종교에서 처음 시작되어
속세로 전파되었다. 오늘날 대부분의 사람들은 자기 삶을 향상
시키고 개선하는 활동에 참여하고 있다. 이런 트렌드의 피해자

는 종교가 될 것이라고 슬로터다이크는 주장한다. 종교가 일련의 자기계발 수행에 불과하다는 사실이 드러나면 그 고유한 아우라가 사라질 테니 말이다.

인간은 곡예사다

슬로터다이크는 "인간 존재를 어디서 마주치든 그들은 성취 영역과 지위 계급에 뿌리내리고 있다"라고 말한다. 인간은 "더 높은 곳을 지향하는 동물로 인간을 찾는 사람이면 누구나 곡예사를 보게 될 것이다."

앞서도 말했지만, 슬로터다이크는 이 책 제목을 릴케의 《신시집》의 도입부에 실린 〈고대 아폴로의 토르소〉라는 소네트의 마지막 행에서 따왔다. 루브르 박물관에 있는 머리 없는 아폴로 토르소 석상에 관한 내용이다.

너를 바라보지 않는 곳은
어디에도 없으니까
너는 너의 삶을 바꿔야 한다.

참으로 충격적이다. 마지막 행 전까지는 석상에 대해 묘사하더니, 이제 거꾸로 힘을 얻은 석상이 감상자인 릴케를 자극하여 그의 삶을 위대하게 만들기 위해 무엇이든 하라고 촉구하는 것이다. 이는 우리가 영화를 보고 난 후 한껏 영감을 얻고 무엇이든 해야겠다는 다짐을 하는 것과 같은 경험이다.

슬로터다이크는 모든 종교의 모든 가르침, 모든 분야와 철학의 모든 프로그램을 한 문장으로 압축할 수 있다면 "너는 너의 삶을 바꿔야 한다"는 릴케의 명령일 것이라고 말한다. 다시 말해 "나는 이미 살고 있지만 무엇인가가 나에게 반박할 수 없는 권위로 말하고 있다. 너는 제대로 살고 있지 않다고." 이런 '수직적 긴장'은 우리의 현재 상태와 우리가 바라는 상태 사이의 격차에서 비롯된다.

고대 그리스인은 종종 승리를 거둔 운동선수들을 일종의 신으로 만들었다. 그래서 운동선수의 몸은 가장 오래된 권위의 상징 중 하나며, 이것은 오늘날 개인 트레이너의 형태로 표현된다. 트레이너들이 "살을 빼야 해요!"라고 명령하면 억만장자라도 고분고분하게 말을 잘 듣는다. 그들도 편안함은 위대함의 적이라는 것을 알기 때문이다.

만약 당신이 지구를 내려다보는 외계인이라면 지구를 금욕적인 행성이라고 보고 인간들이 자기 자신과 인생을 혐오한다고 생각할 것이다. 니체가 《도덕의 계보》에서 했던 말인데, 니체는 기독교 금욕주의자들과 다른 수행자들 사이에 결정적인 차이가 있다고 보았다. 기독교 금욕주의자들은 고통과 극기 면에서 서로를 앞지르려 애쓰면서 자신들이 기준을 정하면 남들도 반드시 거기에 따라야 한다고 믿는 반면에 운동선수, 전사, 예술가, 철학자 같은 수행자들은 다른 사람을 희생시키지 않고 오로지 자신의 성과를 극대화하고 자신의 목표를 달성하기 위해 스스로 애쓰는 사람들이라는 것이다.

슬로터다이크는 '신 준거적인' 사람들(자기를 내려놓고 낮추는 수행에 정진하는 사람들)과 '자기 준거적인' 사람들(자기를 개선하고 확장시키는 수행에 매진하는 사람들)의 차이로 구분한다. 인류의 역사를 살펴보면, 한편으로는 금욕적 수행의 '탈영성화'(스포츠 업적이 가장 좋은 예다) 추세가 나타나고, 다른 한편으로는 영성의 '비공식화'(대중음악은 영적인 고양과 몰입감을 제공한다) 추세가 두드러진다. 따라서 수행하는 존재로서 인간의 본성은 스펙트럼이 넓다고 볼 수 있다.

《도덕의 계보》의 결말에서 니체는 인간이 '신들의 황혼' 이후에 어떻게 살아갈 것인지를 걱정스럽게 묻는다. 그러나 그는 걱정할 필요가 없었다고 슬로터다이크는 주장한다. (신이 있든 없든 간에) 인간에게는 항상 수직적 역학이 있다는 사실이 가장 중요하다. 우리는 항상 더 높거나 더 나은 것을 향해 나아가기 때문이다.

만물이 신으로부터 비롯된다고 믿던 과거에는 사람들이 자신을 아끼고 스스로 돌보이려 하는 것이 매우 잘못된 일로 여겨졌다. 영웅적인 행동은 자신을 바쳐 초월성을 얻으려는 것이었다.

하지만 오늘날에는 인간이 자신의 삶을 책임진다고 생각한다. 그러므로 자신을 돌보지 않는 것은 범죄다.

자기 노력과 자기 형성

비트겐슈타인은 "문화는 하나의 수도회 규칙이다. 아니면 적어도 하나의 수도회 규칙을 전제한다"는 메모를 남겼다. 이 말은 문화가 특정한 기준에 따라 살고 싶어 하는 집단을 기반으로 형성된다는 의미다. 종교적 모티브와 윤리적 완벽함의 추구는 비트겐슈타인의 삶을 관통하는 주제였다. 그는 지인의 질문에 "당연히 완벽해지고 싶다!"라고 답했다. 또한 철학을 학문적 주제에서 다시 삶의 규율로 되돌리려 했던 몇 안 되는 현대 철학자다. 비트겐슈타인에게 언어는 일련의 엄선된 규칙에 따라 의식적으로 살아가려는 시도를 반영하든지, 아니면 문화의 무의식적인 수용과 탐닉, 그의 표현으로는 '게걸스러움'을 반영했다.

인간의 '수행' 또는 실천에 관심을 가졌던 또 다른 철학자는 푸코다. 이 전형적인 지식인은 인생 말년에 이르러 종전의 혁명적인 입장에서 벗어나 인류에 대한 보다 긍정적인 관점으로 돌아섰다. 파괴하려는 욕망에서부터 사람들이 어떻게 건설하는지를 관찰하면서, 그는 '자기 작업'과 '자기 형성' 그리고 자기 초월 가능성에 관심을 갖게 되었다. 푸코는 초기 스토아학파의 금욕적 수행을 연구하면서 이것이 '자아 기술'의 한 예라고 생각했다. 그는 '순수' 철학에서 인간 수행의 역사로 옮겨가고 있었다. 슬로터다이크가 표현한 대로 이 '일반 규율학'은 한마디로 인간 잠재력 성취에 관한 학문이었다.

자기계발 사회: 운명 대 행동

부처는 인간이 자신의 운명을 이끌 수 없다고 강조했던 동시대인 마칼리 고살라의 니야티niyati '철학*과 자신의 가르침을 차별화하기 위해 노력했다. 고살라는 존재가 840만 겁을 윤회해야 고통이 소멸되며, 그 운명에서 벗어나기 위해 할 수 있는 일은 아무것도 없다고 주장했다. 부처는 이 견해에 동의하지 않았다. 우리는 어떤 운명도 선고받지 않았고 지혜와 여러 방법으로 각성을 부추길 수 있다는 것이었다.

슬로터다이크는 부처가 사회 부유층의 지지를 받은 것이 우연이 아니라고 말한다. 발달된 문명에서는 더 빨리 앞서 나가려는 사람들이 생겨나기 때문이다. "그들은 눈에 띄지 않게 흐르는 빙하 위에 있는 바위처럼 만물의 흐름에 단순히 끌려가는 것이 아니라 스스로 움직이고 있다는 증거를 찾는다." 그들은 더 이상 '운명'을 받아들이는 데 만족하지 않는다. 불교는 그리스의 소피스트들과 매우 유사하게 숙명론을 '자조의 의지인 아레테areté

---

* 결정론적 숙명론.

에 대한 공격'으로 보았다.

슬로터다이크는 역사를 사회 조직이 엔트로피와 운명의 질환을 예방하기 위해 면역 체계를 구축하는 '일반 면역학'으로 볼 수 있다고 말한다. 그러나 사회 내의 집단들은 더 이상 사회가 이런 영적이나 도덕적인 선을 제공하지 않는다고 믿을지도 모른다. 그래서 푸코가 말한 '헤테로토피아heterotopia'를 만들고 그 안에서 의식, 습관, 수행을 통해 운명, 죽음, 혼돈에 대한 취약성에서 벗어나 흐트러짐 없이 원하는 방향을 추구하는 자구책을 모색할 수도 있다. 유토피아가 완벽한 곳이라면, 헤테로토피아는 단순히 개인적인 수행 장소다. 헤테로토피아의 예로는 초기 기독교의 사막 공동체와 불교 승가가 있다. 사람들이 자아의 기술과 자기 형성을 추구할 수 있는 곳이라면 어디든지 해당한다.

인간공학적 관점은 "인간의 작은 힘으로도 더 오랫동안 수행을 반복하면 불가능한 일을 달성할 수 있다"는 믿음에 기반을 둔다고 슬로터다이크는 설명한다. 그는 수행의 본보기를 제공하는 다섯 가지 트레이너 유형을 제시한다.

- 힌두교 전통의 구루
- 불교 해탈론의 스승
- 그리스도를 본받는 자인 사도
- 진리 탐구의 증인인 철학자

더 낮은 수준으로는 운동 트레이너, 수공예 장인, 대학교수, 정규 교사, 계몽주의 저술가 등이 있다. 오늘날의 핵심 트레이너는 물론 동기 부여 코치나 개인 헬스 트레이너다.

철학적 인류학자 디터 하인리히Dieter Heinrich는 현대인이 단순히 삶을 살아가는 게 아니라 삶을 '이끌고자' 한다고 지적한다. 자기계발 사회에서 트레이너들은 우리의 곡예를 성공시키는 열쇠를 쥐고 있기 때문에 존경을 받는다.

요컨대 자기계발 프로젝트는 소규모 영성 공동체를 비롯한 종교 활동으로 시작하여 점차 세속화되고 과학화되었다. 이제 우리는 거장을 추앙하는 사회와 열심히 노력하는 문화에 살고 있다. 현대성이란 더 나은 삶의 가능성에서 영감을 받는 '글로벌 피트니스 운동'이라고 슬로터다이크는 말한다. 이 운동은 우리의 운명이나 관성에 대해 면역력을 기르는 것을 목표로 한다.

슬로터다이크는 "너는 너의 삶을 바꿔야 한다"라는 릴케의 명령에 대해 도덕적인 판단을 내리지는 않는다. 그렇지만 인류의 노력과 자기계발의 고고학을 제시함으로써 이런 욕구가 인간의 삶에 얼마나 근원적인지를 보여준다.

(함께 읽으면 좋은 책) 《인간의 조건》,《존재와 시간》,《선악의 저편》

페터 슬로터다이크 더 알아보기

1947년 독일 카를스루에에서 독일인 어머니와 네덜란드인 아버지 밑에서 태어났다. 1960년대 후반과 1970년대 초반에 뮌헨대학교와 함부르크대학교에서 공부했으며, 1975년에 철학 및 현대 자서전 문학사 박사학위를 취득했다. 독립적인 지식인이자 작가로 성장, 1983년 독일에서만 12만 부 이상이 팔리고 그에게 세계적 명성을 안겨다 준 2권짜리 《냉소적 이성 비판》을 출간했다. 1989년 비엔나미술아카데미의 문화철학연구소 소장으로 임명되었으며, 1992년 카를스루에예술디자인대학교의 철학 및 미디어 이론 교수가 되었다. 2002년부터 2012년까지 10년간 독일 ZDF 채널의 TV 프로그램 〈철학 사중주Im Glashaus: Das Philosophische Quartett〉를 공동 진행했다. 1998~2004년에는 대표작 《영역들Sphären》을 출간했다. 그 외 저서로는 《분노는 세상을 어떻게 지배했는가》, 《자본의 세계 내부에서 Im Weltinnenraum des Kapitals》, 《20세기에 무슨 일이 일어났나?Was geschah im 20. Jahrhundert?》, 《신 이후에Nach Gott》 등이 있다.

오스트리아 과학예술훈장(2005), 프랑스 문학예술공로훈장(2006), 독일 문학상 루트비히 뵈르네상(2013), 헬무트 플레너스상(2017) 등을 받았다.

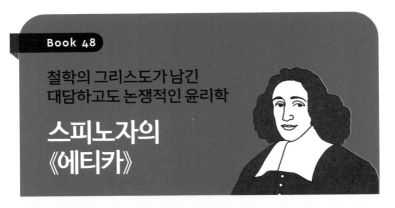

Book 48

철학의 그리스도가 남긴
대담하고도 논쟁적인 윤리학

스피노자의
《에티카》

바뤼흐 스피노자 Baruch Spinoza

17세기 네덜란드의 유대계 철학자로 근대 철학의 시초로 꼽힌다. 질 들뢰즈는 "신학으로부터 철학을 구출해낸 철학의 그리스도"라고 평했고, 헤겔은 근대 철학자들을 향해 "스피노자주의자거나 아예 철학자가 아니거나"라는 말을 남겼다고 한다. 그의 사상은 범신론*을 바탕으로 하고 있어 모든 저작이 교황청에 의해 금서로 지정되었지만, 암암리에 퍼져 급진적 계몽운동에 영향을 주었다.

《에티카》는 '윤리학'이라는 뜻의 라틴어를 제목으로 하는, 신학이 전부이던 시대에 자연주의적이고 과학적인 세계관을 제시함으로써 서양 철학의 새길을 연 획기적인 저서다. 하지만 살아생전 바뤼흐 스피노자의 책은 모두 논란의 대상이 되며 교황청으로부터 금서로 지정되었기에 살아서는 출간하지 못했고, 1677년 그의 사망 후 바로 출간되었다. '신에 대한 지적인 사랑과 이해'

---

* 신을 유일신으로 보기보다는 신과 자연, 신과 우주가 일체라고 보는 종교관 내지 철학관.

를 촉구한 스피노자인데 대체 왜일까?

스피노자의 신은 유일신이 아닌, 엄격한 만고불변의 법칙에 따라 우주를 움직이는 비인격적인 '실체'로 인간의 특별함을 인정하지 않았기 때문이다. 그에게 인간은 그저 우주로 퍼져나가는 생명력이 일시적으로 표출된 존재에 불과했고, 이런 '범신론'적 관점은 창조주와 창조물을 명확히 구분하는 기독교 교리에 배치되었다. 스피노자가 살던 당시의 네덜란드는 세계에서 가장 자유로운 나라에 속했는데도 사정이 이러했다. 만일 그가 오늘날 다시 태어난다면 '신'이란 단어는 입도 뻥긋하지 않은 채 오로지 우주의 완전성에만 관심을 집중했을 것이다.

이 책은 또한 인생에 대해 종교적 접근보다는 이성적 접근 방식을 제공하는 지침서이기도 하다. 이성의 대변인을 자처한 스피노자답게 수학적인 구성을 도입해 모든 용어를 명확히 정의하고, 각각의 정리마다 '증명'을 제시하는 기하학 논문의 형식을 따르고 있다. 그래서 '기하학적 순서로 증명된 윤리학'이란 부제가 붙어 있다. 비트겐슈타인을 비롯한 많은 후대 학자들이 이러한 스피노자의 사유 방식을 모방했다.

스피노자는 이 세계가 어떤 목적이나 목표도 없고 기적도 허용하지 않는 엄격한 물리적 법칙에 따라 돌아간다고 보았다. 따라서 그 어떤 것도 그 자체로 선이거나 악인 것은 없다고 단언한다. 나에게 어떤 영향을 주느냐에 따라서 선악도 주관적으로 판단되어지는 것에 불과한 것이다. 따라서 독단과 미신을 타파하고 자연주의적 우주론을 받아들이려 했다. 나아가 자유 의지가 개입할 여지라곤 없어 보이는, 인간과 무관하게 돌아가는 우주에서 인간이 어떻게 살고 또 스스로를 발전시켜야 하는가라는 질문에 몇 가지 답을 제시한다.

존재하는 모든 것에는 원인이 있다

스피노자는 존재하는 모든 것에는 원인이 있고, 존재하지 않는 모든 것에도 역시 그러는 이유가 있다고 주장한다. 어떤 시점에든 무언가가 반드시 존재해야 할 필요가 있거나, 아니면 존재하는 것이 불가능하다거나("만일 자연에 일정한 수의 개체가 존재한다면, 딱 그만큼의 개체가 존재하고 그보다 많거나 적은 개체가 존재하지 않는 원인이 반드시 있어야 한다"). 그러나 인간은 보통 그 원인을 알아차릴 수가 없다.

스피노자에 따르면 "인간은 다른 인간의 존재에 대해서는(단순히 생물학적 차원에서) 원인이지만 다른 인간의 본질에 대해서는 원인이 아니다. 그런 본질은 영원한 진리기 때문이다." 그러므로 우리를 탄생시킨 원인은 바로 신인데, 신은 또 우리에게 존재를 지속하려는 욕구, 말하자면 생명력을 부여한다. 그렇다고 이것을 자유 의지와 혼동해서는 안 된다. 인간은 단순히 '신의 속성을 특정한 방식으로 표현하는 양태에 지나지 않고' 인간이 이런 결정에 거역하기 위해 할 수 있는 일은 하나도 없는 것이다. 어떤 실체가 무언가를 창조한다면 거기에는 당연히 그것을 만드는 의도가 있다. 이 의도가 사물의 본질이다. 그래서 스피노자는 이렇게 말한다.

> 자연에는 어떤 것도 우연히 존재하지 않는다. 존재하는 모든 것은 신적 본성의 필연성에 의해 일정한 방식으로 존재하고 작용하도록 결정되어 있다.

사람들은 자기에게 의욕도 있고 충동과 욕망도 있기 때문에 스스로 자유롭다고 생각하지만, 우리는 대부분 사물의 진짜 원인은 알지 못한 채로 평생을 살아간다. 우리는 결코 그 원인을 알지 못한다. 스피노자가 보기에 의지란 지성과 마찬가지로 '사유의 한 양태'일 뿐이다. 우리의 의지는 제 힘으로 존재하는 것이 아니고 "신도 의지의 자유로 작용하는 것이 아니다."

우리의 의지와 신의 관계는 물리학 법칙과 신의 관계와 다를 바가 없다. 즉 어떤 원인에 의해 의지가 작동하고 그로 인해 다른 일들이 차례로 벌어진다. "사물은 현재 산출된 것과 다른 어떤 방식, 다른 어떤 질서에 의해서도 신으로부터 산출될 수 없었다"라고 스피노자는 주장한다. 만일 자연의 질서가 현재와 달라졌다면 신의 본성 역시 현재 존재하는 것과는 달라졌어야 할 텐데, 이는 둘 이상의 신이 존재해야 한다는 의미가 되어 부당하기 때문이다.

우리가 사물이 어떤 식으로든 변할 수 있다고 생각하는 것은 "오로지 우리의 지식이 부족하기 때문이다." 우리는 '원인의 질서를 모르기' 때문에 무엇이 정말 필연적인지 아니면 불가능한지를 구분하지 못한다. 그래서 우리는 그것이 우연적이라고 착각한다.

그렇다고 이 말이 라이프니츠의 주장처럼 신이 모든 것을 '최선이 되도록' 조율한다는 의미는 아니다. 그런 주장은 신이 자신들을 위해 우주를 조정한다고 믿고 싶어 하는 인간들의 편견일 뿐이라고 스피노자는 지적한다. 미신이나 종교가 발전하는 이유도 인간이 만물의 최종 원인인 신의 마음을 읽을 수 있어 신의 편애를 받고 있다는 느낌을 주기 때문이다. 그러나 이런 노력은 시간 낭비다. 그 시간에 우리가 실제로 파악할 수 있는 진리를 추구하는 편이 낫다. 일례로 인간은 수학을 통해 이 세계를 이해하기 위한 '진리의 다른 규범'을 얻을 수 있다.

신의 본성

스피노자는 단순히 신이 존재한다는 데 동의하거나 마는 수준에 만족하지 않았다. 그가 생각하는 신은 그 자신의 원인으로서, 다른 어떤 것의 힘을 빌리지 않고도 생겨날 수 있는 '실체'다. 신은 이렇듯 다른 원인이 불필요하기 때문에 유일하게 전적으로 자유로울 수 있다. 그 밖의 모든 것은 신에 의해 생겨나거나 결정되기 때문에 자유롭지 않다. 신은 무한한 '속성'이나 형태로 표현되는 절대적으로 무한한 존재로서 인간도 그런 속성의 대부분을 인식할 수 있다. 사실 인간은 무언가의 실체는 볼 수 없고 오로지 속성만을 볼 수 있으며, 또 그것이 우리가 무언가를 인식하는 방법이다. 신의 속성은 끝없고 무한한 반면 인간의 속성은 훨씬 더 제한적이다.

스피노자는 만약 신이 존재하지 않는다면, 그래야만 할 매우 타당한 이유가 있어야 한다고 주장한다. 그리고 신의 존재를 정립하거나 박탈할 수 있는 또 다른 실체가 필요해질 것이다. 그러나 이런 실체는 신과 본성이 다르고 공통점도 없기 때문에 신에게 아무런 힘을 발휘하지 못하고 당연히 신의 존재를 정립하거나 박탈할 수도 없다. 따라서 신의 존재를 부여하거나 빼앗는 유일한 힘은 신 안에 내재해 있다. 심지어 신이 자신의 존재를 없애버리려 하더라도 그런 행위 자체가 여전히 신이 존재한다는 사실을 입증할 것이다. 더욱이 '절대적으로 무한하고 가장 완전한 존재자'에게서 이런 모순을 예상하는 것은 부당하다. 그러므로 신은 반드시 존재해야만 한다.

세상에 존재하는 것은 힘이 있고, 존재하지 못하는 것은 힘이 부족하다. 만약 현재 존재하는 것이 유한한 존재자뿐이라면 이유한한 존재자는 절대적으로 무한한 존재자보다 한층 더 힘이 있다는 말이 되는데, 이는 스피노자에 따르면 명백히 부당하다. 그러므로 그는 "아무것도 존재하지 않거나 아니면 절대적으로 무한한 존재자가 존재할 수밖에 없다"고 추론한다. 여기에서 도출된 그의 결론은 다음과 같다.

> 존재할 수 있는 것은 능력으로, 어떤 사물의 본성에 더욱 많은 실재성이 속할수록 그 사물은 더 많은 존재 능력을 내포하게 된다. 따라서 절대로 무한한 존재자, 곧 신은 자기 안에 절대적으로 무한한 존재 능력을 지니게 되므로 신은 필연적으로 존재한다.

또 완전성은 사물의 존재를 정립하지만 불완전성은 사물의 존재를 박탈한다. 이 점을 감안하면 신의 완전성은 신이 존재한다는 사실을 무엇보다 명확하게 증명한다(이와 대조적으로 일상적인 사물의 불완전성은 그것에 실질적인 존재가 없음을 시사한다.). 어떤 실체가 다른 사물을 더 많이 존재하게 만들수록, 그 실재성은 커진다. 그러므로 만물의 창조자인 신은 이 우주에서 가장 실재적인 존재다.

우주는 목적 지향적이지 않다

《에티카》에서 가장 급진적인 주장은 "자연은 스스로 아무런 목적도 설정하지 않는다"다. 스피노자의 이 말은 우주가 특정한 법칙에 따라 존재하긴 하지만("자연의 모든 것은 어떤 영원한 필연성과 최고의 완전성에서 생겨난다") 특정한 목표를 지향하지는 않는다는 뜻이다.

그렇다면 스피노자는 신의 완전성에 대한 확신과 신이 자신의 우주에 아무런 목적도 두지 않는다는 주장을 어떻게 절충시킬까? 만약 신이 전지전능한 힘을 지닌다면 어떤 목적을 달성하길 바라지 않을까? 여기에서 스피노자는 독창적인 논리를 동원해 '만일 신이 목적을 위하여 작용한다면 그가 자신에게 결핍된 어떤 것을 필연적으로 원하고 있다는 뜻'이 된다고 주장한다. 결국 신은 완전하고 완벽하게 자기 충족적이기 때문에 이런 일은 있을 수 없다는 말이다.

스피노자는 또 우주가 인간을 위해 만들어졌다는 생각에도 반기를 든다. 이런 편견은 우리가 만물을 선과 악, 질서와 혼란, 따뜻함과 차가움, 아름다움과 추함 등으로 판단해야 한다는 의미가 된다. 그러나 만일 모든 것이 신의 창조물이라면, 그것들은 본질적으로 선이어야 마땅하다. 결국 우리의 반응이나 판단은 세상을 규정하는 것이 아니라 거꾸로 우리를 규정하는 셈이다. 심지어 질서에 대한 인식조차 허울에 불과한데, 존재하는 모든 것은 이미 질서에 맞는 것이기 때문이다.

앞에서도 말했듯이 스피노자는 인간 중심적 시각을 버리고 가급적 객관적으로 세계를 연구할 필요가 있다고 강조하여 현대의 과학적 세계관의 기틀을 마련했다.

인간 본성의 과학

《에티카》의 3부 〈감정의 기원과 본성에 대하여〉에서 스피노자는 인간 본성의 과학을 연구하겠다며 모든 감정을 구체적으로 정의한다. 그는 만일 자연의 보편적 법칙과 규칙이 언제나 변함없다면, 만물 어디에나 똑같이 적용되어야 한다고 주장한다. 그 특유의 정확한 태도로 스피노자는 이렇게 말한다.

> 증오, 분노, 질투 등의 감정도 그 자체만 놓고 본다면 여타의 개체와 마찬가지로 자연의 필연성과 힘에서 생겨난다. … 나는 인간의 행동과 충동을 선, 면, 입체를 다루는 방식과 마찬가지로 고찰할 것이다.

스피노자는 모든 감정 상태가 세 가지 기본 정서인 욕망, 기쁨, 슬픔에서 비롯된다고 본다. 그러나 '모든 계산을 뛰어넘는' 수천 가지의 감정 상태를 파헤치면서 스피노자는 그런 감정들이 한 가지 명확한 목적에 기여한다는 점을 발견한다. 바로 자신의 신체 존재를 확인하여 '나'의 존재를 확인하는 것이다. 이때의 신체와 정신은 데카르트적 의미로 구분되지 않는다. 스피노자는 감정 상태가 '영혼'이 아니라 명백히 뇌와 신경계, 신체적 감각의 산물이라고 주장하여 심리학의 전조가 된다.

스피노자는 하루하루의 삶에서 우리들 대부분이 외부 사건이나 그에 대한 정서적 반응에 지나치게 동요한다고 개탄한다. 그리고 《에티카》의 마지막 부분에서는 만일 모든 일이 선행 원인이나 필연성에 따라 일어나는 것이라면, 우리도 매사에 지나치게 감정적으로 연연하지 말아야 한다고 주장한다. 모든 일이 본래 그렇게 되어야 하는 대로 전개되고 있을 따름이니 말이다. 대신 우리는 감정이 오로지 유사한 강도의 또 다른 감정으로만 극복된다는 사실을 감안하여 감정을 다루는 기본 체계를 만들어 가야 한다. "미움은 사랑이나 관용으로 극복해야지 미움의 보복으로 되갚아서는 안 된다"는 것이다.

감정은 정신의 사고 능력을 방해하는 한 그저 나쁘거나 유해할 뿐이다. 가장 중요한 것은 우리 스스로가 감정적 반응을 선택할 수 있다는 사실이다. 《에티카》의 4부에서 스피노자는 감정에 휘말려서 스스로를 이성적으로 통제할 수 없는 상태를 '예속'이라고 정의한다.

자유로워지기

스피노자는 '도덕'을 논하지 않는다. 오직 이성에 따라 행해지는 일들만 이야기한다. 그에 따르면 선과 악도 결국은 기쁨과 슬픔의 감정에 지나지 않는다. 어떤 것이 우리의 존재를 보존하거나 향상시킨다면 선이고, 존재를 위축시킨다면 악이다. '죄'도 자연 상태에서는 존재할 수 없고 오로지 공동체나 사회에서만 생각할 수 있다. 무엇이 선이고 무엇이 악인지는 "공동의 동의에 의해 결정된다." 다시 말해 죄란 단순히 동의가 이루어진 법에 복종하지 않는 행실을 말한다. 스피노자가 생각하는 '덕' 역시 대단히 현대적이다. 덕은 단순히 우리의 본성에 따르는, 다시 말해 '사익 추구에 기초한' 행동이다.

여기에서 스피노자의 '코나투스conatus' 개념이 중요해진다. 코나투스란 자신의 존재 안에 계속 남아 있으려는 노력으로, 생존 경쟁이나 '힘에의 의지'와는 달리 그냥 자신의 현 상태를 유지하려는 성향을 말한다. "그러므로 이상의 모든 논의에서 다음과 같은 사실이 분명해진다. 즉 우리는 어떤 것을 선이라고 판단하기 때문에 그것을 추구하고 성취하며 바라거나 갈구하는 것이 아니라, 반대로 추구하고 성취하며 바라거나 갈구하기 때문에 어떤 것을 선이라고 판단한다"는 것이 스피노자의 논지다.

행복 역시 욕망이나 기쁨에서가 아니라 이성에서 얻어지는 것이다. 이성에는 우리 지성이 허용하는 한에서 우리 자신과 우리 주변 세계에 관한 지식이 포함된다. 우리 지성의 성장을 가로막는 것은 무엇이든 좋지 않다. 또 인격 차원에서는 '인간의 덕이나 능력, 그것을 완성하는 방법'에 대해 숙고해야 한다. 두렵거나 피하고 싶은 것에 따라 살지 말고, 이성에 의거한 삶 속에서 스스로 원하는 즐거움에 따라 살아야 한다.

스피노자는 '타당한' 관념과 '타당하지 않은' 관념을 구분한다. 타당한 관념이란 통찰이나 이성을 통해 스스로 얻은 삶의 진실로서 진정한 행동으로 이어진다. 반면 타당하지 않은 관념은 우리의 행동을 유발하는 생각으로, 이에 따르는 삶은 항상 감정과 사건에 좌우되는 수동적인 상태에 머문다. 이는 결코 자유로운 존재가 아니다. 스피노자가 든 예를 보면, 젖먹이는 자유 의지로 젖을 원한다고 믿고, 성난 소년은 자유 의지에 따라 복수를 원한다고 믿는다. 술주정뱅이는 자유 의지로 떠든다고 믿었다가 나중에 술이 깨면 공연히 말했다고 후회한다. 미치광이, 수다쟁이, 어린아이 등 모두가 마찬가지다. 충동을 억제하지 못하는 것이다.

흔히 사람들이 결단이라고 믿는 것은 사실 그 이야기를 하고 싶은 충동으로, 당연히 그날그날 "몸 상태의 변화에 따라 달라진다." 그렇지만 우리는 자제와 이성을 통해 감정을 유발하는 전후 상황을 살펴보고 그 본질을 직시할 수 있다. 감정은 근본적인 진실이 결여된 채 잠시 스쳐가는 상태일 뿐이다. 우리는 또 '신을 향한 지적인 사랑'을 통해(또는 우리의 유한한 자아를 초월해 정신적으로 완전한 영역을 추구함으로써) 사실과 허구, 진실과 실재도 구분할 수 있다.

삶에서 우리의 목적은 타당하지 않은 관념을 타당한 관념으로 전환시켜 우주를 감정이나 집착에 사로잡혀 보지 않고 신이 보는 방식대로 바라보는 것이다. 스피노자는 아무리 강한 감정이라도 분석에 내맡기면 그 영향력이 사라진다고 주장해 불교와 공명하는 동시에 인지심리학의 전조가 되었다.

현명한 자라면 세네카가 말하는 'vita beata(축복받은 삶)'에 대한 집착이나 정념을 넘어선다. 스피노자는 스스로를 의식하고 자기감정을 조절하며 신의 자연율에 부합하는 현명한 자와, 욕정에 이끌리고 산만하며 결코 자기 인식에 도달하지 못하고 '외부에서 작용받는 것을 멈추자마자 존재하는 것까지 멈추는' 무지한 자를 비교한다. 요컨대, 이성에 따라 사는 사람은 오로지 정념에 따라 살아가는 사람보다 타인에게 훨씬 더 쓸모가 있다.

현자의 길은 험준하고 발길이 뜸하다. 스피노자는《에티카》의 그 유명한 마지막 문장에서 "모든 고귀한 것은 힘들 뿐만 아니라 드물다"라고 천명한다.

(함께 읽으면 좋은 책) 《변신론》,《의지와 표상으로서의 세계》

1622년 네덜란드 암스테르담에서 부유한 상인인 아버지 밑에서 태어났다. 유대계 혈통으로 그의 조상은 포르투갈의 종교재판을 피해 도망쳐서 네덜란드에 정착했다.

히브리어와 성경 및 문법 암기를 강조하는 네덜란드의 유대인 학교에서 훌륭한 교육을 받았다. 원래는 랍비가 될 생각이었으나 가세가 기울고, 짧은 기간에 누나, 계모, 아버지가 한꺼번에 사망하면서 가업을 물려받아야만 했다.

가장의 책임을 다하면서도 라틴어와 데카르트를 독학했다. 점차 성경 교육과 영혼 및 불멸성에 대한 믿음에 의심을 갖기 시작했고, 이런 사실이 소문나자 그의 목숨을 노리는 사건까지 벌어졌다. 결국 스물네 살 때 파문을 당해 가족들과도 말을 나눌 수 없었다. 이런 사회적·정서적 압박에도 신념을 굽히지 않았다.

은둔자적 성격이 강했지만, 친절하고 개방적이어서 네덜란드 지성계에서 인기를 얻었다. 그는 암스테르담의 한 운하에서 어느 화가네 가족의 위층 방을 빌려 기거했고, 렌즈 가는 일로 생계를 유지했다.

1677년 겨우 마흔네 살이란 나이에 사망했는데, 라이프니츠와의 그 유명한 만남 이후 불과 몇 달 만이었다. 사망 직후에 《에티카》가 출간되었다.

Book 49

불확실성으로 가득한
이 세상에 대한 조언

나심 니콜라스 탈레브의
《블랙 스완》

나심 니콜라스 탈레브 Nassim Nicholas Taleb

레바논 출신의 미국 사상가이자 철학 에세이스트다. 현시대 가장 유명한 논객으로 꼽
히며 '월가의 현자'로 불리고 있다. 원래 월가에서 투자자로 활동했으나, '블랙 스완'에
대한 아이디어를 얻고 2007년 철학 에세이스트로 전향했다. 불확실성의 시대에 독
자적인 관점으로 철학적이고 실질적인 질문을 던진 그의 저작들은 모두 전 세계적인
베스트셀러가 되었다.

2007년에 출간된 《블랙 스완》은 2008년 금융위기를 예견하며
유명해졌다. 현재 이 책은 전 세계 27개 언어로 번역되어 200만
부가 넘게 판매된 세계적 베스트셀러가 되었다. 2017년에는 출
간 10주년을 맞아 개정증보판이 발행되었다. 《타임》지는 이 책
을 일컬어 "최근 60년간 가장 큰 영향력을 발휘한 책"이라고 평
했으며, 경영의 대가 톰 피터스는 "열 개의 도서관에 꽂힌 모든
책들을 합친 것보다 이 한 권의 책 속에 현실 세계에 대한 더 많
은 이야기가 들어 있다"면서 극찬을 아끼지 않았다.

이 책의 영향으로 '블랙 스완'은 이제 하나의 상식 용어로 정착되어 경제는 물론 사회, 정치, 문화에도 널리 쓰이고 있다. 블랙 스완이란 '전혀 예상할 수 없던 일들이 실제로 나타난 사건'을 말하는데, 서부 호주에서 초기 탐험가들이 검은 백조를 발견할 때까지 사람들이 전부 백조는 하얗다고 생각한 데서 유래했다. 오죽하면 사전적 의미가 '백조', 즉 흰색 새일까.

돌아보면 인류의 역사는 아무도 예상치 못했던 대형 사건들로 점철되어 있다. 제1차 세계대전의 참상, 히틀러의 부상, 소비에트연방의 급작스런 붕괴, 인터넷의 전파, 9.11 테러 공격 등. 아무도 이를 내다보지 못했다. 앞으로 세계가 점점 더 복잡해지면서 이러한 경향은 점차 커질 것이다. 이런 불확실성의 시대에 블랙 스완은 인간에게 큰 충격을 안겨주어 정신적 교란을 유발한다. 인간의 뇌는 이미 인식된 정보에 초점을 맞추도록 설계되어 있기 때문이다.

하지만 나심 니콜라스 탈레브가 책에서 말했듯이 "몇 마리 되지 않는 검은 백조의 존재에서 찾아낸 원리로 세계의 거의 모든 것을 설명할 수 있다. 특정 사상과 종교가 발흥하는 이유, 역사적 사건들 간의 역학 관계, 인간의 삶을 관통하는 원리 등등."

이를 위해 탈레브는 우리가 세상을 바라보는 방식을 두 가지 세계로 표현한다. 바로 '평범의 왕국Mediocristan'과 '극단의 왕국Extremistan'이다. 평범의 왕국은 노력과 결과 간에 동등한 관계가 성립하여 미래를 예측할 수 있고 대부분의 요소가 평균치 주변에 넓게 몰려 있다. 반면에 극단의 왕국은 본질적으로 불안정하고 예측 불가능하며 승자가 독식하는 구조다. 우리가 실제 사는 곳은 극단의 왕국이고, 이 사실을 받아들이는 것이 이 세계에서 잘 살아가기 위한 첫 번째 단계다.

우리가 모르는 것이 더 중요한 이유

블랙 스완 효과는 리스크 제거를 위한 복잡한 금융 알고리즘이나 사회과학자들의 예측 등 불확실성을 억제하려는 모든 노력을 비웃어왔다. 우리의 인생을 한번 생각해보자. 배우자와의 만남부터 현재 종사하는 직업까지 우리의 계획이나 일정에 따라 이루어진 일이 얼마나 될까? 또 우리가 추방당하거나 해고되거나 부유해지거나 가난해지는 것을 어느 누가 예측했을까? 그래서 탈레브는 "블랙 스완 원리에서는 우리가 아는 것보다 우리가 모르는 것이 더욱 중요하다"고 역설한다. 우리 인생을 형성하는 것은 예상 밖의 일들이기 때문이다.

만일 그렇다면, 앞으로의 일이 과거에 경험했던 방식대로 진행되리라 믿을 근거는 또 어디에 있을까? 탈레브는 인간의 마음이 '삼중의 불투명성'을 겪는다고 말한다.

• 이해의 망상: 우리는 세상이 어떻게 돌아가는지를 실제 아는 것보다 더

잘 알고 있다고 착각한다.

- **사후 왜곡**: 우리는 사태가 발생한 후에 거기에 의미를 부여하며 이야기를 지어낸다. 그리고 이것을 '역사'라 부른다.
- **사실, 통계, 범주의 과대평가**: 우리는 사실, 통계, 범주 등이 미래를 예측하거나 심지어 정확한 현실상을 보여줄 수 있다고 자신을 속이지 말아야 한다.

우리는 정상이라고 여기는 원칙에 따라 살고 있지만 정상 상태는 거의 아무것도 검증하지 못한다. 어떤 큰일이 느닷없이 터지면 우리는 그 사건의 희박한 발생 확률과 의외성을 무시하려 애쓴다. 우리는 어떻게든 그 사건을 설명하고 싶어 한다. 하지만 극단적인 상황 속에서 어떻게 행동하는지 보지 않고는 그 사람을 제대로 알 수 없고, 평상시의 행동만으로 범죄자의 위험성을 평가할 수도 없다. 이처럼 상황을 규명하는 것은 '정상적인' 상태가 아니라 드물고 이례적인 사건일 때가 많다.

무슨 일이 벌어지고 있는지 모르는 것은 비단 평범한 사람들뿐만이 아니다. 소위 전문가나 책임자들도 제대로 모르기는 마찬가지다. 탈레브의 할아버지는 레바논 내전 당시 레바논 정부의 장관을 지냈지만 사태 파악에 있어 그의 운전기사보다 나을 게 없었다고 한다. 탈레브는 '인류의 인식론적 오만'을 지적하는 데 한 치의 주저함도 없다. 예를 들어 CEO들은 기업의 성공이 우연한 행운을 비롯한 수백만 가지 다른 요인이 아니라 자신들의 능력에 달려 있다고 믿는다. 탈레브에 따르면 이것은 비즈니스 스쿨에서 부추긴 환상이다.

탈레브는 또 세계 종교가 등장할 것을 아무도 예상하지 못했다고 주장한다. 기독교 학자들은 초기 기독교에 대한 그들의 신념을 뒷받침해줄 만한 내용이 로마 연대기에 한 줄도 없다는 데 당황스러워한다. 마찬가지로 누가 이슬람교의 이런 급속한 확산을 예상할 수나 있었겠는가? 역사가 폴 베인Paul Veyne은 종교들이 '베스트셀러처럼' 퍼져나가고 있다고 지적했다. 그럼에도 우리 마음속에서는 이 종교들이 빠르게 일상적인 세상의 일부로 편입해가고 있다. 우리가 이것들을 정상화하는 것이다. 이 같은 특성은 우리가 다음번에 새로운 종교가 갑작스레 부상하면 이에 또 충격을 받으리란 것을 의미한다.

탈레브는 그가 주장하는 극단적인 사건의 이해를 돕기 위해 농장의 칠면조를 생각해보라고 권한다. 칠면조는 매일 풍부한 먹을거리와 보금자리를 제공해주는 농장 주인을 매우 친절한 사람으로 여길 것이다. 그러나 어느 날 전혀 예상치 못하게 도살당하고 나면 그때까지 칠면조의 경험은 전부 착각이 된다.

여기서의 교훈은 일반적인 통념과 달리 과거는 우리에게 미래에 대해 아무것도 알려주지 못한다는 것이다. 오늘날의 명백한 '정상성'은 "치명적인 파국을 낳는다." 1907년에 한 유명한 배의 선장은 이렇게 말했다. "나는 바다 위를 표류하는 배라고는 단 한 척도 본 적이 없다. 다른 배의 조난을 목격한 일도 없고, 내가 재난의 주인공이 되는 사고를 겪은 적도 없다." 5년 뒤 그는 타이타닉호의 선장이 되었다.

인간의 뇌는 경험에서 일반화된 가설을 도출하도록 설계되어 있다. 문제는 평생 흰 백조만 봐온 후에도 검은 백조가 나타날 수 있다는 것이다. 그러므로 우리가 극히 아는 게 적다는 사실을 기반으로, 우리의 추론상의 오류를 인식하는 편이 바람직하다. 블랙 스완 사건을 예측할 수 있다는 것이 아니라 정신적으로 조금 더 대비를 하자는 말이다. 거대하고 예기치 못한 사건은 조금씩 일부분만 받아들여 (나쁜 사건이면) 재발을 막거나 (좋은 사건이면) 재발을 유도하려는 것이 인간의 본성이다.

그렇지만 우리가 해야 할 일은 우리가 알지 못하는 것을 자세히 들여다보고 왜 모르는지를 밝혀내는 것이다. 탈레브는 인간이 스스로 믿는 것보다 훨씬 더 생각을 안 한다고 말한다. 우리의 행동은 대부분 본능적이다. 항상 사소한 일에 정신이 팔려 그저 반응만 하기 때문에 우리가 블랙 스완 사건을 이해할 가능성은 높지 않다. 모든 것은 알려지지 않은 요인에서 비롯되는데도 "우리는 익히 알려진 것, 되풀이되는 것에만 초점을 맞춘 사소한 이야기에 대부분의 시간을 소진하는 것이다."

불확실성을 극복하는 방법

우리는 확실성을 좋아하지만 현명한 사람이라면 확실성을 얻기
란 어려우므로 "불완전한 정보라는 조건하에서 어떻게 행동해
야 할지를 이해하는 것이 가장 중대하며 시급한 인간의 목표임
을 알고 있다."

　탈레브는 "이야기에 끼워 맞추기 위해 선택한 일련의 사례들
은 증거가 되지 않는다"라고 지적한다. 우리는 존의 생각을 입
증하고자 노력하지 말고 포퍼의 가르침대로 반증하기 위해 노
력해야 한다. 그래야만 진실을 일부나마 정확히 파악할 수 있다.
금융 투자를 결정할 때도 조지 소로스 같은 고수들은 자신이 세
운 최초의 가설이 틀렸음을 입증하는 사례들을 찾아내기 위해
애쓴다. 탈레브는 이렇게 '자신의 에고를 북돋는 신호를 찾으려
는 욕구 없이 세상을 바라보는 능력'이 진정한 자기 확신이라고
본다. 그는 다음과 같이 말한다.

　　판단을 유보하고 설명 욕구를 억제하며 사실들을 있는 그대로 바
　　라보기 위해서는 … 상당한 노력을 기울여야 한다. 이렇게 매사를
　　이론화하려는 병은 참으로 제어하기 어렵다. 이것은 대체로 우리
　　의 해부학적·생물학적 속성이어서 이 병과 싸우려면 자기 자신
　　과 싸워야만 한다.

물론 우리의 이런 점도 충분히 이해는 간다. 끝없이 밀려드는 정보를 우리 머릿속에서 처리하자면 일정한 규칙을 만들고 어느 정도 단순화할 수밖에 없다. 신화와 이야기는 우리가 이 세계를 이해하도록 도와준다. 과학은 본연의 목적은 다르지만 어쨌든 우리의 이익을 위해 만사를 체계화하는 데 이용된다.

이런 맥락에서 보자면, 지식이란 우리에게 위안을 주기 위한 치료 요법에 지나지 않는다. 과학을 비롯한 학계의 모든 분야가 이 점에 책임이 있다. 물론 언론에서도 매일같이 이런 사례들이 쏟아져나온다. 만일 어떤 후보가 선거에서 패하면, 바로 '패인'이 제시될 것이다. 분석의 옳고 그름은 중요하지 않다. 중요한 것은 그런 사건이 왜 일어났는지를 설명하는 이야기가 빨리 주어지는 것이다. 뉴스 진행자가 나와서 "스미스가 낙선했습니다만 그 이유는 잘 모르겠습니다"라고 말한다면 그야말로 충격일 것이다.

우리는 뭐든지 잘 모르면서도 자신의 지식 범위와 그 효율성 및 효과성을 총체적으로 과대평가한다. 이런 자기 과신은 인간의 타고난 본성인 듯하다. 탈레브는 학생들을 대상으로 숙제를 끝마치는 데 필요한 시간을 추정하게 한 어느 실험을 소개한다. 두 개의 실험 집단 중에 낙관적인 집단은 26일 만에 숙제를 끝낼 수 있다고 생각했고, 비관적인 집단은 47일이 걸릴 것으로 예상했다. 이 학생들이 실제로 숙제를 마치는 데 걸린 평균 기간은 얼마였을까? 56일이었다(탈레브 본인도 《블랙 스완》 원고를 예상보다 15개월이나 늦게 출판사에 넘겼다고 한다).

이런 결과는 우리의 정신적인 '시야가 좁아서' 매사를 수행할 때 당연히 일정 계산에 포함시켜야 할 '예기치 못한' 돌발 사건의 발생 가능성을 염두에 두지 않기 때문이다.

인내심을 가지고 실행하라

"주목할 만한 발견이나 기술은 거의 의도적인 계획과 설계로 얻어지지 않는다. 이것들은 단지 블랙 스완이다"라는 탈레브의 주장은 쉽게 반론에 부딪칠 수 있다. 예를 들어 듀폰사는 나일론의 막대한 가치를 깨닫고 수년에 걸쳐 이 직물을 개발했다. 설령 우연히 발견된 신약이라도 출시되기까지는 수년간의 개발 및 기획 단계를 거쳐야 한다. 그러나 조직과 개인들이 지속적인 시행착오를 통해 긍정적인 블랙 스완(그전까지의 모든 아이디어를 압도할 새 아이디어나 마켓 리더가 될 상품 등)을 개발할 가능성을 높이려면 기획보다는 실행에 주력해야 한다는 탈레브의 주장은 옳다. 그 밖에도 탈레브는 인내심을 가지라고 조언한다.

지진은 불과 몇 분, 9.11은 몇 시간뿐이었지만, 역사의 변화나 기술 발전은 수십 년이 걸릴 수도 있는 블랙 스완이다. 일반적으로 긍정적인 블랙 스완은 효과를 발휘하는 데 오랜 시간이 걸리는 반면, 부정적인 블랙 스완은 순식간에 생겨난다.

거대한 위업을 달성하려면 오랜 세월이 걸릴 것이고 우리는 결코 미래가 어떻게 펼쳐질지 알 수 없지만, 장기적인 시각을 견지한다면 온갖 장애와 역경을 극복하는 데 도움이 될 것이다.

(함께 읽으면 좋은 책) 《인간의 이해력에 관한 탐구》,《생각에 관한 생각》,《과학적 발견의 논리》,《에티카》

나심 니콜라스 탈레브 더 알아보기

1960년 레바논의 아미운에서 태어났다. 부모가 프랑스 시민권자여서 프랑스 학교에 다녔다. 1975년 레바논 내전이 시작된 후로는 몇 년간 자택 지하실에 숨어 공부했다. 미국 펜실베이니아대학교 와튼스쿨에서 경영학 석사학위를 받았고, 프랑스 파리 제9대학에서 금융공학 박사학위를 취득했다.

미국의 월가에서 파생상품 투자자로 일하다가 확률과 불확실성에 관한 문제를 전문으로 파고드는 금융공학자로 변신, 크레디트스위스퍼스트보스턴(CSFB), UBS, BNP파리바 등 대형 투자은행에서 근무했다. 현재는 뉴욕대학교 폴리테크닉연구소의 리스크 공학 특훈 교수이자 헤지펀드인 유니버사Universa와 국제통화기금(IMF)의 자문을 맡고 있다.

다른 주요 저서로는 《행운에 속지 마라》, 《다이내믹 헤지Dynamic Hedging》, 《블랙 스완과 함께 가라》,《안티프래질》 등이 있다.

Book 50

언어에서 찾아낸 철학적
가치와 관점의 전환

비트겐슈타인의
《철학적 탐구》

루트비히 비트겐슈타인 Ludwig Wittgenstein

오스트리아 빈 태생의 위대한 철학자로 일상언어학파의 창시자로 꼽힌다. 1999년
《타임》지 선정 '20세기 가장 영향력 있는 인물 100인'에 철학자로서는 유일하게 이
름을 올렸다. 러셀은 그를 '최고의 천재'라고 일컬었으며, 비트겐슈타인의 제자 와스피
히잡은 "모든 철학은 플라톤에 대한 주석에 지나지 않는다고 말하지만, 여기엔 '비트
겐슈타인 이전까지'라는 단서를 덧붙여야 한다"고 평했다.

《철학적 탐구》는 루트비히 비트겐슈타인이 사망하고 나서 2년
후인 1953년에 출간되었다. 원래 생전에 두 번 출간 시도를 하
려다가 원고가 마음에 안 든다는 이유로 모두 포기했다. 그럼에
도 원고 수정 및 보완 작업은 계속했고 결국 사후에 제자들의 편
집을 거쳐 출간되었다. 비트겐슈타인의 후기 철학을 대표하는
저작으로 전기 철학을 대표하는 《논리-철학 논고》와는 분위기
가 완전히 다르다.

　비트겐슈타인은 일찍부터 주목받는 천재 중에 천재였다.

1912년 누나 헤르미네Hermine가 케임브리지대학에 재학 중이던 스물세 살의 비트겐슈타인을 만나러 갔을 때, 그를 가르치던 버트런드 러셀은 이렇게 말했다. "우리는 당신의 동생이 철학을 한 단계 크게 발전시킬 것으로 기대하고 있습니다." 그로부터 약 10년 후 비트겐슈타인을 세계적 철학자의 반열에 올려놓은 역작《논리-철학 논고》가 출간되었다. 러셀은 직접 이 책의 서문을 썼다.

비트겐슈타인이 노르웨이의 통나무집에서 칩거하며 쓰기 시작해 제1차 대전 중에 최종 마무리한《논리-철학 논고》의 핵심 문장은 "내 언어의 한계는 곧 내 세계의 한계다"다. 언어로는 단지 사실을 표현하려 노력해야 할 뿐 그 외의 추상적인 개념이나 가치, 철학 등을 논하는 것은 무의미하다는 것이다. 그러고는 그 유명한 "말할 수 없는 것에 대해서 우리는 침묵해야 한다"는 문장으로 끝을 맺는다.

《논리-철학 논고》를 완성한 후 비트겐슈타인은 자신이 철학의 모든 문제를 끝냈다 생각하고 학계를 떠났다. 전 재산을 형제자매에게 나눠주고, 시골의 초등학교 교사로 일하기도 하고, 수도원의 정원을 가꾸는가 하면, 누나를 위해 (믿기 힘들 만큼 정확한 측량에 기초해) 집을 설계하기도 했다. 그러다 1929년 케임브리지대학교에 연구원으로 복귀, 강의도 하며 1939년에는 철학과 교수가 되었다(그는 1947년까지 교수직을 유지했다).《철학적 탐구》

는 이때의 연구 결과를 바탕으로 한다.

그가 서문에서도 밝혔듯이 한 영역에서 다른 영역으로 건너뛰는 것처럼 보이는 소견과 명제, 사고들로 구성된《철학적 탐구》는《논리–철학 논고》와는 달리 정확한 기술보다는 잠언 같은 류의 맥락에 의존하는 표현법을 구사하며 사고 실험과 언어 놀이가 주를 이룬다. 즉 상황과 맥락에 따라 언어의 의미가 다르게 읽힐 수 있다고 본 것이다. 후기에 비트겐슈타인은 다양한 의미로 읽힐 수 있는 일상 언어의 모호함이 철학적 고찰을 어렵게 한다는 기존의 자신의 주장을 뒤집고, "매일 사용되는 언어를 바탕으로 철학을 성찰해야 한다"며 언어 사용의 다양성을 인정했다. 이러한 비트겐슈타인의 전환에서 '일상언어학파'가 탄생했다.

언어란 무엇인가

비트겐슈타인은 일상어가 사물을 설명하지 않고 오로지 지시만 한다고 주장한다. 그러므로 말을 배우기 시작한 아기한테는 사물의 이름을 알려주는 훈련만 하면 되며 용어 자체를 설명할 필요는 없다. 그는 "단어를 내뱉는 것은 상상의 키보드에서 음을 치는 것과도 같다"고 하는데, 이때 각각의 '건반'이나 낱말은 그 대상의 상像을 떠올리게 한다.

사물과 결부된 낱말의 의미는 그것을 말하는 맥락과 시간, 장소에 따라 달라지므로, 비트겐슈타인은 언어를 추상적인 일련의 규칙으로 설명하지 않는다. 그보다는 언어를 '놀이'라고 본다. 우리는 어릴 때에 낱말이 곧 사물이던 상태(예를 들어 머릿속에서 의자라는 단어와 의자를 동일시하던 상태)에서 벗어나 '이것'과 '저기'와 같은 보다 추상적인 단어를 사용하면서 낱말이 사물을 의미한다는 사실을 이해하게 된다. 또 그다음에는 범주의 측면에서 생각하기 시작한다. 비트겐슈타인은 이런 식으로 언어가 성장해간다고 말한다.

> 우리의 언어는 하나의 오래된 도시로 볼 수 있다. 수많은 골목길과 광장, 낡은 집과 새집들, 상이한 시기에 여기저기 증축된 집들로 이루어진 하나의 미로 그리고 이것을 둘러싼 곧고 규칙적인 거리와 획일적인 집들이 늘어서 있는 다수의 새로운 변두리.

비트겐슈타인은 실로 다양한 언어 놀이를 보여주려 시도한다. 여기에는 명령하기와 명령에 따르기, 사물의 외양을 묘사하거나 측정하기, 사건을 보고하거나 추측하기, 가설을 세우고 검증하기, 실험 결과를 발표하기, 이야기를 만들어 읽기, 역할 놀이하기, 노래 부르기, 수수께끼 알아맞히기, 농담을 지어 말하기, 산수 문제 풀기, 한 언어에서 다른 언어로 번역하기, 그리고 '부탁하기 · 감사하기 · 저주하기 · 인사하기 · 기도하기' 등이 포함된다. 그는 이렇게 말한다.

언어의 도구들과 그 사용 방식의 다양성, 즉 낱말과 문장 종류의 다양성을 그동안 논리학자들이 언어 구조에 관해 말해온 바와 비교하는 것은 흥미롭다(여기에는 《논리-철학 논고》를 쓴 자신도 포함된다).

여기에서 비트겐슈타인은 언어를 세상을 묘사하는 수단으로 보던 자신의 생각이 틀렸었다고 시인한다. 언어는 단연 그 이상이다. 낱말은 단지 사물의 이름을 넘어서서 훨씬 정교한 의미를 전달하고, 때로는 한 단어가 여러 다양한 의미를 전달하기도 한다. 비트겐슈타인은 '물! 아야! 도와줘요! 좋아요! 아니오!' 같은 외침을 예로 들며 질문한다. 이런 경우에도 이 낱말들이 단순히 '대상의 이름'이라 말할 수 있느냐고.

그렇다면 언어는 비트겐슈타인이 한때 말했듯이 우리 세계의 한계를 규정짓는 형식적인 논리가 아니다. 언어는 우리 세계를 만드는 유동적이고도 창조적인 수단이다. 우리는 언어 구사력의 깊이와 다양성 면에서 다른 동물과 구분된다. "명령하기, 질문하기, 이야기하기, 잡담하기는 걷기, 먹기, 마시기, 놀기와 마찬가지로 우리의 자연사史에 속한다."

종종 실제 언급된 낱말보다 그것이 언급되는 방식과 그것이 포함된 전체 문장이 더 많은 것을 의미하곤 한다. 우리는 다른 사람한테 빗자루를 가져오라고 말할 때 "그 빗자루의 자루와 거기에 부착되어 있는 솔을 가져다 달라!"고 말하지는 않는다. 언어는 사물을 논리적인 부분들로 쪼개지 않고 실제 사물의 묘사보다 그것이 사용되는 의도를 더 중요하게 취급한다. 만약 우리가 누군가에게 빗자루를 가져다 달라고 부탁한다면, 그것은 우리가 곧 청소를 할 생각이라고 말하는 다른 방식일 수 있고, 상대도 바로 그렇게 알아들을 것이다.

낱말은 따로따로 존재하는 것이 아니라 '의미군#'의 일부다. 비트겐슈타인은 예를 들어 우리가 언어 '놀이'라고 말할 때 그것이 의미하는 바를 규명하기 위해 사방으로 노력을 기울인다. 그는 가능한 모든 종류의 놀이(보드게임, 스포츠, 아이들의 놀이 등)를 철저히 검토하고도 정확히 무엇이 놀이고 무엇이 놀이가 아닌지 말하지 못한다. 그럼에도 우리는 모두 놀이가 무엇인지를 알고 있다. 다시 한번 말의 정의가 의미에 비해 중요하지 않다는 사실이 확인되는 것이다. 달리 표현하자면 언어는 우리 세계의 한계를 지시하지 못한다. 언어에는 철학자들이 밝혀내고자 하는 것과 같은 확고부동한 규칙도 없고 객관적인 논리도 없다. 언어는 사회적 구성물이자, 그 규칙이 느슨하고 우리의 삶에 따라 진화해가는 사회적 놀이다.

비트겐슈타인은 철학자들이 사물의 명명을 '초자연적인 과정'으로 떠받든다고 비판한다. 철학자들은 그저 이름과 사물 사이의 연관성이 존재하길 바라는 마음으로 둘 사이를 연결 짓는다. 정작 중요한 것은 이름이 아니라 맥락 내에서의 의미인데도 철학자들은 어떤 생각이나 개념의 명명을 무슨 '세례'처럼 중요한 순간으로 여기기 때문에 철학의 문제가 발생한다. 그의 유명한 말처럼 진정한 철학은 언어가 철학에 걸어놓은 마법에 맞서는 끊임없는 투쟁이다.

사적 언어와 내적 과정

비트겐슈타인은 '사적 언어', 즉 우리가 특정한 내면적 상태나 감정을 묘사하기 위해 혼자 사용하는 낱말이나 의미에 대해 문제를 제기한다. 이런 사적인 의미는 실질적인 언어라고 할 수 없다. 언어에는 그 의미가 확인될 수 있는 외부적이고 사회적인 배경이 필요하기 때문이다.

비트겐슈타인은 모든 사람이 각자 상자를 하나씩 가지고 있고 그 속에는 저마다 '딱정벌레'라고 부르는 것이 들어 있는 상황을 가정한다. 이때 만약 각 상자마다 완전히 다른 것들이 들어 있다면 어떻게 될까? 이런 경우처럼 사물의 이름이 사적으로 만들어지게 되면 사실상 이름으로서 아무런 기능도 할 수 없다. 이름에는 그 의미에 대한 공동의 승인이 필요하다. 여기에는 생각도 오로지 표현되어 이해될 수 있을 때에만 유효성을 지닌다는 의미가 함축되어 있다. 비트겐슈타인의 말대로 "'내적 과정'은 외적 기준들을 필요로 한다."

《철학적 탐구》에서 유명한 또 다른 구절은 "설령 사자가 말할 수 있다고 해도, 우리는 그를 이해할 수 없다"는 것이다. 언어는 그 의미에 대한 공동의 승인에 따라 결정되므로 동물들은 자연히 우리와는 전혀 다른 의미 체계를 갖게 된다.

예를 들어 사자에게는 대초원을 걸어가는 한 사람이 '인간'이 아니라 잠재적인 먹잇감으로 보일 것이다. 이렇듯이 사물의 의미에 대해 동의할 수 없는데 아무리 사자가 말을 할 수 있다고 한들 우리가 어떻게 사자와 대화를 나눌 수 있겠는가? 비트겐슈타인은 이 생각을 외국에 방문하는 경우에도 적용시킨다. 아무리 언어 장벽이 없는 사람이라도 세상을 바라보는 방식의 현격한 차이 때문에 현지 문화에 익숙해지기는 어렵다. 우리는 현지인들이 '우리의 언어로 이야기하지' 않는다고 느끼게 된다. 실제 사용하는 낱말이 다른 게 아니라 의미가 다르다는 말이다.

계량할 수 없는 증거

비트겐슈타인은 심리학이 인간을 증거의 관점에서 접근하려고 하지만, 무엇이 인간을 움직이는가에 관한 우리의 지식이 대부분 '계량 불가능한' 정보에 기반을 두기 때문에 학문으로서 문제에 봉착한다고 지적한다. 우리는 타인의 미묘한 내면 상태를 알아차릴 수는 있지만 정확히 우리가 어떻게 이런 지식을 얻게 되는지는 설명할 수 없다.

계량 불가능한 증거에는 시선의 미묘함, 몸짓의 미묘함, 어조의 미묘함이 포함된다.

나는 진정한 사랑의 시선을 인식하고, 그것을 거짓된 시선과 구별할 수 있을 것이다(여기에는 물론 나의 판단에 대한 '계량 가능한' 확증이 존재할 수도 있다). 그러나 나는 그 차이를 말로 표현하는 데는 아주 무능할 것이다. 내가 아는 언어들은 그런 상황을 설명하기 위한 낱말들을 갖고 잊지 않기 때문이다.

스스로 생각해보라. 사람은 어떻게 무언가를 '눈치'채는 법을 배우는가? 그리고 그러한 눈치는 어떻게 사용되는가?

타인을 움직이는 요인을 파악하는 것은 그들을 기계 위에 올려놓고 심리 상태나 뇌 상태를 검토해서 될 문제가 아니다. 거기에는 판단이 개입하고 그런 지식은 '강의를 들어서'가 아니라 인생의 경험을 통해서만 터득할 수 있다. 만약 심리학에 규칙이 있다면 그런 규칙은 연구 가능한 체계에 속하지 않는다. 우리는 그토록 무한한 세계를 말로 표현해낼 재간이 없기 때문이다.

비트겐슈타인의 '놀이'

비트겐슈타인은 우리에게 내면의 삶이 있다는 것을 부정하지 않았다. 다만 그런 삶을 이성적으로 표현할 수 없다고 주장했던 것뿐이다. 아무리 '언어 놀이'가 복잡다단하게 펼쳐진다고 해도 언어로는 제대로 표현할 수 없는 경험의 영역이 있고, 이것을 언어로 표현하려는 시도 자체가 잘못된 것이다.

비트겐슈타인은 윌리엄 제임스, 키르케고르, 아우구스티누스의 종교적 저작으로부터 강한 영향을 받았다. 유대인의 피가 흐르는 그는 가톨릭교를 믿으며 자랐고 제1차 세계대전 중에는 한시도 성경을 손에서 놓지 않았다. 그는 교회와 성당에 가는 것을 좋아했고, 케임브리지 시절 친구인 드루리M. O'C. Drury에게 "모든 종교는 경이롭다"고 말하기도 했다.

그렇다고 그가 정말 신자였을까? 단지 영성에 따르는 부수적 요소들을 좋아했던 것은 아닐까? 비트겐슈타인의 사고방식에 따르자면 어느 쪽이든 문제 될 것이 없거니와 적어도 이런 논의는 아무런 의미가 없다. 어느 누구도 다른 사람의 내면 상태를 정확히 알 수는 없기 때문이다. 정작 중요한 것은 본인이 스스로를 표현하는 방식이다. 드루리는 회고록에서 비트겐슈타인이 "만일 우리가 종교적인 삶을 살고자 한다면 종교에 대해 많이 말해야 할 뿐만 아니라 여러모로 우리의 삶이 달라져야 한다"고 말했다고 전했다.

헤르미네도 남동생의 극도로 까칠한 성격, 서툰 사교술, 예민함 등은 충분히 인정하면서도 "심성이 너그러웠다"고 회상했다.

비트겐슈타인의 러시아어 교사였던 파니아 파스칼도 그가 성격적인 단점에도 불구하고 보기 드문 '총체성'과 자기 의견에 대한 확신을 갖고 있었다고 말했다. 위기 때에는 도움을 주지만 평상시에는 인간의 옹졸함과 어리석음을 용납하지 않던 사람이었다고도 덧붙였다.

이런 평가들은 자신이나 자아의 문제에는 거의 무심했고 만사가 '형통한' 세상에서 유용한 존재가 되는 데에 주력했던 한 남자의 초상을 그려낸다. 한 예로, 의사 수련 과정에 회의를 느끼던 드루리에게 비트겐슈타인은 자신을 생각하지 말고 앞으로 베풀 수 있는 선만 생각하라고 조언했다고 한다. 그러면서 그는 하루가 끝나갈 때 환자들에게 밤인사를 건네는 마지막 사람이 될 수 있다는 게 얼마나 대단한 특권인지를 강조했다. 비트겐슈타인은 자신의 저작도 중요하지만 그저 또 하나의 '놀이'라고 생각했다. 그에게는 언어와 철학적 논의도 인생 그 자체에 비하면 아무것도 아니었던 것이다.

(함께 읽으면 좋은 책) 《언어, 논리, 진리》, 《이름과 필연》, 《행복의 정복》

1889년 오스트리아 빈의 유명하고 교양 있는 가문에서 태어났다. 집에서 가정교사한테 교육을 받다가 대학 입학 전 3년만 학교에 다녔다(참고로 그의 누나 마르가레테Margaret는 구스타프 클림트 작품의 모델이었다). 10대 시절 독일 베를린공과대학교에서 기계공학을, 영국 맨체스터대학교에서 항공학을 공부했다. 영국에 있는 동안 버트런드 러셀의《수학의 원리》를 읽고 논리학과 철학으로 진로를 변경했다.

1911년 케임브리지대학교로 옮겼고, 제1차 세계대전이 터지자 오스트리아 군대에 자원입대했다. 최전방 근무를 자청한 공로를 인정받아 메달까지 받았지만, 결국 이탈리아에서 전쟁 포로로 붙잡혔다. 포로수용소에서《논리-철학 논고》를 완성했고, 1922년에 영국에서 출간했다.

1920~1926년에는 대학을 떠나 오스트리아의 작은 산간 마을인 트라텐바흐의 학교에서 교사로 일했으며, 정원사로 일하기도 했다. 이 시기에 누이 마르가레테를 위해 빈의 쿤드만가세에 설계한 집은 현재 박물관이 되었다.

1929년 케임브리지대학교에 연구원으로 복귀, 강의도 하다가 1939년 교수가 되었다. 1938년 영국으로 귀화했다. 1947년 교수직을 사임하고 아일랜드로 이사했다. 1951년 케임브리지에서 숨을 거두었다.

또 다른 철학 명저 50

1. 제인 애덤스Jane Addams의 《민주주의와 사회윤리Democracy and Social Ethics》

미국 극빈층을 연구한 저작으로 윌리엄 제임스와 존 듀이의 실용주의를 현실 세계에 적용시켰다. 애덤스의 철학, 특히 (사회적 장벽을 극복하는 데 도움이 되는) '공감하는 지식'은 오늘날 그 자체만으로도 가치 있는 것으로 여겨진다.

2. 테오도르 아도르노의 《미니마 모랄리아》

비판이론을 내세운 프랑크푸르트학파의 대표 주자인 아도르노가 헤겔, 마르크스, 키르케고르, 니체, 프로이트 등에게서 영감을 얻어 현대 자본주의와 자유의 가능성을 밀도 있게 고찰했다.

3. 엘리자베스 앤스콤Elizabeth Anscombe의 《의도Intention》

'행위이론'의 토대를 마련한 역작이다. 우리의 행위는 욕망의 산물일까, 신념의 산물일까, 아니면 둘 다일까? 앤스콤은 비트겐슈타인의 제자이자 번역가로 C. S. 루이스의 신의 존재 증명을 깨뜨린 것으로도 유명하다.

4. 아우구스티누스의 《신국론》

중세 시대의 역사 신학서로 이상적인 신의 나라와 나쁘게 끝날 수밖에 없는 지상의 나라로 구분하여 서술한다. 서고트족이 로마를 약탈한 것이 직접적인 집필 동기가 되었다.

5. 마르쿠스 아우렐리우스의 《명상록》

로마 황제의 시대를 초월하는 스토아 철학이 투영된 작품으로 오늘날에도 많은 독자의 사랑을 받는 고전이다.

6. 아베로에스Averroes의 《부조리의 부조리The Incoherence of the Incoherence》

이슬람 철학에 아리스토텔레스의 사상을 도입한 저작이다. 아베로에스는 이슬람 철학자로, 이 책의 제목은 알-가잘리Al-Ghazali의 《철학자의 부조리The Incoherence of the Philosophers》에 대한 답변이다.

7. 프랜시스 베이컨의 《베이컨 수상록》

원래는 베이컨이 주 분야인 과학적·신학적 연구 중에 잠시 기분 전환 삼아 쓴 에세이지만, 오늘날 그의 작품 중 가장 많이 읽힌다. 경험주의와 과학적 방법의 창시자가 풀어놓는 매력적인 사유를 엿볼 수 있다.

8. 알랭 바디우의 《존재와 사건》

개인성이 아닌 '다수성multiplicity'이 인간의 본성임을 설명하는 책. 프랑스 후기 구조주의와 관련한 중요한 텍스트다.

9. 롤랑 바르트의 《글쓰기의 영도》

어떤 책은 글을 쓰는 방식이 내용만큼이나 중요하다. 구조주의 비평가의 대표작.

10. 조지 버클리의 《인간 지식의 원리론》

세계가 본질적으로 물질이 아닌 관념으로 이루어진다는 주목할 만한 견해를 제시하는 책. 잉글랜드-아일랜드 주교였던 버클리는 이렇게 말한다. 우리는 결코 '실재' 세계가 어떤지는 확신할 수 없지만(물질은 추상적 개념이다) 우리 정신 속의 관념의 세계는 분명히 실재하므로, 만물은 우리가 지각하는 범위까지만 실재성을 지닌다("존재하는 것은 지각되는 것이다"). 우리는 우리의 경험 양식이 신의 이치에 맞는다고 믿어야 한다. 그것은 신이 만든 질서기 때문이다.

11. 보에티우스의 《철학의 위안》

중세 시대에 성경 다음으로 큰 영향력을 미친 작품으로, 카톨릭의 성인 보에티우스가 반역 혐위로 사형선고를 받고 집행을 기다리는 중에 집필했다. 파란만장하고 종종 사악한 이 세상에서도 신은 선하다는 근거를 우아하게 제시한다.

12. 마르틴 부버의 《나와 너》
서양 철학을 공부하기 위해 자신이 자라난 정통 유대교 환경을 떠난 경험을 바탕으로 하는 에세이로, 부버는 존재 양식을 두 가지로 구분한다. 감각을 통해 대상을 경험하는 방식인 '나-그것I-It'과 관계를 통해 존재를 경험하는 방식인 '나-당신I-Thou'이다. 인생의 의미는 우리의 관계 속에서 발견된다.

13. 가야트리 차크라보르티 스피박Gayatri Chakravorty Spivak의 《서벌턴은 말할 수 있는가?Can The Subaltern Speak?》
인도 학자이자 자크 데리다 전문가의 탈식민 연구에 관한 대표적 에세이. 서벌턴은 안토니오 그람시가 말한 하위 계층을 뜻하는 말로, 스피박은 개발도상국의 가장 가난한 사람들은 경제적 주체도 부족할뿐더러 그들의 목소리를 내줄 사람도 그러한 플랫폼도 없다고 주장하며 유럽 중심의 지식인들이 이들을 대변할 수 없다고 지적한다.

14. 질 들뢰즈와 펠릭스 가타리의 《안티 오이디푸스》
개인의 욕망이 사회 체제와 갈등을 빚어가는 양상을 정신분석학과 마르크스주의 사상을 토대로 파헤친다.

15. 자크 데리다의 《그라마톨로지》
데리다의 대표작으로 '자취traces'에 관한 어렵기로 유명한 언어학 이론을 정리한 책이다.

16. 존 듀이의 《하우 위 싱크》
미국의 위대한 실용주의자이자 교육이론가인 듀이가 효과적으로 사고하는 법에 관해 설명한 책으로 100여 년이 지난 지금도 여전히 위대한 통찰들로 가득하다.

17. 자끄 엘륄의《선전: 순수한 신앙과 불온한 선전의 동거》

프랑스 무정부주의 기독교인이 프로파간다가 어떻게 정치 영역 밖에서도 개인을 종속적이고 순응적으로 만들어가는지를 탁월하게 규명하는 책. 미디어를 가장 많이 소비하는 사람이 프로파간다에 가장 심하게 빠져든다고 주장한다.

18. 파울 파이어아벤트의《방법에 반대한다》

과학사에서 파이어아벤트를 거의 포퍼나 쿤만큼 영향력 있게 만든 출세작. 과학에 문화 및 사회와 다른 합리성이 있다는 생각을 거부하고, 과학도 다른 모든 분야와 마찬가지로 이데올로기에 불과하다는 '무정부주의적' 접근법을 제시한다.

19. J. G. 피히테의《자연권의 기초Grundlagen des Naturrechts nach Prinzipien der Wissenschaftslehre》

개인의 자유와 그것이 정치 조직 및 권리에 갖는 함의를 다룬 철학서.

20. 고틀로프 프레게의《산술의 기초Die Grundlagen der Arithmetik》

문명에서 '숫자'의 의미를 밝혀내려는 매력적인 시도로, 프레게의 생전에는 주목받지 못하다가 이후 점점 중요성을 인정받게 되었다. 지루한 수학 논문이 아니라 숫자가 어떻게 철학적 진리와 의미로 이어지는지를 보여준다.

21. 안토니오 그람시의《그람시의 옥중수고》

20세기의 대표적인 마르크스주의 사상가가 국가의 '헤게모니'에 대해 남긴 위대한 통찰. 그람시에 의하면 한 집단이 국가를 빼앗는 것이 아니라 국가가 되어가는 것이다.

22. 위르겐 하버마스의《공론장의 구조변동》

18세기 유럽에서는 정보를 원하던 시민사회를 바탕으로 새로운 '공론장public sphere'이 등장했다. 하버마스에 따르면 이로써 한동안 이성이 꽃피웠으나 점차 상업성과 소비주의에 물들어 부패하고 말았다.

23. 헤라클레이토스의 《단편Fragments》
우주의 본질과 윤리학 및 정치학 전반에 관한 잠언집으로, 지금까지도 널리 인정받는 헤라클레이토스의 형이상학 사상을 담고 있다. 모든 것은 항상 변하지만 우주에는 숨은 조화가 있다고 말한다.

24. 토머스 홉스의 《리바이어던》
저물어가는 중세 기독교 문화에 대항해 나온 최초의 근대 정치철학서로 군주가 절대 권력을 행사하는 비종교적인 국가를 주창했다. 평범한 사람들은 이런 체계 속에서 안정성과 안전을 보장받을 가능성이 가장 높다는 이유에서였다.

25. 에드문트 후설의 《논리 연구》
하이데거의 멘토이자 현상학 창시자의 대표작.

26. 줄리아 크리스테바의 《언어 속 욕망: 문학과 예술에 대한 기호학적 접근Desire in Language: A Semiotic Approach to Literature and Art》
19세기 프랑스 소설을 충격적으로 분석한 문화이론의 핵심서.

27. 자크 라캉의 《에크리》
정신분석 철학에 대한 뛰어난 입문서로서 지젝 같은 현대 사상가들에게 엄청난 영향을 미쳤다.

28. 데이비드 루이스David Lewis의 《복수의 세계들에 관하여On the Plurality of Worlds》
여러 세계가 동시에 존재할 수 있다는 이론을 전개하는 '양상논리학'을 최초로 주장해 많은 영향을 미친 작품이다.

29. 장 프랑수아 리오타르의 《포스트모던의 조건》
대표적인 포스트모더니즘 이론서로, 리오타르는 이 책에서 포스트모더니즘을 진보의 개념 같은 '거대 서사에 대한 불신'으로 규정한다.

30. 마이모니데스Maimonides의《방황하는 사람들을 위한 안내서Guide for the Perplexed》

유대교와 그리스 철학을 접목시킨 거장다운 시도의 저작으로서, 중세 시대 내내 동서양 모두에 큰 영향을 미쳤다.

31. 니콜라 말브랑슈Nicolas Malebranche의《진리의 추구De la recherche de la vérité》

합리주의 철학자의 대표 주자가 데카르트로부터 영감을 받아 쓴 처녀작이자 가장 전반적인 철학을 다룬 작품.

32. 헤르베르트 마르쿠제의《에로스와 문명》

프로이트와 마르크스를 종합하여 억압으로부터 자유로운 사회의 비전을 제시한다.

33. 칼 마르크스의《자본론》

논란의 여지는 있겠지만, 인류 역사에 가장 큰 영향을 미친 정치철학서임은 틀림 없다.

34. 모리스 메를로 퐁티의《지각의 현상학》

우리는 세계를 데카르트의 코기토 논리가 아닌 몸을 통해 경험한다.

35. 메리 미즐리Mary Midgley의《우리 시대의 신화Myths We Live By》

자연과학은 단순히 우주의 작동 원리를 밝히는 사실들의 축적을 넘어서 우리 시대의 이데올로기가 되어버렸다. 미즐리의 이런 비판은 생물학자인 리처드 도킨스와 생물학적 설명을 지지하는 미국의 철학자 다니엘 데넷Daniel Dennett을 겨냥한 것이다.

36. 몽테스키외의《법의 정신》

자유주의 정치철학의 대표작으로 입헌정치, 권력 분립, 노예제 철폐 등을 주장해 프랑스 혁명에 지대한 영향을 주었다.

37. G. E. 무어Moore의《윤리학 원리Principia Ethica》

직관적으로 느끼고 알 수 있는 '선'을 전문적인 용어로 엄밀히 규정하기란 불가능하다는 유명한 '자연주의적 오류'의 개념을 제시해 윤리철학에 일대 혁명을 일으킨 작품이다. 무어는 평범한 사람들의 신념을 부정하지 않는 '상식' 철학을 주창하기도 했다.

38. 로버트 노직의《아나키에서 유토피아로》

'국민을 폭력, 절도, 사기로부터만 보호하고 계약을 집행하는 기능에만 국한된' 최소 국가를 이성적으로 옹호하는 책이다. 모든 사람은 인생에서 나름의 '기획'을 추구할 권리가 있는데, 국가가 삶의 전반에 개입하면 그런 권리가 침해된다는 논리다.

39. 데릭 파핏Derek Parfit의《이성과 인간Reason and Persons》

옥스퍼드대학교의 도덕철학자가 평생에 걸친 개인 정체성의 의미와 그 행동·윤리·정의의 함의를 밝혀낸 매우 흥미로운 시도다. '자아의 철학' 분야에서 획을 그은 작품으로 최근의 신경과학 연구에서 동력을 얻었다.

40. 파르메니데스의《자연에 관하여Peri Physeos》

우주는 가시적인 변화 뒤에 고정불변의 통합된 질서를 감추고 있다. 살다가 끊임없이 몰아치는 일들 속에서 방향을 잃었다고 느껴질 때면, 잠시 일손을 놓고 이런 우주의 근원에 몸을 맡김으로써 위안을 느껴볼 수 있다.

41. 플로티노스의《엔네아데스》

플로티노스의 제자인 포르피리Porphyry가 편찬한 6권의 '권당 9편짜리 논문집 ennead'으로, 인간이 말로 형언할 수 없고 사색과 직관, 추론을 통해서만 일부나

마 일별하고 이해할 수 있는 신성한 일자(一者, 절대자)의 일환이라고 보는 플로티노스의 사상을 담고 있다.

42. 힐러리 퍼트넘의 《사실과 가치의 이분법을 넘어서The Collapse of the Fact/Value Dichotomy and Other Essays》

대부분의 철학은 경험적 사실과 인간의 가치 구분에 근간을 두었지만, 퍼트넘은 이것이 잘못된 발상이고 철학을 완전히 새로운 관점에서 바라봐야 한다고 주장한다.

43. 윌러드 밴 오먼 콰인의 《말과 대상Word and Object》

하버드대학교 철학 교수 콰인의 언어철학에 관한 책. 언어 번역은 말이 실제 의미하는 바를 반드시 반영하지 않고도 일정한 요구 사항을 충족시킬 수 있고, 단어와 문장에는 어떠한 고유의 의미도 부여될 수 없다는 '번역 불확정성'의 개념을 전개한다.

44. 리처드 로티의 《철학 그리고 자연의 거울》

객관적인 진리를 찾으려는 분석철학의 부단하고 종종 무의미한 연구에 환멸을 느끼고, 대신 윌리엄 제임스와 듀이의 실용주의에 경도된 미국 철학자의 문제작. 학계로부터 많은 비난을 받았다.

45. 버트런드 러셀과 앨프리드 노스 화이트헤드의 《수학 원리Principia Mathematica》

수학적 논리를 공식화하기 위해 집필된 세 권짜리 작품으로 20세기의 대표작이라 할 수 있다.

46. 길버트 라일의 《마음의 개념》

옥스퍼드대학교 교수가 데카르트의 심신이원론을 '범주적 오류'이자 '기계 속의 유령 학설'이라고 통렬하게 비판하는 저작이다.

47. 조지 산타야나George Santayana의 《이성의 삶The Life of Reason》

스페인 출신의 미국 철학자의 다섯 권짜리 도덕철학서로 큰 인기를 모았다. "과거를 기억하지 못하는 자는 과거를 반복하는 운명에 처한다"라는 유명한 구절이 담겨 있다.

48. 섹스투스 엠피리쿠스의 《피론주의 개요》
회의적 경험주의의 초석이 된 작품으로, 섹스투스는 훗날 실존주의자와 현상학자들이 의심의 대상에 관해 제기한 주장의 대부분을 이 책에서 이미 거론해놓았다.

49. 크세노폰의 《소크라테스 회상》
크세노폰은 소크라테스의 친구이자 추종자였다. 이 작품은 소크라테스의 사상으로 안내하는 최고의 입문서 중 하나다.

50. 슬라예보 지젝의 《종말의 시대에서 살아가기》
슬로베니아 출신의 철학자이자 '공산주의자'인 슬라예보 지젝의 책. 자본주의는 점점 대안을 허용하지 않는 이데올로기가 되어가면서도 환경적·과학적·사회적인 거대 이슈들에 대해서는 대면할 준비가 안 되어 있다고 지적한다.

용어 설명

경험주의Empiricism
누구나 감각을 통해 진위를 확인하거나 논박할 수 있는 자료를 기초로 옳고 그름을 발견하는 방식.

계몽주의Enlightenment
신앙·계시·전통 대신 이성과 과학을 통한 지식의 발전을 강조하던 18세기 유럽의 지적 운동.

공리주의Utilitarianism
최대 다수의 최대 행복이나 복지를 목적으로 삼는 철학 및 행동 노선.

관념론Idealism
감각을 통해 획득된 지식과 달리, 추상적이거나 정신적인 진실을 다루는 모든 철학.

구조주의Structuralism
인간은 사회 구조와 제도의 맥락 속에서만 이해할 수 있다는 관점으로 프랑스에서 시작되었다.

귀납적 추론 Inductive reasoning
자료나 관찰로부터 원리나 가설에 이르는 사고 과정.

대륙 철학 Continental philosophy
독일 관념론·현상학·실존주의·구조주의·포스트모더니즘·문화이론 등 일련의 유럽 철학 사조로, 영미계의 분석적이며 경험주의적인 철학과 구분된다.

분석철학Analytical philosophy
언어·진술·개념의 정확성에 기반을 두는 철학 학파.

스토아학파Stoicism
인생의 흥망성쇠 속에서 평정심, 미덕, 그리고 운명이나 보편 의지에 따르는 행동 등을 강조하는 고대 그리스 철학 학파.

실용주의Pragmatism
명제나 이론의 최종적 가치에 초점을 맞추는 철학 사조로, 철학이 그 사용자·신봉자·실천자들에게 실질적으로 어떤 도움을 주는가의 관점에서 '효과'를 판단한다.

실존주의Existentialism
살아가는 문제에 중점을 두는 철학적 세계관 또는 정신. 자유와 선택을 중시하여, 종종 한 인간의 실존에는 미리 운명 지어진 원인이나 목적이 없으므로 평생에 걸쳐 스스로 만들어가야 한다는 입장을 견지한다.

연역적 추론 Deductive reasoning
일반 명제에서 출발하여 구체적인 진실로 향하는 사고의 흐름. 예를 들어 어떤 이론에서 가설이 도출되고 이것이 시험과 관찰을 거쳐 진실로 확인된다.

유물론Materialism
존재나 현실은 오로지 물질적인 관점으로만 설명될 수 있고, 신이나 의식은 아무런 역할도 하지 못한다는 철학적 입장.

인식론Epistemology
지식의 기원과 구조 등을 탐구하는 이론 및 철학으로 우리는 무엇을 알 수 있는지, 진리임을 입증할 수 있는 것은 무엇인지를 연구한다.

자연주의Naturalism
우주는 물리적 법칙에 따라 운행되고 물리적인 우주 외에는 실재가 없다는

믿음.

존재론Ontology
존재의 다양한 측면과 차원 등 존재를 연구하는 철학.

코기토Cogito
데카르트의 기본 철학 원리인 '나는 생각한다, 고로 나는 존재한다'의 라틴어에서 비롯된 말로 '나는 사유한다'를 의미하지만, 데카르트 이후 '사유하는 나', 더 나아가 인식 주관이나 인격 주체를 의미하는 명사로 사용되고 있다.

쾌락주의Epicureanism
인생 최고의 선은 즐거움(또는 불안과 고통으로부터의 자유)이라는 에피쿠로스의 가르침에 기초한 철학 학파다. 하지만 점차 육체적 쾌락과 사치를 누리는 삶을 의미하게 되었다.

패러다임Paradigm
특정한 시기 동안 당면한 문제를 푸는 데 사용되는 특수한 사고방식, 관점, 사고 체계.

포스트모더니즘Postmodernism
사회와 문화를 형성해왔지만 논리가 불충분한 가정, 즉 '거대 서사'(진보 개

념 등)에 대한 자각에서 출발한 20세기 후반의 가치관.

프로파간다Propaganda
어떤 것의 존재나 효능 또는 주장 따위를 남에게 설명하여 동의를 구하는 일이나 활동. 주로 사상이나 교의 따위의 선전을 이른다.

합리주의Rationalism
자연이나 사물의 직접적 관찰이 아니라 이성이나 사고를 통해 진리나 지식에 도달할 수 있다는 입장.

행동주의Behaviorism
유기체는 환경이나 조건의 산물이라고 주장하는 심리학 이론.

헤게모니Hegemony
한 집단이나 국가, 문화가 다른 집단이나 국가, 문화에 대해 우월한 지도적인 위치나 패권을 갖는 것을 뜻하는 말.

현상계Phenomenal(world)
오감을 통해 경험할 수 있는 세계, '현실' 세계.

현상학Phenomenology
나타나거나 드러나는 현상(외양), 보통

의식을 연구하는 학문으로 에드문트 후설이 창시했다.

형이상학Metaphysics
물리적이든 비물질적이든, 물질이든 정신이든 상관없이 만물의 본질적인 속성이나 본성을 파고드는 철학.

후기 구조주의 Poststructuralism
텍스트의 권위를 거부하고 문화적 자료에 대한 수많은 해석을 강조하는 20세기 사조. 중요한 것은 저자가 의도한 메시지가 아니라 텍스트가 활용되는 방법이고, 그렇게 되면 객관적인 진리라는 개념은 부적절해진다.

옮긴이 **이시은**

바른번역 소속 번역가이자 자유기고가. 역사학과 경영학을 전공했고, 현재는 심리학에 관심을 갖고 공부
중이다. 옮긴 책으로는 《당신은 뇌를 고칠 수 있다》, 《최악을 극복하는 힘》, 《심리의 책》, 《중독의 시대》,
《세계의 이면에 눈뜨는 지식들》 등이 있다.

세계 철학 필독서 50
플라톤부터 마이클 샌델까지 2500년 철학 명저 50권을 한 권에

초판 1쇄 발행 2022년 11월 25일
초판 6쇄 발행 2024년 6월 3일

지은이 톰 버틀러 보던
옮긴이 이시은
펴낸이 정덕식 김재현

책임편집 김혜연
디자인 Design IF
경영지원 임효순

펴낸곳 (주)센시오
출판등록 2009년 10월 14일 제300-2009-126호
주소 서울특별시 마포구 성암로 189, 1707-1호
전화 02-734-0981
팩스 02-333-0081
메일 sensio@sensiobook.com

ISBN 979-11-6657-084-1 (03100)

소중한 원고를 기다립니다. sensio@sensiobook.com